PRINCIPLES O F

마케팅원론 ABC
인공지능, 빅데이터, 고객가치

김상용 · 송재도 · 양재호 · 원지성 · 윤호정
송태호 · 김태완 · 김지윤 · 송시연 · 김모란 공저

MARKETING

Artificial intelligence
Big data
Customer value

학지사

머리말

바야흐로 디지털 세상이 성큼 다가왔다. 빅데이터, 인공지능, 사물인터넷(IoT), 블록체인 등 새로운 고객 경험을 주도하는 신기술과 미디어가 홍수처럼 밀려들며 새로운 시장과 고객집단을 탄생시키고 있다. 다양한 경영학 분야 중 시장 흐름에 가장 민감한 분야인 마케팅은 과거에 비해 큰 변화를 겪고 있다. 시장의 반응과 고객 행동은 점점 더 복잡하고 다양해지고 있는 반면, 기업은 넘쳐 나는 고객과 시장에 대한 세밀한 정보들을 확보하여 시장 반응과 고객 행동을 정밀하게 분석함으로써 새로운 시장기회를 포착하고 있다.

최신 IT를 활용한 마케팅 접근방법의 등장은 성공적인 마케팅 전략 수립에 일조하고 있지만, 대학에서 마케팅을 가르치는 입장에서 기존의 전통적 마케팅 지식을 넘어서는 새로운 마케팅 지식과 개념을 생산하고 전달하는 것은 쉽지만은 않다. 특히 마케팅과 최신 기술의 융합이 전통적인 마케팅 개념들을 뛰어넘는 새로운 형태의 마케팅 기법의 발전을 주도하고 있다는 점에서 빅데이터, 인공지능 그리고 플랫폼과 같은 최신 마케팅 도구들의 발전은 더욱 주목할 만하다. 하지만 아직까지 마케팅을 전문적으로 가르치는 대학에서 이러한 새로운 마케팅 현상과 기법들을 제대로 포함하지 못하고 있는 것이 현실이다.

이 책은 기존의 전통적 마케팅 개념을 포괄하면서 현재의 새로운 시장 트렌드와 경향을 반영할 수 있도록 마케팅 세부 분야별 10명의 전문 집필진이 함께 기획하였다. 특히 빅데이터와 애널리틱스(제4장), 인공지능(제5장), 고객가치(제13장) 등 기존의 마케팅 교과목에서 다루기 어려웠던, 그러나 실무적으로 점점 더 중요하게 고려되는 요소들을 새롭게 도입하여 마케팅원론 교과서로서 그 영역을 넓히고 발전시켰다. 기존의 소비자 심리 관점에서 바라본 마케팅 개념을 넘어 경제 분석학적 관점에서 마케팅 개념을 함께 서술함으로써 독자들이 최근의 데이터 기반 경영 환경에 적극적으로 적응하는 마케팅 전문가로 성장할 수 있도록 그 기틀을 제공하고자 한다. 마케팅원론을 배우는 경영학도들에게 기술과 분석 모형 기반의 다소 복잡한 새로운 마케팅 기법에 대한 개념을 실제 최신 사례 및 전통적인 마케팅 지식과 함께 설명하여 쉽고 친숙하게 습득할 수 있게 노력하였다.

이 책은 전반적으로 기본적인 마케팅의 개념, 시장과 소비자의 이해, 데이터 기반 마케팅 분석 개념, 마케팅 전략과 실행, 마지막으로 고객가치 관리와 확장을 다음과 같이 구성하였다.

제1부 마케팅과 시장의 이해
제1장 마케팅 개념과 시장의 이해 (김상용, 송시연)
제2장 소비자 구매의사결정의 이해 (원지성)

제2부 마케팅 정보와 인공지능의 활용
제3장 시장 분석과 마케팅 조사 (송태호)
제4장 빅데이터 마케팅 애널리틱스 (송태호, 윤호정)
제5장 인공지능과 마케팅 (윤호정)

제3부 고객가치 기반 마케팅 전략과 실행
제6장 고객가치 기반 마케팅 전략 (원지성, 송태호)
제7장 고객가치 구축 I: 제품과 서비스, 신제품 (송시연)
제8장 고객가치 구축 II: 브랜드 (양재호)
제9장 고객가치 상호작용: 마케팅 커뮤니케이션과 프로모션 (김모란)
제10장 고객가치 연결: 유통과 플랫폼 서비스 (김태완)
제11장 고객가치 교환: 가격 (송재도)

제4부 고객가치의 확장과 관리
제12장 글로벌 고객가치: 글로벌 마케팅 (김지윤)
제13장 고객가치의 관리: 고객 관계 관리 (송태호)

비록 최근에 들어 빅데이터, 인공지능 등의 기술 기반 마케팅 개념에 대한 관심이 높아지긴 하였지만, 전통적인 마케팅원론에 이들 개념을 함께 기술하는 것은 상당한 도전이고 심지어 시기상조의 가능성도 있어 기획 과정에 상당한 고민이 있었던 것도 사실이다. 하지만 기술 기반의 마케팅 개념들이 일시적인 시장의 관심이 아닌 전반적 추세로 발전하고, 과거 경험과 통찰력 기반의 마케팅 전문성이 점점 데이터 중심의 분석과 예측 기반의 마케팅 전문성으로 옮아가고 있다는 부인할 수 없는 사실은 혁신적인 마케팅원론 교과서를 기획하는 동기가 되기에 충분하였다. 아무쪼록 이 책을 통해 학생과 독자들이 디지털 관점과 역량을 두루 갖춤으로써 디지털 시대를 선도하는 혁신적 마케팅 전문가로 성장할 수 있게 되기를 기대한다.

집필 도중 여러 번의 수정과 보완을 거쳐 완성도를 높이려 노력했지만, 여전히 처음의 기대에는 다소 미치지 못했다. 이 책에 존재하는 다양한 문제는 향후 개정판에서 차근차근 수정 보완해 나갈 것이다. 독자들께서 다양한 문제에 대해 넓은 아량과 함께 관심 있는 지적을 해 주시길 바란다.

마지막으로, 이 책이 출판되는 과정에 많은 도움을 준 학지사 관계자분들과 각종 자료의 수집과 정리를 도와준 부산대학교 대학원생 모두에게 심심한 감사를 표하는 바이다.

2022년 9월
저자 일동

요약 차례

차례

제**2**부
마케팅 정보와 인공지능의 활용

제**4**부
고객가치의 확장과 관리

제1부

마케팅과 시장의 이해

마케팅원론 ABC

Artificial İntelligence
Big data
Customer value

제**1**장

마케팅 개념과 시장의 이해

도입 사례   **핫플: 일상비일상의틈**

마케팅의 목표는 판매 증대일 것으로 생각하는 사람들이 많다. 마케팅을 실행하지만 그것이 판매에 도움이 되지 않을 수도 있다. 적어도 직접적으로는 말이다. 판매에 도움이 되지도 않는데, 왜 기업은 마케팅에 비용을 투입하는 것일까? 여러 이유가 있겠지만, 고객과의 소통을 통한 좋은 이미지와 관계 형성 그리고 장기적으로는 기업에 대한 호감 상승을 통해 간접적으로 판매에 기여하기 위해서, 판매 이외의 목표를 갖고도 마케팅을 실행한다. 다음 사례는 LG유플러스가 MZ세대를 겨냥해서 판매를 목표로 하지 않고 실행한 마케팅에 관한 기사이다.

최근 MZ세대의 '핫플레이스'로 떠오른 장소가 있다. 서울 강남에 있는 '일상비일상의틈'이다. 지하 1층부터 지상 7층까지 총 7개 층(6층은 직원 공간)이 MZ세대가 놀고 즐길 거리로 빼곡히 채워졌다. 지하 1층과 지상 1층은 MZ세대의 취향을 저격하는 전시와 공연이 열린다. 2층엔 강원도 해변을 고해상도 대형 LED 화면으로 즐길 수 있는 카페가 있다. 3층은 독립출판 서적을 만날 수 있는 책방, 4층은 증명사진과 스냅샷을 촬영하는 사진스튜디오로 꾸며졌다.

일상비일상의틈은 작년 9월 세워져 문을 연 지 1년이 채 안 됐지만 누적 방문객이 수십만 명에 이른다. 방문객 80% 이상이 MZ세대다. 인기 TV 프로그램 〈유퀴즈 온 더 블록〉, 〈세상을 바꾸는 시간, 15분〉 제작진이 이곳을 찾아 촬영했다. '우리 제품을 전시해 달라'는 러브콜도 늘고 있다. 현대차가 올 5월 전기차 '아이오닉 5'를 전시한 게 대표적이다.

일상비일상의틈은 LG유플러스가 만들었다. 그런데 공간 어디에도 유플러스라는 브랜드를 찾기 어렵다. '유플러스가 만들었다'는 마케팅도 없었다. 장준영 LG유플러스 CX마케팅 담당은 "일종의 '부캐(제2의 자아)' 마케팅"이라고 했다. 그는 "MZ세대는 기업이 자기 자랑만 하는 데 거부감이 있다."며 "LG유플러스라는 '본캐릭터'를 숨기고 MZ세대에게 최상의 경험을 제공하는 데만 집중한 게 성공의 비결"이라고 말했다.

상황 1: 까다로운 MZ세대
도전 1: 자기 홍보를 내려놓다

"MZ세대는 까다로워요." 기업 마케팅 담당자들이 입을 모아 하는 말이다. 광고와 홍보를 아무리 잘해도 MZ세대에겐 잘 안 먹힌다는 얘기다. LG유플러스는 일상비일상의틈을 시작하기 앞서 MZ세대를 분석하는 데만 수개월을 들였다. 그 결과, MZ세대에겐 지나친 홍보가 외려 역효과를 낸다는 점을 발견했다. '우리가 이렇게 잘해요.'라는 자랑을 듣는 데 거부감을 느낀다는 것이다. MZ세대가 자기 얘기만 하는 기성세대를 '꼰대'라고 하는 것과 비슷한 이치다.

LG유플러스는 '자기'를 지우기로 했다. 공간 이름부터 회사 이름을 뺐다. 일상과비일상의틈 건물 어디에서도 LG유플러스가 만들었다는 설명이 없다. 5층 한 곳에만 LG유플러스의 증강현실(AR)·가상현실(VR) 기기 등을 체험할 수 있는 공간이 있을 뿐이다. 그마저도 제품 판매는 없다. 홍보도 최소화했다. 일상과비일상의틈은 웹사이트가 없고 인스타그램만 있다. 인스타그램에도 고객이 올리는 '방문 후기' 게시물이 대부분이다.

대신 MZ세대가 마음껏 즐길 수 있는 놀이터를 만드는 데만 집중했다. 입점 브랜드를 선택할 때는 기업의 규모·유명세는 고려하지 않았다. 철저히 MZ세대의 취향, 선호도를 기준으로 삼았다. '고객에게 새로운 발견을 줄 수 있는 콘텐츠인가'도 주요한 포인트였다. 2층의 글라스하우스 카페는 강원도 고성에 있던 것으로, 일부 마니아만 알던 곳이었다. 하지만 '여행이 제한되는 상황에서 강원도 바다를 서울에서 경험할 수 있게 하면 어떨까?' 하는 생각에서 글라스하우스를 섭외했다. 일상비일상의틈 2층 카페를 가면 서핑으로 유명한 강원도 인구 해변의 실시간 영상을 대형 화면으로 즐길 수 있다.

상황 2: 코로나19 → 온라인 강화
도전 2: 그래도 오프라인 플랫폼

코로나19 사태 이후 기업들은 온라인 마케팅을 강화했다. 오프라인에서 고객과 소통하기 어려워졌기 때문이다. 하지만 온라인 비대면 마케팅은 한계가 뚜렷했다. 장준영 담당은 "고객과 제대로 관계를 맺는 것이 진정한 마케팅의 시작인데 비대면으로는 고객과 밀도 있게 소통하는 것이 어렵다."고 했다. LG유플러스가 코로나19 속에서도 오프라인 플랫폼 개설이란 모험을 감행한 이유다.

그다음 고민은 '이 시국에 고객이 오프라인 공간을 찾아오게 하려면 어떻게 해야 할까?'였다. 사회적 거리두기로 시민들이 휴식과 여행에 대한 갈증이 쌓여 있다는 점에 주목했다. 건물 디자인 주제를 '도심 한복판에서 만나는 자연'으로 잡았다. 일상비일상의틈을 찾으면 커다란 유리창을 통해 햇빛이 쏟아지고 곳곳에 식물이 배치돼 있다. 건물 전체에 소나무와 꽃향기가 섞인 향이 은은하게 퍼져 있다. 지난 7월 18일부터는 1층을 캠핑 여행을 간접 체험할 수 있는 공간으로 꾸몄다. 1층 3개 벽면에 설치된 대형 스크린 월에 미국 관광지인 '앤텔로프 캐니언' 이미지를 띄웠다. 인디언 콘셉트의 천막과 소품, 선인장을 배치했다. 고객은 캠핑 의자에 앉아 무선 TV인 'LG스탠바이미'를 보며 동영상 감상 등을 즐기면 된다.

다양한 공연도 기획했다. 공연 역시 코로나19 일상에서 결핍된 것이라는 점에 착안한 것. 올 2월부터 음악 레이블인 안테나와 함께 콘서트 형태의 영상 전시 '사운드 프레임'을 진행했다. 많은 고객이 'n차 관람(같은 공연을 여러 번 보는 것)'할 정도로 인기를 끌었다.

상황 3: ESG 마케팅 강박감

도전 3: 자연스럽게 ESG 녹이기

전 세계적으로 ESG(환경, 사회, 지배구조) 흐름이 대세다. 대다수 기업들은 ESG 마케팅을 해야 한다는 강박감을 느끼고 있다. 그러면서도 한편으론 정말 ESG에 대한 수요가 있는지 반신반의하는 모습이다. LG유플러스는 일상비일상의틈을 찾는 MZ세대 상당수가 실제 ESG를 실천하고 있음을 발견했다. 가령 가방, 포장지 같은 사소한 용품에서도 친환경 제품을 선호하는 경향이 강했다. 이에 올 3월 ESG를 실천하는 트래쉬 버스터즈, 알맹상점 등과 '다시 빛나는 쓸모전, 제로웨이스트 페스티벌'을 진행했다. 환경을 위한 일상 속 작은 실천을 주제로 다양한 이벤트를 열었다. 제로웨이스트페스티벌은 기존 전시보다 참여자 수가 1.7배 많았다.

이후 LG유플러스는 ESG 관련 전시·이벤트를 더 늘렸다. 전시했던 식물을 다 마신 음료컵에 심는 캠페인인 '싸이클라스틱데이'와 전기차 아이오닉 5 전시가 대표적이다. 이때도 'LG유플러스가 ESG를 위해 노력한다.'는 마케팅은 전혀 하지 않았다. 행사와 전시에 ESG를 자연스레 녹이는 데만 집중했다. "회사의 제품을 팔지 않고 홍보도 않는 플랫폼이 LG유플러스에 어떤 이익을 가져오느냐?"고 묻는 사람들도 있다. 장준영 담당은 "일상비일상의틈을 통해 MZ세대의 다양한 '취향 데이터'가 쌓인다."며 "더 나은 서비스를 제공하는 데 도움이 되는 소중한 데이터"라고 설명했다. 이어 "지금은 일상비일상의틈을 LG유플러스가 기획했다는 것을 대부분이 안다."며 "자연스레 기업 브랜드 가치가 오르고 우리 제품이 홍보되는 효과가 있다."고 강조했다.

> ▶ **마케터를 위한 포인트**
>
> 일상비일상의틈 성공 비결은 '숨김의 미학'으로 요약된다. 고객과의 소통에서 기업 자신은 최대한 숨기고 소통 그 자체에만 주력했다. 그 과정에서 MZ세대 사이에서 유행인 '부캐 만들기'를 차용했다. 일상비일상의틈을 LG유플러스의 제2의 자아로 만들고 이 부캐로 소통했다.
>
> MZ세대 고객 입장에서 LG유플러스는 '기성세대 기업' 중 하나라고 여길 수 있다. 하지만 일상비일상의틈은 자신들을 잘 이해하는 친구로 인식하고 있다. 결과적으로 LG유플러스의 브랜드 이미지도 친구처럼 친밀해진다. 이런 마케팅 전략의 근본엔 '고객을 잘 이해하기'가 있다. 좋은 마케팅의 출발점은 고객에 대한 깊은 이해에 있다. 그럼에도 많은 기업의 마케팅은 MZ세대에 대한 이해 없이 기성세대의 화법만 반복하는 경향이 있다. LG유플러스는 고객 분석·이해라는 기본에 충실했던 덕분에 MZ세대의 마음을 움직일 수 있었다. ……이하 생략……

출처: 서민준(2021. 08. 01.).

제1장의 개요

마케팅은 경제학, 심리학 그리고 통계학 또는 데이터사이언스(data science)의 융합학문이다. 사회과학으로서 마케팅을 넓게 연구한다면 사회학과 인류학도 마케팅과 관련 분야라 할 수 있지만, 일반적으로 경영학의 한 분야로서 사회현상을 연구하는 마케팅은 경제학, 심리학, 통계학에 기초한다.

마케팅이라고 하면 재미있고 창의적인(creative) 광고 혹은 이벤트를 떠올리는 경향 때문에 많은 사람들은 마케팅이 과학이 아니라고 오해한다. 물론 마케터의 매우 탁월한 감 또는 통찰력(insight)은 중요하다. 훌륭한 마케팅 담당자의 뛰어난 감(느낌)이 중요한 것은 사실이지만, 느낌만으로 마케팅이 성공하는 사례는 점점 더 희귀해져 가고 있다. 왜냐하면 마케팅의 올바른 결정은 지속적으로 데이터를 축적하고 분석하는 데이터사이언스를 토대로 할 때 효과적이기 때문이다.

마케팅의 정의는 시대에 따라 변하고 있다. 지난 반세기 동안 마케팅에 대한 정의는 좁고 구체적인 성격에서 점차 폭넓고 추상적인 성격을 갖는 형태로 진화했다. 예를 들어, 미국마케팅학회(American Marketing Association: AMA)는 홈페이지에서 2017년에 학회 차원에서 승인한 마케팅의 정의를 다음과 같이 서술하고 있다.

> 마케팅은 고객, 동반자(거래처), 그리고 크게는 사회를 위하여 가치 있는 제공물을 만들고, 의사소통하고, 전달하고 그리고 교환하는 활동, 일련의 제도, 그리고 과정이다.

마케팅은 기업, 교환, 4Ps와 같은 마케팅 실행이라는 매우 구체적이고 좁은 의미로 20세기에 사용되다가, 21세기에 들어와서는 마케팅의 대상인 고객을 마케팅 개념의 중심에 두는 개념으로 진화했다. 그리고 오늘날은, 2017년의 정의에서 알 수 있듯이, 마케팅의 대상인 고객의 의미도 더 넓혀서 동반자(partner)를 포함하며, 궁극적으로 우리가 속해 있는 공동체 사회에 공헌하는 활동으로 마케팅의 개념을 넓혀서 정의한다.

시장환경을 분석하는 것은 마케팅 전략을 짤 때 필수적인 부분이다. 시장환경은 기업 내부 및 기업 주변환경을 둘러싼 분야에 해당되는 미시적 환경과, 정치·경제·사회·문화 요인이 결합된 거시적 환경 분야로 구분된다. 우리는 이번 장에서 미시적 시장환경과 거시적 시장환경에서의 여러 특징들을 살펴보게 될 것이다. 이를 통해 기업이 시장에서 나타나는 다양한 환경 변화를 잘 체크하고 선제적으로 준비하는 것이 필요하다는 것을 알 수 있다.

제1장의 질문

1. 마케팅의 정의는 무엇인가?

2. 마케팅의 핵심 개념과 단어는 무엇인가?

3. 마케팅의 유형은 어떻게 구분할 수 있는가?

4. 마케팅에서 환경분석은 왜 중요한가?

5. 미시적 환경과 관련된 특징은 무엇이 있으며, 기업은 어떤 부분을 신경 써야 하는가?

6. 거시적 환경과 관련된 특징은 무엇이 있으며, 기업은 어떤 준비를 해야 하는가?

1. 마케팅의 개념

1) 마케팅과 영업

매학기 마케팅원론 첫 수업시간에 마케팅이 무엇이라고 생각하는가라는 질문을 하면, 대부분의 학생들은 '상품을 잘 파는 것' '광고' '1+1' '온라인쇼핑몰' 등으로 대답하는 경향이 매우 강하다. 앞에서 제시된 '일상비일상의틈' 사례는 매출과 직접적인 관련이 없음에도 불구하고, LG유플러스가 심혈을 기울여 성공적인 마케팅활동으로 평가받고 있다. 그런데 일반적으로 우리는 매출과 관련 없는 이런 활동을 마케팅으로 생각하지 않는 경향이 있다. 그 이유는 무엇일까?

상품을 파는 행위를 영업(또는 판매)이라고 한다면, 마케팅과 영업의 차이는 무엇인지를 먼저 논의함이 마케팅에 대한 정의를 이해하는 데 도움이 된다. 영업 또는 판매(selling)의 목표는 무엇일까? 그것은 매출(sales)의 극대화이다. 많이 팔아서 그 결과로 이윤(profit)을 많이 만들어 내고자 하는 것이 판매 또는 영업 활동이다. 때로는 상품 한 개당 남기는 이윤을 적게 하더라도 판매수량을 많이 늘려서 매출을 극대화하는 박리다매 전략을 취하거나, 비록 적은 양을 팔지언정 좀처럼 가격인하 또는 할인을 해 주지 않음으로써 매출을 극대화하는 고가전략이 있을 수 있다. 아니면 가격은 깎아 주지 않지만 덤이나 선물을 추가로 제공하여 파는 전략을 구사할 수도 있다. 그런데 여기서 한 가지 확실한 것은 매출의 극대화는 결국 바로 판매자를 위한 것이라는 점이다. 즉, 영업은 기본적으로 판매자(또는 기업)의 관점에서 이루어지는 활동이다.

물론 판매/영업을 하시는 분들 중에서도 매우 친절하게, 진정으로 구매자/고객의 입장을 이해하고자 노력하시는 분들도 많다. 그래서 제품을 구매한 소비자는 구매과정에서 그리고 거래를 마치고 난 후에도 흡족한 기분을 갖게 된다. 이런 경우에 판매자는 매출의 극대화를 추구함과 동시에 고객만족을 추구하고 있다고 할수 있다. 다시 말해서, 고객만족을 목표로 하여 매출 극대화를 달성하는 것이다. 바로 이러한 상황이 마케팅이 올바르게 시행되는 것이다. 판매/영업과 가장 큰 차이는 마케팅은 고객만족의 극대화를 목표로 하고 있다는 점이다.

판매(영업)	판매자 관점	매출 극대화를 통한 이윤창출 목표
마케팅	고객 관점	고객만족을 통한 이윤창출 목표

고객만족의 개념을 기반으로 하는 판매/영업은 마케팅 개념을 충실히 실행한 것이라고 할 수 있으며, 고객만족을 신경 쓰지 않고 매출 극대화만을 추구하는 것은 '마케팅 개념이 없는 판매/영업'이라 한다. 특히, 당장의 수익만을 추구하는 경향 때문에, 후자의 경우를 '근시안적 마케팅(marketing myopia)'이라고 한다. 반품이나 교환, 환불을 해 주지 않는 판매자들이 이에 해당되는 예라고 할 수 있다.

범위 측면에서, 판매/영업은 마케팅에 포함되는 영역이다. 고객만족의 개념 없이 제대로 마케팅을 실행하지 못할 때, 판매만 하고 있다고 지적할 수 있기 때문이다. 그렇다면, 고객만족을 목표로 하여 판매를 하려면 어떤 노력들이 수반되어야 할까? 영업의 시작점이 내가 만든 제품을 많이 팔아서 매출을 극대화하고자 하는 판매자/기업이라고 한다면, 진정한 마케팅의 시작점은 고객이어야 한다. 내가 어떻게 많이 팔까를 고민하는 것이 아니라, '나의 고객은 무엇 때문에 내 제품을 구매할까?'를 고민하면서 시작하여야 한다.

2) 마케팅의 핵심단어

판매/영업보다 큰 개념이 마케팅이라고 하는 이유는 본격적인 영업/판매 활동을 하는 동안뿐 아니라, 구체적으로는 판매 이전의 단계 그리고 판매 이후의 단계에도 수행하여야 하는 마케팅활동이 있기 때문이다. 그래서 마케팅의 개념은 판매/영업활동을 포함하는 보다 넓고 큰 개념으로 이해하여야 한다.

(1) 판매 이전(before-selling) 활동

고객 입장에서 마케팅하는 관점은 판매활동 이전부터 함께 하여야 한다. 기업이 제품을 만들어서 파는 것 이전에 고객이 시장에서 원하는 것이 무엇인지 파악해서 고객이 원하는 제품을 만들어야 한다. 즉, 고객이 원하지도 않은 제품을 만들어 판다면, 과연 시장에서 반응이 좋을 수가 있을까? 아마도 그렇지 못할 것이다. 제품이 잘 팔리는 이유는 물론 제품이 잘 만들어져서이겠지만, 좋은 품질이라고 해서 반드시 잘 팔리는 것은 결코 아니다. 결국 고객이 사고 싶다는 생각과 느낌이 드는, 즉 고객이 가치를 느끼는 제품을 만드는 것이 중요하다.

　그래서 판매 이전에 반드시 시장조사(market research) 또는 마케팅조사(marketing research)가 선행되어야 한다. 소비자와 경쟁자를 포함하는 시장에 대한 다양한 정보를 수집하고, 과학적인 데이터분석을 통해서 자신이 만드는 제품에 대한 시장에서의 수용(adoption) 가능성을 파악하여야 한다(김상용, 송태호, 2019). 즉, 시장성(marketability) 또는 수익성(profitability)을 본격적인 판매활동 이전에 파악하는 것이 전제되어야 함이 마케팅의 개념을 충실히 수행하는 것이다.

　바람직한 마케팅 전략은 과학적인 시장조사의 결과를 토대로 수립되는 것이다. 마케팅 전략이라 함은 시장에서 주된 공략대상을 선정해서 어떻게 이들에게 접근하느냐에 관한 지침이라 할 수 있다. 기업이 목표로 하는 시장에는 여러 부류의 고객층이 존재하는데, 시장조사를 함으로써 그 여러 부류의 고객층 각각의 특징을 찾아내고 분류하는 작업이 필요하다. 이러한 작업을 시장세분화(market segmentation)라고 한다. 시장세분화 과정을 통해서, 각 세분시장(segment)의 특징을 파악하고 자신에게 적합한 세분시장이 어느 것인지를 판단하게 된다. 이때 적합도가 상당히 높다고 판단되는 세분시장을 기업의 공략대상으로 삼게 되는 것이다. 공략대상이 되는 세분시장을 표적(세분)시장이라 부르고, 이 과정을 타게팅(targeting) 또는 표적시장(즉, 주공략대상) 설정이라고 한다. 기업의 재정적·생산적·마케팅적 역량에 따라서 하나 혹은 복수의 세분시장을 타게팅하게 된다. 표적시장이 명확해지면, 이어지는 마케팅 전략 수립과정은 위상 정립 또는 포지셔닝(positioning)이다. 포지셔닝은 표적시장의 소비자들에게 기업 자신과 자신의 제품에 대한 명확한 위상, 즉 이미지를 심어 주는 작업이다. 제품이나 기업의 포지셔닝은 다양한 방법으로 실행되는데, 일반적으로는 광고를 통해서 위상(이미지) 정립이 이루어지고 있다.

　따라서 판매/영업 활동 이전에 시행되는 마케팅활동의 핵심단어(key words)는 시장조사, 시장세분화, 타게팅 그리고 포지셔닝이다. 특히 체계적이고 과학적인 시장조사의 결과를 근거로 수립되는 마케팅 전략의 뼈대는 시장세분화, 타게팅, 포지셔닝이라 할 수 있기에 이 세 활동의 영문 머릿글자를 따서 STP라 부른다.

(2) 판매 동안(during-selling) 활동

판매 이전 활동으로서 시행한 시장조사와 STP의 결과로 도출한 마케팅 전략에 근거하여, 기업은 본격적인 판매활동을 한다. 판매활동을 곧 마케팅의 전부라고 일 반적으로 잘못 이해할 만큼 판매 동안 실행하는 마케팅활동은 다양하다. 이 단계에 서의 핵심단어는 마케팅 믹스(mix) 변수 또는 마케팅 실행(execution) 변수라고 하 는 4Ps이다. 구체적으로 4Ps는 제품(Product), 가격(Price), 프로모션(Promotion), 유통(Place of distribution channel)을 일컬으며, 기업의 마케팅 성공 여부는 이들 네 개의 변수를 시장 상황에 맞는 적절한 조합(mix)으로 실행하는 것에 달려 있다 해도 과언이 아니다. 그래서 '마케팅 실행 변수' 대신에 '마케팅 믹스 변수'라는 핵 심단어를 일반적으로 더 사용하는 경향이 있다(김상용, 2019).

4Ps의 실행 순서가 있는 것은 아니지만, 서술 편의를 위해 제품부터 간략하게 살펴보자. 기업은 시장에서 소비자들로부터 선택받을 수 있는 제품을 제공하여 야 한다. 경쟁제품들과는 차별되는 독특한 특징이 소비자들에게 받아들여지지 않 는다면, 기업의 제품은 팔리지 않을 것이다. 따라서 마케팅은 소비자들이 구매할 가치가 충분히 있다고 느낄 수 있는 제품을 만들어서 시장에 내놓아야 한다. 판매 이전 단계에서 시행한 마케팅조사/시장조사를 통해서 소비자들이 원하는 것이 무 엇인지, 어떤 특성을 제품에서 찾고 있는지, 특정 기능을 소비자들이 더 가치 있다 고 판단하는지 등을 파악하여 제품의 특성을 디자인하는 데 적용하여야 한다. 또 한 제품의 외관을 매력적으로 보이게 하고 사용하기 편리하게 제품과 포장을 디 자인하는 데에도 마케팅조사를 통해서 얻은 정보를 적극 활용하여야 한다. 결국 소비자가 구매할 만한 가치(value)를 느끼는 제품을 디자인하는 것이 마케팅의 제 품 실행에서 중요하다.

소비자에 근거하여 마케팅으로 디자인되어 만들어진 제품은 또한 적절한 가격 을 책정하여야 한다. 아무리 좋은 품질의 제품이라도 가격이 너무 높으면 소비자 들은 구매하지 않을 것이다. 또한 너무 낮은 가격은 소비자들로 하여금 싸구려 또 는 평균 이하의 품질이라는 잘못된 인상을 줄 수 있어서 곤란하다. 즉, 4Ps의 가격 이라는 마케팅 실행 변수는 고객들이 지불할 가치가 있다고 판단하는 가격 또는 구매를 거부하지 않는 가격을 찾아내어 책정하는 것이 중요하다. 그래야 시장에 서 경쟁제품을 대신하여 소비자들로부터 선택받을 수 있다. 또한 일단 가격이 책정되었다고 하더라도, 그때 그때의 시장 상황에 맞게 가격이 조정되어야 할 필요도 있는데, 이러한 가격 조정에 대한 정책도 마케팅에서 담당하고 있다.

판매 현장에서 기업은 제품이 더 잘 팔릴 수 있도록 다양한 프로모션(촉진) 활동을 실행한다. 제품의 매출을 증가시키기 위한 궁극적인 목표 혹은 제품에 대한 이미지나 정보를 소비자들에게 알리려는 현실적인 목표를 갖고 기업은 광고 또는 PR을 실행한다(김상용 외, 2021). 그리고 쿠폰, 1+1, 사은품, 덤과 같은 다양한 판매촉진 활동으로 구매 현장에서 경쟁사 제품 대신에 자사 제품이 선택되도록 노력한다. 특히 판매촉진 활동이 원활하게 이뤄지도록 판매사원 또는 영업사원이 고객에게 밀착하여 적극적으로 판촉행사를 실행하는 경우는 매우 쉽게 찾아 볼 수 있다. 게다가 우편물이나 이메일 그리고 핸드폰으로 다양한 행사나 정보를 알려 주는 것도 프로모션의 중요한 일부이다. 이렇게 다양한 프로모션 활동을 실행함에 있어서 마케팅 담당자는 각각의 세부적인 계획뿐 아니라 전체적인 프로모션 활동의 조화를 이끌어 내는 것이 중요하다.

판매 현장에서의 또 하나의 마케팅 실행 변수는 유통이다. 즉, 어떤 마케팅 경로를 통해서 기업의 제품을 궁극적으로 소비자에게 전달할 것인지에 대한 전략이 유통의 큰 부분을 차지하고 있다. 백화점, 대형마트, 슈퍼마켓, 편의점과 같은 다양한 소매업체들 중에서 어디를 제품의 판매 경로로 활용할 것인지는 시장조사를 통한 결과에 근거하여 전략적으로 접근하여야 한다. 또한 오프라인의 소매업체뿐 아니라 온라인 유통경로도 중요하다. 쿠팡, 이베이, 11번가 등과 같은 이커머스 유통업체를 판매경로로 할지, 아니면 홈쇼핑 채널과 같은 유통경로가 나은 것인지 또는 기업이 직접 홈페이지를 개설하고 판매하는 것이 더 좋을지도 결정하여야 한다. 여력과 능력이 충분한 기업은 이 모든 마케팅 유통경로를 함께 동시에 활용하겠지만, 대부분은 여건이 그렇지 못 하기 때문에, 자신에게 가장 적합한 유통경로 또는 그들의 조합을 찾아내는 것이 중요하다. 따라서 판매를 하는 동안에 성공하는 기업은 제품, 가격, 촉진, 유통의 4Ps를 시장상황과 기업에 맞게 최적으로 조합하여 끊임없이 마케팅활동에 적용하고 있다고 이해하면 틀림이 없을 것이다.

(3) 판매 이후(after-selling) 활동

제품을 판매하면 기업은 할 일을 다 했다고 생각한다면, 그것은 마케팅 개념에 어긋나는 것이다. 이러한 기업은 근시안적 마케팅에 머물러 있을 뿐 아니라 고객 중심의 개념이 부족하다. 제품을 한 번 팔고 그친다면 그 기업의 영업활동은 영속성이 없게 되고, 지속 가능한 경영을 할 수 없다. 바람직한 것은 반복적으로 꾸준히 구매를 지속해 주는 고객을 확보하는 것이며, 이것이 기업에게 매우 중요하기 때문이다. 그래서 마케팅활동은 판매 이후 단계에서는 고객과의 좋은 관계를 구축하는 데 초점을 맞추는 것이며, 이것을 고객관계관리(Customer Relationship Management: CRM)라고 한다.

근시안적 마케팅은 고객관계관리 개념이 없기 때문에, 반복적이고 지속적인 거래를 고려하지 않는다. 따라서 교환이나 환불과 같은 정책에 인색하며, 특히 점포 정리를 하는 소매점의 경우에는 아예 교환이나 환불은 없다. 이러한 근시안적 마케팅이 아닌 정상적인 영업을 하고자 하는 기업이라면, 교환이나 환불 그리고 이를 위한 반송절차 등을 고객 입장에서 어려움 없이 간편하게 할 수 있도록 신경 쓰고 있다.

구매를 한 고객에게는 일반적으로 '해피콜'과 같이 거래와 제품에 대한 만족도를 전화, 이메일, SMS문자를 통해서 묻는다. 이를 통해서 고객과 기업 간의 판매 이후 관계구축의 연결고리를 만들어 간다. 그리고 고객의 구매품목과 관련된 제품들을 추가 구매할 수 있도록 추천하는 것도 일반적으로 많이 하는 고객관계관리의 활동이다.

특히, 성장기를 넘어 성숙기에 도달한 시장일수록 새로운 고객 유치는 어렵고 비용이 많이 들어가는 반면에, 기존 고객을 뺏기지 않고 유지하면서 지속적인 매출을 올리는 것이 비용효과적이기 때문에 판매 이후 단계에서의 고객관계관리의 중요성은 점점 더 커지고 있다.

고객관계관리의 또 다른 측면은 고객과의 지속적인 거래를 통한 관계유지뿐 아니라 고객 하나하나로부터 발생하는 매출과 수익의 증대를 도모하는 데 있다. 따라서 기업의 마케팅 담당자는 고객관계관리의 중요 업무 중 하나로 고객 개개인에 대한 데이터 분석을 통한 각각의 고객의 잠재성을 분석하는 것과 그 결과에 따른 고객 개개인에 대한 맞춤형 마케팅을 실행하도록 전략을 제시하는 것이다.

고객 데이터 분석은 기업이 고객 개개인에 대하여 기업의 수익성 관점에서 점수를 매기는 것(customer scoring)을 시작으로 고객에게 등급을 부여하는 것을 가능하게 한다(김상용, 송태호, 2019). 이 과정에서 고객 개개인이 기업에게 얼마의 가치를 가져올지를 판단하는 고객생애가치(customer lifetime value)를 산출하게 된다. 일반적으로 최상위 등급의 고객을 VIP고객이라고 한다. 이를 통해서 기업은 고객에게 보다 나은 서비스와 혜택을 받을 수 있는 상위 등급으로 진입하는 것을 권장하는 마케팅을 한다.

판매 이전(before)	STP(Segmentation, Targeting, Positioning)
판매 동안(during)	4Ps(Product, Price, Promotion, Place)
판매 이후(after)	CRM(Customer Relationship Management)

결론적으로, 마케팅은 판매/영업을 포함하는 보다 큰 개념이다. 마케팅 실행 변수(4Ps)를 활용하는 본격적인 판매/영업활동뿐 아니라, 판매 이전 단계의 마케팅 조사와 STP를 통한 마케팅 전략수립 그리고 판매 이후의 고객관계관리(CRM) 활동도 마케팅의 영역에 속한다. 바로 이런 이유에서, 고객중심의 개념을 기반으로 하는 마케팅은 판매/영업활동을 포함하는 큰 개념이다.

2. 마케팅의 정의와 필요성

1) 마케팅의 정의

마케팅의 정의는 시대에 따라 변하고 있다. 지난 반세기 동안 마케팅에 대한 정의는 좁고 구체적인 성격에서 점차 폭넓고 추상적인 성격을 갖는 형태로 진화했다. 예를 들어, 미국마케팅학회(American Marketing Association: AMA)는 홈페이지에서 2017년에 학회 차원에서 승인한 마케팅의 정의를 다음과 같이 서술하고 있다.

마케팅은 고객, 동반자(거래처), 그리고 크게는 사회를 위하여 가치 있는 제공물을 만들고, 의사소통하고, 전달하고 그리고 교환하는 활동, 일련의 제도, 그리고 과정이다(Marketing is the activity, set of institutions, and processes for creating, communicating, delivering and exchanging offerings that have value for customers, clients, partners, and society at large).

이 정의를 처음 접한 사람은 정의가 상당히 포괄적이고 추상적이라서, 마케팅이 무엇인지 개념을 구체적이고 명확하게 이해하는 데 어려움이 있을 수 있다. 2017년에 이렇게 정의가 승인되는 데에는 그간의 역사를 살펴볼 필요가 있다. 왜냐하면 미국마케팅학회가 공인했던 이전의 마케팅에 대한 정의를 살펴보면 마케팅의 개념에 대한 이해가 좀 더 수월할 수 있기 때문이다.

미국마케팅학회가 1985년에는 "마케팅이란 개인과 조직의 목적을 충족시켜 주는 교환을 창출하기 위해 아이디어, 제품 및 서비스에 대한 발상, 가격결정, 촉진 및 유통을 계획하고 실행하는 과정이다."라고 정의했다. 같은 맥락에서, 한국마케팅학회(Korean Marketing Association: KMA)는 2002년에 "마케팅은 조직이나 개인이 자신의 목적을 달성시키는 교환을 창출하고 유지할 수 있도록 시장을 정의하고 관리하는 과정이다."라고 정의했다. 그런데 안광호 등(2009)은 개인과 조직의 목적을 충족시킬 수 있는 교환의 창출과 이를 위한 마케팅 믹스 프로그램의 계획과 실행이 핵심개념인 1985년의 정의는 여전히 기업 또는 파는 사람의 입장이라는 한계가 있다고 평가했다.

2004년에 미국마케팅학회는 마케팅의 정의에 변화를 준다. "마케팅은 고객을 위한 가치를 창출하고, 이를 의사소통하고 전달하기 위해, 그리고 조직과 이해관계자들에게 혜택을 주는 방향으로 고객관계를 관리하기 위해 요구되는 조직의 기능과 일련의 과정들이다."라고 재정의하였다. 2004년의 정의는 이전에 포함되어 있지 않았던 고객관계를 관리하는 과정을 미국마케팅학회가 강조함으로써 1985년의 정의에서 보여 주는 한계를 극복한 것이다. 그 결과, 오늘날 대부분의 학자들은 고객 관점에서의 마케팅의 정의가 바람직한 것으로 받아들이고 있으며, 고객 또는 고객가치를 중심으로 마케팅을 정의하고 있다. 코틀러와 암스트롱 (Kotler & Armstrong, 2018)은 마케팅에 대해 "고객과 관계를 맺고 수익성이 있는 고객과의 관계를 관리하는 것(engaging customers and managing profitable customer relationships)"으로 정의하고 있으며, 김상용(2017)은 "마케팅은 고객이 무엇에 가치를 두는지 파악하고, 고객에게 그 가치를 제품이나 서비스로 만들어서 제공하고, 고객을 만족시킴으로써 기업에게 가치 있는 고객으로 남아 있도록 관리하는 과정이다."라고 서술하고 있다.

1985년과 2004년에 이어서, 미국마케팅학회는 최근의 시대적 요구를 반영하여 2017년에 마케팅을 또 다시 재정의하는 변화를 주었다. 2000년대 초반에 고객관점이 강조되었던 마케팅의 정의를 2017년에는 더 폭넓게, 고객과 기업의 동반자(거래처) 그리고 그들이 속해 있는 사회를 대상으로 가치를 제공하는데 방점을 두었다.

이렇듯 마케팅은 기업, 교환, 4Ps와 같은 마케팅 실행이라는 매우 구체적이고 좁은 의미로 20세기에 사용되다가, 21세기에 들어와서는 마케팅의 대상인 고객을 마케팅 개념의 중심에 두는 개념으로 진화했다. 그리고 오늘날은, 2017년의 정의에서 알 수 있듯이, 마케팅의 대상인 고객의 의미도 더 넓어져서 동반자(partner)를 포함하며, 궁극적으로 우리가 속해 있는 공동체 사회에 공헌하는 활동으로 마케팅의 개념을 넓혀서 정의한다.

2) 마케팅의 필요성

기업은 이윤을 극대화하기 위해서 다양한 활동을 한다. 기업은 운영 방향과 전략을 수립하고, 현금 및 부채 등 자금의 흐름을 적절하게 관리하고, 운영 자금 등을 융통하며, 좋은 인재를 선발해서 적재적소에 인원을 배치하고, 제조과정에서 최소의 투입으로 무결점의 제품을 최대한 생산토록 노력하며, 시장에서 제품이 고객에게 좋은 반응을 얻어서 잘 팔릴 수 있도록 끊임없이 살핀다. 이러한 기업의 각각의 활동은 전략, 회계, 재무, 인사, 생산, 마케팅 관리의 기능(functions)에 해당된다. 그래서 경영학이라는 학문은 대체로 이러한 여섯 개 분야로 이루어져 있다.

기업의 다양한 활동 중 마케팅은 고객만족과 같은 세부적인 목표를 달성하여 고객가치를 극대화함으로써, 궁극적으로는 상위 목표인 기업의 이윤극대화에 공헌한다(김상용, 2016). 결국 시장에서 효율적 거래를 활성화시키기 위한 기업의 마케팅활동은 언제 어디서나 항상 필요한 것이라고 할 수 있다. 그런데 사실은 마케팅이 더 많이 필요한 때 또는 더 강조되는 때가 있고, 때로는 덜 필요한 또는 덜 강조되는 상황도 있다.

　시장이 빠른 속도로 팽창해 나가는 성장기에 있을 때와 더 이상 시장이 커지지 않는 성숙기를 비교해 보자. 시장의 성장기와 성숙기, 둘 중에서 언제 마케팅이 상대적으로 더 중요할까? 일반적으로 성장기에는 기업의 제품이 생산하기 바쁘게 팔려 나간다. 즉, 시장에서 폭발적인 수요가 기업의 공급을 앞서는 시기이다. 이때 기업은 마케팅을 실행하기는 하지만, 판매를 통한 매출 극대화 및 시장점유율 극대화에 초점을 맞춘다. 그러니까 마케팅의 본질인 고객 관점이 어느 정도는 덜 중요하게 다루어지고 판매에 초점을 맞추는 것이 사실이다. 이와 대조적으로, 시장에서의 수요가 둔화되고, 더 이상 신규고객이 만들어지는 상황이 아닌 시장의 성숙기에 들어가면 기업은 본격적으로 고객관리에 전력을 쏟기 시작한다. 왜냐하면 성숙기에 신규고객을 증가시키는 방법은, 새롭게 시장에 진입하는 고객의 획득이 아니라, 경쟁사의 고객을 자신의 고객으로 전환시키는 것이기 때문이다. 그래서 기업은 자신의 고객을 지키면서 타사의 고객을 빼앗어 오는 데 마케팅의 초점을 맞추게 되고, 이것은 고객관계관리가 마케팅에서 차지하는 비중이 자연스럽게 커지게 됨을 의미한다. 결론적으로, 성장기와 성숙기 두 시장 중에서 상대적으로 성장기보다는 성숙기에 마케팅의 본질, 즉 고객중심적 경영이 더 강조되는 경향이 있다.

　앞서 하나의 기업이 경영활동을 하면서 시장환경 중에서 시장의 발전 단계에 따라서 마케팅의 상대적 중요도가 바뀔 수 있음을 살펴보았는데, 지금부터는 기업이 속한 시장의 경쟁 환경에 따라서 기업별로 마케팅의 상대적 중요도가 달라질 수 있음을 살펴보자. 앞서 성숙기 시장에 진입하게 되면 고객관계관리가 중요해진다고 했는데 이는 결국 기업 입장에서는 고객을 끌어들이고 유지하는 데 경쟁이 치열해지는 것을 의미한다. 그렇다고 해서 성장기에는 경쟁이 없다는 것이 아니다. 성장기에도 기업들은 치열하게 시장점유율을 높이고자 매출 극대화의 경쟁을 한다. 그러니까 성장기든 성숙기든 경쟁이 존재하는 시장에서는 당연히 마케팅이 중요할 수밖에 없다.

　이와 대조적으로 경쟁이 없는 독점 시장을 살펴보자. 자신만이 유일한 제조업체 또는 서비스업체이고, 시장에서 존재하는 수요는 내가 다 공급하는 시장을 우리는 독점시장이라 한다. 이 경우에 소비자들에게는 어느 제조회사(또는 브랜드)를 선택하느냐의 고민은 없다. 소비자들은 그저 시장에 제공되는 유일한 제품(또는 브랜드)을 구매할 뿐이다. 우리나라에서 소비자들은 어느 회사(또는 브랜드) 전기를 구매할지 고민하고 선택하지는 않는다. 왜냐하면 대체로 전기를 공급하는 회사는 지역별로 하나가 존재하기 때문이다. 즉, 전기회사는 지역적인 측면에서 독점기업이라 할 수 있다. 그래서 전기회사가 소비자들에게 적극적인 마케팅활동이라고 할 수 있는 다양한 판촉행사를 실행하는 것을 우리는 경험하기 힘든 것이다. 물론 독점기업도 마케팅을 실행한다. 기업광고를 통해서 기업이 사회적으로 의미 있는 공헌을 하고 있다는 것을 알려서 (독점)기업에 대한 좋은 혹은 우호적인 이미지를 형성하려는 노력을 하는 것이 그 예이다. 따라서 경쟁시장과는 다르게, 독점시장에서는 시장 수요를 혼자 담당하는 독점기업에게 마케팅은 상대적으로 그 중요성이 매우 약한 것이 일반적이다.

경쟁시장에서 마케팅은 중요한 역할을 한다고 했다. 왜냐하면 소비자 또는 구매자의 입장에서는 대체될 수 있는 경쟁관계에 있는 여러 브랜드 중에서 하나를 선택하려는 경향이 강한데, 이때 소비자의 선택에 도움을 주고자 하는 기업의 활동이 마케팅이라고 할 수 있기 때문이다. 그렇다면 고객은 어떤 조건에서 특정한 제품 또는 브랜드를 선택하는가? 일반적으로 고객은 자신이 느끼는 혜택(benefit)이 자신이 감수하는 희생(sacrifice or cost)보다 클 때 그 제품을 선택한다고 알려져 있다. 마케팅에서는 이런 상황을 고객이 그 제품이 구매할 가치(value)가 있다고 판단하여 선택한다고 한다. 그러니까 마케터 입장에서는 고객이 가치를 느끼도록 하는 것이 중요하다. 이를 위해서 기업은 고객에게 무엇이 가치 있고, 고객이 가치 있다고 생각하는 것이 무엇인지를 파악하며, 고객의 가치를 지속적으로 유지 및 발전시켜야 한다. 즉, 마케팅의 정의를 제대로 실천하는 것이 기업에게는 중요하고, 기업은 마케팅의 핵심개념인 고객과 고객가치를 충분히 파악하여야 한다.

$$\text{가치 = 혜택 − 희생 > 0 → 구매}$$

기업이 고객가치를 위한 마케팅을 실행하기 위해서는 구체적으로 무엇을 하여야 하는가? 비용보다 혜택이 클 때 고객은 가치를 느끼고 구매를 선택하기 때문에 단순하게 생각하면 두 가지 정도를 마케팅에서 실행하여야 한다. 우선, 혜택을 증가시키면 된다. (가치＝혜택−비용)이라고 한다면, 고객에게 경쟁사보다 큰 가치를 제공하는 방법은 혜택을 더 많이 제공하는 것이다. 품질이 보다 좋은 제품은 분명 경쟁제품보다 큰 혜택이며 제품의 핵심적인 혜택(core benefit)일 것이다. 혹은 사은품이나 덤과 같은 판매촉진 행사를 통해서 제품의 핵심은 아니지만 부가적인 혜택(add-on benefit)을 제공하기도 한다. 중요한 것은 그 혜택이 제품의 핵심적인 혜택이든 부가 혜택이든, 경쟁사보다 더 많은 혜택을 제공해야 한다. 그래서 마케터는 고객이 중요하게 느끼는 혜택이 무엇인지 끊임없이 조사와 연구를 하여 시장의 수요에 부합하려고 노력하고 있다.

일반적으로 시장에서 기업은 경쟁사보다 나은 혜택을 제공하고자 노력하지만, 때로는 소비자들이 느끼는 가치 측면에서 경쟁사들의 혜택이 비슷비슷하여 크게 차별화가 되지 않을 때도 많다. 그래서 고객가치를 증대하는 또 다른 방법은 기업이 고객에게 희생(가격, 획득비용, 운영비용 등)을 작게 느끼게 하는 것이다. '가치=혜택-비용'에서 혜택에서 차이가 나지 않는다면, 차감되는 비용을 줄일 경우 고객가치가 커지는 것은 자명하다. 할인과 같은 방법으로 고객이 지불하는 가격을 낮추는 방법이 가장 대표적일 것이다. 또한 비용에는 구매할 때 지불하는 돈의 액수뿐만이 아니라 구매를 위해서 고객이 감수해야 하는 여러 기회비용(opportunity cost)들이 있다. 줄 서서 오래 기다려야만 구매를 할 수 있다면, 기다리는 시간을 줄여 주면 될 것이다. 고객으로 하여금 여러 매장을 돌아다니게 하기보다는 한 매장에서 다른 지역의 매장에 있는 제품을 구매할 수 있게 하는 것도 고객 입장에서는 (이동)비용을 줄여 주어 궁극적으로 가치를 크게 느끼게 하는 방법이 된다. 마찬가지로 두 경쟁사가 비슷한 혜택과 비슷한 비용을 제공한다면, 소비자들은 두 제품 간에 존재하는 아주 작은 차이에서도 가치를 다르게 느끼고 결국에는 하나의 브랜드를 선택한다. 그렇기 때문에 마케팅은 기업이 경쟁시장에서 소비자들에게 선택받기 위해서 반드시 하여야 하는 활동이다.

3. 마케팅의 구분 및 종류

마케팅은 여러 기준에서 다양하게 구분된다. 일반적으로 마케팅활동의 대상, 영역, 방법, 내용 등에 따라서 구분하는데, 흔히 소비자(B2C) 마케팅과 산업재(B2B)

마케팅, 제품 마케팅과 서비스 마케팅, 고객기반 마케팅과 고객몰이 마케팅, 오프라인 마케팅과 온라인 마케팅, 사회공헌 마케팅과 비영리 마케팅 등이 있다.

대부분의 교재가 그렇듯이, 지금까지 마케팅의 대상을 소비자, 고객 등으로 하여 서술하였는데 이와 같은 마케팅을 특별히 소비자 마케팅 또는 B2C(Business to Consumer) 마케팅이라 한다. 반면에 최종소비자를 상대로 하는 소매현장에서의 소비자 마케팅이 아닌 경우 또한 매우 흔하다. 예를 들어, 도매상을 생각해 보자. 도매상의 고객은 누구인가? 최종소비자가 있기는 하지만 주된 고객은 소매상들이다. 이렇게 최종소비자가 고객이 아니라 사업자인 경우에 실행하는 마케팅을 산업재 마케팅 또는 B2B(Busines to Business) 마케팅이라 한다. 당연히 소비자 마케팅과 산업재 마케팅은 강조점이 다르고 실행기법에 차이가 있다. 그래서 소비자 마케팅과 산업재 마케팅으로 구별한다 하겠다.

제품이라고 하면 넓은 의미에서 유형과 무형의 두 가지가 있지만, 일반적으로는 형태가 있는 상품을 뜻한다. 특별히 무형의 제품을 서비스(service)라고 구별하고 있다. 서비스의 특징은 형태가 없어서 구매하여 경험하기 이전에는 미리 서비스 제품에 대한 이해가 쉽지 않다는 무형성, 유형의 제품처럼 생산과 소비가 분리되어 있지 않고 생산과 소비가 함께 존재한다는 불가분성, 서비스 제공자에 따라서 서비스 품질이 달라질 수 있다는 불균질성, 그리고 유형의 제품과는 다르게 저장을 할 수 없어서 재고관리를 통해서 수요의 변동에 대응할 수 없다는 소멸성이다. 이와 같은 특징을 갖는 서비스를 마케팅할 때에는 유형의 제품을 마케팅할 때와는 구별되는 독특함이 있음을 쉽게 짐작할 수 있다. 그래서 제품 마케팅과 대조되게 서비스 마케팅이라고 별도로 이름을 붙여 연구하고 있다.

마케팅의 일반적인 정의에 의하면 고객의 니즈(needs), 원함(wants), 욕구(desire) 등을 파악함으로써 고객이 중요하게 느끼는 가치에 근거하여 마케팅의 전략을 수립하고 실행하는 것으로 되어 있다. 이와 같은 마케팅을 고객기반(customer-driven) 마케팅이라 한다. 그런데 때로는 기업이 시장에서 고객이 요구하지도 않은 (새로운) 기능이나 특징을 제품으로 만들어서 판매하는 경우도 있다. 우리가 구매하는 전자제품 중에서 전혀 사용하지 않는 부가적인 기능이 꽤 있을 텐데, 바로 이런 기능들 때문에 해당 제품은 경쟁사 제품보다 차별화되고 높은 가격을 받을 수 있게 된다. 이것은 아마도 기업의 R&D 부서에서 새로운 기능이나 특징을 개발하고 이것을 제품화한 경우에 해당될 것이다. 그러면 소비자 자신들이 생각지도 못했던 기능이나 특징이기에 그것이 가치 있다고 느끼지 못할 것이며, 기업은 열심히 그 효용, 즉 가치를 소비자에게 적극적으로 알려 주고 교육하지 않는다면 소비자들은 새로운 제품을 구매할 이유를 찾지 못할 것이다. 이와 같은 적극적이고 공격적인 마케팅을 고객몰이(customer-driving) 마케팅이라고 한다.

인터넷과 모바일의 정보기술이 발전하면서 마케팅의 활동 영역은 사이버 공간으로 확대되었다. 오늘날 사이버 공간에서의 마케팅을 무시하고 오프라인이라는 물리적 공간에서만 상점을 열고 마케팅을 하는 기업은 거의 없을 것이지만, 오프라인(offline) 환경에서의 마케팅과 온라인(online) 환경에서의 마케팅 기법은 여러 측면에서 상당한 차이가 존재한다. 그래서 오프라인 마케팅과 온라인 마케팅으로 구분하고 있으며, 이 둘이 잘 조화를 이루어서 온오프의 시너지(synergy) 효과를 극대화하는 것이 오늘날 마케팅의 과제라 할 수 있다.

[삽입기사: 기고문] 나눔과 공유가치창출

최근 들어 많이 접하게 되는 소식 중 하나가 기업들의 '나눔' 활동이다. 특히 '상생'을 강조하며 '공유가치창출(CSV)' 기업으로 성장하겠다는 포부를 다각도로 실천하고 있는 것 같다.

성공적인 CSV 활동을 위해서는 CSV 개념에 대한 이해가 중요하다. 많은 기업이 CSV를 얘기하고 있지만 소비자들은 여전히 CSV가 어떤 것인지 피부로 느끼지 못한다. 기업의 사회공헌활동(CSR)과의 경계가 모호하기 때문이다. 필자는 그 차이를 '비즈니스와의 연계성'과 '지속가능성' 두 가지로 설명하고 싶다.

CSR이 물고기를 잡아 배고픈 이웃에게 나눔 선행을 하는 것이라면 CSV는 비즈니스와 연계된 프로그램을 통해 물고기 잡는 법을 알려 주어 더 효율적이고 지속가능한 개선을 이루도록 독려하는 것이다.

CSV 활동 방향도 CSR과의 차이점인 비즈니스와의 연계성, 지속가능성에 주목해야 한다. 이 두 가지를 갖추려면 기업별로 적절한 프로그램을 고민하고, 활용하는 것이 중요하다. 한 예로, 글로벌 뷰티회사인 로레알그룹의 헤어제품 브랜드 매트릭스는 유통 접근성이 떨어지는 브라질 리우 지역 빈민촌 여성들에게 직업교육을 제공하고 이들이 마이크로 유통전문가로 활약할 수 있게 지원하는 '마이크로유통' 프로그램을 시행했다.

이들은 해당 지역의 문화와 상황을 누구보다 잘 알기 때문에 효과적인 커뮤니케이션이 가능하고, 판매 커미션을 통해 생계를 꾸려 갈 수 있게 된다. 판매처는 유통 접근성의 취약점을 보완해 더 많은 제품을 편리하고 쉽게 공급받을 수 있으며, 이를 통해 지역경제는 활성화되고, 기업 입장에서는 유통 접근성의 취약점을 보완해 보다 많은 매출을 얻을 수 있어 상생할 수 있게 된다.

또 다른 예로, 원료 공급지와의 공정한 거래 프로그램을 통해 사회적 가치 추구와 지속가능한 활동을 추구하는 것이다. 식품업체 네슬레는 원료 수급시스템에 사회적 가치를 더했다. 열대우림동맹 인증 농가와 장기 협력 관계를 맺고, 80%의 원두를 협력 농가로부터 수급한다. 농민들에게 교육 프로그램을 제공해 지역사회 발전을 돕고 네슬레 또한 커피의 품질을 높이고 있다.

CSV 활동의 핵심은 '진정성'에 있다. 일회성 기부보다는 문제를 해결할 수 있는 사회적, 환경적으로 지속가능한 공헌이 필요하다는 것이다. 또 비즈니스와 연계되지 않은 공헌 활동은 기업 입장에서도 지속하기 어렵다. 진정한 시너지 효과를 거둘 수 있는 CSV 활동은 기업은 물론이고 소비자, 지역사회, 정부 등 모두가 윈윈할 수 있는 공통된 가치를 추구할 때 가능할 것이다.

출처: 김상용(2014.04.26. A29).

사회적(social) 마케팅 또는 사회공헌(CSR; CSV) 마케팅이라는 개념은 매우 폭넓다. 요점은 기업과 고객 그리고 시장의 범위를 넘어서 이들이 속해 있는 사회(society 또는 community)에 가치를 제공함을 강조하는 마케팅이다. 그러니까 고객 가치가 사회가치로 확장된 개념의 마케팅이다. 그러한 개념이 사회적 마케팅이라고 할 때, 세부적인 강조점에 따라서 다양한 명칭으로 마케팅이 존재하게 된다. 예를 들어, 자선 및 기부 그리고 사회봉사 활동 등을 통하여 기업의 사회적 책임(Corporate Social Responsibility: CSR)을 실천하는 것을 홍보에 활용하면서 기업의 좋은 이미지를 구축하는 마케팅을 CSR 마케팅이라고 한다. 비슷한 개념으로, 공익연계(cause-related) 마케팅은 기업이 특정 상품을 판매해 얻은 수익의 일정 부분을 사회문제 해결을 위한 기부금으로 제공하는 마케팅이다. 기업의 사회적 책임이든 사회문제 해결이든 중요한 것은 기업이 고객과 시장에 국한되어 가치를 제공하는 것이 아니라 사회 전체를 위해서 가치를 제공하고자 마케팅을 실행한다는 것이다. 판매를 통해 발생한 수익의 일부분을 기부하는 방식, 기업과 비영리 단체가 서로 협력해 사회적 문제를 제품이나 홍보물에 삽입해 배부하는 방식, 비영리단체의 명칭과 로고를 기업 이윤의 일정률과 교환하는 방식 등이 있다. 같은 논리에 의하면, CSV(Creating Shared Value) 마케팅은 CSR의 확장된 개념을 마케팅에 적용한 것으로 이해하면 된다. 즉, 고객, 특히 사회적으로 도움이 필요한 계층의 고객들과 함께 가치를 공유하여 이들에게 실질적인 도움을 주고자 하는 목표를 갖고 마케팅을 실행하는 것이다. 이렇듯, 오늘날의 마케팅은 그 개념이 기업의 이윤추구를 위한 하나의 기능으로서 제한적으로 존재하는 것이 아니라 사회 전체에 가치를 제공하는 개념으로 진화하고 있다.

마케팅의 개념을 이윤을 추구하지 않는 공공기관이나 비영리 조직에 적용한 것이 비영리(non-profit) 마케팅이다. 비영리 마케팅은 그 적용 분야의 특성상 특히 경영학 분야보다는 행정학 분야에서 활발하게 연구되고 있다. 그런데 오늘날 기업들 중에는 영리를 목적으로 하지 않음을 천명한 사회적 기업이 있다. 이들 사회적 기업은 비영리 마케팅과 사회공헌 마케팅의 두 개념을 접목하여 실천하는 기업이라고 볼 수 있다.

그 밖에도 다양한 마케팅의 유형(types)이 있다. 미국마케팅학회(AMA)가 홈페이지에서 나열한 유형들을 예로 들면 다음과 같다. 특정 소비자 집단의 의견에 지대한 영향을 미치는 인플루언서를 상대로 적극적인 마케팅을 하는 인플루언서 마케팅(influencer marketing), 고객 데이터 분석에 기초하여 충성도 높은 고객층과 긴밀한 유대관계를 높이고자 하는 관계 마케팅(relationship marketing), 소비자들 사이에서 입소문이 퍼지도록 노력하는 바이럴 마케팅(viral marketing), 친환경 제품을 마케팅하는 그린 마케팅(green marketing), 인터넷과 모바일 환경에서 소비자들이 검색을 할 때 주로 사용하는 핵심단어나 문구에 기초하여 마케팅 메시지를 만드는 키워드 마케팅(keyword marketing), 적은 투입자원으로 최대 효과를 얻기 위해서 파격적이고 창의적인 마케팅 전략을 지칭하는 게릴라 마케팅(guerilla marketing), TV, 라디오와 같은 방법을 통해서 기업이 고객에게 적극적으로 접촉을 주도하여 고객의 인지 혹은 선호도를 형성하고자 하는 아웃바운드 마케팅(outbound marketing), 이메일, 이벤트 등의 방법으로 고객의 주의를 끌어서 고객의 반응을 유도하고 고객이 느끼는 신뢰와 충성도를 키워서 제품을 구매하도록 이끄는 인바운드 마케팅(inbound marketing), 인바운드 마케팅의 일종으로 타깃고객을 유혹하고 획득하는 가치 있고, 적절하고, 일관된 콘텐츠를 만들고 배포하는 기술을 칭하는 콘텐트 마케팅(content marketing) 등이 있다.

4. 마케팅 환경분석의 중요성과 미시적 환경요인

마케팅은 환경적인 영향을 가장 민감하게 받는 분야이다. 미국과 중국의 무역분쟁으로 인한 자국보호무역주의의 강화, 디지털화, 코로나19로 급변하는 시장환경의 변화 등은 사전에 예측하기 힘든 변화였다. 이러한 주변환경의 변화에 빠르게 대처하는 기업은 당초 목표했던 전략을 수정하는 것을 통해 새로운 기회를 모색할 수 있을 것이다. 그러나 변화를 제대로 인지하지 못한 기업은 매출 하락이 초래될 것이다. 마케팅에서 환경분석이 중요하게 여겨지는 이유는 환경 변화를 제대로 파악하지 못하면 이것이 매출에 직접적인 영향을 줄 수 있기 때문이다.

마케팅 전략에 영향을 미치는 환경요인은 미시적 요인과 거시적 요인으로 나누어 볼 수 있다. 미시적 요인은 마이클 포터(Michael E. Porter)의 산업구조분석에서 사용한 다섯 가지 요인(공급자교섭력, 구매자교섭력, 대체재의 위협, 기존 기업들 간의 경쟁, 잠재적 진입자의 위협)과 유사한 형태를 보이는데, 이 장에서는 기업 내부 환경, 공급자, 소비자, 경쟁업체 중심으로 설명하고자 한다. 거시적 요인은 미시적 환경보다 더욱더 큰 틀에서 바라본 환경요인으로 인구통계학적 변화, 정치적 변화, 사회적 변화, 경제적 변화 관점에서 나타나는 특징으로 구성된다.

1) 기업 내부 환경

기업은 이익을 실현시키기 위해 기업 전체의 목표를 설정하고, 사업 단위별 전략을 세우고, 부서별 전략을 짠다. 기업 전체의 목표는 해당기업이 추구해야 하는 방향을 제시하는 것이고, 기업 내 사업 단위별 전략은 이러한 기업목표를 바탕으로 각 사업별로 실행해야 하는 구체적인 전략을 의미한다. 이러한 전략이 세워지면, 사업 단위별로 속해 있는 마케팅, 영업, 인사, 재무, 생산, R&D 부서는 개별 전략을 수립하게 된다.

오늘날은 기업 전략뿐만 아니라 기업의 조직문화도 중요한 환경요인으로 인식되고 있는데, '애자일(Agile) 문화'같이 환경변화에 민첩하게 대응할 수 있고 부서 및 직원 간 수평적 의사결정을 할 수 있는 문화를 선호하는 추세이다. 애자일 조직은 원래 부서 간 경계를 허물고 필요에 맞게 소규모 팀(cell)을 구성해 업무를 수행하는 조직을 의미하는데, 모든 산업군에서 이러한 조직구조를 갖기는 어렵고, 주로 환경변화가 빠른 IT, 패션업계 등에 유용한 조직구조이다. 이러한 조직구조의 장점은 직원 간의 수평적 커뮤니케이션을 통해 의사소통이 자유로우며, 프로젝트가 실패하더라도 직원들에게 도전을 적극적으로 격려한다. 애자일 문화는 이러한 조직구조의 장점을 기업문화로 삼은 것으로, 비록 조직구조는 기능조직이나 사업부조직의 형태이나 조직 내 직원 간의 의사소통이나 업무 분위기는 애자일 조직과 유사한 형태를 띠는 것을 의미한다.

2) 공급자

원료나 부품을 제공하는 회사를 공급자라고 하는데, 기업 입장에서 공급자 관리는 매우 중요한 부분이다. 오늘날 기업은 제품을 만드는 데 필요한 각종 원자재부터 제조공정, 그리고 물류 및 유통, 판매까지 모든 부분을 보유하고 있지 않고, 아웃소싱을 통해 외주를 주는 편이다. 기업은 자사의 크기를 최소화하여 효율성을 꾀하는 경우가 많다. 그러므로 공급업자와의 호의적 관계는 매우 중요하다.

3) 소비자

과거 소비자가 기업이 만든 제품을 단순히 구매하고 소비하는 데 그쳤다면, 오늘날 소비자는 본인이 원하는 부분을 기업에게 당당히 요구하는 주체성 있는 소비자로 거듭나고 있다. 기업은 이제 소비자의 다양한 요구(needs) 등을 잘 파악하고, 표준화된 서비스뿐만 아니라 개별화된 서비스를 소비자에게 제공해야 한다. 소비자 부분은 다른 장에서 자세히 다루게 될 것이므로 이 장에서는 간략하게 언급하도록 하겠다. 소비자는 나이, 성별, 교육수준, 경제수준 등의 다양한 인구통계적 요인에 의해 각기 다른 특성을 보이게 되는데, 향후 기업은 이러한 소비자의 개별 욕구를 잘 파악해서 이들이 불편해하는 부분을 빨리 찾아내서 개선하는 노력이 필요할 것이다.

4) 경쟁업체

기업이 경쟁업체를 어떤 범위에서 정의하는지에 따라 경쟁자는 매우 다르게 설정될 수 있다. 동일 제품 혹은 서비스 카테고리에 있는 기업을 나의 경쟁자라고 정의한다면 이는 협의의 경쟁자라고 볼 수 있다. 예를 들면, 커피전문점의 경우 스타벅스, 할리스, 빽다방, 이디야, 개인 커피전문점 등이 유사한 범위의 경쟁자가 될 것이다. 그러나 경쟁자를 광의적인 관점에서 볼 수도 있다. 카공족의 경우, 커피의 맛보다는 공간을 산다는 개념이 강하므로, 이 경우 경쟁자는 일반 커피전문점뿐만 아니라, 주변 도서관, 토즈 같은 공간대여전문점 등도 경쟁자가 될 수 있다. 『나이키의 상대는 닌텐도다』라는 책에서 나이키는 자사의 경쟁자를 아디다스, 퓨마 등으로 설정했으나, 청소년들이 공부를 많이 하고 운동을 열심히 하지 않다 보니 더 이상 운동복이나 운동화가 닳지 않고 이러한 이유로 매출이 더 이상 오르지 않는다는 점을 발견했다. 운동을 하지 않는 시간에 청소년들이 주로 무엇을 하며 시간을 보내나 살펴보니, 닌텐도 게임기로 오락을 즐기고 있었다. 그래서 시장의 독보적 1등인 나이키는 동일 카테고리의 2등과 3등을 경쟁자로 보는 것이 아닌, 닌텐도를 경쟁자로 보기 시작했고, 이를 통해 '오래 신는 튼튼한 운동화'를 만들기보다는 '일상에서 패션화로 신을 수 있는 운동화'를 만드는 것에 더 집중했다. 커피와 운동화의 사례를 통해 알 수 있듯이 경쟁자 범위 설정은 회사의 마케팅 전략을 세우는 데 있어서 중요한 기준이 된다.

5. 거시적 환경요인

1) 글로벌화와 무역갈등

블랙프라이데이(Black Friday)는 이제 미국의 기념할인행사가 아닌 전 세계의 할인축제가 되었다. 물류의 발달로 인해 전 세계 모든 제품의 수급이 원활하게 됨에 따라 '직구족'도 가파르게 늘어났다.

쇼핑의 글로벌화로 인해 나타난 직구족의 증가는 어떠한 변화를 보여 주는가?

첫째, 다양한 나라에서 구입한 제품을 구매 또는 배송해 주는 대행 서비스업체가 생겨났다. 초기에는 구매대행 사이트가 더 많았으나, 한국어를 원문으로 제공하는 쇼핑몰들이 생겨남에 따라 요즘은 배송대행 서비스업체가 더 성행 중이다. 이들 업체는 여러 국가에 배송대행 물류창고를 만들어 소비자에게 해당 주소를 제공하고, 물품이 해당 해외 주소로 배송되면 이를 가볍게 재포장하여 한국으로 배송하는 서비스를 담당한다. 물류창고비 및 배송 수수료를 통한 이익을 챙기는 구조이다. 쇼핑의 글로벌화로 인해 새로운 업종이 생성된 것이다.

둘째, 카드업계는 해외결제 시 할인 또는 적립이 되는 카드를 만들어 직구족을 유혹하고 있다. 비자(visa)나 아메리칸익스프레스[줄여서 아멕스(Amex)]는 해외 유명 명품쇼핑몰과 제휴하여 캐시백 이벤트를 활발히 펼치고 있고, 국내 카드사 또한 해외결제 시 높은 적립률을 제공하는 카드를 홍보하고 있다. 아멕스카드는 우리나라에서는 비자카드 대비 인기가 없었으나 해외결제 시 할인율이 높다는 것을 홍보하여 인지도를 높였다. 온라인 쇼핑을 자주 하는 소비자에게 이제 카드 선택 시 중요한 변수 중 하나로 작용하는 것이 해외결제 할인 여부이다.

셋째, 다양한 나라 제품의 쇼핑이 가능하게 되었다. 이전에는 미국 위주의 쇼핑이었다면, 이제는 유럽, 중국, 일본 등 다양한 나라의 쇼핑몰이 한국어 서비스를 하게 되어 소비자 선택의 폭이 넓어졌다. '네이버 해외직구'는 해외에 거주하는 개인이 네이버 스마트스토어를 이용하여 제품을 판매하는 구조로 더욱더 많은 제품들이 판매되고 있다. 이러한 변화는 소비자에게 다양한 쇼핑 경험을 제공하여 소비자의 쇼핑에 대한 전문지식을 높여 주는 역할을 하고 있다.

넷째, 직구는 소비자의 가격민감도를 더욱더 자극했다. 소비자는 다양한 해외쇼핑몰의 직접적 비교를 통해 타깃제품의 국내가격과 해외가격을 비교하는 데 능숙하다. 이를 통해 소비자는 해외가격 대비 과도하게 높은 가격이 책정된 제품을 외면하게 되었다. 이제 기업들은 국내와 해외의 제품 가격을 차별화하기보다는 일정하게 비슷한 수준을 유지하는 가격정책을 고민해야 한다.

이렇게 글로벌화된 소비가 보편화된 반면에, 나라 간의 정치적·경제적 이권 싸움으로 인해 무역보복이 일어나는 경우도 많다. 미국의 중국 산업 규제, 중국과 호주의 대립으로 인한 경제보복, 한국 사드 배치문제로 인한 중국의 한국 경제 제재, 일본과 한국 간의 정치 · 경제 갈등 등의 문제가 그 예가 된다.

2021년 11월 요소수 대란을 살펴보자. 요소수란 디젤자동차 차량에서 배출되는 유해가스를 억제하는 역할을 하는 물질로 매연을 줄여 주고 엔진출력도 일정수준 이상으로 유지해 준다. 그런데 요소수의 주재료인 석탄에서 추출되는 암모니아를 생산하는 중국이 호주와의 무역마찰로 인해 호주로부터 석탄 수입을 하지 못해 원자재 수급에 차질이 생겼다. 그 결과로 화물차와 버스 상당수가 디젤 차량으로 운행되는 우리나라는 요소수 가격이 5~6배까지 치솟았다. 호주는 2018년 중국의 화웨이 기업을 규제하였고, 2019년 코로나19의 발원지로 중국을 지적하면서 둘의 관계는 악화되기 시작했다. 중국은 호주로부터 석탄, 와인, 랍스터 등의 수입을 금지했으며, 소고기 수입을 일부 중단, 보복관세를 80% 부과했다. 이것이 도미노처럼 우리나라에도 악영향을 끼치게 된 것이다. 이러한 사례를 통해 무역갈등은 두 나라만의 문제가 아니라 다른 여러 나라에도 심각한 영향을 미치는 것을 알 수 있다.

2) 인구 감소 문제 및 소비패턴 변화

통계청의 '2021년 9월 인구동향' 발표에 의하면, 출생아 수는 3분기에 6만 6,563명으로 전년 대비 3.4% 감소했고, 혼인은 4만 4,192건으로 전년 대비 6.8% 감소한 것으로 나타났다. 반대로 사망자 수는 늘어나면서 우리나라 인구 자연감소 현상은 2년 가까이 이어지고 있다.

[그림 1-1] 통계청 2021년 9월 인구동향 조사결과

출처: 통계청.

인구 감소의 문제점은 여러 가지가 있지만, 경제적 측면에서 볼 때 생산을 담당하는 젊은 인구의 감소로 인해 기업의 생산성이 하락하게 되고, 이는 곧 경제성장률의 둔화로 나타난다. 이로 인해 유아동 관련 산업, 교육사업, 결혼 관련 사업 등은 직접적인 영향을 받을 것으로 예상된다.

한편, 코로나19 이후 소비패턴의 변화 또한 주목할 만한 현상이다.

첫째, 의식주 소비패턴의 변화이다. 신한카드 빅데이터연구소가 2019년과 2021년 상반기 월평균 카드이용액을 비교분석한 결과, 우리나라 국민의 의식주가 홈웨어 및 홈인테리어, 홈쿡 그리고 배달앱 및 새벽배송, 집 근처 편의점을 주로 이용하는 추세로 바뀐 것으로 조사됐다.

홈트레이닝 열풍으로 여성 레깅스 등 애슬레틱(운동 경기)과 레저(여가)를 합친 스포츠웨어를 뜻하는 애슬레저 브랜드 이용 건수는 2021년 상반기에 2019년 상반기보다 매월 평균 70% 이상 늘었다. 온라인 인테리어 플랫폼 '오늘의집' '집꾸

[그림 1-2] 2019년 · 2021년 가맹점 신규 개설 비교

출처: 신한카드 빅데이터연구소.

미기' 등 3개 브랜드의 2021년 상반기 이용 건수는 10만 6,000건으로 2019년 3만 4,000건보다 214% 증가했다. 이 중 4050세대 여성 이용 비중이 눈에 띄게 증가했다. 같은 기간 40대 여성은 6.8% 증가했고, 50대 여성은 6% 증가했다.

가정간편식(HMR) 및 밀키트(레시피 박스)의 2021년 상반기 이용 건수는 2019년 동기보다 매월 160% 이상 늘었다. 연령별로는 30~40대 증가가 두드러졌다. 배달앱 이용객도 폭발적으로 증가했는데, 2030세대 결제액이 전체의 66.8%를 차지하고 있고, 4050세대도 2019년 25.3%에서 2021년 31.7%로 증가세를 보였다. 또한 60대 이상 고령층의 배달앱 이용도 증가했다. 배송 시스템의 발달과 다양한 브랜드가 증가하며 새벽배송을 시키는 사람도 많이 늘었다. 2019년 이후 '마켓컬리' '헬로네이처' 등 새벽배송 브랜드를 찾는 고객이 늘어나며 새벽배송 월평균 이용 건수가 2019년 상반기 12만 건에서 2021년 상반기 38만 건으로 216% 늘어났다.

자택 반경 500m 이내 편의점 이용 비중은 2019년 상반기 37%에서 2021년 상반기 45%로 8% 포인트 증가했다.

둘째, 소비업종 판도의 변화이다. 코로나19로 인해 실외골프장과 테니스장 관련 업종의 매출은 상승한 반면, 여행, 뷔페, 방문판매업, PC방, 사우나, 예식업의 매출은 급감했다.

제주도가 공개한 '2021 골프장 내장객 현황'을 보면 2021년 7월까지 내장객은 총 165만 7,559명으로 2020년 같은 기간 120만 7,552명보다 37.3% 늘었다. 1인 가구가 늘고 재택으로 집에 있는 시간도 늘면서 반려동물 및 식물 키우기도 소비자들의 관심사로 떠오른 것으로 분석됐다. 조사 기간 애완동물 신규 가맹점은 25% 늘었고 꽃집과 수족관도 각각 11%와 5% 증가했다. 코로나19 사태로 가장 큰 타격을 받은 업종은 여행사와 더불어 유흥주점이었다. 여행사 신규 가맹점은 조사 대상 기간에 70%나 줄었고, 사회적 거리두기로 인한 집합 제한 등으로 일반 유흥주점과 룸살롱·단란주점은 신규 가맹점이 각각 52%와 53% 급감했다. 그 외, 뷔페와 패밀리 레스토랑, 구내식당, 푸드코트도 각각 63%, 48%, 48% 감소했다.

셋째, 세대 간 소비패턴의 변화이다. 신한카드 빅데이터연구소에 따르면 백화점과 골프 시장 등에서 MZ세대의 영향력이 갈수록 커지고 있다. 2030세대가 4060세대를 제치고 백화점에서 돈을 가장 많이 쓰는 VIP 고객층으로 등극했는데, 특히 지난 5년간 20대 남성의 100만 원 이상 백화점 이용 건수 증가율은 300%에 달했다.

전체 평균 증가율(106%)의 세 배 수준이었다. 5년 전만 해도 백화점 이용건당 결제금액이 가장 큰 고객군은 60대였는데 2021년 상반기 2030 남성으로 바뀌었다. 2030세대는 골프와 가전제품에서도 큰손 소비자로 떠오르고 있다.

2030세대만 변화가 일어난 것은 아니다. 5060세대는 모바일 쇼핑의 큰손으로 성장했다. 신한카드 빅데이터연구소의 2019년 상반기와 2020년 상반기의 카드이용건수 분석 결과, 이들은 쿠팡과 마켓컬리에서 신선식품 구매 결제건수 증가율에서 1위와 2위를 차지했다.

60대 이상 고객의 2019년 1~9월 대비 2020년 1~9월 결제건수 증가율은 64%에 이르렀다. 50대 고객 결제 건수도 같은 기간 57% 증가했다. 20대(29%)와 30대(36%)의 증가율보다 더 높다. 코로나 확산세에 외출을 자제하면서, 5060세대의 온라인 쇼핑 이용 비율이 높아진 결과이다.

백화점 100만 원 이상 이용 고객 비중 변화   (단위: %)

[그림 1-3] 신한카드 빅데이터 연구소의 백화점 이용고객 조사

출처: 신한카드.

3) 비약적인 기술의 변화

기술의 발전이 마케팅 환경에 미치는 변화는 무엇이 있을까? 이 장에서는 대표적인 특징 몇 가지를 짚어 보고자 한다.

첫째, 무인화 시대의 도래이다. 무인 빨래방, 무인 세차장, 무인 편의점, 무인 탁구장 등 무인화 기술이 상용화되면서 24시간 무인으로 이용되는 사업군이 점차 늘어나고 있다. 무인화 서비스가 인간의 일자리를 잃게 한다는 우려도 있으나, 이제 무인화 서비스는 더 이상 젊은 연령층만 익숙하게 사용하는 것이 아니다. 노년층 또한 무인 빨래방 및 무인 세차장 이용이 익숙하다. 무인산업은 디지털 기술과 결합하여 앞으로도 많은 산업에 변화를 몰고 올 것이다.

둘째, 인공지능(AI) 기술의 도래이다. 모든 기업의 정보는 데이터 기반 산업으로 전환될 것이므로, 축적된 데이터를 어떻게 응용하여 사용할 것인지는 매우 중요한 부분이다. 데이터를 분석하고 결과를 도출하는 것을 인공지능이 담당하게 되는데, 지능로봇, 자연어 처리, 데이터마이닝, 음성인식 등의 영역에서 인공지능의 역할이 커질 전망이다. 음식점에서 지능로봇을 사용하게 되면, 로봇이 종업원 대신 음식을 전달해 주거나 주문을 받는 역할을 할 수 있다. 마케팅 분야의 영화 후기, 도서 후기, 인스타그램의 해시태그 분석 등은 자연어 분석이나 데이터마이닝을 통해 이루어질 수 있다. 이렇듯 인공지능 기술로 인해 마케터는 더 많은 데이터를 상세히 분석함으로써 미처 알지 못했던 특이점을 발견하여 제품 개발 및 고객서비스에 응용할 수 있을 것이다.

4) 기업윤리와 책임이 강조되는 사회

기업의 사회적 책임(CSR)이 강조되던 시대를 지나, 요즘은 ESG가 화두이다. EGS란 Environment(환경), Social(사회), Governance(지배구조)의 약자로, '기업이 얼마나 투명하게 운영되는지를 나타내는 비재무적 요소'를 의미한다. CSR이 기업의 이익을 사회에 환원하는 의미인 데 반해, ESG는 CSR의 차원을 넘어서 기업의 투명성을 강조하고 있다. 환경과 사회 문제에 대한 관심이 많아진 소비자들은 제품 구입 시 단순히 품질뿐만이 아니라 해당 제조사의 ESG 요소를 살펴보는 추세이다.

코로나19로 인해 배송앱, 새벽배송 등의 증가로 과대포장된 제품이 환경적으로 많은 문제를 일으킨다는 점을 인지한 소비자들은 더욱더 친환경적이며 재활용 가능한 제품에 관심을 가지게 되었다. 이들은 또한 윤리적 결함이 있는 기업에 대해 강한 반감을 가지며 적극적인 불매운동을 펼치기도 한다. 가맹점에 대한 갑질로 화제가 된 A사, 경영자의 폭언, 비윤리적 행동으로 도마에 오른 B사 등에 대한 불매운동은 해당 회사의 매출 하락으로 이어졌다.

6. 마케팅의 학문적 토대

마케팅은 경제학, 심리학 그리고 통계학 또는 데이터사이언스(data science)의 융합학문이다. 사회과학으로서 마케팅을 넓게 연구한다면 사회학과 인류학도 마케팅의 관련 분야라 할 수 있지만, 일반적으로 경영학의 한 분야로서 사회현상을 연구하는 마케팅은 경제학, 심리학, 통계학에 기초한다.

마케팅이라고 하면 재미있고 창의적인(creative) 광고 혹은 이벤트를 떠올리는 경향 때문에 많은 사람들은 마케팅이 과학이 아니라고 오해한다. 물론 마케터의 매우 탁월한 감 또는 통찰력(insight)은 중요하다. 훌륭한 마케팅 담당자의 뛰어난 감(느낌)이 중요한 것은 사실이지만, 느낌만으로 마케팅이 성공하는 사례는 점점 더 희귀해져 가고 있다. 왜냐하면 마케팅의 올바른 결정은 지속적으로 데이터를 축적하고 분석하는 데이터사이언스를 토대로 할 때 효과적이기 때문이다.

시장에서의 현상에 대한 데이터를 축적하고 분석하는 접근법에는 크게 두 가지 종류가 있다. 하나는 시장을 구성하고 있는 소비자 한 사람에게 집중하여 연구 및 분석을 하고 이렇게 소비자 한 사람을 연구함으로써 얻은 결과를 시장 전체에 적용하여 마케팅 실행에 적용하는 것이다. 즉, 소비자 개인이 어떤 이유에서 구매(또는 비구매) 결정을 하게 되는지를 심리학, 특히 소비자심리에 기초하여 연구하고, 그 과정에서 도출한 결론으로 연구대상과 유사한 다수의 소비자들로 시장이 구성되어 있다는 전제에서 시장 전체를 유추하는 시각이다.

그리고 또 다른 접근법은 시장이나 산업 전체를 연구 및 분석의 대상으로 하여 축적된 빅데이터를 포함하는 다양한 데이터를 분석하는 것이다. 이 접근법의 마케팅은 시장 및 산업을 구성하는 기업과 소비자들의 큰 움직임을 연구하고, 거기서 얻은 결론으로 시장을 구성하는 소비자 개개인에게 적용할 수 있다고 전제한다. 시장에서의 경쟁관계를 수리적으로 분석하고 연구하는 데 토대가 되는 경제학의 미시경제이론과 산업조직론 그리고 시장 및 산업 수준에서 축적된 데이터를 분석하는 계량경제학을 밑바탕에 두고 있다.

그러니까 마케팅 연구자는 두 관점 중 하나에서 분석을 시작한다. 소비자 개인이 나무이고 시장이 숲이라고 한다면, 나무 하나를 집중적으로 분석해서 그 나무가 속해 있는 숲을 유추하는 심리학을 토대로 하는 관점과 숲을 전체적으로 분석해서 그 숲을 구성하는 나무를 유추하는 경제학을 토대로 하는 관점이다. 제대로 숲과 나무를 이해하려면, 즉 시장과 소비자를 옳게 이해하려면 두 관점 모두가 필요한 것은 당연하다. 그래서 마케팅은 이런 두 관점과 그 중간으로 학문적 성격을 크게 세 가지로 분류한다. 소비자심리에 초점을 맞춘 소비자행동적 연구(consumer behavioral research), 시장과 기업 분석에 초점을 맞춘 계량적 연구(quantitiative research), 그리고 두 관점의 사이에서 적절하게 초점을 맞추는 관리적 연구(managerial research)가 있다.

소비자행동적 연구들을 주로 게재하는 대표적인 국제 및 국내 학술지는 『Journal of Consumer Research』, 『Journal of Consumer Psychology』, 『소비자학연구』 등이 있다. 『Marketing Science』, 『Quantitative Marketing and Economics』 등은 계량적 연구를 주로 게재하는 국제 학술지이다. 그리고 두 접근법을 아우르는 학문적 연구들은 『Journal of Marketing』, 『Journal of Marketing Research』, 『Marketing Letters』, 『마케팅연구』 등에서 찾아볼 수 있다.

그 외에 연구 주제별로 특화된 학술지도 다수 있다. 마케팅의 실행 변수에 초점을 맞춘 연구들은 『Journal of Retailing』, 『유통연구』, 『Journal of Advertising』, 『광고학연구』, 『Journal of Product Innovation Management』 등에서 찾아볼 수 있다. 앞서 마케팅의 구분 및 종류에서 언급했던 B2B 마케팅, 온라인 마케팅, 서비스 마케팅 등의 연구는 각각 『Industrial Marketing Management』, 『Journal of Interactive Marketing』, 『Journal of Service Marketing』, 『서비스마케팅저널』 등과 같은 학술지에 발표되고 있다. 또한 특별히 지리적인 특성으로 차별화된 마케팅 관련 연구는 『Asia Marketing Journal』, 『European Journal of Marketing』 등과 같은 학술지를 참고하면 된다.

마케팅은 그 주체가 영리를 추구하는 기업 혹은 추구하지 않는 사회적 기업이나 비영리 조직이든, 고객과의 접점이 오프라인 혹은 온라인이든, 그 대상이 B2C의 최종소비자 혹은 B2B의 사업자이든 상관없이 공통적으로 강조되는 원칙이 있다. 그 원칙의 중심에는 항상 고객이 있다. 즉, 고객중심의 철학이 마케팅에서 가장 중요하다. '우리의 제품이나 서비스는 최상의 품질이기 때문에 잘 팔리고 시장을 석권할 것'으로 기대한다면 그것은 큰 오산이다. 이런 기대는 고객중심의 철학이 아닌 제품중심의 철학에 머물러 있는 수준에 불과하다. 아무리 좋은 품질의 제품이라 하더라도 고객이 그 제품의 가치를 느끼지 못한다면 결코 시장에서 좋은 성과를 내기 힘들기 때문이다. 다음 사례는 B2B기업이 마케팅의 성공요인으로 고객과의 커뮤니케이션을 강조한 기사이다.

마무리 사례 1 | "마케팅은 공유와 소통이 중요합니다"

박진수 콜로세움코퍼레이션 대표는 마케팅에서 공유와 소통의 중요성을 강조했다. 그는 "마케팅 업무의 진행상황이나 성과가 책임자와 일부 사람들에게만 공유되면 나머지 사람들은 점점 그 업무에 대한 관심이 낮아진다."며 "아무리 사소한 정보라도 모든 구성원이 동등하게 제공받을 수 있게 즉시 공유해야 한다."고 주장했다.

박 대표는 서울대에서 경영학과 소비자학을 전공하고 KTF(현 KT)와 대학내일에서 마케팅, 컨설팅, 전략기획, 인사, 재무 등의 경력을 쌓았다. 2019년 물류창고 네트워크 기반의 AI(인공지능) 풀필먼트 플랫폼인 콜로세움을 창업했다.

Q: 공유와 소통을 강조하는데.

A: 저마다 자신의 업무 때문에 모든 정보를 같은 수준으로 받아들이지 못할 수는 있다. 하지만 그런 공유 노력이 있어야 브랜드 전략과 방향성에 대한 공감대가 형성될 수 있다. 그런 공감대를 가져야 자신의 업무가 어떤 식으로 브랜드를 강화하는 데 기여하는지 느낄 수 있다. 그 느낌은 자신의 업무에 더 힘을 쏟게 만드는 원동력이다.

Q: 고객에 대해서도 마찬가지인가?

A: 그렇다. 고객분들께도 우리의 있는 그대로의 현재 상황과 미래 목표를 공유 드린다. 아직은 갖춰 나가야 할 것이 많은 스타트업으로서 어쩌면 당연하다. 나중에 갖춘 것이 더 많아지더라도 그 시점의 부족함과 다음을 향한 약속에 대해 솔직하게 소통할 생각이다.

Q: 콜로세움 브랜드팀은?

A: 브랜드 체계를 정립하고 그에 따른 하부 마케팅을 전개하는 업무를 맡고 있다. 스타트업 중 브랜드팀을 별도로 꾸려 체계적으로 브랜드를 정립하는 데 심혈을 기울이는 회사가 많지 않을 것이다. 대기업과 스타트업에서 10년 이상의 신사업 브랜드 기획과 커뮤니케이션 경력이 있는 CBO를 지난해 채용했다. 올해 역량 있는 브랜드 매니저와 브랜드 디자이너가 합류했다.

······중략······

Q: 콜로세움을 소개하면?

A: 다품종 소량 중심의 이커머스 셀러 고객과 전국의 중소형 창고를 잇는 가장 효과적이며 신뢰할 수 있는 플랫폼이다. 빅데이터와 AI 기술을 기반으로 편의성을 제공하고, 전국 물류센터 네트워크를 통해 온디맨드 서비스가 가능하다는 점이 강점이다. 최근에 '소상공인 상생

프로젝트'를 통해 1 대 1 물류컨설팅을 무료로 제공했다. 이제 막 창업하거나 물류업무를 체계적으로 처리하는 것에 어려움을 겪고 있는 소상공인들을 위해 마련한 프로젝트다. 한 달 동안 목표했던 20여 개 소상공인 기업에 맞춤 물류솔루션을 제공하는 성과를 올렸다. 냉동식품, 생활잡화, 의류 등 정말 다양한 상품을 취급하는 셀러들의 컨설팅 요청이 있었다.

Q: 풀필먼트 업계 트렌드는?

A: 풀필먼트는 이커머스용 택배물류 대행 서비스다. 풀필먼트 업계에서도 '초개인화'가 중요한 이슈다. 지금도 물동량이 어느 이상이 되어야 하고 모든 상품은 바코드가 부착되어야 한다는 등의 전제조건이 요구되는 경우가 있긴 하다. 하지만 콜로세움은 초개인화 트렌드에 맞춰 풀필먼트가 고객을 분석하고 최적화 서비스를 제공하는 방향으로 변화해야 한다고 생각한다. 고객의 데이터를 활용해 패턴을 분석하고 물류 니즈를 먼저 알아서 맞춤 서비스를 제공할 뿐 아니라 궁극적으로 고객의 고객까지 정밀하게 분석해 만족시킬 수 있는 물류서비스 제공이 목표다.

Q: AI 부자재 매핑은?

A: 각 상품에 필요한 최적의 부자재 정보를 학습해 필요한 만큼만 맞춤 추천해 주는 서비스다. 올 3분기 내에 상용화할 계획이다. 부자재 비용에 민감한 중소형 셀러들에게 도움이 될 것이다. 낭비되던 부자재를 절약하면서 효율적으로 사용할 수 있다. 친환경적이란 이점도 있다. 인터넷 쇼핑몰에서 작은 립스틱 같은 제품을 주문하면 과대포장과 에어캡 등이 문제가 된다. 그 상품에 맞는 박스를 선택하면 해결되는 문제. AI 부자재 매핑이 이런 문제를 해결해 준다.

▶**Interviewer 한 마디**

박진수 대표는 '이탈고객 마케팅'을 콜로세움의 최대 현안으로 꼽았다. 홈페이지, 이메일, 전화 등을 통해 콜로세움에 문의해 온 고객 중 상담과정과 견적을 협의하는 단계에서 발생한 이탈고객이 최종 전환되지 못한 이유를 파악하고 이탈고객에게 새로운 서비스 정보와 할인 프로모션 등을 발송해 다시 끌어들이려고 노력 중이란다. 박 대표의 공유와 소통의 마케팅 철학이 이탈고객을 줄이는 데 효과를 발휘하기를 기대한다.

출처: 장경영(2021. 08. 14.).

금융권의 마이데이터 선점전략

2019년 10월, 오픈뱅킹이 시행되면서 시중 은행계좌를 한곳에서 볼 수 있는 서비스가 시작되었지만, 증권정보, 보험정보 등은 통합적용이 되지 않았다. 그런데 2020년 8월부터, 데이터 3법이 시행되면서 '나의 데이터는 내가 관리할 수 있고, 내가 원한다면 나의 정보를 제3자에게 제공할 수 있다.'는 근거가 마련되었다. 데이터 3법이란 「개인정보 보호법」, 「정보통신망 이용촉진 및 정보보호 등에 관한 법률」(약칭 「정보통신망법」), 「신용정보의 이용 및 보호에 관한 법률」(약칭 「신용정보법」) 개정안 3개 법에서, 개인정보 보호에 관한 법이 중복 규제되는 경우가 많아 이를 개정한 것이다. 이 법은 중요한 두 가지 특징을 가지는데, 첫째는 개인정보 보호 강화이다. 개인정보는 사전에 데이터를 통해 누구인지 특정하기 어려운 가명정보나 익명정보는 기업이 활용할 수 있도록 하되, 국가가 지정한 기관에서만 데이터를 결합할 수 있도록 했다. 둘째, 마이데이터의 도입인데, 마이데이터란 개인이 데이터를 주체적으로 관리하는 것을 넘어 능동적으로 활용하는 일련의 과정을 의미한다.

고객이	금융회사로부터	마이데이터사업자에게
본인에 관한 개인신용정보를	• 신용정보 제공 · 이용자 (금융회사 등) • 공공기관 • 본인신용정보관리회사 (마이데이터사업자)	• 신용정보주체 본인(고객) • 본인신용정보관리회사 • 신용정보 제공 · 이용자 • 개인(사업자) • 신용평가회사 등

'전송하도록 요구할 수 있는 권리'

[그림 1-4] 마이데이터의 정의

마이데이터가 활용될 수 있는 분야는 무궁무진하다. 의료보건 분야에 나의 데이터를 제공하게 된다면, 앞으로 내가 간 병원과 약국 등의 모든 정보가 하나로 통합되어 볼 수 있게 된다. 금융 분야에 나의 데이터를 제공한다면 어떨까? 금융 분야는 돈이 오가는 부분이기에 모든 금융권에서는 이러한 고객데이터를 초기에 선점하여 고객 개개인의 금융정보를 수집하고, 이에 기반한 마케팅 전략을 세우고자 할 것이다.

2021년 12월 1일 정식서비스가 출범되는데, 10월 기준 45개의 회사가 마이데이터 본허가를 통과했다. 은행권은 국민, 농협, 신한, 우리, 하나은행 등 총 10개사, 핀테크 업체는 비바리퍼블리카, 카카오페이, NHN페이코, SK플래닛, 뱅크샐러드 등 총 19곳이 본허가를 통과했다. 대부분의 사업자들은 고객정보를 통해 고객들에게 맞춤 카드, 보험 등을 제공해 주고, 좀 더 나아가 대출이 필요한 고객에게는 대출자금을, 부동산 계약을 앞둔 고객에게는 다양한 대출정보를 제공하게 될 것이다.

[예시] '금융정보관리 도우미'

심나래 씨는 인터넷 검색을 통해 마이데이터 앱 중 '금융정보관리 도우미'라는 서비스가 있다는 것을 알고 사용해 보았습니다. 정보전송 요구 후 대출내역, 카드결제내역, 보험료내역 등 금융정보가 자동으로 수집되어 본인의 모든 금융정보를 한눈에 볼 수 있었습니다. 또한 그 후로 대출이자 납부일 알림, 카드대금 결제일 알림 등이 주기적으로 안내되어 나래 씨는 여러 금융 앱을 사용할 필요 없이 하나의 마이데이터 서비스 앱에서 모든 금융정보를 관리할 수 있었습니다.

[그림 1-5] 마이데이터 서비스 예시

시장의 환경이 급변할 때 이를 선제적으로 준비하는 기업들은 더 좋은 선발우위를 누리게 될 것이다. 향후 마이데이터 사업이 어떤 방향으로 진행될지는 좀 더 지켜봐야 하겠으나, 이를 미리 대비한 금융권 회사들은 분명 반사이익을 얻게 될 것이다.

출처: 마이데이터 종합포털.

마케팅원론 ABC

Artificial Intelligence
Big data
Customer value

제2장

소비자 구매의사결정의 이해

도입 사례   '프레이밍(framing)'과 소비자 의사결정

　　노벨경제학상을 수상한 대니얼 카네만(Daniel Kahneman)과 아모스 트버스키(Amos Tversky)는 다음과 같은 실험을 하였다. 실험 참가자들에게 지독한 독감에 전염될 위험이 높다는 상상을 하도록 했다. 적절한 조치를 취하지 않으면 참가자 600명이 목숨을 잃는다고 말하며, 전염을 막기 위해 개발한 두 가지 프로그램(약) 중 하나를 선택하도록 하였다. A 프로그램은 정확히 200명의 목숨을 구해 준다. B 프로그램은 600명 전원을 구할 가능성이 있지만 그 확률은 3분의 1이고, 나머지 3분의 2는 한 사람도 구하지 못한다. 응답자의 75퍼센트는 A 프로그램을 선택했고, B 프로그램을 선택한 사람은 28퍼센트였다. 다음 실험에서 실험 참가자들 역시 똑같은 상황에서 두 가지 프로그램 중 하나를 선택하도록 하였다. C 프로그램은 확실하게 400명이 사망하는 것이고, D 프로그램은 한 명도 사망하지 않을 확률이 3분의 1, 600명 전원이 사망할 확률이 3분의 2다. 이번에는 응답자의 78퍼센트가 D 프로그램을 선택하고, 22퍼센트가 C 프로그램을 선택하였다.

　　앞서 소개한 네 가지 선택지(A, B, C, D)를 서로 비교해 보면, 각각 A와 C, B와 D는 동일한 내용임을 알 수 있다. A 프로그램과 C 프로그램에서는 각각 400명이 목숨을 잃고 200명이 살아남는다. B 프로그램과 D 프로그램의 결과는 불확실성을 내포하지만 600명 전부가 사망할 확률이 3분의 2이다.

　　A와 C는 설명방식만 다를 뿐 같은 내용이고, B와 D도 마찬가지다. A와 B가 언어적으로 긍정적인 결과(구원)를 보여 준다면 C와 D는 그와는 대조적으로 부정적 결과(사망)를 보여 준다. 이와 같이 동일한 내용의 질문이라도 표현을 바꾸면, 즉 프레이밍(framing)을 변화시키면 선택 자체가 변화될 수 있다. 눈앞에 보이는 차이만 알고, 결과가 같음을 모르는 어리석음을 나타낼 때 쓰는 고사성어로 조삼모사(朝三暮四)라는 말이 있다. 오래전부터 현인(賢人)들은 인간이 빠지기 쉬운 인지적 오류와 비합리성을 경계할 것을 조언해 왔던 것이다.

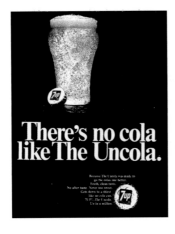

출처: 구글이미지. 7Up 인쇄광고.

포지셔닝 개념의 창시자인 트라우트(Trout)와 리즈(Ries)는 포지셔닝은 제품을 변화시키는 것이 아니라 소비자의 인식을 변화시키는 것이라고 하였다. 고전적인 사례인 세븐업(7Up)의 언콜라(Uncola) 전략을 살펴보자. 세븐업은 당시 청량음료 시장에서 선도자 브랜드였던 코카콜라(Coca–Cola)와의 직접적인 경쟁에서 승리할 가능성이 낮음을 깨닫고, 코카콜라와 같은 제품 범주에 속하지 않음을 강조한 '언콜라(Uncola)' 광고 캠페인을 실행하였다. 이를 통해 소비자의 의사결정 프레임을 바꾸었고, 결과적으로 제품 변화 없이 매출이 10% 이상 증가하였다. 전통적인 경제학에서는 제품의 효용이 고정된 불변의 값이라고 가정하였으나 실제로 제품에 대한 평가는 사람에 따라서, 그리고 상황에 따라서 매우 가변적이다. 대안에 대한 평가는 주관적일 수밖에 없으며, 결국 구매(선택)는 이러한 객관적 가치가 아닌 주관적 평가, 즉 지각된 가치에 의해서 일어난다. 소비자의 구매의사결정은 경우에 따라서는 합리적으로 보이기도 하지만, 또 어떤 경우에는 매우 비합리적이고 일관성이 결여된 모습을 보인다. 이 장에서는 소비자의 구매의사결정이 가진 이러한 복잡성을 이해하기 위해서 다양한 관점에서 이를 고찰하고, 마케팅적 시사점을 제시하고자 한다.

▶ **사전토론 주제**

1. 무엇이 소비자의 구매행동을 일으키는가?
2. 왜 동일한 상품에 대한 평가가 사람에 따라 달라지는 것일까?
3. 여러 대안들 중 하나를 선택하는 것에 대한 어려움을 겪을 때, 사람들은 어떤 방식으로 이러한 갈등을 해결하는가?

제2장의 개요

　광고를 비롯해 기업이 소비자에게 제공하는 다양한 마케팅 믹스(4P)가 구매에 중요한 영향을 미치지만 소비자 특성에 따라 동일한 마케팅 믹스에 대한 반응은 각기 다르다. 소비자들마다 의사결정 방식이 다를 뿐 아니라 의사결정에 영향을 미치는 구매동기, 브랜드 관련 지식과 경험, 태도 등 심리적인 요인들, 그리고 소비자를 둘러싼 다양한 거시환경적 요인들도 다르기 때문이다. 이 장에서는 소비자가 구매상황에서 활용하는 다양한 의사결정 방식들을 소개하고자 한다. 의사결정과 관련된 이론들의 발전과정을 소개하기 위해서 이제까지의 소비자행동 연구들을 크게 규범적(normative) 이론과 기술적(descriptive) 이론으로 구분하여 소개한다. 기술적 접근에 속하는 행동경제학을 대표하는 프로스펙트 이론(prospect theory)과 다양한 맥락효과(context effect)에 대한 소개를 통해서 소비자 의사결정과 관련된 다양한 원칙들을 이해하도록 한다.

제2장의 질문

1. 소비자가 구매행동에 이르기까지 어떤 심리적인 단계를 거치게 되는지 설명하시오.

2. 소비자행동에 대한 이론 중 규범적 이론과 기술적 이론의 차이는 무엇인지 설명하시오.

3. 소비자의 구매행동을 분류하는 데 사용되는 중요한 기준은 무엇이며, 대표적인 네 가지 구매행동 분류에 대해 설명하시오.

4. 다속성 선호도 모형이 마케팅 전략 수립에 어떻게 활용될 수 있을지 논하시오.

5. 소비자의 대안 평가를 설명하는 데 활용되는 대표적인 비보완적 모형들을 소개하시오.

6. 프로스펙트 이론에서 가정하는 가치함수의 특징 세 가지는 무엇인가?

1. 소비자 행동의 기본 모형

소비자 구매의사결정이 어떤 과정을 거쳐서 이루어지는가에 대한 이해는 효과적인 마케팅 전략을 수립하는 데 있어서 매우 중요하다. 소비자의 구매의사결정에 대한 연구는 경제학 분야에서 먼저 이루어져 왔다. 전통적인 경제학에서는 효용극대화(utility maximization) 이론을 통해서 소비자의 구매행동을 설명하는데, 마케팅에서도 이와 유사한 개념으로 '고객가치', '선호도', '만족도'를 극대화시킨다는 개념을 통해 소비자의 구매를 설명한다. 그러나 현실에서의 소비자 구매행동은 하나의 통일된 이론이나 접근방법으로 설명하기에는 너무도 복잡하고 다양한 형태로 나타난다.

소비자의 구매행동의 복잡성과 다양성을 보여 주는 몇 가지 예를 살펴보자. 전통적인 수요곡선(demand curve)에서 볼 수 있듯이 일반적으로 소비자는 (다른 조건이 비슷하면) 가격이 저렴한 상품을 선호한다. 그러나 제품을 통해 자신의 이미지를 높이려는 소비자들은 오히려 가격이 높은 상품에 대해서 더 높은 선호도를 보이기도 한다. 소비자는 어떤 경우에는 제품 구매를 통해 자신만의 독특한 개성을 표현하고 싶어 하면서도, 또 다른 경우에는 대중들의 선호와 동일시하기 위해 노력하기도 한다. 어떤 소비자는 이기적인 구매행동을 보이지만, 또 다른 소비자는 구매를 통해 사회가 긍정적으로 변화될 수 있도록 선한 영향력을 행사하고 싶어 한다. 같은 상품에 대해서도 어떤 소비자는 선택하기까지 며칠씩 고민하지만, 다른 소비자는 즉흥적으로 구매하거나, 혹은 별다른 고민 없이 습관적으로 구매하기도 한다. 소비자의 구매행동이 이렇게 다양하고 복잡하게 나타나는 이유는 개인마다 취향, 구매동기, 관련 지식과 경험, 경제적 여건, 문화적 배경 등이 다르고, 구매 시 무의식적으로 활용하는 의사결정 규칙도 모두 다르기 때문이다. 이 장에서는 소비자의 구매의사결정에 영향을 미치는 요인들에는 어떤 것들이 있는지 알아보고, 소비자들이 활용하는 의사결정 방법들에는 어떤 것들이 있는지 살펴보고자 한다.

1) 소비자 구매행동의 기본 모형

마케팅 전략 수립에 있어서 소비자에 대한 이해가 중요한 이유는 동일한 마케팅 자극에 대해서도 소비자에 따라 반응이 달라지기 때문이다. 이러한 소비자 다양성의 유형과 원인에 대한 이해는 선정된 표적고객에 맞는 제품과 마케팅 프로그램을 기획하는 출발점이 된다. [그림 2-1]에서 보듯 소비자의 마음을 나타내는 중간 부분은 명확하게 이해하기 어렵기 때문에 블랙박스로 표현되기도 한다.

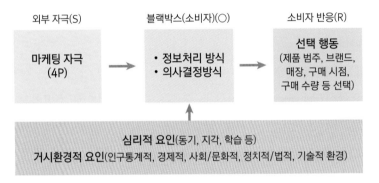

[그림 2-1] 마케팅 자극과 소비자 반응

[그림 2-2]는 소비자가 어떤 심리적 과정을 거쳐서 구매행동에 이르게 되는가를 보여 주는 가장 기본적인 모형이다. 마케팅활동은 궁극적으로 교환, 즉 구매행동을 일으킬 수 있어야 하는데, 구매행동이 일어나려면 그 이전에 인지적, 감정적 변화가 선행되어야 한다. 상품에 대한 인식과 이해, 그리고 선호도 형성의 과정

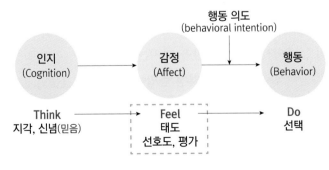

[그림 2-2] 소비자 구매행동의 기본 모형

을 거쳐야 구매행동이 발생되는 것이다. 이 3단계 모형을 CAB(Cognition-Affect-Behavior, 인지-감정-행동) 모형 혹은 생각-감정-행동(Think-Feel-Do) 모형이라 부르기도 한다. 구매의사결정 과정에서 거치게 되는 일련의 심리적인 단계들을 나타내는 모형들을 통칭하여 효과의 위계 혹은 효과의 계층(hierarchy of effect) 모형이라고 한다. 대표적인 효과의 위계모형으로는 소비자 연구의 초창기에 제시된 래비지(Lavidge)와 스타이너(Steiner)의 모형(Lavidge & Steiner, 1961), 판매원 교육을 위해 개발된 AIDA(Attention-Interest-Desire-Action; 주의-관심-욕망-행동) 모형 등이 있다(Kotler & Keller, 2011).

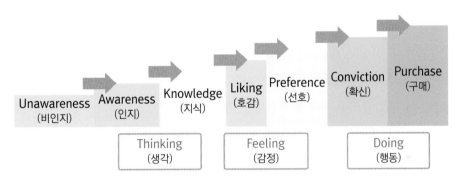

[그림 2-3] 래비지와 스타이너의 효과의 위계모형

2) 소비자행동 연구의 두 가지 접근방법: 규범적 모형 vs. 기술적 모형

구매의사결정에 대한 다양한 연구들이 취하는 접근방법은 크게 두 가지로 분류할 수 있다. 한 가지는 규범적(normative) 이론(모형)인데, 이것은 이상적인 소비자 의사결정 방식을 나타낸다. 전통적인 경제학의 '합리적 선택(rational choice)' 이론은 이에 해당한다. 또 다른 접근법은 규범적 모형으로 설명할 수 없는 현실적인 소비자의 구매행동을 나타내는 이론으로 기술적(descriptive) 이론(모형)이라고 불린다. 주로 심리학 이론에 기초한 소비자행동 연구들은 대부분 이에 해당하며, 행동경제학이 이에 해당한다.

규범적 이론은 전통적인 경제학에서 제시된 이론으로서, 경제학에서 소비자의 구매를 설명하기 위해 도입한 변수는 효용(utility)이다. 모든 상품은 고유의 불변

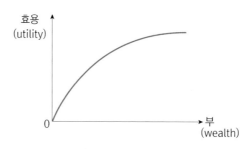

[그림 2-4] 전통적인 경제학의 효용함수[베르누이(Bernoulli) 효용함수]

하는 효용을 가지고 있다고 가정하고, 소비자는 가장 높은 효용을 제공하는 대안을 선택한다는 이론을 효용극대화(utility maximization) 원칙이라고 한다. 소비자는 대안에 내재된 불변의 효용을 정확히 찾아내어, 일관성 있게 선택행동을 한다고 가정하며, 이렇게 행동하는 존재를 합리적 소비자(rational consumer)라고 지칭한다. 효용극대화 원칙이 가지는 중요한 시사점은 상품의 효용이 커질수록 그 상품이 구매될 가능성은 단순증가한다는 것이다. 우리가 당면하는 대부분의 의사결정 문제에서 선택의 결과에는 불확실성이 존재하게 되는데, 이런 경우에는 결과의 기댓값에 기초하여 의사결정을 하게 된다고 가정하고, 이를 기대효용극대화(expected utility maximization) 원칙이라고 한다. 효용극대화 원칙을 대표하는 효용함수는 [그림 2-4]에 나타나 있다. 이러한 효용곡선에 따르면 자신이 보유한 금전적 부의 크기가 증가함에 따라 효용은 지속적으로 증가하게 되고, 기울기는 점점 완만해진다(Bernoulli, 1954).

소비자 의사결정에 있어서 규범적 모형에 한계점을 지적한 가장 대표적인 학자로 허버트 사이먼(Herbert Simon)이 있다(Simon, 1955). 그는 시장에 존재하는 경쟁상품들의 수가 급증하고 상품의 특성도 복잡해지면서, 이들 상품들의 효용을 완벽하게 파악해서 구매의사결정을 내리는 것은 현실적으로 불가능함을 간파하였다. 그는 전통적 이론이 현실에서 맞지 않는 원인은 인간의 정보처리(information processing) 능력이 매우 제한적이기 때문이라고 주장하였다. 사이먼은 의사결정에 대한 연구는 이상적인 모형 제시가 아니라 인간이 실제로 어떻게 정보처리를 하는지에 초점을 맞춰야 한다고 제안하였다.

기술적 접근의 연구들은 특정 대상에 대한 소비자의 평가와 선택이 일관적이지 않고, 상황에 따라 변화됨을 실험을 통해 밝혀내고자 하였다. 이후 이러한 비합리적 행동들 속에서 일관되게 나타나는 법칙을 찾아내려 하였다(Ariely, 2010). 이러한 관점은 행동경제학이라는 영역으로 크게 발전하게 된다. 마케팅 분야에서 이루어지는 대부분의 소비자행동 연구들은 주로 기술적 접근을 따른다. 전통적인 경제학에서는 효용이 객관적이며 고정되어 있다고 가정하지만, 마케팅 혹은 행동경제학에서는 대상에 대한 평가가 주관적이며, 상황에 따라 가변적이라고 가정한다. 제품에 대한 모든 소비자의 평가가 동일하다면 시장조사와 같은 마케팅 활동은 필요하지 않을 것이다.

〈표 2-1〉 소비자행동 연구에 대한 규범적 이론과 기술적 이론의 특징 비교

규범적(당위적) 이론 (normative theory)	기술적(사실적) 이론 (descriptive theory)
• 이상적인 소비자의 구매행동을 이론화 ('이것이 이상적인 소비자의 구매행동이다.') • 수학적, 공리적(axiomatic) 접근 • 일관적, 체계적 • 전통적인 경제학의 접근 • 합리적 소비자 가정 • (기대)효용극대화 원칙이 이에 해당	• 현실적인 소비자 구매행동 설명 ('실제로 소비자의 구매행동은 이렇다.') • 규범적 원칙에 어긋나는 현상의 존재를 실험을 통해 증명 • 행동경제학적, 심리학적, 마케팅적 접근 • 소비자의 비합리적 의사결정에 초점 • 프로스펙트 이론, 맥락효과, 선호역전 현상 등에 대한 연구가 이에 해당

2. 소비자 구매행동의 분류와 구매의사결정 단계

1) 소비자 구매행동의 분류

소비자는 인지적(cognitive) 자원의 소모를 최소화하려고 하기 때문에 중요하지 않다고 생각되는 의사결정에는 투입하는 노력을 최소화하려고 한다. 그와 반대로 중요하다고 생각되는 문제에 대해서는 많은 시간과 노력을 들여서 신중하게 의사결정을 내린다. 이렇듯 상황에 따라 소비자의 의사결정 방식이 변하는데, 소비자가 의사결정에 얼마나 많은 노력을 들이느냐에 영향을 주는 변수로 대표적인 것은 관여도(involvement)이다. 관여도란 소비자가 어떤 대상이나 의사결정 문제에

	고관여 상황 (high involvement)	저관여 상황 (low involvement)
제품들 간에 지각된 차이가 클 때	복잡한(체계적인) 구매행동 (complex buying behavior)	다양성 추구 구매행동 (variety seeking buying behavior)
제품들 간에 지각된 차이가 거의 없을 때	인지부조화 감소 구매행동 (dissonance reducing buying behavior)	습관적 구매행동 (habitual buying behavior)

[그림 2-5] 구매의사결정 방식의 분류

대해서 부여하는 중요도, 관심도, 혹은 자아관련성을 의미한다. 자신이 더 많은 관심을 가지고 중요하게 생각하는 상황, 그리고 자아와 관련성이 높다고 느끼는 상황을 고관여(high involvement) 상황이라고 하고, 그 반대의 경우를 저관여(low involvement) 상황이라고 한다. 관여도에 따라서, 그리고 소비자가 대안들 간의 차이를 명확히 구분해 낼 수 있는가에 따라서 소비자의 의사결정 방식을 [그림 2-5]와 같이 네 가지로 분류할 수 있다(Kotler & Keller, 2011).

　네 가지 구매행동 유형 중 경제학적인 합리적 선택의 개념에 가장 부합하는 의사결정 방식은 복잡한(complex) 구매행동 혹은 체계적인(systematic) 구매행동이라고 불리는 방식이다. 이 방식은 고관여 상황에서 소비자가 대안들 간 차이를 명확히 식별할 수 있는 능력이 있는 경우 채택하는 방식이다. 관여도와 지각된 위험이 높은 상황에서 이루어지는 의사결정이기 때문에 소비자는 정보의 수집과 분석, 평가에 최대한 많은 시간과 노력을 투입하여, 가장 높은 가치를 제공하는 대안을 최종적으로 선택한다. 일반적으로 인지-태도-행동(think-feel-do, cognition-affect-behavior)의 단계를 거쳐 의사결정이 이루어진다. 의사결정 과정을 더 세분화하면 문제 인식, 정보 탐색, 대안 평가, 선택(구매), 구매 후 행동의 다섯 단계를 거친다.

　고관여 상황에서 발생하는 또 다른 형태의 의사결정 방식은 인지부조화 감소 구매행동(dissonance reducing buying behavior)이다. 인지부조화란 새롭게 받아들인 정보가 자신의 기존 신념과 일치하지 않을 때 느끼는 심리적인 불편함을 의미한다

(Festinger, 1957). 구매행동 맥락에서 발생되는 인지부조화란 자신이 선택한 상품이 실제로 최선의 대안이 아니었음을 알게 되었을 때 느끼는 불편한 감정을 의미한다. 인지부조화 감소 구매행동이란 자신의 선택이 가져올 결과를 예측해 보고, 구매 후에 인지부조화가 발생할 가능성이 가장 낮은 대안을 선택하는 것을 의미한다. 이것은 후회(실패, 불만족)할 가능성이 가장 낮고 안전한 대안을 선택하는 의사결정 방식을 의미하기도 한다. 인지적 조화를 추구하는 소비자의 특성은 자신의 선택을 합리화하기 가장 쉬운 대안을 선택하는 것과도 관련되어 있다 (Simonson, 1989). 자신의 구매행동을 남들에게 인정받고 싶어 하고, 남들에게 합리화시키고 싶어 하는 욕구 때문에 소비자들은 극단적이지 않고 평범한 대안, 사람들이 일반적으로 많이 구매하는 대안을 선택하게 된다. 이러한 구매행동을 채택하는 사람들은 대안에 대한 자신의 선호가 명확하지 않은 경우가 많기 때문에, 구매 이후에도 지속적으로 자신의 선택을 정당화시켜 줄 수 있는 근거를 찾으려 노력한다. 마케터는 이러한 소비자들이 확신을 가지는 데 도움을 줄 수 있는 정보나 서비스 등을 구매 이후에도 지속적으로 제공함으로써 차후에 재구매를 유도할 수 있다.

습관적 구매행동(habitual buying behavior)은 주로 저관여 상황에서 나타나는데, 인지적 노력이 최소화된 상태에서 기존에 구매하던 브랜드를 반복 구매하는 것을 의미한다. 새로운 정보를 처리하여 태도를 형성하는 단계를 생략하고, 이미 형성된 기억 속 태도 정보를 활용해 의사결정을 내리게 된다. 이전 구매를 통해 만족을 느꼈거나 굳이 브랜드 전환의 필요성을 느끼지 못하는 소비자들은 습관적 구매행동을 채택하게 된다. 가장 단순한 의사결정 방식이지만 현실에서 발생하는 구매행동의 상당 부분을 설명하는 이론이다. 특별히 강력한 자극이 제시되지 않는 한 인간은 과거 행동을 반복하려는 경향을 가지기 때문에, 일단 한 번이라도 구매된 브랜드는 이후에 재구매될 가능성이 높다. 이러한 소비자행동의 관성(inertia)은 현재 시장점유율이 가장 높은 선도자 브랜드에게 유리하게 작용한다. 우월한 성능의 새로운 상품이 시장에 진입했더라도 소비자의 습관적 구매행동은 한동안 이 신상품을 외면하게 만들기 때문이다. 습관적 구매행동으로 인해 소비자들의 구매행동은 실제 시장상황의 변화보다 늦게 변화된다. 이러한 상황에서 새로운 브랜드는 구매상황을 저관여에서 고관여로 바꿔 소비자가 복잡한 구매행동을 하도록 유도하는 마케팅 전략을 구사해야 한다. 마케팅이란 소비자의 습관적 구매행동을 지속시키려는 선도자 브랜드와 그러한 학습된 구매패턴을 깨뜨리려는 추종자 혹은 도전자 브랜드 간의 치열한 싸움으로 이해할 수 있다(제6장 참조). 구매의사결정을 내릴 때마다 치밀한 분석과 평가를 통해서 매번 같은 브랜드를 재구매하는 경우라면 겉보기에는 습관적 구매행동처럼 보일지라도 복잡한 구매의사결정으로 봐야 할 것이다. 새로운 정보를 활용해 기존의 신념이나 태도를 바꾸는 데는 많은 인지적인 비용(cognitive cost)이 소모된다. 소비자는 가능하면 이러한 비용을 줄이려 하기 때문에 습관적 구매행동을 하게 된다.

다양성 추구 구매행동(variety seeking buying behavior)은 과거에 구매해 보지 않았던 새로운 브랜드를 구매하거나, 다양한 브랜드를 번갈아 구매하는 행태를 의미한다. 다양성 추구 구매행동은 자신이 과거에 구매했던 브랜드를 반복 구매하는 습관적 구매행동과 반대될 뿐만 아니라, 그렇다고 정해진 기준에 따라 가장 높은 가치를 제공하는 대안을 구매하는 것도 아니기에 복잡한 구매행동과도 다른 행태이다. 시장에 새롭게 진입한 브랜드의 경우에는 이러한 구매행동을 유발시키는 것이 유리할 것이다. 소비자의 다양성 추구 구매행동은 다양한 원인에서 발생한다. 첫째, 사람들은 새로운 것(novelty), 자극적인 것을 좋아하는 특성을 가졌기 때문에 다양성 추구를 한다. 둘째, 한계효용 체감의 법칙으로 이를 설명하기도 한다. 비슷한 자극이 추가되는 것보다 새로운 자극이 추가될 때 한계효용이 더 크게 증가하기에 새로운 것을 선호하게 될 수 있다(McAlister & Pessemier, 1982). 셋째, 위험추구 성향의 소비자들은 다양성 추구 행태를 보일 수 있다. 과거에 경험해 보지 못한 대안에 대해서는 지각된 위험이 높아지는데, 위험추구 성향이 높은 소비자에게는 이러한 대안이 매력적이 대안으로 인식될 수 있다. 넷째, 의사결정 과정에서 생기는 인지적 오류 때문에 상황에 따라 각기 다른 대안이 최선의 대안처럼 느껴져서 다양성 추구 행동으로 보여지는 경우도 있다(Bass, 1974). 소비자의 다양성 추구 성향을 고려하여 기업은 같은 제품 범주 안에 다양한 특성을 가진 다수의 브랜드를 출시하는 방법으로 매출 증대를 꾀할 수 있다.

2) 구매의사결정 단계

복잡한 구매행동에서 소비자는 [그림 2-6]에 보여지는 바와 같이 다섯 단계를 거치며 의사결정을 한다. 구매의사결정의 출발점인 문제의 인식 혹은 욕구나 필요의 인식 단계는 충족되지 않은 욕구를 인식하고 이를 해결하고자 하는 의지가 생기는 단계를 의미한다. 자신이 원하는 바람직한 상태와 현재 상태 간의 차이(gap)가 충분히 커서 해결의 필요성을 느껴야 하고, 자신이 외부의 도움(제품이나 서비스 등)으로 그 문제를 해결하는 것이 가능하다고 생각해야만 구매행동이 시작된다. 욕구는 자연적으로 발생되기도 하고, 제품이나 광고 등 마케팅 자극을 접함으로써 발생되기도 한다. 구매의사결정은 미충족된 욕구에서 출발하기 때문에 마케터는 소비자가 어떤 욕구에서 자사 상품을 구매하는지를 이해하는 것이 중요하다.

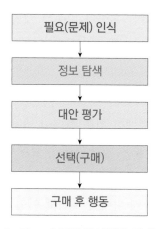

[그림 2-6] 구매의사결정 단계

해결해야 할 욕구가 생기면 소비자는 이를 해결할 수 있는 수단들에 대한 탐색을 시작한다. 두 번째 단계를 정보 탐색 혹은 대안 탐색 단계라고 한다. 관여도 등 다양한 요인이 정보 탐색의 양과 방식에 영향을 미치게 되는데, 크게 외적 정보 원천에서 정보를 탐색하는 외적 탐색과 자신의 기억 속 정보를 인출해 사용하는 내적 탐색으로 나누어진다. 습관적 구매행동의 경우는 주로 내적 탐색에 의존하는 구매행동으로 볼 수 있다. 최근 인터넷을 통한 상품의 검색과 비교가 매우 쉬워짐에 따라 소비자가 정보 탐색 과정에 투입하는 시간적, 인지적 비용이 현저하게 감소되었는데, 이러한 변화 추세는 더욱더 강해질 것이다. 소비자는 정보 탐색 단계를 거치며 대안들의 속성값들을 인식하게 되는데, 이렇게 형성된 속성 신념 (attribute belief)에 기초해서 다음 단계인 대안 평가가 이루어진다.

대안 평가 단계는 검색된 여러 가지 대안들에 대해서 선호도(preference)가 형성 되는 단계이다. 탐색된 대안들은 전반적인 선호도 혹은 지각된 가치가 높은 순서 대로 소비자의 마음속에서 순위가 매겨지게 된다. 대안 평가는 인지-태도(감정)-행동의 3단계 모형에서 두 번째인 태도 형성 단계에 해당한다. 자신의 욕구를 잘 충족시켜 줄 수 있는 대상에 대해서 소비자는 긍정적인 감정, 즉 선호를 형성하게 되는데, 대상에 대한 호불호의 감정은 심리학에서는 '태도'라는 주제로 연구되어 왔다. 소비자는 이 단계에서 형성된 선호도 혹은 태도에 기초해서 최종적인 선택 을 결정하게 된다. 경제학에서는 대안들에 대한 소비자의 평가를 '효용'이라고 부 르는데, 마케팅에서는 이에 대해 고객가치(customer value), 매력도(attractiveness), 선호도, 태도(attitude) 등 다양한 용어가 비슷한 개념으로 사용된다. 소비자가 속 성 신념에 기초해서 어떻게 태도를 형성하는지에 대한 이론으로 다속성 선호도 모형(multi-attribute preference model)이 있다. 이에 대한 설명은 뒤에서 자세히 이 루어질 것이다.

평가에 이어서 네 번째 단계에서 최종 선택이 이루어진다. 앞 단계에서 이루어 진 대안 평가 과정에서 가장 좋은 평가를 받은 브랜드를 실제로 구매하는 행동이 발생되는 단계이다. 높은 태도가 형성된 상품이라고 하더라도 제품 품절 등의 여 러 가지 현실적인 제약조건들에 의해서 구매로 이어지지 못할 수 있기 때문에, 최 종 구매 단계에서 발생할 수 있는 장애물을 제거해 주는 것이 중요하다. 마지막 다섯 번째 단계는 구매 후 행동이다. 구매 후에 만족 혹은 불만족을 느끼고, 그에 따라 긍정적 혹은 부정적 구전효과(word-of-mouth)를 발생시키는 행동 등이 이 에 해당한다. 최근 온라인 판매와 구매후기 공유의 확산에 의해서 구매 후 행동이 다른 소비자들에 미치는 영향이 매우 커졌다. 소비자의 온라인 구매행동을 모형 화한 AISAS 모형에서는 소비자의 구매행동 단계를 주의(attention), 흥미(interest), 검색(search), 구매행동(action), 공유(share)로 구분한다(Chantamas & Pongsatha, 2017). 구매후기를 타인들과 공유하는 행동은 온라인에서의 소비자행동을 규정하 는 중요한 특성으로 자리 잡았다.

3. 다속성 선호도 모형

1) 다속성 선호도 모형의 이해

소비자가 어떻게 브랜드에 대한 선호도를 형성하는가에 대한 가장 중요한 모형 중 하나는 다속성 선호도(태도) 모형[multi-attribute preference(attitude) model]이다. '다속성'이란 '여러 개의(多) 속성'이란 의미로서, 제품을 여러 개 속성의 집합체로 본다는 의미를 담고 있다. 다속성 선호도 모형에 따르면 소비자는 제품의 여러 가지 속성들에 대해 각각 평가해서, 이들 평가를 종합하여 브랜드에 대한 전반적인 선호도를 형성하게 된다(Fishbein & Ajzen, 1975). 스마트폰을 예로 들면, 소비자는 A브랜드 스마트폰의 가격, 성능, 디자인, 크기 등의 속성에 대해서 평가한 후에 그 평가들을 종합하여 A브랜드에 대한 전반적인 선호도를 형성하는 것이다.

이 모형은 앞서 소개한 네 가지 구매행동 중 복잡한 구매행동을 잘 나타내는 모형이다. 예를 들어, 스마트폰 브랜드를 평가하는 데 있어서 어떤 소비자는 가격, 품질, 그리고 디자인, 이렇게 세 가지 속성에 기초해서 10점(0점~10점) 만점 척도로 평가한다고 가정해 보자. 특정 브랜드에 대해서는 가격 만족도가 매우 좋아서 10점을 부여하고, 품질은 6점, 디자인은 8점으로 평가하였다. 척도의 방향성 일치를 위해서 가격의 경우에는 가격이 낮아질수록 속성만족도 점수는 높아지는 것으로 본다. 세 개의 속성에 대한 만족도 값을 종합하여, 브랜드에 대한 전반적인 만족도를 구하는 가장 단순한 방법은 세 개 평가치의 평균을 구하는 것이다. 이 방식에 따르면 8점이라는 최종 평가치를 얻게 된다.

이렇게 단순 평균을 내는 방식의 문제점은 한 가지 단점을 갖는다. 고려되는 세 개의 속성에 대해서 소비자가 동일한 중요도를 부여한다고 가정한다는 점이다. 실제로 대부분의 소비자는 속성마다 부여하는 중요도가 다르다. 어떤 소비자는 가격을 가장 중요하게 고려하며, 다른 어떤 소비자는 디자인을 가장 중요하게 고려할 수 있다. 이러한 소비자 취향의 차이를 반영하기 위해서 가중평균(weighted average)의 개념을 도입하는 것이 다속성 선호도 모형이다. 즉, 개별 속성의 평가치에 가중치를 곱해서 평균을 구하는 방식으로 전반적인 선호도를 계산하는 것이다. 예를 들어, 가격, 디자인, 품질 순으로 중요도를 부여하는 소비자를 가정하여, 가격에는 0.5, 디자인에는 0.3, 그리고 품질에는 0.2의 가중치를 부여해 보자. 이 경우 브랜드의 전반적인 선호도는 $(0.5×10)+(0.3×8)+(0.2×6)=8.6$이 된다. 이해와 분석의 편의를 위해서 가중치 총합이 1이 되도록 부여한다. 다속성 선호도 모형을 수식으로 나타내면 다음과 같다.

$$V_j = \sum_{i=1}^{n} w_i b_{ij}$$

이 식에서 V_j는 j 브랜드에 대한 전반적인 선호도 혹은 태도를 의미한다. w_i는 i 속성에 부여하는 가중치(weight), 즉 중요도(importance)이며 0에서 1 사이의 값을 갖는다. b_{ij}는 j 브랜드가 가진 i 속성수준 혹은 속성만족도를 의미하는데, 문헌에 따라 속성 신념(attribute belief)이라고도 한다. 평가하는 속성의 숫자가 n개이기 때문에, n개의 속성 평가를 종합한다는 의미에서 시그마(Σ) 표현을 활용한다. 가중평균의 개념으로 다속성 선호도 모형을 이해하기 위해 모든 속성들에 대한 중요도의 총합은 1이라고 가정한다($\sum_{i=1}^{n} w_i = 1$). 〈표 2-2〉에 제시된 수치적인 예를 통해서 다속성 선호도 모형의 활용을 살펴보자.

〈표 2-2〉 두 개의 스마트폰 브랜드(A, B)에 대한 선호도 비교

속성 브랜드	브랜드 A	브랜드 B
성능 (w_1=0.5)	9점(=b_{1A})	7점(=b_{1B})
가격 (w_2=0.3)	6점(비싸다)(=b_{2A})	9점(싸다)(=b_{2B})
디자인 (w_3=0.2)	8점(=b_{3A})	7점(=b_{3B})
전반적인 선호도	7.9점	7.6점

〈표 2-2〉의 사례에서는 소비자가 브랜드 A를 더 선호함을 알 수 있다. 이 소비자는 성능을 가장 중요한 속성으로 고려하고 있음을 알 수 있다. 그러나 어떤 다른 소비자는 가격을 가장 중요하게 고려할 수 있고, 그러한 경우에는 두 브랜드에 대한 선호도는 바뀔 수 있다. 예를 들어, 표에서 성능과 가격의 중요도를 서로 바꿔서, 성능의 중요도는 0.3, 가격의 중요도는 0.5가 되면 브랜드 A와 브랜드 B의 선호도는 각각 7.3과 8.0으로 바뀐다. 즉, 이 소비자는 브랜드 B를 더 선호하게 된

다. 이렇듯 대안에 대한 선호도는 속성 신념뿐 아니라 속성중요도에 의해서도 많은 영향을 받게 된다. 동일한 상품에 대한 평가가 사람마다 달라지는 것은 속성중요도의 차이에서 기인한 경우가 많다. 참고로, 일반적인 다속성 선호도 모형의 정의에서는 가중치의 합이 반드시 1이 되도록 정의할 필요는 없다. 그러나 합이 1이 되도록 가중치를 부여하면 가중평균의 개념으로 설명할 수 있고, 이후 그래프를 통한 설명도 더 용이해지기 때문에 이 가정에 기초하여 논의를 진행하도록 한다.

2) 다속성 선호도 모형의 시사점

(1) 마케팅 전략적 시사점

다속성 선호도 모형은 어떻게 브랜드 선호도를 높일 수 있는가에 대한 시사점을 내포한다. 신제품을 개발하거나 제품 개선을 하려고 할 때 마케터는 먼저 소비자가 어떤 속성들을 중요하게 고려하는지를 파악해야 한다. 이후 소비자가 중요하게 고려하는 속성에서 대한 만족도를 우선적으로 높이는 데 마케팅 노력을 집중해야 한다. 이 모형은 광고 크리에이티브 개발에 대한 시사점도 제공한다. 단순히 자사 브랜드의 강점을 알리는 것을 뛰어넘어 자사가 강점을 가진 속성을 소비자가 중요하게 고려하도록 만드는 크리에이티브를 개발한다면 선호도를 높이는 데 효과적일 것이다.

또한 다속성 선호도 모형은 어떻게 시장세분화, 표적시장 선정, 그리고 포지셔닝을 해야 하는가에 대한 중요한 통찰을 제시해 준다. 소비자가 중요시하는 속성이 무엇인가에 따라 시장을 세분화하는 것은 효과적인 포지셔닝 전략 개발의 출발점이 된다(제6장에서 자세히 논의). 소비자 취향의 다양성은 곧 중요시하는 속성의 차이로 나타난다. 예를 들어, 가격을 중요시하는 소비자, 성능을 중요시하는 소비자, 디자인을 중요시하는 소비자 등 속성중요도에 따라 시장을 세분화할 수 있다. 물론 특정 속성만 중요하게 고려하고 나머지는 완전히 무시하는 소비자는 없지만 가장 중요하게 고려하는 속성이 무엇인가는 소비자의 특성을 파악하는 중요한 기준이 된다. 시장세분화에 흔히 사용되는 인구통계학적 변수, 예를 들어 나이나 성별 등의 특성도 중요하긴 하지만 이러한 인구통계학적 특성의 차이에 따라 중요하게 고려하는 속성에 차이가 없다면 이 변수들은 큰 의미를 갖지 못한다.

시장세분화 이후에는 자사 브랜드의 강점을 가장 중요하게 고려하는 고객집단을 표적시장으로 선정해야 한다. 이 과정을 통해 어떤 속성을 중심으로 자사 브랜드를 포지셔닝할 것인가를 결정할 수 있다. 소비자가 가장 중요시하는 속성과 자사 브랜드를 연결시키는 전략이 가장 바람직하다. 그러나 이런 포지셔닝은 이미 시장 선도자가 차지했을 가능성이 높기 때문에, 차선책으로 시장 전체 차원에서의 중요도는 조금 떨어지더라도 특정 고객집단이 중시하는 다른 속성에 기초하여 자사 브랜드를 포지셔닝할 수 있어야 한다.

(2) 속성 간 트레이드오프(trade-off)와 동일 선호도 직선

다속성 선호도 모형의 중요한 시사점 중 하나는 서로 다른 속성수준을 가진 여러 대안들이 동일한 선호도를 가질 수 있다는 점이다. 〈표 2-3〉은 두 개의 속성만 고려하는 단순한 예를 통해서 이를 보여 주고 있다. 브랜드 A와 B는 각각의 속성 평가에서는 차이가 나지만 속성 평가를 종합한 전반적 브랜드 만족도는 7.8점으로 동일하다. 각각의 장점과 약점이 서로 트레이드오프(trade-off), 즉 상쇄되어 전반적으로 동일한 선호도를 갖게 된 것이다.

〈표 2-3〉 동일한 선호도를 가진 두 개의 브랜드 사례

속성(n=2)	브랜드 A	브랜드 B
성능(w_1=0.6)	9점	7점
가격(w_2=0.4)	6점	9점
전반적인 선호도	7.8점	7.8점

이러한 속성 간 트레이드오프 관계의 이해를 돕기 위해서 〈표 2-3〉에 나타난 각각의 브랜드들을 2차원 속성 평면 위에 나타내어 보자. [그림 2-7]에서 X축과 Y축은 각각 성능 만족도와 가격 만족도를 나타낸다. 브랜드 A와 B는 속성별 만족도에 따라 이 평면 위에 점으로 나타낼 수 있다. 세 개 속성 이상을 고려하는 경우는 그래프로 나타내는 것이 복잡하기 때문에 2차원의 경우만 고려하였지만 여기에서 유도된 모든 시사점은 세 개 속성 이상을 고려하는 경우로 일반화시킬 수 있다.

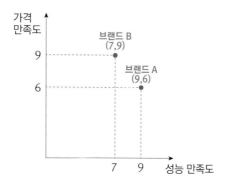

[그림 2-7] 2차원 속성 평면 위에 나타낸 브랜드 A와 브랜드 B

　브랜드 A와 B의 선호도는 같은데, A와 B 외에도 이 두 브랜드와 동일한 선호도를 가진 브랜드들은 수없이 많이 존재할 수 있다. A, B와 선호도가 동일한 모든 브랜드들을 그림에 나타내면 [그림 2-8]에서 보듯이 하나의 선이 된다. 이 선을 '동일 선호도 직선'이라고 부를 수 있다. [그림 2-8]의 동일 선호도 직선 위의 모든 브랜드들이 가진 선호도를 k라고 하면, 이 직선은 다음의 식을 만족시킨다.

$$w_1 x + w_2 y = k \quad 혹은 \quad y = \frac{k}{w_2} - \left(\frac{w_1}{w_2}\right)x$$

　동일 선호도 직선의 기울기는 두 속성에 대한 중요도의 비율이 된다. w_1은 x속성에 대한 중요도, w_2는 y속성에 대한 중요도를 의미한다.

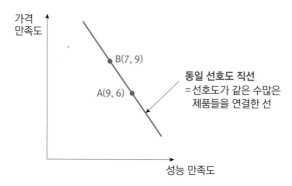

[그림 2-8] 2차원 속성 평면 위에 나타낸 동일 선호도 직선

[그림 2-9]에서 보듯이 A와 B는 동일 선호도 직선상에 위치하고 있기에 선호도가 동일하다. 그러나 시장에는 A나 B보다 선호도가 더 높거나, 혹은 낮은 브랜드들 역시 많이 존재할 수 있다. 즉, 실제로 그래프 상에는 무수히 많은 동일 선호도 직선이 그려질 수 있다([그림 2-9]). 동일한 소비자의 동일 선호도 직선들은 모두 서로 평행하며, 오른쪽 위 방향으로 올라갈수록 선호도는 점점 더 높아진다. 마케팅활동을 간단히 요약하면 그림에서 자사 브랜드의 위치를 지속적으로 우상향으로 이동시키는 작업이라고 할 수 있다. 이러한 활동을 통해 브랜드의 선택 가능성을 높일 수 있는데, 선호도의 증가와 선택확률의 관련성에 대해서는 뒤에 이어서 설명하도록 한다.

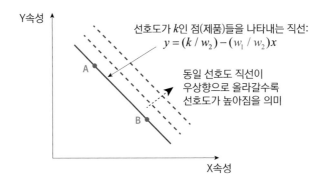

[그림 2-9] 선호도의 변화에 따른 동일 선호도 직선의 이동

3) 태도 형성과 관련된 기타 이론들

다속성 선호도 모형 외에도 태도 형성과 관련된 다양한 이론들이 존재한다. 반복 광고의 효과와 관련된 이론으로 단순노출효과(mere exposure effect)가 있다(Zajonc, 1968). 단순노출효과란 소비자가 특정한 대상에 반복적으로 노출되어 친숙함을 느끼게 되면 그 대상에 대한 선호도도 높아진다는 이론이다. 이 이론에 따르면 제품의 속성에 대한 자세한 정보를 잘 모르는 소비자라도 그 제품에 대한 높은 선호도를 형성할 수 있고, 단순한 메시지를 담은 반복광고를 통해 브랜드 선호도가 높아질 수 있다.

이와 같이 소비자의 태도 형성 과정은 하나의 이론만으로는 설명할 수 없다. 정교화가능성 모형(elaboration likelihood model)에 따르면 태도 형성은 크게 두 가지 경로, 즉 중심경로와 주변경로를 통해서 이루어진다(Petty & Caccioppo 1986). 중심경로(central route)에 의한 태도 형성은 제품의 본질적 특성과 장점에 대한 정보(중심적 단서)를 세밀하게 고려한 결과로 태도가 형성되는 경우를 의미한다. 주변경로(peripheral route)에 의한 태도 형성은 광고모델이나 배경음악 등과 같이 제품의 본질적 특성이 아닌 메시지 전달과정과 관련된 단서(주변적 단서)에 의해서 태도가 형성되는 것을 의미한다. 관여도가 높을수록 소비자는 중심경로에 의해서 태도 형성을 하며, 중심경로를 통해 형성된 태도는 주변경로를 통해 형성된 태도보다 더 오래 유지됨이 밝혀졌다. 다속성 선호도 모형은 주로 중심경로에 의한 태도 형성과 관련된 모형이라 할 수 있다.

4. 보완적 모형과 비보완적 모형

다속성 선호도 모형은 소비자 행동분석에 있어서 매우 유용한 모형이긴 하지만 실제 소비자의 구매행동에서는 이러한 방식이 대안을 평가하는 유일한 방법은 아니다. 소비자가 활용하는 더 단순화된 의사결정 방식들에 대해서 비보완적 모형이라는 주제로 논의해 보고자 한다. 다속성 선호도 모형에 따르면 어떤 속성에서 자사 브랜드가 경쟁 브랜드보다 열등하더라도 다른 속성에서 뛰어나다면 경쟁 브랜드만큼 혹은 그 이상으로 선호될 수 있다. 이렇듯 대안이 가진 단점이 강점에 의해서 보완되어 평가가 좋아질 수 있음을 시사하는 모형을 보완적 혹은 보상적 모형(compensatory model)이라고 한다. 다속성 선호도 모형이 대표적인 보완적 모형에 해당된다. 그러나 보완적 모형만으로 소비자의 의사결정을 설명할 수 없다.

실제 구매상황에서 소비자들은 특정 속성의 강점으로 다른 속성의 약점을 보완하지 못하는 방식의 평가방식을 활용하기도 한다. 예를 들어, 어떤 상품이 자신이 원하는 디자인이 아니라면 다른 속성들은 아예 평가하지 않고, 더 이상 그 상품을 구매 대상으로 고려하지 않는 경우가 있다. 혹은 일정 수준 이상의 가격으로 비싼 상품에 대해서는 더 이상 다른 속성을 평가하지 않고 다른 대안의 검색으로 넘어가 버리는 경우도 많다. 특정 속성에서 일정한 수준 이하의 상품은 아예 평가대상에서 제외시켜 버리는 방식의 의사결정은 보완적 모형으로 설명될 수 없다. 이러한 형태의 구매행동을 설명하기 위해서 비보완적 모형(non-compensatory model)이 활용된다. 빠른 의사결정을 위해서 소비자들이 사용하는 대표적인 비보완적 모형 네 가지를 소개하도록 한다(Hogarth, 1991).

1) 사전찾기식 모형

자신이 가장 중요하게 고려하는 속성에서 가장 높은 평가를 받는 대안을 선택하는 방식의 의사결정을 모형화한 것이 사전찾기식(lexicographic) 모형이다. 예를 들어, 이 모형에 따르면 가격을 가장 중요한 속성으로 고려하는 소비자는 가격이 가장 저렴한 상품을 선택하게 된다. 이러한 방식의 의사결정을 하게 되면 가격은 좀 비싸지만 월등히 좋은 품질을 가진 경쟁 대안은 아쉽게도 선택될 기회를 갖지 못한다. 사전찾기식 방식으로 평가하는 소비자에게 가장 중요한 속성에서의 열위는 극복될 수 없는 약점이다. 만약 가장 중요시하는 속성에서 동일한 평가를 받은 대안들이 여럿 존재하는 경우에는, 이들 중 가격 다음으로 중요하게 고려하는 속성에서 가장 좋은 평가를 받은 대안을 선택하게 된다. 만약 두 번째 중요한 속성에서도 동일한 평가를 받으면 그다음으로 중시되는 속성으로 선택의 기준은 변화된다. 마치 사전에서 단어를 찾을 때 첫 번째 글자에 의해서 단어배열의 순서가 정해지고, 첫 번째 글자가 같으면 두 번째 글자를 기준으로 그 안에서 다시 순서가 정해지는 것과 비슷하기 때문에 이 방식을 사전찾기식 방식이라고 한다. 다속성 선호도 모형에 따른 평가를 하려면 대안들이 가진 장단점의 트레이드오프를 계산해야 하기 때문에 많은 인지적 비용이 소모된다. 소비자들은 상품 평가에 충분한 시간적, 인지적 자원을 투입할 수 없는 상황이라면 사전찾기식 방식과 같은 단순화된 의사결정규칙, 즉 휴리스틱(heuristics)을 통해 의사결정을 하려는 행태를 보인다. 휴리스틱이란 시간이나 정보가 불충분한 상황에서 신속한 의사결정을 위해 사람들이 활용하는 간편한 규칙들을 통칭하는 용어이다.

2) 순차적 제거식 모형

순차적 제거식(sequential elimination) 모형(Tversky, 1972b)은 가장 중요하게 고려하는 속성을 기준으로 대안 평가를 한다는 점에서 사전찾기식 방식과 유사하다. 그러나 순차적 제거 방식은 어떤 대안을 선택하느냐가 아니라 어떤 대안을 선택하지 않을 것인가를 결정하는 방법이다. 이 방식은 가장 중요하게 고려하는 속성에서의 만족도가 자신이 정해 놓은 수준에 미치지 못하는 대안들을 선택집합(choice set)에서 제외시켜 가는 의사결정 방식이다. 이 모형에서는 구매의사결정이 2단계를 거쳐 이루어진다고 가정하는데(Tellis, 1988), 첫 번째는 선택집합을 구성하는 단계이고, 두 번째는 선택집합 내 대안들 중 하나를 최종 선택하는 단계이다. 첫 번째 단계에서는 최종 선택 대상으로 고려하는 후보 대안들의 집합, 즉 선택집합을 마음속으로 구성하게 되는데, 순차적 제거식 모형은 이 과정과 관련된 모형이다.

만약 가장 중요하게 고려하는 속성을 기준으로 대안들을 제거했지만 여전히 더 많은 대안들을 제외시킬 필요성을 느낀다면, 그다음으로 중요하게 고려하는 속성을 기준으로 마찬가지로 일정 기준을 충족시키지 못하는 대안들을 제거시키는 과정을 반복한다. 이런 식으로 차례대로 제거해 나가다 마지막으로 하나의 대안만 남거나, 혹은 충분히 작은 규모로 선택집합이 축소될 때까지 이 과정이 반복된다. 소비자들은 시장에 존재하는 무수히 많은 경쟁대안들을 모두 세밀하게 분석할 수 있는 충분한 시간과 인지적 능력을 가지고 있지 않다. 순차적 제거식 휴리스틱을 통해서 선택집합을 축소한 후에 남은 소수의 대안들에 대해서 좀 더 많은 노력을 들여 보완적 모형을 활용한 세밀한 평가를 하게 된다.

3) 결합식 모형

결합식(conjunctive) 모형은 고려하는 모든 속성들에 대해서 정해 놓은 일정 수준의 기준치를 충족시키는 대안들을 선택하는 소비자 행태를 나타내는 모형이다. 순차적 제거식은 중요도에 따라 한번에 하나의 기준(속성)만 적용하여 대안을 평가한다면, 결합식 모형은 모든 속성에 대한 평가를 한번에 한다는 점에서 차이가

난다. 이 방식은 마치 '모든 과목들에서 60점만 넘으면 합격'과 같은 자격시험 합격자 선정방식과도 유사하다. 이러한 합격조건의 자격시험에서는 평가되는 4개 과목에서 모두 65점을 받은 사람은 합격이지만, 3과목에서 95점, 나머지 한 과목에서 58점을 받은 사람은 불합격이 된다. 어떤 한 속성에서라도 기준치에 미달하면 선정되지 못하기 때문에 모든 속성에서 소비자가 정해 놓은 커트라인을 충족시키는 것이 중요하다. 이러한 선택규칙을 쓰는 소비자들에게 선택되기 위해서는 심각한 약점이 없는 것이 중요하다.

결합식 모형을 그래프로 설명하면 [그림 2-10]과 같다. 이 그림에서는 앞서 다속성 모형에서 활용한 그래프와 같이 오직 두 개의 속성만을 고려하는 단순화된 상황을 가정한 것이다. 그림에서 x^*와 y^*는 각각 X속성에 대한 만족도와 Y속성에 대한 만족도에 대한 최소 충족기준을 의미한다. 그림에서 색으로 표시된 영역에 점으로 찍힌 대안은 선택이 되고, 그 외 영역에 존재하는 대안들은 선택되지 못한다.

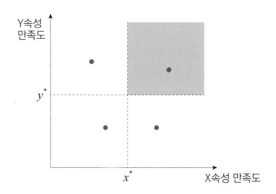

[그림 2-10] 결합식 모형에 의한 선택가능 대안 영역

4) 분리식 모형

분리식(disjunctive) 모형은 모든 속성에서 최소 기준을 충족시켜야 하는 결합식 모형과는 달리, 여러 가지 속성들 중 어느 한 가지 속성에서만이라도 정해 놓은 기준치를 충족하면 선택하는 방식을 나타낸다. 결합식 모형보다 관대한 평가기준을 적용하는 것으로 볼 수 있다. 실제 소비자 구매상황에서는 거의 사용되지 않는 의사결정 방식이다. 소비자가 오직 두 개의 속성만을 고려하는 가장 단순한 경우를

예로 들어 분리식 모형을 그림으로 나타내면 [그림 2-11]과 같다. 그래프에서 짙게 표시된 모든 영역에 위치한 대안들이 선택될 수 있다.

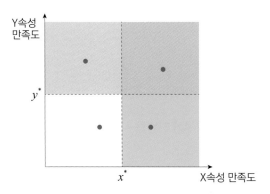

[그림 2-11] 분리식 모형에 의한 선택가능 대안 영역

5) 기타 모형: Herbert Simon의 만족화 모형

앞서 소개한 네 개의 비보완적 모형들 중 사전찾기식 모형을 제외한 3개 모형은 공통점을 가지는데, 바로 속성을 평가할 때 수용가능한 최저수준, 소위 커트라인을 정해 놓는다는 점이다. 이들 모형에 따르면 일정 수준의 속성 만족도를 충족하는가 그렇지 못한가에 의해서 선택이 결정될 뿐이다. 일단 커트라인을 넘기기만 하면 속성 만족도가 얼마나 높은가는 대안에 대한 선호도를 크게 높이지 못한다([그림 2-12] 참고). 소비자가 주관적인 기준점을 설정해 놓고, 그 기준을 충족시키느냐 못 시키느냐에 근거해서 의사결정을 하게 된다는 것을 처음으로 제안한 학자는 노벨경제학상을 수상한 허버트 사이먼(H. Simon)이다.

사이먼(1955)은 전통적인 경제학에서 가정하는 합리적 소비자 이론은 현실에서의 소비자 구매행동을 잘 설명하지 못한다고 비판하였다. 그 이유는 소비자의 정보처리 능력이 매우 제한적이기 때문에 시장에 존재하는 대안들에 대한 모든 정보를 수집 및 처리해서 최선의 대안을 선택하는 것은 불가능하다고 주장하였다. 그러한 현실에서 소비자들이 실제로 적용하는 의사결정 방식으로 제안한 것이 만족화(satisficing) 휴리스틱이다. 만족화 휴리스틱에 따르면, 소비자는 최선의 대안을 선택하는 방식(효용극대화)이 아니라, 어느 정도 만족할 수 있는 수준을 정해 놓

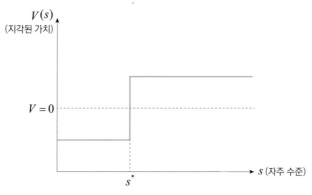

[그림 2-12] 허버트 사이먼의 가치함수

고 그 수준을 만족하는 대안을 발견하면 바로 선택하게 된다. 그의 이론은 의사결정에 대한 연구가 규범적 이론에서 기술적 이론 중심으로 변화되도록 만들었다. [그림 2-12]는 Simon이 제시한 가치함수를 단순화시켜 보여 주고 있다. s는 지각된 자극수준을 의미하는데 마케팅적 맥락에서 해석하면 지각된 품질수준 등 선택 대안에 대한 인식을 나타내며, $V(s)$는 s에 대해 소비자가 부여하는 주관적 가치를, s^*는 수용가능한 s의 최저수준을 의미한다. 전통적인 효용함수는 연속적인 값을 갖는 단순 증가 함수인 데 비해 사이먼의 가치함수는 일정한 기준을 넘는지의 여부에 따라 2단계로 구분되는 이산적(discrete) 함수이다.

이제까지 소개한 여러 가지 비보완적 모형들은 소비자들의 인지적 비용(thinking cost)을 줄이기 위해 사용하는 다양한 휴리스틱에 포함된다(Shugan, 1980).

5. 브랜드 선택확률과 맥락효과의 이해

1) 브랜드 선호도와 브랜드 선택확률의 관련성

마케팅은 소비자의 구매행동을 발생시키는 것을 목표로 하지만 다양한 요인들 때문에 소비자의 구매행동을 마케터가 완벽하게 통제할 수는 없다. 마케터는 소비자가 자사 브랜드를 구매할(선택할) 확률을 높일 수 있을 뿐이다. 그리고 구매확률에 영향을 주는 가장 중요한 변수로 보는 것이 소비자의 브랜드에 대한 선호도 혹은 태도이다. 즉, 소비자의 브랜드에 대한 선호도가 높아지면 그 브랜드의 구매확률이 높아지게 된다(Bell, Keeney, & Little, 1975). 선호도와 선택확률 간의 관계를 보여 주는 루스(Luce)의 선택모형을 소개하면 다음과 같다(Luce, 1959). $V(i)$는 i 브랜드에 대한 선호도 혹은 가치(value)이고, $P_X(i)$는 선택집합 X에서 i 브랜드를 선택할 확률이라고 하면, $P_X(i)$는 다음과 같이 나타낸다. 선택집합 X 속에는 i를 포함한 여러 개의 대안들이 포함되어 있다고 가정하자.

$$P_X(i) = \frac{V(i)}{\sum_{j \in X} V(j)}$$

이 식에서 분모에 나타난 $\sum_{j \in X} V(j)$는 선택집합 안의 모든 대안들이 가지는 선호도의 총합이다. 간단한 수치적 예를 들어 보자. 선택집합 X 속에 A, B, C 3개의 브랜드가 있고(X={A, B, C}), 이들에 대한 선호도는 각각 5, 7, 그리고 8, 즉 $V(A)=5$, $V(B)=7$, $V(C)=8$이라고 가정하자. 이들 브랜드에 대한 선택확률은 다음과 같이 예측된다.

$$P_X(A) = \frac{V(A)}{V(A)+V(B)+V(C)} = \frac{5}{5+7+8} = 0.25$$

$$P_X(B) = \frac{V(B)}{V(A)+V(B)+V(C)} = \frac{7}{5+7+8} = 0.35$$

$$P_X(C) = \frac{V(C)}{V(A)+V(B)+V(C)} = \frac{8}{5+7+8} = 0.4$$

개인수준에서 선택확률의 개념은 시장 전체 차원에서는 시장점유율로 해석될 수 있다. 선호도가 가장 높은 대안인 브랜드 C는 40%의 점유율을 차지하게 되고, 그다음 선호도가 높은 B는 35%, 그리고 선호도가 가장 낮은 브랜드 A는 25%의 점유율을 차지하게 된다.

두 개의 브랜드(A와 B)만 존재하는 상황을 가정해 보면, 브랜드 A를 선택한 확률은 [그림 2-13]과 같은 형태의 그래프로 나타난다. 이와 같은 S자 형태의 로지스틱(logistic) 함수는 선호도와 선택확률 간의 관계를 잘 보여 준다. A와 B의 선호도

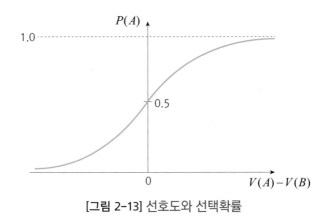

[그림 2-13] 선호도와 선택확률

가 동일하면 선택확률은 0.5가 된다.

Luce의 선택모형은 IIA(Independence from Irrelevant Alternatives: 비관련 대안으로부터 독립성)라고 불리는 선택원칙을 담고 있다. IIA 원칙은 새로운 대안이 시장(선택집합)에 진입하면 기존 대안들로부터 동일한 비율로 점유율을 빼앗아 가는 현상을 의미한다. 구체적인 예를 통해 IIA 원칙을 설명하기 위해 브랜드 A와 브랜드 B가 점유율이 각각 60%와 40%를 차지하고 있는 시장을 가정해 보자. 만약 새로운 브랜드 C가 이 시장에 진입하여 10%의 점유율을 차지한다면 기존의 두 개 브랜드의 점유율은 어떻게 변화할까? IIA 원칙에 따르면 브랜드 A는 원래의 자신의 점유율의 10%가 줄어든 54%, 브랜드 B도 역시 10%가 감소한 36%의 점유율로 변하게 된다는 원칙이다. 수학적으로 도출된 이 원칙은 선택이론 분야의 대표적인 규범적 원칙이다. 이 원칙을 위배하는 현상의 발견은 기술적 모형들의 발전을 가져왔는데, 이에 대해서 맥락효과라는 주제로 논의해 보자.

2) 맥락효과의 이해

(1) 유사성효과와 브랜드 차별화

맥락효과(context effect)란 브랜드 선호도 외에 다양한 맥락적인 요인들, 특히 선택집합의 구성이 선택에 영향을 주는 현상을 의미한다(Tversky & Simonson, 1993). 대부분의 맥락효과 연구들은 새로운 대안이 선택집합에 들어왔을 때 기존 대안들의 점유율 변화를 관찰하는 것에서 출발한다. 가장 초기에 발견된 맥락효과는 유사성효과(similarity effect)이다. 유사성효과란 새로운 대안이 선택집합에 추가되면 기존 대안들 중 자신과 유사한 대안으로부터 더 많은 비율로 점유율을 빼앗아 가는 현상을 의미한다(Tversky, 1972a). 코카콜라와 사이다가 경쟁하는 시장에 펩시콜라가 들어오면, 사이다보다는 코카콜라의 점유율이 더 피해를 입는 현상이다.

구체적 수치로 예를 들어 보자. 코카콜라, 펩시콜라, 그리고 사이다에 대한 선호도가 각각 12, 10, 그리고 8이라고 가정해 보자. 코카콜라와 사이다만 경쟁하고 있는 상황이라면, 각각의 점유율은 루스 모형에 따라 60%(=12/20)와 40%(=8/20) 정도가 될 것으로 예측할 수 있다. 이 시장에 펩시콜라가 진입한 이후 각각의 시장점유율을 루스 모형에 따라 예측해 보면, 코카콜라가 40%, 펩시콜라가 33%, 사이다가 27%가 될 것이다. 그러나 현실에서는 펩시콜라가 사이다 고객을 빼앗아 갈 가능성은 낮고, 주로 코카콜라의 고객을 뺏어 갈 것이다. 이런 상황에서 예상되는 시나리오는, 사이다는 40%에서 38% 정도로 점유율이 조금 줄어들고, 나머지 62%를 코카콜라와 펩시콜라가 나눠 갖게 되는 것이다. 코카콜라는 원래 점유율 60%에서 34% 정도로 많이 줄어들 것이고, 나머지 28%는 새로 들어온 펩시콜라가 차지하게 될 것이다. 재미있는 결론은 시장점유율 1위는 가장 선호도가 낮은 사이다가 차지하게 된다는 것이다.

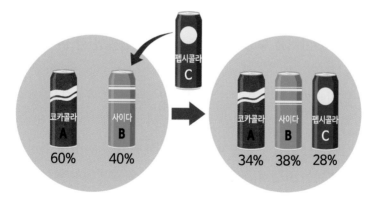

[그림 2-14] 유사성 효과
(새로 진입한 C는 자신과 유사한 A로부터 비율적으로 더 많은 점유율을 빼앗아 감)

유사성 효과를 이해하는 것은 브랜드 차별화(differentiation)의 중요성을 이해하고, 효과적인 포지셔닝 전략을 수립하는 데 도움을 준다(제6장 참조). 선호도의 높고 낮음만으로는 설명할 수 없는 브랜드들 간 유사성의 차이가 존재한다. 브랜드 선호도를 높이려는 노력과 함께, 가능하면 자신과 유사하게 인식되는 브랜드가 없도록 차별화하는 것이 중요하다. 소비자가 원하는 특성을 가진 상품을 출시했더라도 자사 브랜드와 비슷한 상품들이 많이 존재하면 높은 점유율을 차지하기 힘들다. 반면, 다른 경쟁자들과는 다른 독특한 개성적인 상품은 그렇지 않은 상품보다 더 높은 점유율을 차지할 수 있다. 다차원척도법(multidimensional scaling) 등의 조사방법을 통해서 자사 브랜드와 유사하게 인식되는 브랜드, 즉 자사에게 더 위협이 되는 경쟁자가 누구인지를 파악할 수 있다.

(2) 지배관계와 선택확률

지배관계의 개념을 이해하고, 경쟁상품들이 서로 지배(dominance)관계에 놓여 있을 때 소비자의 선택이 어떻게 일어나는지를 이해하는 것은 마케팅 전략 수립에 큰 도움을 준다. 제품 A가 제품 B와 비교해서 모든 속성에서 뛰어나다면 제품 A가 제품 B를 지배했다고 정의한다. 지배효과란 경쟁제품에 의해서 지배된 대안의 선택 확률은 0이 됨을 의미한다(Tversky, 1972a). 예를 들어, 경쟁제품보다 가격도 비싸고, 품질도 안 좋은 제품은 아무도 구매하지 않는다. 두 대안의 지배관계에 대한 정확한 정의는, 대안 A가 대안 B와 비교해서 모든 속성에서 열등하지 않으며(같거나 우월하며), 한 가지 이상 속성에서 우월한 경우를 의미한다(A가 B를 지배). 경쟁제품과 가격은 동일하지만 품질이 우수하다면 이 역시 경쟁제품을 지배한 것이다.

경쟁제품을 지배했다는 것은 단순히 더 높은 선호도를 가진다는 것 이상의 개념을 가진다. 루스(Luce) 모형에 따르면, 선호도가 낮으면 선택확률이 낮아지긴 해도 0이 되진 않는다. 그러나 경쟁자에 의해 지배된 대안은 실제로 선택될 확률이 0이기에, 지배효과는 규범적 모형인 루스 모형으로 설명되지 않는 현상이다. [그림 2-15]에서 제품 B는 제품 A에 의해서 지배되었음을 알 수 있다. A를 나타내는 점을 오른쪽 위 꼭지점으로 하는 직사각형 부분(음영 표시된 영역) 안에 위치하는 경쟁제품들은 모두 제품 A에 의해 지배된다(점선 위에 표시되는 제품도 포함). 자사 브랜드가 경쟁자의 지배 영역 안에 위치해 있다면 무조건 이 영역을 벗어나야 한다. 그리고 가장 이상적인 최고의 마케팅 전략은 모든 경쟁제품들을 지배하는 제

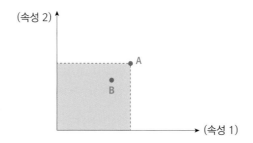

[그림 2-15] 대안들 간의 지배관계(A는 B를 지배함)

품을 출시하는 것이다. 그러면 점유율 100%가 보장된다. 현실에서 지배된 대안이 쉽게 관찰되지 않는 이유는 지배된 대안은 시장에서 빠르게 사라지고 자신만의 장점을 가진 대안만이 살아남기 때문이다.

대안들 간의 지배관계는 소비자의 의사결정의 어려움을 극적으로 줄여 준다. 소비자들이 선택에 어려움을 겪는 이유는 선택대안들이 속성 간 트레이드오프 (trade-off) 관계를 가지기 때문이다. 즉, 모든 제품들이 자기만의 강점과 약점을 가지고 있기 때문에 그 둘을 상쇄하여 최종 선호도를 계산하는 것은 매우 어려운 인지적 과정이다. 또한 어떤 제품을 선택하더라도 다른 제품이 가진 장점을 포기해야 하는 것은 심리적 갈등을 발생시킨다. 그러나 만약 두 제품이 서로 지배관계에 있다면 소비자들은 이러한 트레이드오프의 어려움을 겪지 않아도 되기 때문에 의사결정이 매우 쉬워진다. 갈등을 제기하고 의사결정을 쉽게 하기 위해서 소비자는 마음속에서 의도적으로 대안들 간 지배관계를 만들려고 노력하기도 한다 (Montgomery, 1989).

(3) 유인효과

새로운 상품이 시장에 진입하면 정도의 차이는 있을지언정 기존 상품들은 대부분 피해를 입게 된다. 그러나 아주 드물게 새로 진입한 대안이 기존 대안들 중 일부의 점유율을 오히려 높여 주는 현상이 관찰되기도 한다. 이러한 현상의 예로서 유인효과(attraction effect)가 있다. 유인효과란 새로운 대안이 선택집합에 진입했는데, 그 대안이 기존 대안들 중 어느 하나에 의해서 지배된 경우에는 새로운 대안을 지배하는 기존 대안의 점유율이 증가하게 되는 현상이다(Huber et al., 1982). 유인효과가 발생하는 상황을 그림으로 나타내면 [그림 2-16]과 같다. A와 B는 기

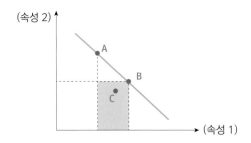

[그림 2-16] 유인효과 발생 상황(새로 진입한 대안 C에 의해 B의 점유율 증가)

존 대안으로서 동일 선호도 직선 위에 존재하며, C는 새로 진입한 대안을 의미한다. 그림에서 보듯이 C는 B에 의해서 지배된 상황이다. 대안 C는 기존의 두 대안들 중 어느 하나에 의해서만 지배되었기 때문에 이러한 상황을 비대칭적 지배(asymmetric dominance) 상황이라고도 지칭한다.

[그림 2-16]에서 보듯이 대안 C가 진입하기 전에 A와 B만 존재하는 상황에서는 두 대안의 선호도가 동일하기 때문에 점유율은 50%로 동일하다. 이 상황에서 새로 진입한 대안 C는 경쟁대안에 의해 지배되었기 때문에 선택될 가능성이 없으므로 점유율은 0이 된다. 그러나 B의 점유율은 오히려 증가하는 현상을 보인다. 실험 결과를 예로 들면, C의 진입에 의해 A의 점유율은 원래 50%에서 40%로 줄어들고, B는 50%에서 60% 정도로 증가하게 된다. 유인효과는 정규성(regularity) 원칙을 위배하는데, 정규성 원칙이란 새로운 대안이 선택집합에 진입했을 때 기존 대안들 중 어떤 것도 시장점유율이 증가될 수는 없다는 원칙이다. 정규성 원칙은 예외가 있을 수 없는 가장 강력한 규범적 원칙 중 하나로 받아들여져 왔다. 유인효과는 정규성 원칙뿐 아니라, IIA 원칙과 유사성효과도 위배한다. 유인효과에서는 자신과 유사하지만 자신을 지배하는 대안의 점유율을 증가시키기 때문이다. 유인효과의 발생원인을 설명하기 위한 이론 중 하나로 이유기반선택(reason-based choice) 이론 혹은 합리화가능성(justifiability) 극대화 이론이다(Simonson, 1989). 소비자는 자신의 구매행동이 사회적으로 받아들여지는 것을 중요하게 생각하기 때문에 자신의 선택을 자기 스스로나 남들에게 합리화 혹은 정당화(justification)시킬 수 있는 더 많은, 혹은 더 강력한 근거를 가진 대안을 선택하게 된다는 것이다. 이 이론에 따르면 B의 점유율이 증가하는 이유는 100% 확실하게 자신보다 열등한 대안을 가진 B가 A보다 선택을 정당화시켜 줄 수 있는 더 강력한 근거(reason)를 가지기 때문이다.

(4) 타협효과

타협효과(compromise effect)란 소비자가 극단적인 속성값을 가지는 대안보다는 중간적인(평균적인) 속성값을 가지는 대안을 선택하는 현상을 의미한다(Simonson, 1989). 극단적인 속성값을 가지는 대안이란 예를 들어, 선택집합 안에서 가장 비싸거나 가장 싼 대안, 혹은 가장 크기가 크거나 가장 작은 대안 등을 의미한다. 타협효과는 극단회피(extremeness aversion) 현상이라고도 한다. 타협효과는 선택집합 내의 모든 대안들이 동일한 수준의 선호도를 가지고 있는 상황을 전제한다(그림 [2-17] 참조). [그림 2-17]에서 대안 A, B, C는 동일 선호도 직선 위에 위치한다. 루스의 선택모형에 따르면 세 대안의 선택확률은 1/3로 동일해야 하지만 실험에 따르면 중간에 위치한 대안 B의 점유율이 가장 높게 나온다. 실험에 따라 수치에 차이가 나지만 A의 점유율은 20%, B는 60%, C는 20% 정도의 점유율을 차지한다. 만약 C 대안이 없이 A와 B 두 대안만 경쟁하는 상황에서는 점유율이 각각 1/2이 되는데, 그 상황에서 C가 진입하면 B가 중간적인 대안으로 바뀌면서 점유율이 오히려 높아지게 되는 현상이 발생한다. 타협효과의 경우에도 역시 정규성 원칙이 깨어짐을 알 수 있다.

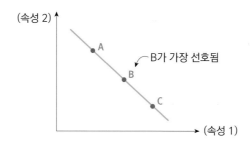

[그림 2-17] 타협효과 (새로 진입한 대안 C에 의해 B의 점유율 증가)

타협효과의 존재를 실험적으로 보인 사이먼슨(Simonson)은 이 현상을 설명하기 위해 역시 이유기반선택 혹은 합리화가능성(justifiability) 극대화 이론을 활용하였다(Simonson, 1989). 극단적인 특성보다 평균적인 특성을 가진 대안을 선택하는 것이 자신의 선택을 합리화하기 더 용이하기 때문이라고 보았다. 이러한 행태는 사회적 규범이나 문화가 구매행동에 반영되도록 만드는 기능도 한다(Briley et al., 2000). 제품 범주 내에서 대표성이 가장 높은 대안을 선호하게 된다는 전형성

(prototypicality) 효과, 그리고 프로스펙트 이론의 준거의존과 손실회피 효과 등으로도 타협효과를 설명할 수 있다(Nedungadi, 1990; Veryzer & Hutchinson, 1998). 무엇이 중간적인 대안인지는 선택 맥락에 따라서, 즉 선택집합 구성에 따라서 달라지므로, 선호도뿐 아니라 선택집합의 구성도 선택에 큰 영향을 주게 됨을 알 수 있다.

6. 프로스펙트 이론

기대효용극대화 이론에 따르면, 소비자는 항상 대안들의 내재적 효용을 정확히 인식하고, 일관성 있게 가장 높은 효용을 가진 대안을 선택한다. 이러한 가정에 의하면, 소비자가 A와 B 둘 중 하나를 선택해야 할 때, 어떤 경우에는 A를, 그리고 다른 경우에는 B를 선택하는 일은 발생할 수 없다. 그러나 현실에서는 이러한 비일관적인 선택, 즉 선호역전(preference reversal) 현상이 흔히 발생한다(Tversky, Slovic, & Kahneman, 1990). 소비자의 인식이나 평가가 상황에 따라 변화될 수 있음을 설명하는 이론으로 프로스펙트 이론(Kahneman & Tversky, 1979)이 있다. 행동경제학 분야의 가장 핵심적 이론인 프로스펙트 이론에 대해 살펴보고, 이것의 마케팅적 시사점에 대해서 정리해 보자.

1) 프로스펙트 이론의 가치함수

프로스펙트 이론은 전통적인 효용함수([그림 2-4])를 대체하는 새로운 형태의 가치함수를 제안한다. 가치함수가 함축하는 세 가지 주요 개념은 프로스펙트 이론의 핵심을 담고 있는데, 그것은 준거의존(reference dependence), 손실회피(loss aversion), 그리고 한계민감도 감소(decreasing marginal sensitivity)이다. 소비자가 대안 평가과정에서 보이는 중요한 심리적 특성 세 가지를 보여 주는 이 가치함수의 의미를 정리하면 다음과 같다. 첫 번째 특징인 준거의존 효과란 소비자가 대상을 평가할 때는 독립적(절대적)으로 평가하는 것이 아니라 어떤 기준점 혹은 준거점(reference point)과 비교하여 상대적으로 평가함을 의미한다. 결과적으로 그 대

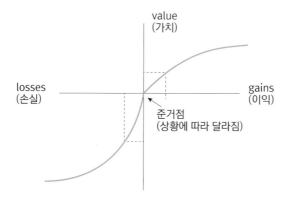

[그림 2-18] 프로스펙트 이론의 가치함수

상은 기준점과 비교해 얼마나 이익(gain, +)인가, 혹은 손실(loss, −)인가로 인식된다는 것이다. 이러한 평가를 위해 소비자는 평가의 기준점이 필요한데, 기준점은 상황에 따라 달라질 수 있기 때문에 고정된 하나의 효용값으로 제품의 가치를 규정할 수 없음을 주장한다(Hsee, 1996).

가치함수의 두 번째 특징인 손실회피 효과란 소비자가 대상을 평가할 때 기준점과 비교해서 이익일 경우보다 손실에 대해서 더 민감하게 반응함을 의미이다. 이는 단순히 소비자가 손실을 싫어한다는 의미가 아니라, 동일한 대상이라도 이익으로 평가될 때와 손실로 평가될 때, 가치의 절대적 크기가 다르게 인식됨을 의미한다. 고전적인 경제학의 효용이론에 따르면 어떤 사람이 100만 원을 얻었을 때 느끼는 효용(기쁨)을 +100이라고 하면, 그가 가지고 있던 100만 원을 잃어버렸을 때 느끼는 효용(고통이나 상실감)은 −100이 된다. 그러나 프로스펙트 이론에 따르면 100만 원을 얻었을 때 느끼는 기쁨이 100이라면, 가지고 있던 100만 원을 잃어버렸을 때의 상실감이나 고통은 −250 정도가 된다고 본다. 손실인 경우에 부여하는 가치의 절대값은 이익일 경우보다 2.5배 이상 커진다. 손실회피는 가치함수의 기울기 차이로 보여진다. [그림 2-18]의 그래프를 보면 이익의 경우에는 증가할수록 가치가 완만한 기울기로 증가되지만, 손실 영역에서는 손실이 커질수록 가치가 급격한 기울기로 감소함을 볼 수 있다.

세 번째 특징인 한계민감도 감소의 문자적 의미는 이익과 손실 영역 모두에서 가치 곡선이 원점에서 멀어질수록 기울기는 점차 완만해진다는 것이다. 이러한 성질 때문에 이익 영역에서는 가치함수가 위로 볼록한 형태를, 손실 영역에서는 아래로 볼록한 형태로 그려지게 된다. 이러한 가치함수 형태가 갖는 의미를 해석하면 사람들이 이익 영역에서는 위험회피(risk averse) 성향을 보이고, 손실 영역에서는 위험추구(risk taking) 성향을 갖게 된다는 것이다. 프로스펙트 이론의 가치함수는 전통적인 효용함수로는 설명할 수 없는 위험추구 행동을 설명할 수 있다.

2) 프로스펙트 이론의 시사점과 관련 이론들

프로스펙트 이론이 갖는 마케팅적 시사점과 관련된 이론들을 소개하면 다음과 같다.

(1) 소유효과

소유효과(endowment effect)란 동일한 대상일지라도 소유하기 전보다 소유한 이후에 그것의 가치를 더 높게 평가하는 현상을 의미한다(보유효과라고도 함). 실험 결과에 따르면, 사람들이 특정 머그컵을 소유하기 이전에는 그 컵의 구매를 위해 평균적으로 3달러 정도를 지불하겠다고 답했는데, 동일한 머그컵을 일정 기간 소유하도록 한 사람들의 경우에는 그 컵을 얼마를 받고 팔겠느냐는 질문에 평균적으로 7달러라고 답했다(Kahnema, Knetsch, & Thaler, 1991). 동일한 머그컵이라도 새로 얻게 되는 경우에는 이익으로 인식되고, 소유하고 있던 것이 없어지는 것은 손실로 인식되는데, 손실회피 효과 때문에 손실로 계산되는 컵에 대해서는 더 큰 가치를 부여하게 되는 것이다. 기업은 이러한 효과를 판매촉진에서 활용하기도 한다. 상품 환불을 쉽게 해 주는 정책을 통해 소비자들이 쉽게 상품을 구매하도록 유도할 수 있는데, 일단 상품을 구매하여 일정 기간 소유하게 되면 그에 대해 더 높게 가치평가를 하게 되어 쉽게 환불을 하지 않는 행태를 보이기도 한다.

(2) 심적 회계

인간의 비합리적인 구매 행태를 설명하는 하나의 이론으로 세일러(Thaler, 1985, 1999)가 제시한 심적 회계(mental accounting) 이론이 있다. 심적 회계는 심리계좌라고 번역되기도 하는데, 동일한 액수의 돈일지라도 마음속에서 어떤 계정항목

(account)으로 분류되었느냐에 따라 돈의 지출 행태가 변하는 현상을 의미한다. 이것은 사람들이 마음속에 여러 개의 계좌를 가지고 있음을 의미하는데, 예를 들어 같은 100만 원의 돈이라도 힘들게 노력해서 번 돈이라면 쉽게 쓰지 못하는 반면, 노력 없이 우연히 얻어진 100만 원이라면 쉽게 지출하게 되는 경향을 보이는 것을 의미한다. 심적 회계는 화폐의 대체가능성(fungibility) 원칙을 위배하는 현상으로 제시되었다. 대체가능성이란 돈이나 자산이 같은 종류의 돈이나 자산으로 언제든 교환될 수 있는 성질을 의미하는데, 즉 마음속에서 어떻게 분류되었느냐에 따라 돈의 가치가 달라져서는 안 됨을 의미한다. 또한 세일러는 여러 개의 작은 이익들을 하나의 큰 이익으로 합쳐서 생각하거나 혹은 하나의 이익을 여러 개로 나누어 생각할 수 있는데, 이러한 정신적 과정을 통해 지각된 가치가 변화될 수도 있다고 제안하였다. 손실의 경우에도 마찬가지이다. 프로스펙트 이론의 가치함수와 심리계좌 이론을 결합하면, 이익은 여러 개로 나누고 손실을 하나로 합치는 과정을 통해 지각된 가치를 높일 수 있다.

(3) 프레이밍 효과

프레이밍 효과(framing effect)란 동일한 문제라도 어떤 방식으로 제시하느냐에 따라 선택이나 판단이 달라질 수 있다는 이론이다(Tversky & Kahneman, 1986). 마치 물이 절반만큼 담겨 있는 컵을 보고, '물이 반이나 있다.'라고 긍정적으로 생각하는 사람도 있지만 '물이 반밖에 없다.'라고 부정적으로 받아들이는 사람도 있는 것과 같다. 도입 사례에서도 소개되었듯이, 트버스키와 카네만이 실시한 실험에서 새로 개발된 두 종류의 약품에 대한 사람들의 선택을 조사하였는데, 동일한 질문을 '이 약으로 몇 명이 살 수 있다.'라고 프레이밍한 경우와 '이 약으로 몇 명이 죽을 수 있다.'라고 프레이밍한 경우 응답이 달라지는 것이 관찰되었다. 프로스펙트 이론에서도 준거점의 변화에 따라 평가가 달라질 수 있음을 주장하였는데, 이는 프레이밍 효과와 동일한 시사점을 갖는다. 행동경제학 이론들이 전통적인 경제학의 효용이론과 다른 점은 대안의 가치는 소비자의 외부에 객관적으로 존재하는 것이 아니라 의사결정 과정에서 소비자의 마음속에서 만들어지며(구성적 선호, constructive preference), 개인 혹은 상황에 따라 변화할 수 있다고 본다는 점이다(Bettman et al., 1998; Slovic, 1991).

(4) 브랜드 포지셔닝 관련 시사점

포지셔닝(positioning)이란 자사 브랜드가 소비자의 마음속에서 경쟁자와 대비하여 차별화된 위치를 차지하도록 만드는 커뮤니케이션 과정이다(Trout & Ries, 1972). 이 개념을 창시한 트라우트(Trout)와 리즈(Ries)는 자사 제품의 특성만을 강조하던 그 이전의 광고 방식을 뛰어넘어 경쟁자들과의 비교한 상대적인 위상의 확립을 강조하였는데, 이러한 개념은 이후 등장한 프로스펙트 이론의 준거의존 효과의 시사점과 유사하다. 도입 사례에서 언급한 고전적인 포지셔닝 성공 사례인 세븐업의 언콜라 광고 캠페인을 살펴보자. 세븐업은 청량음료시장의 대표 브랜드인 코카콜라와의 직접적인 경쟁에서는 열세를 극복하기 어렵다고 판단하고, 더 이상 콜라와 비교하지 않도록 소비자의 의사결정을 새롭게 프레이밍하였다. 트라우트와 리즈는 포지셔닝 전략의 핵심은 제품의 변화가 아니라 소비자의 인식을 변화시키는 것임을 강조하였는데, 이는 대상에 대한 평가가 고정된 것이 아니라는 행동경제학적인 시사점과 일치한다. 그들은 강력한 기존 경쟁자와의 비교를 피하는 가장 좋은 방법은 새로운 시장 영역을 개척하여 그 시장에서 선도자로 자리매김하는 것임을 강조하였다(제6장 참조).

또한 준거의존과 손실회피 효과는 소비자들이 디폴트 대안(default option)을 선택하게 만들거나 현재 상태를 유지시켜 주는 방향으로 의사결정을 하는 성향, 즉 현상유지편향(status quo bias)을 발생시킨다(Samuelson & Zeckhauser, 1988). 이러한 현상은 현재 가장 높은 시장점유율을 차지하는 선도자 브랜드에게 유리하게 작용할 수밖에 없다. 선발 진입 브랜드가 후발 진입자와의 경쟁에서 더 유리한 입지를 확보하게 된다는 '선도자 이점(pioneering advantage)'은 포지셔닝 이론의 핵심이기도 하다(Carpenter & Nakamoto, 1989). 후발 진입 브랜드와 비교해서 이미 많은 소비자들이 친숙하게 느끼는 선도자 브랜드는 지각된 불확실성이 낮기 때문에, 신규 브랜드 구매로 인해 혹시라도 발생할 수 있는 손실을 피하고자 하는 성향은 소비자들이 선도자 브랜드를 지속적으로 구매하게 만드는 경우가 많다.

프로스펙트 이론은 전통적 효용이론을 보완하여 불변의 효용과 구성적 선호의 개념, 위험회피와 위험추구, 독립적 평가와 상대적 평가, 가치기반선택(value-based choice)과 이유기반선택(reason-based choice; Shafir, Simonson, & Tversky, 1993) 등 서로 상충되는 듯한 두 관점을 포괄하는 이론체계를 구축하여 소비자행동에 대한 이해도를 높이는 데 크게 기여하였다.

7. 소비자 행동에 영향을 미치는 기타 요인

1) 거시환경적 요인

소비자들은 각자 최선의 선택을 하기 위해 개별적으로 노력하는 듯 보이나 거시적 관점에서 바로 보면, 한 국가나 사회 속에 속한 사람들은 서로 비슷한 구매 행태를 보인다. 소비자의 구매는 이렇듯 자신을 둘러싼 외부환경적 요인에 많은 영향을 받는 사회적·문화적 현상이기에, 사회문화적 요인을 포함하여 다양한 거시환경적 요인들에 대한 고찰도 역시 중요하다. 소비자의 라이프스타일이나 유행이나 가치관의 변화뿐 아니라 법, 규제, 사회적 규범, 인구변화, 기술혁신, 경제상황 등 우리 사회의 거의 모든 부분에서 일어나는 변화가 소비자의 구매에 큰 영향을 미치기 때문이다. 중요하게 고려해야 할 대표적인 거시환경적 요소를 표로 정리하면 〈표 2-4〉와 같다.

〈표 2-4〉 소비자 구매행동에 영향을 미치는 거시환경적 요인

인구통계적 환경	인구의 변화, 연령대별 인구 구성비 변화, 가구형태 변화, 인구의 지리적 이동
경제적 환경	경제성장률, 실업률, 물가, 금리, 환율, 원자재 가격, 소득수준과 분포, 부채수준(가계, 기업, 정부), 부동산 가격, 산업구조의 변화
사회/문화적 환경	유행과 트렌드의 변화, 가치관의 변화, 문화의 글로벌 동조화(한류 열풍), 기업경영방식의 변화(ESG 경영의 확산 등)
정치적/법적 환경	법/규제의 변화, 세금제도 변화, 정부지원 사업, 외국과의 경제협력, 국가 간 전쟁 혹은 무역갈등
기술적 환경	과학/기술의 진보(4차 산업혁명, 인공지능(AI) 기술의 발전), 매체 환경의 변화(유튜브 등 1인 미디어 확산)
자연적 환경	기후 변화(지구온난화, 사막화와 물 부족), 천연자원 고갈, 미세먼지, 질병(팬데믹 등)

시장의 규모를 결정하는 가장 중요한 요인은 인구수이기 때문에 인구통계적 요인은 소비에 큰 영향을 미친다. 해리 덴트(Harry Dent)는 인구의 변화와 연령대별 소비규모를 통해 경제성장률을 예측할 수 있음을 보였다(Dent, 2015). 연령대별 인구 구성비의 변화도 소비 행태와 산업구조에 변화를 가져오는데, 우리나라는 최근 출산율이 급격히 낮아지면서 고령화가 빠르게 진행됨에 따라 노인요양 서비스 등의 시장이 커지고 있다. 가구형태의 변화 측면에서는 최근 1인 가구의 증가를 중요한 변화 중 하나로 꼽을 수 있다. 인구의 지리적 변화와 관련해서 우리나라에서 발생하는 대표적 현상은 수도권 인구의 과밀화이다. 경제적 환경은 해당 국가 소비자들의 구매 행태에 직접적으로 영향을 주는 변수이다. 우리나라뿐 아니라 글로벌한 추세로 나타나는 높은 실업률과 높은 부채수준으로 인해 가처분 소득이 낮아짐에 따라 소비가 축소되고 경제성장이 둔화되는 모습을 보이고 있다. 이러한 원인으로 온라인 쇼핑을 통해 가성비 높은 상품에 대한 선호도가 높아지고 있는 것을 들 수 있다. 그러나 소득과 부의 양극화가 심해짐에 따라 소비규모가 더욱 커진 부유층을 대상으로 하는 명품시장의 규모는 더욱 커지고 있다.

효과적인 마케팅 전략 수립을 위해서는 사회문화적 환경의 변화를 이해하는 것 역시 매우 중요하다. 인터넷의 대중화는 문화의 공유와 확산 방식에도 큰 변화를 가져왔다. 전 세계적으로 실시간 정보공유가 가능해지면서 특정 국가의 유행이 순식간에 글로벌하게 확산되는 추세를 보인다. 전 세계적인 한류 열풍 역시 유튜브 등 온라인 플랫폼 덕분에 더욱 가속화되었다. 소비문화를 주도하는 MZ세대는 자신들의 경험을 SNS를 통해 공유하는 특징을 보이기 때문에 이러한 새로운 매체를 활용한 마케팅은 빠르게 증가하고 있다. 정부 규제나 새로운 법률 제정 등도 역시 소비의 패턴을 변화시킨다. 이산화탄소에 의한 지구온난화를 막기 위한 전 세계적인 협력은 전기차 시장의 성장을 가속화시키고 있다. 4차 산업혁명과 관련된 다양한 기술적 진보들, 예를 들어 인공지능, 사물인터넷, 드론, 3D 프린팅 기술, 로봇기술, 자율주행차 등은 빠르게 우리의 삶 속으로 스며들고 있으며 우리의 생활양식과 구매행동을 변화시키고 있다. 최근 확산된 코로나19 팬데믹에 의해 우리의 삶은 오프라인에서 온라인으로, 대면에서 비대면으로 크게 바뀌었다. 이어서 미시적인 관점으로 소비자의 심리적 요인들이 어떻게 구매에 영향을 미치는지 살펴보자.

2) 심리적 요인

(1) 동기

동기(motivation)란 '행동을 불러일으키는 개인의 내적 충동력'을 의미한다. 인간은 욕구가 충족되지 않을 때 내적 긴장감을 경험하고, 이러한 긴장은 욕구가 합리적인 방향으로 충족되도록 행동하고자 하는 동기를 유도하게 된다. 구매행동이란 결국 욕구를 충족시키기 위한 것이므로, 어떤 욕구 혹은 동기에 의해서 소비자가 구매를 하는가를 이해하는 것은 마케팅 전략 수립의 출발점이다. 동기와 관련된 다양한 이론들이 존재하는데 대표적인 이론으로는 프로이트(Freud)의 정신분석이론, 매슬로(Maslow)의 욕구계층설 등이 있다.

[그림 2-19] 매슬로의 욕구계층설

(2) 지각, 학습, 신념

소비자는 욕구를 충족시켜 줄 수 있는 수단을 찾기 위해 이에 대한 정보를 검색, 수집, 분석한다. 정보를 선택, 조직, 해석하여 대상에 의미를 부여하는 과정을 지각(perception)이라고 한다. 지각 과정은 정보처리(information processing) 과정이라고도 하는데, 감각기관을 통해 두뇌로 입력된 자극을 해석하고 이해하는 과정을 의미한다. 소비자의 지각 과정은 노출(exposure), 주의(attention), 이해(comprehension)의 단계를 거친다. 지각 과정을 통해 소비자가 갖게 된 대상에 대한 설명적인 생각을 신념(belief)이라고도 부른다.

  소비자의 지각 과정을 지배하는 중요한 원칙은 선택적 지각(selective perception)이라고 불린다. 소비자는 자신이 관심을 갖는 정보에만 선택적으로 주의를 기울이며, 기존 신념과 태도에 의해서 왜곡시켜 해석하고, 기억한다. 자신의 기존 신념과 태도에 일치하지 않는 정보는 거부함으로써 인지부조화를 피하려 한다. 이러한 지각 과정에 의해서 실재와 인식 간에 불일치가 발생하기도 하는데 이러한 불일치는 마케터에게 기회와 위협을 제공한다. 예를 들어, 이러한 불일치는 이미 많은 소비자의 마음속에 최고의 상품으로 인정받은 선도자 브랜드에게 유리하게 작용할 수 있다. 왜냐하면 시간이 지나 시장상황이 바뀌어도 소비자 마음속의 우위는 여전히 유지될 수 있기 때문이다.

  지각 과정에서 이해 단계는 지각적 조직화와 지각적 해석의 과정으로 이루어지는데, 이 과정에서 여러 가지 정보를 조직화하고 범주화(categorization)하게 된다. 동일한 대상에 대한 해석은 사람마다 달라질 수 있다는 점에 대해서는 20세기 초부터 게슈탈트(Gestalt) 심리학을 중심으로 많은 연구가 이루어져 왔다([그림 2-20]). 지각 과정을 거친 정보는 기억(memory) 속에 저장된다. 감각기관으로 입력된 정보는 단기기억(short-term memory)장소를 거쳐 장기기억(long-term memory)장소에 영구 저장된다(Bettman, 1979). 장기기억장소 속에 저장된 개념은 여러 관련된 개념들이 서로 연결되어 있는 네트워크(그물망) 형태로 기억된다(Collins & Loftus, 1975). 기억 속에 저장된 브랜드 연상 이미지 역시 네트워크 형태로 저장되어 있기 때문에 특정 브랜드와 관련되어 있는 여러 가지 정보들이 동시에 머릿속에 떠오르게 된다. 소비자가 머릿속에 가지고 있는 현재 자사 브랜드에 대해서 연상 네트워크에 대해 조사하는 것은 브랜드 전략 수립에 있어서 중요한 출발점이 된다.

[그림 2-20] 동일한 대상에 대한 인식도 사람마다 달라짐을 보여 주는 예

지각과 관련된 개념으로 학습(learning)이 있다. 학습이란 경험이나 정보처리에 의해서 신념이나 행동에 변화가 일어나는 것을 의미한다. 학습 과정에는 크게 세 가지 방식이 있는데, 인지적(cognitive) 학습, 조건화(conditioning) 학습, 그리고 대리적(vicarious) 학습이 있다. 책을 보거나, 혹은 광고를 통해서 개념적으로 학습하는 것은 인지적 학습에 해당한다. 그 외에도 동시에 제공되는 여러 개의 자극들이 서로 관련되어 있는 것처럼 인식하게 되는 고전적 조건화 학습도 있고, 타인을 모방하는 방식으로 이루어지는 대리적 학습도 있다. 인지적 학습 과정에서 일어나는 대표적인 심리적 특성 중 하나는 확증편향(confirmatory bias)이라고도 불리는 현상이다(Klayman & Ha, 1987). 이는 새로운 정보를 받아들일 때 자신의 기존 신념과 일치하는 방향으로 해석하여 받아들이는 성향을 의미한다. 이는 앞서 설명한 선택적 지각 혹은 인지부조화 감소 구매행동과 관련된다. 이번 장에서 살펴본 바와 같이 소비자는 의사결정 방식과 심리적인 특성, 그리고 소득수준 등 개인적인 특성이 모두 다르기 때문에 동일한 제품이나 판촉에도 다르게 반응하게 된다. 효과적인 마케팅 전략을 수립하기 위해서는 마케팅조사를 통해 표적소비자가 자사 브랜드와 경쟁사 브랜드에 대해서 현재 어떻게 인식하고 있는지를 조사하는 것부터 시작해야 한다.

마무리 사례   소비자는 선택대안이 많을수록 좋아할까?

아헹가(Iyengar)와 레퍼(Lepper)는 간단한 실험을 통해 선택대안이 많을수록 소비자는 더 좋아할지를 살펴보았다. 식품점에 가판대를 마련해 놓고, 토스트에 발라먹을 잼을 선택하도록 하였다. 한쪽 가판대에는 6개 종류의 잼을 진열해 놓았고, 다른 가판대에는 24개 종류의 잼을 전시하고 그중 하나를 선택하도록 하였다. 이 두 가판대에서의 선택은 어떻게 달라졌을까? 선택의 폭이 넓은 가판대(24개 종류 잼)에서는 지나가던 242명 중 60%나 되는 사람들이 적어도 한 가지 이상의 잼을 시식하였다. 그러나 실제로 잼을 한 병 구입한 사람의 비율은 2%도 되지 않았다. 반면, 선택의 폭이 좁은 가판대(6개 종류의 잼)에서는 지나가던 260명 중 40%의 고객만이 잼을 시식하였으나 실제로 잼을 골라서 계산대로 가져가 구매한 고객의 비율은 12%나 되었다(Iyengar & Lepper, 2001).

선택대안이 많은 것이 선택에 도움을 준 것이 아니라 오히려 선택과업을 회피하게 만들 수 있음을 보여 주고 있다. 꼭 수십 가지 대안이 있을 때만 이런 현상이 일어나는 것은 아니다. 하나의 대안만 주어졌을 때는 그에 대한 구매의사를 보였던 소비자가 그와 비슷하게 매력적인 다른 대안이 같이 제시되니 고민하다가 결국 둘 다 구매하지 않는 행태를 보이기도 한다(Shafir & Tversky, 1992). 따라서 소비자에게 많은 선택지를 주는 것은 경우에 따라 구매를 더욱 어렵게 만들기도 한다.

▶ **토론 주제**

1. 선택대안이 많은 상황에서 소비자가 선택을 포기하고 아무것도 것도 선택하지 않는 이유는 무엇일까?
2. 자신보다 더 매력적인 대안과의 비교뿐 아니라 비슷하게 매력적인 대안과의 비교도 평가에 부정적으로 작용할 수 있다. 이러한 현상을 프로스펙트 이론을 활용해 설명해 보자.

제**2**부

마케팅 정보와
인공지능의 활용

마케팅원론 ABC

Artificial **I**ntelligence
Big data
Customer value

제**3**장

시장 분석과 마케팅 조사

도입 사례 | 브랜드 가치 조사: 고객의 마음을 경제적 가치로

브랜드(brand)는 마케팅 전략에서 고객의 마음속의 포지셔닝이라는 추상적 개념을 대표하는 구체화된 형태로 표현하는 것으로서 특정한 제품이나 서비스를 구분하는 데 사용되는 명칭이나 기호, 디자인 등을 통상적으로 의미하며, 과거 소유권을 구분하기 위해 가축에 찍는 낙인으로부터 유래되었다. 현대 마케팅에서 브랜드는 단순한 제품이나 서비스를 구분하는 기호나 의미를 넘어 제품이나 서비스 자체를 대표하는 의미로서 그 가치가 높아졌고, 고객이 제품과 서비스를 평가하고 판단하는 중요한 기준으로서 그 역할이 확대되었다. 브랜드 컨설팅으로 유명한 인터브랜드(Interbrand)는 이 브랜드의 가치를 경제적/금전적 가치로 평가하여 전 세계적으로 브랜드 가치가 높은 기업의 브랜드 100개를 매년 발표해 오고 있다.

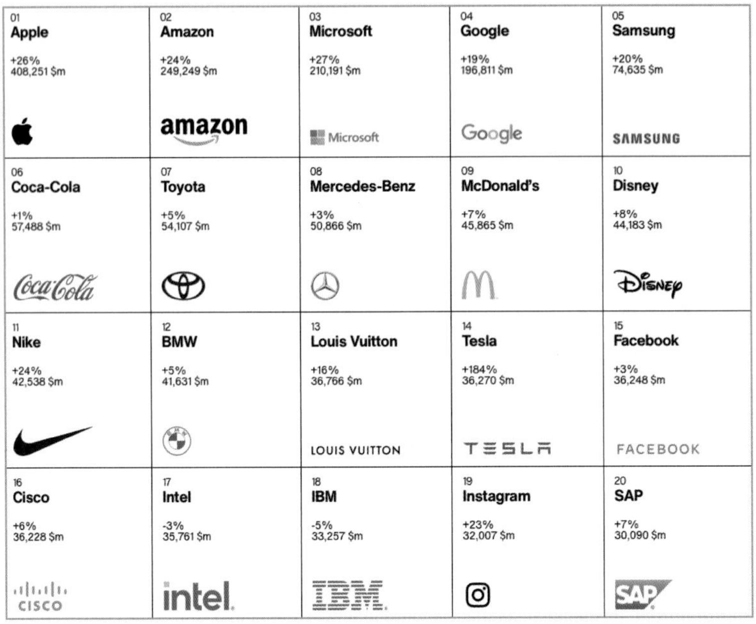

[그림 3-1] 2021 Best Global Brands

출처: www.interbrand.com

[그림 3-1]은 인터브랜드의 조사에 따라 2021년 발표된 전 세계에서 가장 가치가 높은 브랜드 20개를 보여 주고 있다. 인터브랜드의 세계적 브랜드의 가치 평가 조사는 대표적인 마케팅 조사 사례로서 브랜드 가치 평가의 결과는 매년 대표적 마케팅 성과 평가 지표로 널리 활용되고 있다. 브랜드 가치 조사 방법에 대한 아이디어를 생각해 본다면 마케팅 조사의 개념을 좀 더 깊이 이해할 수 있을 것이다.

제3장의 개요

마케팅 조사는 기업과 시장이 가치를 교환하는 과정인 마케팅활동에 필요한 시장, 환경, 그리고 기업 자신의 자료를 수집하여 마케팅 정보로 개발하여 제공함으로써 기업의 마케팅 의사결정 과정을 지원하는 기능을 담당한다. 특히, 마케팅 조사에 의해 개발된 마케팅 정보는 현재의 상황과 미래의 환경을 정확하게 분석하여야 하고 기업의 마케팅활동 또는 당면한 문제와 관련성이 높아야 하며 제공된 정보가 시의 적절할수록 그 가치가 높게 평가될 수 있다.

마케팅 조사는 일반적으로 고객(customer: 시장, 구매자, 소비자), 기업(company: 제품 디자인, 판매 촉진, 가격, 유통, 서비스), 경쟁자(competitor: 기업과 관련된 환경 포함)를 대상으로 한다. 먼저, 고객을 대상으로 하는 마케팅 조사의 예를 들어 보자. 고객과 소비자의 생활 트렌드를 점검하는 조사를 주기적으로 시행하는 경우, 기업은 이러한 조사를 통해 시장의 트렌드 변화를 조기에 포착하여 새로운 시장 기회나 위험에 적절히 대응할 수 있다. 또한 기업을 대상으로 하는 마케팅 조사의 경우, 브랜드 이미지, 인지도를 조사하여 기업이 실시하는 다양한 마케팅활동의 성과를 효과적으로 검토할 수 있고 신제품의 시용(샘플 사용) 후 소비자 반응을 조사해 봄으로써 신제품에 대한 소비자 평가는 물론, 향후 신제품을 위한 적절한 마케팅 전략을 도출할 수 있다. 더불어, 기업은 다양한 환경적 요소에 대한 조사를 통해 기업 전략 또는 마케팅 전략에 활용할 수 있다. 특히, 전반적인 경기 추이나 산업 추세 조사를 기업의 생산이나 판매 전략 수립에 활용할 수 있다. 이번 장에서는 기업에서 전략적으로 활용하고 있는 마케팅 조사의 전반적 개념과 종류 그리고 그 유형에 대해 알아보고, 기업의 마케팅활동에 대한 과학적 접근방법에 대해 이해하도록 한다.

제3장의 질문

1. 미국마케팅학회(AMA)에서 정의한 마케팅 조사의 정의는 무엇인가?

2. 유용한 마케팅 정보의 핵심적 특성은 무엇인가?

3. 마케팅 조사의 유형은 어떤 것이 있는가?

4. 마케팅 조사의 전반적 과정은 무엇인가?

5. 과학적 마케팅 조사에서 통계 분석의 역할은 무엇인가?

1. 마케팅 조사의 개념

마케팅(marketing)은 고객을 위한 가치를 가지는 제공물을 생산하고 알리며 전달하고 교환하는 기업 활동의 한 부분으로서, 기업의 경영 활동 중 시장과 함께 직접적으로 자극을 교환하는 가장 변화가 많고 역동적인 기업 활동이다. 마케팅은 그 자체가 시장과 직접적인 관계를 가지기 때문에 시장의 다양한 위기와 기회의 변화(예: 경제적 요소, 정치적 요소, 법률적 요소, 기술적 요소 등)에 매우 민감하게 반응한다. 따라서 마케팅 책임자와 담당자들은 시장의 변화에 높은 관심을 가지고 이들 변화에 대해 시의 적절하게 정보와 동향을 수집하고, 수집된 정보를 검토 및 점검한다. 그리고 이를 바탕으로 현재를 진단하고 미래를 예측하여 마케팅 의사 결정에 활용하고자 한다. 따라서 간명하게 마케팅 조사를 설명한다면 마케팅 조사는 본질적으로 기업의 마케팅활동을 위한 시장 정보 요구에 대한 답을 제시하는 것을 목적으로 하는 활동으로 규정할 수 있다. 다시 말해, 기업의 마케팅활동에 필요한 다양하고 복잡한 시장 정보를 조사하고, 이를 마케팅 책임자의 의사결정 과정에 지원하거나 좀 더 직접적으로 기업이 당면한 마케팅 또는 경영 문제를 해결하며, 궁극적으로는 경영과 마케팅 의사결정의 답을 지원하기 위한 적극적 조사 활동까지 포괄하는 것을 마케팅 조사라 할 수 있다.

실무적 측면을 넘어 학술적 측면에서 마케팅 조사에 대해 정의해 보자면, 마케팅은 시장을 대상으로 하는 기업 경영 활동이고 조사는 문제나 이슈에 대한 정보나 본질을 파악하기 위한 일련의 체계적이고 객관적인 탐구 과정이라 볼 수 있다. 이러한 탐구 과정은 일반적으로 두 가지 형태로 나눌 수 있다. 먼저, 존재하는 문제에 대해 직접적으로는 해결할 필요가 없지만 일반적인 정보나 지식의 확장을 위해 필요한 탐구 활동으로서 문제를 파악하기 위한 조사가 있다. 또한 문제의 파악을 넘어 특정 문제에 대한 해결책을 찾거나, 그 해결책을 위한 정보를 탐구하는 활동으로서 문제를 해결하기 위한 조사가 있을 수 있다. 이와 같은 마케팅과 조사의 개념을 바탕으로 마케팅 조사를 규정해 보자면, 기업 내외에서 필요한 시장 정보와 마케팅 정보를 획득하거나, 기업이 당면한 마케팅 문제 해결 등의 전반적인 마케팅 기능을 지원하기 위한 일련의 체계적이고 과학적인 탐구 과정으로 볼 수 있다. 공식적으로 2017년 미국마케팅학회(American Marketing Association: AMA)는 마케팅 조사를 다음과 같이 정의하였다.

> 마케팅 조사는 마케팅 기회와 문제의 식별과 정의, 마케팅 활동의 생성, 개선과 평가, 마케팅 성과의 모니터링, 그리고 하나의 과정으로서 마케팅에 대한 이해 증진을 위해 사용되는 정보를 통해 소비자, 고객 및 대중을 마케팅 담당자와 연결하는 기능이다. 마케팅 조사는 이러한 이슈를 해결하는 데 필요한 정보의 지정, 정보수집 방법의 설계, 자료수집 과정의 관리 및 구현, 결과의 분석, 그리고 새로운 발견과 그 시사점을 전달하고 소통한다(Marketing research is the function that links the consumer, customer, and public to the marketer through information—information used to identify and define marketing opportunities and problems; generate, refine, and evaluate marketing actions; monitor marketing performance; and improve understanding of marketing as a process. Marketing research specifies the information required to address these issues, designs the method for collecting information, manages and implements the data collection process, analyzes the results, and communicates the findings and their implications.).
>
> 출처: AMA 홈페이지.

　미국마케팅학회는 다양한 마케팅활동(마케팅 기회와 문제의 식별, 마케팅활동을 수행, 성과 점검, 시장 반응의 이해)에 관한 정보가 시장(소비자, 고객, 공중)과 기업(마케팅 담당자)을 연결하게 하는 기능으로 마케팅 조사를 정의하였다. 즉, 마케팅 조사는 정보 획득이 주요 기능이며 획득된 정보는 시장과 기업을 연결해 주는 역할을 한다고 이해할 수 있다. 또한 필요 정보의 구체화, 정보 수집 방법 및 계획, 정보 수집 실행, 결과 분석 및 결론이라는 마케팅 조사의 주된 과정 역시 정의하고 있다.

　마케팅 조사는 일반적으로 고객(customer: 시장, 구매자, 소비자), 기업(company: 제품 디자인, 판매촉진, 가격, 유통, 서비스), 경쟁자(competitor: 기업과 관련된 환경 포함)를 대상으로 한다. 먼저, 고객을 대상으로 하는 마케팅 조사의 예를 들어 보자. 고객과 소비자의 생활 트렌드를 점검하는 조사를 주기적으로 시행하는 경우, 기업은 이러한 조사를 통해 시장의 트렌드 변화를 조기에 포착하여 새로운 시장 기

회나 위험에 적절히 대응할 수 있다. 또한 기업을 대상으로 하는 마케팅 조사의
경우, 브랜드 이미지, 인지도를 주기적으로 조사하여 기업이 실시하는 다양한 마
케팅활동의 성과를 효과적으로 검토할 수 있고 신제품의 시용(샘플 사용) 후 소비
자 반응을 조사해 봄으로써 신제품에 대한 소비자 평가는 물론, 향후 신제품을 위
한 적절한 마케팅 전략을 도출할 수 있다. 더불어, 기업은 다양한 환경적 요소에
대한 조사를 통해 기업 전략 또는 마케팅 전략에 활용할 수 있다. 특히, 전반적인
경기 추이나 산업 추세 조사를 기업의 생산이나 판매 전략 수립에 활용할 수 있다.

마케팅 조사가 고객만을 대상으로 하는 것이 아니라, 기업, 경쟁자를 포함한 기
업 환경까지를 조사의 범위로 한다는 관점에서 마케팅 조사의 결과물은 마케팅
의사결정자는 물론 기업 최고 경영자에게도 유용하게 활용될 수 있다. 사실 기업
외부를 대상으로 실행하는 많은 조사 활동들은 대부분 마케팅 조사의 영역에 포
함되고, 실제로 마케팅 조사 활동이 기업의 조사 활동 중 가장 활발히 일어나고 있
다. 따라서 마케팅 조사 전문가는 기업이 필요한 대부분의 조사 전문 지식과 능력
을 보유하고 있어야 하며, 이를 위해 마케팅 조사에 대한 전문 교육이 다양한 방식
으로 이루어지고 있다.

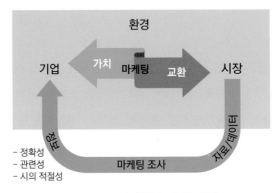

[그림 3-2] 마케팅 조사의 개념

[그림 3-2]는 마케팅 조사의 개념을 명확하게 보여 주고 있다. 마케팅 조사는 기
업과 시장이 가치를 교환하는 과정인 마케팅활동에 필요한 시장, 환경, 그리고 기
업 자신의 자료를 수집하여 마케팅 정보로 개발하여 제공함으로써 기업의 마케팅
의사결정 과정을 지원하는 기능을 담당한다. 특히, 마케팅 조사에 의해 개발된 마

케팅 정보는 현재의 상황과 미래의 환경을 정확하게 분석하여야 하고 기업의 마케팅 활동 또는 당면한 문제와 관련성이 높아야 하며 제공된 정보가 시의 적절할수록 그 가치가 높게 평가될 수 있다.

2. 마케팅 조사의 역할

마케팅의 전 분야에 걸쳐 다양한 목적을 바탕으로 마케팅 조사가 실시될 수 있다. 전문 설문 조사 기관인 퀼트릭스(Qualtrics)는 자신들이 주로 수행하는 마케팅 조사의 유형을 20여 가지로 제시하였는데, 이를 유형별로 재정리하면 신제품이나 제품과 관련된 조사, 고객 및 시장과 관련된 조사, 브랜드 관련 조사, 광고 관련 조사, 가격 관련 조사 등으로 구분할 수 있다.

1) 신제품 및 제품/서비스 조사

(1) 신제품 개념 시험 조사

새로운 서비스의 시장 성공을 위해 사전에 신제품에 대한 시장의 반응을 조사할 수 있다. 신제품의 개념이란 신제품이 실제로 개발되기 이전의 대략적인 아이디어나 샘플을 의미하며, 신제품 개발 이전에 신제품 개념만을 활용하여 신제품 개념에 대한 고객들의 이해 방식과 시장 반응을 조사하는 방식을 신제품 개념 시험 조사라 할 수 있다. 이러한 신제품 개념 시험 조사는 통상 기획된 신제품이나 새로운 서비스의 개념을 증명하는 과정에 많이 활용되곤 한다. 잠재적 고객들은 기본적인 아이디어를 표현하는 다양한 형태(사진, 그래픽, 샘플 등)에 대해 자신들의 반응을 제시하고 신제품 담당자는 이를 신제품 개발 의사결정에 반영할 수 있다. 신제품 개념 시험 조사는 단순히 신제품의 개발뿐만 아니라, 새로운 광고, 새로운 가격, 새로운 디자인, 새로운 유통 채널 투입 등 신규 마케팅 프로그램이나 전략에 대한 의사결정의 보조 도구로써 활용이 가능하다. 새로운 프로그램이나 전략의 사전 시험 조사로서의 개념 시험 조사는 신개념이 고객들에게 어떻게 해석되며 그 해석 방식이 신제품의 개념과 일치하는지를 확인하고자 할 경우, 신개념의 어떤 가치가 고객들에게 중요한지를 확인하고자 할 경우, 어떤 속성이 고객 만족을 이끄는 데 핵심적 요소인지 파악하거나 또는 그 중요도에 우선순위를 부여하고자 할 경우 등에 활용할 수 있다. 이러한 목적을 달성하기 위해 욕구 분석, 사용 및 구매 패턴 분석, 긍정·부정요소 분석, 가치/비용 분석 등을 수행할 수 있다.

(2) 컨조인트 분석

컨조인트 분석은 제품이나 서비스 각각의 속성에 대해 고객들이 생각하는 중요도를 평가하는 분석 방법이다. 제품 또는 서비스 관리자는 컨조인트 분석을 통해 각 속성에 대한 잠재 가치를 평가할 수 있어 제품 구성에 필요한 속성들의 최적화된 조합을 추정할 수 있다.

(3) 제품 관리 조사

제품이나 서비스의 전체 생애 주기 동안 수행하는 모든 마케팅활동들을 관리하기 위해 필요한 모든 활동을 지원하는 상시적 조사 및 특별한 조사를 모두 포함한다. 예를 들어, 현재 제품에 대한 마케팅 프로그램의 효과를 주기적으로 점검하기 위한 조사 또는 시장의 고객 반응이나 행동 패턴을 점검하는 조사들이 이에 해당된다.

(4) 서비스 품질 조사

서비스만의 독특한 특성을 반영한 SERVQUAL을 활용 또는 응용하여 서비스를 측정한다.

2) 고객 및 시장 조사

(1) 고객 데이터 통합 분석

마케팅 조사자는 기존의 데이터베이스에 다양한 형태로 존재하는 고객 데이터들을 통합하여 분석하고 고객의 행동을 추정할 수 있다. 최근 인터넷이나 모바일 서비스의 발전으로 데이터의 생성이 자동화, 전자화되고, 보다 쉽게 접근가능하게 되어 데이터 분석 전문가들이 이들 데이터들을 통합하여 분석하는 기술에 많은 관심을 가지고 있다. 마케팅 분야에서도 특히, 고객 행동 관련 데이터는 다양한 형태로 자동화, 전자화되어 데이터가 저장되고 있으며, 이들 데이터에 대한 접근이 점점 용이해진다면 통합된 분석에 대한 요구는 매우 증가할 것으로 보인다.

(2) 고객 욕구 분석

고객 욕구 분석은 신제품 개념 및 핵심개념 개발, 제품 개발, 가치 분석 등 다양한 제품이나 브랜드 관리 상황에서 활용된다. 고객 욕구 분석은 일반적으로 고객의 깊은 내면의 생각을 이끌어 내는 것을 목적으로 한다. 예를 들어, 제품이나 브랜드 속성에 관한 긍정적 또는 부정적 연상을 확인하거나, 제품이나 브랜드 간의 유사성 분석 또는 분류(군집) 분석, 제품의 사용 상황에 대한 조사, 또는 구체적 구매 및 소비 시점 분석, 사용 패턴 분석, 대체제 분석 등이 고객 욕구를 직접적·간접적으로 분석하는 조사가 될 수 있다. 특히, 구매 후 평가 분석, 주기적인 만족도 조사, 지속적인 만족도 점검을 통해 효과적인 고객 유지 분석이 이루어질 수 있다.

(3) 고객 유지 분석

고객관계관리에서 고객 유지는 가장 중요한 개념이라 할 수 있으며, 현재의 고객이 미래에도 계속 해당 기업 또는 브랜드의 고객으로 남아 있을 확률을 고객 유지율이라고 표현한다. 개념적으로 봤을 때, 고객 유지를 위해서는 제품이나 서비스에 대한 고객 기대를 충족시켜야 하는데, 이를 위해서는 고객 만족도를 높이고 더불어 불만족 고객이나 이탈 고객의 원인을 파악할 필요가 있다. 따라서 고객 유지 분석에는 고객 이탈률 조사, 불만족 고객 조사, 불만족 고객 원인 분석, 고객 유지 최적화 분석 등을 포함된다.

(4) 고객 만족도 조사

마케팅 조사에서 가장 널리 알려진 조사로서 제품이나 서비스 성능에 대한 고객의 경험적 평가 의견을 반영하며, 특정 제품이나 서비스에 대한 기대 대비 결과를 조사한다. 국내에서는 한국생산성본부에서 조사·발표하는 국가고객만족도(National Customer Satisfaction Index: NCSI, http://www.ncsi.or.kr)가 주로 활용된다.

(5) 시장세분화 분석

시장세분화는 여러 측면에서 유사한 고객들을 분류하여 유사성이 높은 고객들을 집단화하는 것을 의미한다. 시장세분화를 위해서는 다양한 특성들(인구통계학적 특성, 심리학적 특성, 행동적 특성, 기술적 특성, 사용상황이나 사용량, 주요 소구 혜택 등)을 고려해야 한다. 이러한 다양한 특성들은 시장세분화의 중요한 기준이 되며, 이 기준들을 정확히 조사하고 명확히 적용하는 것은 마케팅 조사 담당자의 중요한 역할이라 할 수 있다.

(6) 온라인 고객 행동 조사

고객 행동 분석은 오랫동안 다양한 형태의 마케팅 조사로 이루어져 왔다. 최근에는 온라인을 통한 경제 활동의 증가로 과거에 비해 고객 행동을 감지하는 것이 상대적으로 수월해짐으로 인해 온라인 고객 행동 조사 방법이 많이 활용된다. 온라인 고객 행동 조사는 고객의 구매 이력이나 관심 상품의 확인 등 고객의 행동이 다양한 형태로 저장되어 있는 로그 파일의 분석을 활용한다. 이러한 로그 파일 분석은 개별 고객에게 과거 구매 경험에 대한 기억을 되살릴 필요 없이 저장된 고객 행동에 대한 실제 자료를 직접적으로 분석할 수 있다는 장점이 있다.

(7) 브랜드 가치 조사

브랜드 가치는 브랜드 인지도, 브랜드 연상, 지각된 품질, 브랜드 충성도 등으로 구성된다. 국제적 마케팅 조사 기관들은 주기적으로 세계 유명 브랜드의 브랜드 가치를 조사한다. 대표적으로는 Interbrand사에서 매년 전 세계 100대 브랜드를 평가하여 발표하고 있으며, 국내에서는 ㈜브랜드스탁에서 하이스트브랜드를 매년 발표하고 있다.

3) 광고 조사

(1) 광고 효과 조사

광고 효과 조사는 광고 메시지의 설득력, 효과성, 그리고 결과에 대하여 분석한다. 일반적으로 성공적인 광고에는 누가, 누구에게, 무엇을, 어떻게 전달하여 어떤 결과를 원하는지가 명확하게 포함된다. 따라서 이들 요소에 대해서 계획대로 소정의 목적이 달성되었는지를 분석하기 위한 조사가 진행될 수 있다. 예를 들어, 광고를 전달하고자 하는 고객들에게 정확히 잘 전달이 되었는지, 광고를 통해 전달하고자 하는 의미가 계획대로 잘 전달되었는지 또는 광고를 통해 원했던 결과 (예: 브랜드 인지도 상승 또는 긍정적 브랜드 이미지)를 얻었는지를 확인할 수 있다.

(2) 온라인 광고 조사

최근에는 소위 4대 매체(TV, 라디오, 신문, 잡지)를 통한 광고에서 인터넷과 모바일을 통한 광고의 비중이 폭발적으로 증가했다. 다양한 형태의 온라인 광고 조사 기법이 소개되고 있으며 온라인 광고 조사 기법의 발달은 광고비 책정에도 중요한 역할을 하고 있다. 즉, 온라인 광고 효과의 정확한 측정은 결국 해당 매체의 광고비 단가에 큰 영향을 줄 수 있으며, 최근에는 온라인 광고 시장에서 광고 효과에 기반한 광고비 단가 책정[예: Cost per Click(CPC)]이 일반화되고 있다.

[그림 3-3] 네이버 키워드 검색 광고 예

출처: 네이버 광고.

3. 마케팅 조사 유형

마케팅 조사 방법은 크게 탐색적 조사(exploratory research)와 확증적 조사 (conclusive research)로 구분된다. 탐색적 조사의 주요 목적은 조사자가 직면하는 문제 상황에 대한 통찰을 제공하고 문제에 대한 이해의 깊이를 높이기 위한 것이다. 탐색적 조사는 문제를 더 정밀하게 정의하고, 적절한 행동과정을 확인하며, 추가적인 통찰력을 얻고자 하는 경우에 사용한다. 탐색적 마케팅 조사는 필요한 정보를 대략적으로 정의하고, 비체계적이고 상대적으로 유연한 과정을 적용한다. 기업 전문가와의 면담 또는 소비자 그룹과의 토론 등이 탐색적 마케팅 조사의 한 예이다. 탐색적 마케팅 조사의 표본은 상대적으로 적고, 주요 데이터는 현실의 상황을 반영하는 비정형 형태의 질적 데이터(qualitative data)가 많다. 탐색적 마케팅 조사의 이러한 특성으로 인해 결과는 시험적이며 추가 연구를 위한 자료로 많이 활용된다. 따라서 일반적으로 탐색적 마케팅 조사 후, 조사 결과를 바탕으로 추가 탐색적 조사나 확증적 조사가 이루어진다. 특히, 탐색적 조사 중 정성 분석 (qualitative analysis)은 비정형 데이터에 대한 일관된 관찰을 통해 통찰력 있는 결과를 도출하는 것을 목적으로 한다. 비록 정성 분석의 결과가 조사자에게 새로운 통찰력을 제시해 줄 수는 있지만, 결과를 일반화하는 과정에서 정성 분석의 객관적 특성과 주관적 특성을 면밀히 고려하여 활용하여야 한다. 탐색적 마케팅 조사

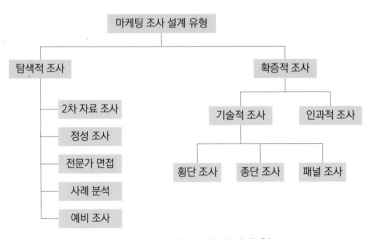

[그림 3-4] 마케팅 조사 설계 유형

는 다음 단계에서 더 세부적으로 논의한다.

　확증적 마케팅 조사는 탐색적 마케팅 조사에서 얻은 직관을 좀 더 객관적으로 입증하고 일반화한다. 확증적 조사의 목적은 현상에 대한 구체적인 가설을 고려하고, 현상에서의 구체적인 관계를 알아내는 것이다. 조사자가 필요한 정보는 명확하고 구체화되어야 한다. 확증적 조사는 전형적으로 탐색적 조사보다 훨씬 체계적이고 구조적이다. 표본의 크기는 크고, 데이터는 정량 분석(quantitative

〈표 3-1〉 마케팅 조사 방법의 유형별 특징

	탐색적 조사	확증적 조사	
		기술적 조사	인과적 조사
목적	• 직관을 통한 현상의 발견 • 현상에 대한 이해와 통찰력 제공	• 현상에 대한 구체적 기술 • 현상 간의 상관 관계 설명	실험을 통한 명확한 인과 관계의 설명
정보/데이터	• 대략적 정의 • 비정형 • 정성 데이터	• 명확한 정의 • 정형 • 정량 데이터	
조사과정	• 비체계적 • 유연성	• 체계적/구조적 • 경직성	
표본	적은 표본 수	많은 표본 수	
결과	시험적/잠정적	결론적/확증적	
특징	주로 본 조사 설계의 전단(pre-test)의 목적이 있음	• 구체적인 가설에 대해 사전 예측을 함 • 독립 변수와 종속 변수를 측정하여 이들 간의 관계를 설명	• 하나 혹은 그 이상의 독립 변수 조작 • 종속 변수 효과 측정 • 다른 환경 변수 통제
방법	• 전문가 설문 조사 • 사전 조사 • 사례 연구 • 2차 자료: 정성 분석 • 질적 연구 • 관찰	• 2차 자료: 정량 분석 • 횡단적 조사 • 종단적 조사 • 설문 조사 • 패널	실험

analysis)에 용이하다. 조사 결과는 현실적이고 확증적이며, 경영적인 결정 과정의 실제 투입자료(input)로 활용 가능하다. [그림 3-4]에서 보듯이, 확증적 조사 설계는 현상 간의 단순관계를 파악하는 기술적 조사와 직접적인 원인과 결과를 조사하는 인과적 조사, 그리고 기술적 조사는 다시 특정 한 시점에서의 상황만을 고려하는 횡단 조사와 어떤 상황의 여러 시점을 동시에 고려하는 종단 조사로 분류한다. 탐색적 조사와 확증적 조사 그리고 기술적 조사와 인과적 조사 간의 비교는 〈표 3-1〉에 요약되어 있다.

탐색적 조사는 조사의 초기 단계에 마케팅 문제를 파악하기 위해 주로 사용되며, 문제에 대한 가능한 원인들이 발견될 경우에는 원인을 명확히 결론 내리기 위해 확증적 조사를 수행하여 마케팅 문제의 정확한 해결책을 제시하게 된다.

1) 탐색적 조사

탐색적 조사의 목적은 통찰과 이해를 통해 문제 상황을 분석하고 조사하는 것이다. 조사자는 탐색적 문제를 통해 문제를 명확하고 체계적으로 정의하고, 문제 해결 대안들을 확인하여 가설을 개발할 수 있다. 조사자는 가설 개발 과정에서의 주요 변수들과 변수들과의 관계를 구분할 수 있다. 결국 탐색적 조사는 현재 문제 해결 접근을 위한 통찰을 제시하고 추가 연구들의 우선순위를 세우게 해 준다.

일반적으로 탐색적 조사는 조사자가 조사 연구를 수행할 때 해당 분야에 대한 충분한 이해가 없는 상황에서 더욱 유용하다. 공식적인 조사 의례나 절차가 없기 때문에 탐색적 조사 방법은 유연하고 융통성이 있다. 구조화된 설문지, 큰 표본, 표본화 계획 등의 체계적이고 형식화된 과정을 생략하거나 융통성 있게 수정하는 것이 가능하다. 조사자는 탐색적 조사를 통해 새로운 아이디어나 통찰력이 발견되면, 발견된 것을 바탕으로 새로운 방향이 문제 해결의 중요한 실마리를 만들 가능성이 높아질 때까지 탐색적 조사를 추가로 지속할 수 있다. 새로운 방향과 실마리를 찾아야 한다는 점에서 탐색적 조사에서는 조사자의 창의성과 독창성이 상당히 중요할 수 있다.

탐색적 조사에서 흔히 활용되는 방법으로는 [그림 3-4]에서와 같이 2차 자료조사(문헌 조사 및 2차 자료 수집), 정성 조사(표적집단면접, 심층면접, 투사법, 연상법),

전문가 면접, 사례 분석, 사전/예비 조사 등이 있다.

(1) 2차 자료 조사

2차 자료 조사(문헌 조사, secondary data analysis)란 마케팅 조사의 목적을 달성하기 위해 기존에 공개되어 있는 자료들을 검토하는 것을 의미한다. 조사자는 조사의 목적에 부합하는 자료들을 취합하여 마케팅 조사로 해결하고자 하는 문제점을 명확히 파악하기 위하여 다양한 경로를 통해 자료를 수집, 분석한다. 2차 자료는 내부 자료 또는 외부 자료로 분류될 수 있다. 내부 자료는 조사가 진행되는 기관 내에서 만들어진 자료를 말한다. 이러한 정보는 경영 정보 시스템으로부터 일상적으로 제공되는 정보와 같이 바로 사용할 수 있는 형태로 이용가능하다. 반면에, 이러한 자료들은 기관 내에서 존재하지만, 그것들이 조사자에게 유용하게 되기 전에 상당한 절차를 요구할 수 있다. 예를 들어, 다양한 형태의 제품 판매 정보가 내부적으로 존재할 수 있지만 이 정보는 기업 비밀과 연관되어 있기 때문에 쉽게 접근할 수 없어, 해당 정보를 얻기 위해서는 일련의 보안 절차가 요구될 수 있다. 외부 자료는 기관 외부의 출처들(언론사, 각종 경제 단체나 협회, 통계청과 같은 정부 기관, 대학교나 연구소, 온/오프라인 자료 검색 기관)로부터 만들어진 자료들(뉴스 기사, 사례 보고서, 통계 자료, 연구 보고서, 연구 논문)을 말한다. 이러한 자료들은 출판된 자료, 컴퓨터화된 데이터베이스, 또는 연합 서비스로부터 사용 가능하게 만들어진 정보의 형태로 존재한다. 2차 자료는 상대적으로 적은 비용(시간, 금전)으로 관련 문제점에 대한 최근 현황을 파악할 수 있다는 점에서 효과적인 탐색적 조사 방법으로 활용될 수 있다.

(2) 정성 조사

2차 자료 조사와 유사하게 조사자가 어떠한 문제에 대해 정의하거나, 혹은 좀 더 발전적인 접근을 하기 위해 문제에 대한 현실적 예를 확인함으로써 일반화된 가설을 만들거나, 혹은 관련 중요 변수를 확인하기 위해 사용한다. 비록 정성 조사 방법을 통해 조사 대상에게서 얻어진 자료가 직접적인 조사의 목적에 부합하는 문제점을 과학적으로 해결해 줄 수는 없지만, 조사 대상자들의 심층적인 생각 또는 내면의 모습을 파악하기 위한 적절한 조사 방법으로 활용될 수 있다. 정성 조사에는 직접적 접근방법으로 표적집단면접과 심층면접 그리고 간접적 접근방법으로 투사법이 있다. 기업은 조사 대상자의 내면을 파악하기 위한 정성 조사를 활용하여 조사 대상자들과의 심층적 의사소통이 가능하고, 이를 마케팅 상황에 적용할 수 있는 기회를 포착할 수 있다.

(3) 전문가 면접

특정한 기업, 산업 또는 현상에 대한 전문 지식이 있는 사람(전문가)의 경험, 정보, 의견, 견해가 기업이 직면한 다양한 마케팅 문제들의 해결을 위한 실마리 또는 통찰력을 제공하는 경우는 종종 있다. 따라서 특수한 전문 지식을 보유하고 있는 전문가를 대상으로 문제의 해결책이나 또는 아이디어를 얻기 위해 전문가의 지식을 이끌어 내는 조사 방법을 전문가 면접이라고 한다. 전문가 면접은 조사 대상에 대한 많은 지식을 가진 사람을 대상으로 한다는 점에서 경험 설문 조사(experience survey) 또는 핵심정보원 기법(key-informant technique)으로 알려져 있기도 하며, 기술을 주도하는 사용자를 대상으로 한다는 점에서 선도 사용자 조사(lead-user survey)라고 하기도 한다. 일반적으로 전문가 인터뷰는 관심 있는 특정 현상이나 문제에 대한 상황이나 과정을 재구성하는 목적의 조사에 많이 활용된다. 예를 들어, '한국 시장에서 사물인터넷 시장 전망'에 대한 조사의 경우 해당 분야 전문가들의 다양한 의견을 바탕으로 시장상황에 대한 재구성을 통해 미래 시장을 전망하게 된다. 전문가 면접은 조사 대상에 대한 통찰력을 이끌어 내는 것을 목적으로 한다는 점에서 조사과정은 정형화된 질문 형태와 같은 체계적인 과정을 거치지 않고, 그 결과 역시 비정형 상태의 정보가 주를 이룬다.

전문가 면접에서 전문가는 조사 당사자가 관심을 두는 문제에 관한 필요 지식을 얻기 위해 도움을 주는 매개체이지만 직접적인 조사 대상을 항상 대표하지는 않는다. 심지어 전문가는 조사 대상과는 배타적인 집단에 속해 있을 수 있다. 예를 들어, 앞서 '한국 시장에서 사물인터넷 시장 전망'에 대한 조사에서 많은 외국 관련 전문가들은 조사 대상인 한국 시장의 구성원이 아니지만, 전문가로서 그들의 정보는 아주 중요하게 다루어진다. 따라서 조사자는 전문가 면접 결과를 일반화할 경우 이러한 특징을 고려하여야 한다.

(4) 사례 분석

소수의 구체적 현상이나 특정 단위, 일반적으로 관심 대상이 되는 특정 상황에 대한 심층적이고 광범위한 자료 수집을 통해 선택된 해당 상황을 집중적으로 조사하여 그 특정 상황에 대한 일반화된 설명을 도출하는 과정을 사례 분석(case study)이라고 한다. 따라서 마케팅 조사에서 사례 분석의 단위는 산업, 기업, 브랜드와 같은 마케팅활동 그리고 고객 등이 될 수 있다. 사례 분석에는 기업 내부, 외부, 1차 자료, 2차 자료, 비정형 자료, 정형 자료 등 다양한 형태의 자료가 활용될 수 있다. '소비자의 전통시장 점포 선택에 대한 영향 요인'에 대한 사례 분석의 경우 성공적인 전통시장 사례와 그렇지 않은 사례를 비교하여 그 영향 요인에 대한 가치 있는 변수들을 조사할 수 있다.

(5) 예비 조사

탐색적 조사에서 본 조사 이전의 조사들을 일컫는다. 일반적으로 설문지 작성의 이전 단계에 실시되며, 그 조사 내용은 주로 연구의 문제 파악을 위해 적지만 포괄적인 질문(개방형 질문)을 포함한 설문지를 바탕으로 하여 적은 표본을 대상으로 기초 자료의 수집을 위해 실시한다. 예비 조사(pilot study)는 본 조사의 타당성을 높이기 위해 본 조사에 사용하는 다양한 측정 방법들의 사전 검증(타당성, 신뢰성)을 위해 사용되기도 한다. 특히, 본 설문지의 내용, 구성 형태, 응답자의 반응 점검 등을 통해 설문지의 오류나 설문지 응답 시간, 설문지 응답률 등 설문지 실시 과정상의 발생할 수 있는 상황이나 문제점을 파악하기 위해 많이 사용되곤 한다.

2) 기술적 조사

기술적(descriptive) 조사의 주요 목적은 현상이나 상황의 특징이나 역할을 설명하고 묘사하는 것이다. 조사자는 기술적 조사를 통해 조사 대상에 대한 보다 명확한 그림을 그릴 수 있다. 일반적으로 마케팅 상황에서의 기술적 조사는 고객, 판매 기업, 기관이나 시장과 같은 집단의 특징을 설명하고자 하는 경우, 특정한 행동을 하는 고객 집단의 비율이나 점유율을 추정하고자 하는 경우, 특정 상품, 특히 신제품의 시장 반응을 이해하고자 하는 경우, 다양한 마케팅활동의 영향력을 파악하고자 하는 경우, 그리고 앞서의 여러 경우들을 종합하여 미래 시장 결과를 정확히 예측하고자 하는 경우에 많이 활용된다. 탐색적 조사와 달리 기술적 조사는 정형화된 자료를 수집하기 용이한 설문지와 같은 정형화되고 규격화된 자료 수집 도구를 주로 사용하고, 현실적으로 대부분의 마케팅 조사는 기술적 조사의 형태를 가진다.

가장 대표적인 기술적 조사는 시장과 기업의 다양한 현상과 원인들의 특징을 수량화(quantify)하기 위해 설문지의 형태로 이루어진다. 기술적 조사는 탐색적 조사에 비해 조사자가 문제 상황에 대한 많은 사전 지식을 가지고 있어야 한다. 시장에서 나타나는 문제 또는 현상에 대한 주요 원인과 변수는 기술적 조사 실시 이전에 이미 탐색적 조사를 통해 확인하고, 이를 바탕으로 기술적 조사를 위한 설문지가 작성된다. 탐색적 조사와 기술적 조사의 주요한 차이점은 기술적 조사가 사전 조사를 통해 어느 정도 확인된 구체적인 주장인 가설의 형태로 사전 예측을 하고, 가설 검정을 위해 필요한 정보를 명확하게 정의한다는 것이다. 결과적으로 기술적 조사는 탐색적 조사 또는 이전의 전문적 경험 등을 통해 사전에 미리 계획된 주장을 검정한다는 특징이 있다. 따라서 가설의 일반화를 위해 대량의 표본을 사용하고 공식적인 조사 설계는 정보를 선택하는 방법과 자료를 수집하는 방법 등을 구체적으로 제시한다.

기술적 조사의 대표적 형태는 조사에 활용하는 데이터의 종류에 따라 횡단 조사(cross-sectional study), 종단 조사(longitudinal/time-series analysis) 그리고 패널 조사(panel study)로 구분된다. 횡단 조사는 특정 시점에서 집단 간 차이 조사나 특정 시점에서 다른 특성을 가지고 있는 집단들 사이의 차이를 조사하는 경우에 실시한다. 예를 들어, '남녀 간의 특정 브랜드에 대한 충성도의 차이'를 조사하는 경우에는 횡단 조사가 적절하다. 반면에, 일정한 시간 간격을 두고 반복적으로 특정 현상에 대한 자료를 얻고, 시간에 따른 차이 조사나 동일한 현상을 두고 동일한 대상에 대해 반복적으로 조사하는 경우, 각 기간 동안에 일어난 변화 또는 그 변화의 동향에 대한 조사를 목적으로 할 경우에 실시한다. 예를 들어 '특정 제품의 출시 이후의 브랜드 충성도 변화'를 조사하는 경우에는 종단 조사가 적절하다. 횡단 조사의 경우에는 종단 조사에 비해 적은 비용으로 표본을 크게 하여 조사의 타당성을 높일 수 있는 반면, 현상과 상황에 대한 동태적/시간적 특성(시간 또는 환경에 따른 소비자 반응의 변화, 추세 분석, 상황적 특성 고려)을 파악하는 것은 불가능하다.

　반대로 종단 조사의 경우에는 자료의 특성상 종단적 특성을 가지는 대량의 자료를 확보하기는 어렵지만, 특정 현상 또는 상황에 대한 동태적/시간적 특성의 파악이 가능하기 때문에 횡단 조사에 비해 상대적으로 심층 분석이 가능하다.

　마지막으로 패널 조사의 경우, 패널이라는 특정 조사 대상을 사전에 선정하고 이 패널을 대상으로 반복 조사를 실시한다. 예를 들어, '광고 전후의 고객의 브랜드 충성도의 차이'를 조사할 경우 패널 조사가 가능하다. 패널 조사는 횡단 조사(패널 선택)와 종단 조사(반복 조사)의 특징을 모두 가진 조사 유형으로서 상당히 가치 있는 조사 결과를 만들어 낼 수 있고 다양한 조사에 응용할 수 있다. 그러나 패널 조사의 경우에는 조사 대상자인 패널이 다음 조사 기간에 응답하지 않을 수 있다. 이 경우 표본의 차이에 의해 조사 결과에 중요한 편차가 발생하거나, 표본 수 감소로 인해 조사 결과의 신뢰성 또는 타당성에 문제가 발생할 수 있다. 따라서 패널 조사의 이러한 단점을 피하기 위해 적절한 패널 유지에 상당히 많은 비용이 들 수 있으며, 관리 역시 쉽지 않다는 어려움이 존재한다. 이러한 이유로 패널 조사는 대개 특정 기업이나 개별 조사자가 실시하기보다는 전문적인 조사 기관에서 조사를 하고 이를 필요로 하는 조사자가 구매하여 활용하는 경우가 많다.

3) 인과적 조사

　인과적 조사는 현상과 원인 사이의 인과 관계를 확인하는 것을 목적으로 한다. 마케팅 관리자는 인과적 조사를 통해 검증된 인과 관계를 바탕으로 중요한 마케팅 의사결정을 지속적으로 하게 된다. 인과 관계의 타당성은 공식적이고 과학적인 실험의 과정을 통해 조사와 검증이 이루어지며, 다음의 특성을 가진다. 첫째, 인과 관계는 한 사건(원인)의 영향에 의해 다른 사건(결과)이 발생하는 것을 의미하므로 원인과 결과가 함께 관찰되어야 하며, 둘째, 원인과 결과는 순차적으로 발생하고 마지막으로 독립 변수와 종속 변수 외의 외생 변수의 영향이 통제되어야 한다.

　인과적 조사는 주로 '현상에 나타나는 원인 변수(독립 변수)와 결과 변수(종속 변수)간의 관계'를 이해하거나 '원인 변수와 예측된 결과 간의 관계'에 대해 설명하는 것을 목적으로 한다. 인과적 조사는 기술적 조사와 마찬가지로 계획적이고 구조적인 설계를 필요로 한다. 기술적 조사를 통해 변수 간 관련성 또는 연관성 정도를 알 수 있지만, 원인과 결과의 순차적 결과를 명확히 조사하지 않고, 외생 변수의 영향을 통제하는 데 한계가 있기 때문에 인과 관계를 검증하기에는 부적절하다.

  인과적 조사는 인위적으로 조작되고 통제된 환경에서 원인(독립) 변수가 결과(종속) 변수에 미치는 영향을 명확히 조사한다. 인위적으로 조작된 환경이란 종속 변수에 영향을 미칠 수 있는 다양한 외부 변수를 통제하여 조사의 목적이 되는 원인 변수가 종속 변수에 미치는 영향만을 조사하기 위해 인위적으로 통제된 실험실과 같은 환경을 의미한다. 조작된 환경을 통해 하나 또는 그 이상의 외부 변수를 통제한 결과를 바탕으로 원 변수와 종속 변수 사이의 인과 관계를 명확히 추론할 수 있다. 예를 들어, 판매원의 노력과 판매 성과 간의 인과 관계를 조사하는 경우 조사자는 판매원의 노력(원인 변수)이 판매 성과(결과 변수)에 영향을 주는 직접적 원인인지를 알고 싶어 한다. 조사자는 원인 변수인 판매원의 노력 정도가 다른 집단들을 대상으로 판매 성과를 비교하여 서로 다르게 나타나는지를 확인하여 두 변수 간의 인과 관계를 추론할 수 있다. 특히 이때 각 집단에 대한 판매원의 노력을 제외하고는 각 집단의 다른 모든 조건들은 동일하여야 한다. 즉, 다른 조건이 모두 동일한 고객 집단을 두 개의 집단으로 구분한 뒤 한 집단에는 판매원이 많은 노력을 하도록 하고 다른 집단에는 판매원의 노력을 아주 작게 하거나 거의 하지 않게 인위적으로 실험 환경을 설정할 수 있다. 두 가지 집단에 다른 형태의 실험 처치(판매원의 노력)를 한 후, 결과 변수인 두 집단의 판매 성과를 비교하여 그 차이 여부에 따라 판매원의 노력이 판매 성과의 원인이 될 수 있는지를 추론할 수 있게 된다. 이때 원인 변수인 판매원의 노력 이외에 다른 조건이 모두 동일하다는 전제는 원인을 과학적으로 추론하기 위한 핵심 근거로 활용된다. 이와 같이 인과적 조사의 주요 조사 방법인 실험은 일반적으로 실험 집단과 통제 집단을 구성하여 두 집단의 관찰 결과, 그 차이로 인과적 원인을 밝히는 과정을 거친다. 이 과정에서 실험 집단은 원인(독립) 변수만을 처치하고, 통제 집단은 아무런 처치를 하지 않고 다른 영향 요인들을 모두 통제하여 두 집단 사이의 유일한 차이를 원인(독립) 변수만으로 만든다. 따라서 원인(독립) 변수를 명확히 검증하는 실험을 위해서는 첫째, 원인(독립) 변수와 결과(종속) 변수가 동시에 관찰되어야 하며, 둘째, 원인/

결과 변수의 시계열적/상황적 효과가 통제되어야 하고, 셋째, 실험 집단과 통제 집단에 실험 대상이 무작위적으로 할당되어야 한다.

실험은 실험 집단과 통제 집단의 통제 정도에 따라 원시 실험 설계(pre-experimental design)와 유사 실험 설계(quasi-experimental design), 그리고 순수 실험 설계(pure-experimental design)가 있다. 순수 실험 설계는 실험 상황에서 다양한 요인들을 완벽하게 통제하는 것을 의미하는 것으로 진정한 의미의 실험이다. 하지만 원시 실험 설계와 유사 실험 설계는 순수 실험 설계에 비해 실험 변수에 대한 통제가 상대적으로 느슨한 형태의 실험을 의미한다. 유사 실험 설계는 실험 대상과 실험 시기는 통제하지만 실험 대상의 무작위 할당을 통제할 수 없는 경우에 활용되며, 원시 실험 설계는 실험 대상의 무작위 할당조차 불가능한 경우에 활용된다.

4. 마케팅 조사 과정

마케팅 조사 과정을 살펴보면, 먼저 기업 내의 문제 발생으로부터 시작하여 문제 정의의 단계, 예비 조사 및 논리적 추론 단계, 조사계획 수립 단계, 자료 수집 단계, 자료 분석 단계, 그리고 마지막으로 의사결정 및 보고서 작성 단계의 과정을 거친다. [그림 3-5]는 마케팅 조사의 과정을 개괄적으로 보여 준다.

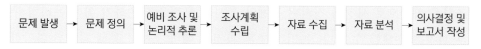

[그림 3-5] 마케팅 조사의 과정

1) 문제 발생

마케팅 조사는 다양한 형태의 기업 내/외부 문제 발생으로부터 시작된다. 예를 들어, 시장점유율이 줄어드는 경우, 판매촉진 효과가 제대로 나타나지 않는 경우, 경쟁 기업이 출현한 경우, 시장 정책이 바뀌는 경우, 소비패턴의 변화가 발생한 경우 등 무수히 많은 형태의 문제가 발생할 수 있다. 기업이 일상적이고 상시적으로 문제를 파악하는 과정에서 문제가 도출되거나, 특별한 사건이나 현상에 의해 문제가 새로이 도출될 수도 있다. 각각의 문제 유형에 따라 조사의 유형과 형태 그리고 실행 방안이 결정된다.

2) 문제 정의

마케팅 조사 담당자들은 발생한 문제를 명확히 하기 위해 조사의 목적, 관련된 문제의 배경, 필요한 정보, 의사결정의 종류 등을 고려하여 문제를 정의하여야 한다. 명확한 문제의 정의를 위해서 마케팅 조사 담당자는 관련 문제 전문가나 의사결정자와 함께 해당 문제에 대한 논의와 면담을 진행할 수 있다.

3) 예비 조사 및 논리적 추론

마케팅 조사 담당자는 정의된 문제를 바탕으로 조사의 목적과 관련 이론을 정리하는 것은 물론, 조사과정에 영향을 줄 수 있는 다양한 특성이나 요인들을 파악할 필요가 있다. 이 과정에서 마케팅 조사 담당자는 기업 내부와 외부의 2차 자료를 분석할 수 있고, 표적집단면접이나 심층면접 그리고 사례 조사와 같은 정성적 방법을 활용하여 자료를 수집하고 수집된 자료를 분석할 수 있다. 이러한 예비 조사만으로도 의사결정을 위한 의미 있는 정보가 수집될 수 있기 때문이다. 또한 예비조사를 바탕으로 사전에 정의된 문제와 조사의 목적을 달성하기 위해 논리적 추론 과정을 수행할 수 있다. 논리적 추론 과정은 예비 조사를 통해 파악된 다양한 이론과 요소들 중 문제와 직접적 관련성이 높은 이론들을 선별하고 그들 간의 논리적 관계를 추론하여 대략의 논리적 예상 결과를 추론하는 것을 의미한다. 이 추론 과정에서는 어떤 분석적 모형을 활용할지도 함께 결정할 수 있다.

4) 조사계획 수립

앞선 예비 조사를 통해 조사의 목적을 달성할 수 없다고 판단되는 경우, 마케팅 조사 담당자는 다양한 형태의 자료 수집을 포함한 조사계획을 수립하여야 한다.

조사계획은 전체 마케팅 조사를 위한 일종의 상세 설계도로 구체적인 조사의 목적을 달성하기 위해 필요한 정보를 얻는 면밀한 계획을 포함한다. 조사 설계에는 필요한 자료의 형태 결정, 자료 수집의 방법, 정보의 측정과 척도 개발, 설문지의 질문 문항이나 실험 측정 문항의 개발, 표본 추출 방안, 자료 분석 방법과 보고 방법 등이 포함된다. 마케팅 조사 담당자가 외부 조사 기관에 조사를 의뢰할 경우, 용역 기관에 조사제안서를 요청하고 제출된 제안서가 최선의 조사계획을 포함하고 있는지를 평가한 후, 추가 협의를 통해 이후의 조사를 진행할 수도 있다.

5) 자료 수집

조사계획을 수립한 후, 계획에 따라 자료를 수집하기 위한 수집 기법과 측정 도구를 구체적으로 도출하여 실행 가능한 자료 수집 도구를 준비한다. 자료 수집 도구의 준비와 함께 마케팅 조사 담당자는 표본 추출 계획에 따른 표본 추출을 실행하여 자료 수집을 위해 필요한 표본을 확보한다. 자료 수집 도구와 표본이 준비되면 표본 현장에서 실제로 자료를 수집하는 과정을 거치는데 전화, 우편, 전자접촉 등 다양한 표본 접촉 방법을 통해 자료를 수집한다. 이때 직접적인 접촉 실무자의 역할이 매우 중요하며 이들에 대한 적절한 교육과 감독을 통해 자료 수집 오류를 줄여야 한다.

6) 자료 분석

현장에서 수집된 실제 원자료를 바탕으로 자료 분석을 실시하기 위해 수집된 원자료에 대한 정제 작업을 진행한다. 원자료에 대한 정제 작업은 다양한 형태로 수집된 자료의 정확성과 진실성을 검증하여 적절하지 않은 일부 원자료에 대한 처리를 하는 과정으로, 정제 작업의 명확성과 일관성은 향후 자료 분석 결과의 신뢰성에 큰 영향을 미칠 수 있는 과정이다. 자료의 정제가 완료되어 분석에 필요한 자료가 준비되면 자료의 종류와 형태 등에 따라 적절한 통계 분석을 실시하여 통계적 결과를 도출한다.

7) 의사결정 및 보고서 작성

자료 분석 과정을 통해 도출된 결과를 활용하여 마케팅 조사 담당자는 최종 의사결정 대안을 제시함으로써 마케팅 조사의 과정을 완료한다. 조사의 과정을 완료하기에 앞서 실무 담당자나 전문가와의 논의를 통해 도출된 결과를 조율의 과정을 거쳐 조사 결과의 현실성을 높일 수도 있다. 마케팅 조사과정이 완료되면 조사 담당자는 조사에 관한 상세한 과정을 기록한 보고서를 만들 수 있다. 이 보고서에는 조사의 종류, 질문 문항이나 측정 문항 개발과 결정 과정, 표본 추출 방법 및 결과, 자료 수집 방법, 자료 분석 방법, 기술통계량, 통계 분석 결과, 주요 발견 사항 등이 포함된다.

5. 과학적 조사 분석의 방법

1) 과학적 조사 분석을 위한 통계적 검정

과학적 마케팅 조사를 위한 조사의 개념, 조사의 절차 그리고 종류 등 조사 방법 (research methodologies)과 자료 수집(data collection) 방법에 대하여 알아보았다. 그러나 마케팅 조사의 범위가 일반적으로 모집단(population)을 대상으로 하기 때문에 적법한 절차에 의해 수집된 자료의 요약된 정보 그 자체를 마케팅 조사의 결과로 그대로 인정하기에는 부족한 부분이 많이 존재한다. 예를 들어, 한 마케팅 조사 기업이 브랜드 A의 소비자 인지도 조사를 의뢰받아 표본을 선정하여 조사를 실시하였다. 분석 결과, 브랜드 A의 소비자 인지도 평균은 7점, 리커트 척도 기준은 4.7점이었다. 한 달 뒤 동일한 조사를 새로운 표본에 대해 실시하여 조사 자료를 분석한 결과, 브랜드 A의 소비자 인지도는 5.0점이었다. 이때 마케팅 조사 기업과 이를 의뢰한 고객 기업은 "브랜드 A의 소비자 인지도 조사 결과, 브랜드 A의 소비자 인지도는 전달 4.7점에 비해 5.0점으로 0.3점 증가하였다."라고 결론을 내렸다. 과연 이 결론이 합리적인가?

현명한 마케팅 조사 담당자라면, 다른 표본을 선정하면 브랜드 A의 소비자 인지도가 동일하게 5.0점을 얻을 수 있을지에 대한 의문을 제기할 것이다. 일반적으로 표본을 대상으로 한 조사는 태생적으로 표본 오차가 존재하게 된다. 표본이 전체 모집단의 모든 구성원을 포함하고 있지 않기 때문에 평균, 중위수, 중앙값 등 표본의 통계량은 전체 모집단의 통계량과 차이가 발생하게 되는 것이다.

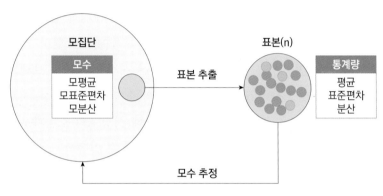

[그림 3-6] 모집단과 표본의 관계

표본 오차(sampling error)는 이 모집단과 표본 사이의 통계량 차이를 의미한다. 예를 들어, 대한민국 국민의 평균 몸무게를 조사하기 위해 표본으로 천 명을 선정하여 이들의 평균 몸무게를 조사하였다면, 표본의 평균 몸무게와 대한민국 5천만 명의 평균 몸무게는 같지 않을 것이다. 이때 발생하는 차이 중 다른 원인이 아닌, 순수하게 표본 선택에 의해 발생한 차이를 표본 오차라고 한다. 따라서 브랜드 A의 소비자 인지도 조사 결과, 0.3점의 증가는 한 달간 브랜드 A의 인지도를 높이기 위한 다양한 노력 또는 시장의 변화 등에 의한 시스템적 차이에 의한 변화일 수도 있지만, 표본의 변화로 발생하는 단순 오류에 의한 표본 오차이거나 심지어 단순 우연일 수도 있다. 이 표본 오차는 모든 표본 조사에서 발생하고, 서로 다른 표본에서 다르게 발생할 수 있다. 표본 오차의 정확한 측정이 불가능하지만, 확률적 추론(probabilistic inference)을 통해 표본 오차를 추정(estimate)할 수 있다. 이 표본 오차를 추정하기 위한 확률적 추론 과정이 바로 표본의 통계량에서 모집단의 통계량을 추정하기 위한 통계적 검정의 한 과정이다.

여기서 주의할 점은 수학적으로는 당연히 4.7과 5.0이 절대 같을 수 없지만, 통계적으로는 4.7점과 5.0이 다르지 않은 상황이 존재한다는 것이다. 이는 수학에서는 4.7과 5.0이 절대적 값을 의미하는 반면, 통계에서 4.7과 5.0은 절대적 값을 조사하기 위한 부분집합인 표본으로부터의 추정치에 불과하기 때문에 이를 수학에서와 같이 절대적 값과 동일하게 생각하는 오류를 범하지 말아야 한다. 앞서의 예와 같이, 두 번의 소비자 인지도 조사 결과, 소비자 인지도는 4.7과 5.0으로 수학적 의미에서는 일견 차이가 있어 보이지만, 결론을 내리기 전에 이 두 소비자 인지도가 표본 조사에 의한 통계량이라는 점을 고려한다면 통계적 검정을 통해 과연 이 두 통계량이 통계적으로 다른지 검토를 한 후 결론을 내려야 한다.

또 다른 예로, 마케팅 조사 기업이 두 개의 다른 시장에서 특정 브랜드에 대한 소비자 선호도 평가를 조사하였다. 이때 시장 A의 소비자들은 4.7점, 시장 B의 소비자들은 5.0점을 주었다. 그렇다면 이 조사를 통해 시장 A의 소비자보다 시장 B의 소비자가 이 브랜드를 더 선호한다고 결론을 내릴 수 있을까? [그림 3-7]은 이 조사 결과에 대해 두 가지 형태의 가능한 결론을 비교하여 보여 준다. 4.7점을 a, 5.0점을 b라고 한다면, 당연히 산술적 비교에서는 a<b가 되어 시장 B의 소비자들이 이 브랜드를 선호한다고 할 수 있다. 하지만 다양한 소비자들의 의견을 물은 선호도 조사의 경우, 그 본질이 통계적 조사이기 때문에 통계적 비교를 통해 결론을 얻어야 한다. [그림 3-7]의 상단 그림은 두 개의 집단 그룹 A(시장 A, 빨간색)와 그룹 B(시장 B, 파란색)의 선호도 조사 결과의 분포(빈도)를 보여 준다. 평균은 각각 a와 b로 다르고 그 분포도 다르다. 하단 그림 역시 동일하다. 그러나 상단 그림과 하단 그림은 그 형태가 명백히 다르다. 상단 그림의 경우 두 집단(시장 A와 시장 B) 사이에 교집합이 전혀 존재하지 않는다. 하지만 하단 그림의 경우 두 집단 사이에 교집합이 많이 존재한다. 즉, 상단 그림의 경우 그룹 B의 선호도 평균이 그룹 A의

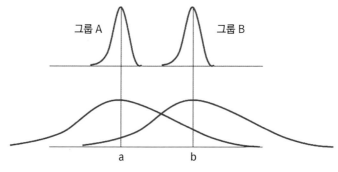

[그림 3-7] 평균의 산술적 차이와 통계적 차이의 비교

선호도 평균보다 더 높으면서 동시에 그룹 B의 소비자 모두는 그룹 A의 소비자보다 이 브랜드를 더 선호하지만, 하단 그림의 경우 그룹 B의 선호도 평균이 그룹 A의 선호도 평균보다 더 높음에도 불구하고 그룹 B의 소비자 중 상당수가 그룹 A의 소비자보다 이 브랜드를 더 선호하지 않는 경우가 발생한다. 이러한 상황을 고려할 때 하위 그림의 경우 상위 그림에 비해 두 집단 또는 두 시장 간에 브랜드 선호도에 차이가 상대적으로 적거나 또는 확률적으로 적다고 이야기할 수 있다. 따라서 통계적 검정 과정에서는 조사 대상의 분포를 함께 고려하여 그 결론을 얻고, 이러한 과정을 통계적 검정 과정이라고 한다.

　표본의 통계량으로 모집단의 통계량을 통계적 검정으로 추정한다는 것은 모집단의 통계량을 직접적으로 또는 하나의 숫자로 추정한다는 것을 의미하지 않는다. 대신에, 통계적 검정을 통하여 모집단의 통계량을 간접적으로 또는 범위의 형태로 추정한다. 예를 들어, 앞서의 소비자 인지도 조사 중 첫 번째 표본 조사에서 소비자 인지도 평균은 4.7이었다. 이를 이용하여 모집단의 통계량을 통계적 검정을 통해 추정한다면, 그 결과는 "소비자 인지도의 평균은 4.3점에서 5.1점일 가능성이 95%이다."와 같이 표현될 것이다. 즉, 추정된 모집단의 소비자 인지도의 평균을 정확하게 하나의 숫자 형태가 아닌 범위 형태(신뢰구간, confidence interval)로 나타내고 이 범위조차 절대적이 아닌 '95%'와 같이 상대적(물론 가능성이 아주 높지만, 여전히 오류의 가능성을 내포한다)으로 표현하게 된다. 이와 같이 통계적 검정에 의한 추정의 결과는 적당한 범위와 함께 그 가능성(확률)의 형태로 제시함으로써 표본 오차 또는 오류의 가능성을 고려한다. 게다가 이 추정된 소비자 인지도의 평균 범위는 사실 정확한 의미에서 모집단의 소비자 인지도의 평균이 이 추정된 범위인 4.3점에서 5.1점에 있을 가능성이 95%임을 의미하지 않는다. 정확히 그 의미를 표현한다면, 100번의 표본 조사를 했을 때 95번(95%)의 표본 조사의 소비자 인지도 평균은 4.3점에서 5.1점 범위 안에 있을 것임을 의미한다. 그 이유는 통계적 검정의 이론적 근거에서 자세히 설명할 것이다.

　인구조사(전수조사, census)와 같이 전체 모집단을 대상으로 하는 조사가 아닌 표본에 대한 조사가 대부분의 조사의 형태라는 점을 감안한다면, 통계적 검정은 조사의 결과 해석에 상당히 큰 영향을 끼칠 수 있다. 앞서 소비자 인지도 조사의 예의 목적이 광고 효과의 분석이라고 한다면, 소비자 인지도가 한 달 동안 4.7점에서 5.0점으로 증가한 사실은 브랜드 A 관리자에게 이 광고 효과 분석을 바탕으로 상당히 중요한 의사결정을 하는 기회를 제공한다. 하나의 가능성은 이 증가량(0.3점의 소비자 인지도 변화)이 브랜드 A의 마케팅 팀 또는 광고 팀의 효과적 광고 전략으로 증가되었다고 해석하여 현재의 마케팅 또는 광고 전략을 유지하기로 결정할 수 있다. 또 다른 가능성은 이 증가량이 효과적 광고 전략에 의한 것이 아니라, 사실은 단순한 표본 오차에 의한 것이며, 통계적으로 소비자 인지도의 변화가 없다고 해석하여 현재의 전략을 수정할 수 있다. 따라서 통계적 검정은 조사의 결과를 최종적으로 일반화함으로써 조사의 결과가 의사결정을 위해 중요한 증거로서 활용될 수 있게 한다.

2) 마케팅 문제에 대한 통계적 검정의 과정

마케팅 조사를 포함한 대부분의 사회과학 조사는 전수조사를 제외하고 일반적으로 마케팅 문제의 통계적 검정을 목적으로 한다. 조사의 목적인 마케팅 문제의

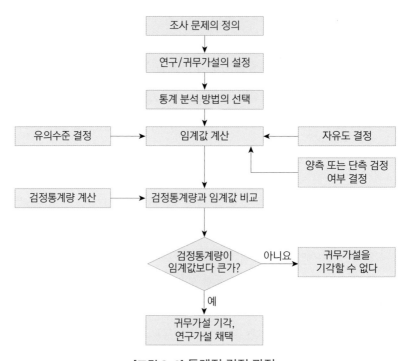

[그림 3-8] 통계적 검정 과정

통계적 검정을 위해서는 적절히 선정된 표본으로부터의 조사된 결과 또는 통계량과 모집단의 실제값 또는 사실과의 관계를 설명하는 과정이 반드시 필요하다. 이러한 과정을 통상 조사 결과의 일반화(gneralization)라고 하며 이 과정 중 다양한 통계 분석 방법을 적용하는 통계적 검정 과정을 거치게 된다.

[그림 3-8]은 일반적인 통계적 검정 과정을 설명하고 있다. 그림에서 보는 것처럼 마케팅 조사 전에 현재 당면한 마케팅 문제를 정의하고, 이를 바탕으로 마케팅 조사를 위해 검정 가능한 세부 이슈(귀무/연구가설)를 설정하며, 이를 검정하기 위한 적당한 확률 분포(probability distribution)와 통계적 검정(statistical test) 방법을 선택한다. 적당한 통계적 검정 방법이 정해진 후 해당 검정 방법의 통계량에 대한 검정 기준이 되는 임계값(critical value)을 유의수준(significance level), 자유도(degrees of freedom), 검정 방법(one-or two-tail test)을 고려하여 정한다. 마케팅 조사를 통해 수집된 자료에서 도출된 검정통계량(test statistic)과 사전에 정의된 임계값을 비교하여, 검정통계량이 임계 범위(일반적으로 임계값보다 같거나 큰 경우) 안에 들어올 경우, 마케팅 문제에 대한 최종 결론에 도달하게 된다.

(1) 조사 문제의 정의

마케팅 조사와 마찬가지로 통계적 검정의 첫 번째 과정은 명확한 문제의 정의이다. 문제를 정의할 때 조사자는 조사의 목적, 적절한 배경 정보, 필요한 정보의 유형, 조사 결과의 활용 형태 등을 고려해야 한다. 적절한 문제를 정의하기 위해 조사자는 사전에 의사결정권자, 관련 산업 전문가 및 조사 전문가들과 면담은 물론, 이를 바탕으로 표적집단면접과 같은 정성 조사를 통해 문제를 명확하게 정의할 수도 있다. 특히, 통계적 검정 단계에서 조사 문제의 정의는 이후 명확한 검정 이슈 설정의 사전 단계로서 조사 문제의 검정 가능성을 높이는 것이 중요하다.

(2) 검정 가능한 세부 이슈(귀무/연구가설)의 설정

야기된 문제 또는 관심 주제에 관한 적절한 가설, 연구가설과 그에 수반되는 귀무가설을 명확히 설정한다. 앞서 설명한 좋은 가설의 조건을 갖춘 가설을 설정한 후 마케팅 조사자가 해당 가설을 검정하기 위해 여러 가지 다양한 통계 분석 기법 중 가장 적절한 통계 기법을 선택한다. 때로는 여러 개의 적절한 통계 기법을 활용하여 하나의 가설을 검정하기도 한다.

(3) 통계 분석 방법의 선택

조사의 목적에 따라 수립된 가설의 종류와 형태에 따라 가설 검정을 위해 적절한 통계 분석 방법 또는 검정 확률 분포(Z 분포-정규분포, t 분포, F 분포, 카이제곱 분포 등)를 선정하여야 한다. 가설의 형태(집단 비교 또는 관계 비교), 가설 내 변수 또는 척도의 유형(범주형, 연속형 또는 명목, 서열, 등간 비율척도), 표본의 수, 표본의 분산에 대한 정보 및 독립성 등을 고려하여 통계 분석 방법과 검정 확률 분포가 결정된다. 검정 확률 분포에 따라 가설 채택 또는 기각을 판단하기 위해 중요한 판단 기준 중의 하나가 되는 검정통계량의 계산 방법이 결정되게 된다. 따라서 통계 분석 방법의 선택은 가설 검정 결과에 대한 타당성 판단에 중요한 역할을 하게 된다.

(4) 단변량 분석 방법 vs. 다변량 분석 방법

일반적으로 통계 분석 방법은 종속 변수의 수에 따라 단변량 분석 방법(univariate statistical methodology)과 다변량 분석 방법(multivariate statistical methodology)으로 구분된다. 단변량 분석 방법은 종속 변수가 하나인 분석으로서 관련된

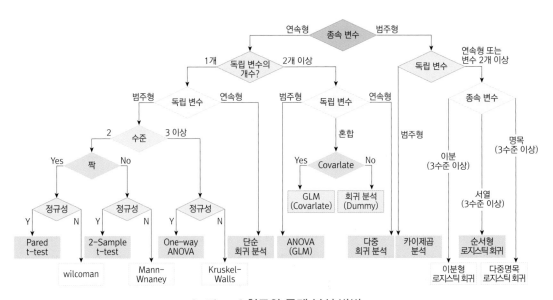

[그림 3-9] 척도와 통계 분석 방법

하나 이상의 독립 변수들과 하나의 종속 변수 간의 관계를 설명하기 위한 다양한 통계적 방법을 사용할 수 있다. 이 책에서는 단변량 분석 방법으로 t 검정, 분산 분석, 회귀 분석 등을 다룬다. 다변량 분석 방법은 여러 개의 종속 변수들과 여러 개의 독립 변수들의 관계를 동시에 분석하는 것으로서, 여러 개의 단변량 분석을 종속 변수들의 관계를 고려하여 동시에 수행하는 것을 의미한다.

[그림 3-9]는 가설을 구성하는 변수의 척도에 따른 검정통계량을 분류하였다. 먼저, 가장 기초적인 형태로서 종속 변수가 등간 및 비율 척도와 같은 연속형인 경우로, 독립 변수가 명목이나 서열 척도 같은 범주형인 경우 t-검정, ANOVA 등의 통계분석 방법을 활용할 수 있고, 독립 변수가 연속형인 경우 일반적으로 상관 분석 또는 회귀 분석을 활용할 수 있다. 상대적으로 분석 방법의 난이도가 높은 형태로서 종속 변수가 범주형인 경우, 카이제곱 분석과 이산형(binomial) 또는 다중 명목(multinomial) 로짓(logit) 등이 활용 가능하다.

(5) 검정 기준 결정: 유의수준, 자유도, 양측/단측 검정, 임계값의 선택

가설 검정을 통계 분석 방법과 검정 확률 분포를 선정하였다면 가설의 채택과 기각 여부를 판단할 수 있는 기준을 결정하는 것이 필요하다. 일반적으로 이러한 기준을 임계값이라고 하고, 귀무가설이 맞다고 가정하였을 때 검정통계량이 따르는 확률 분포에서 표본에서 계산된 검정통계량으로 나타나야 할 최대 한계로써 정의된다. 이 임계값을 결정하기 위해 유의수준, 자유도, 그리고 단측/양측 검정 여부 등 세 가지의 기준을 고려하여야 한다.

(6) 검정통계량의 계산 및 임계값과 비교 그리고 가설의 채택 여부 결정

검정통계량이란 통계적 가설 검정을 위한 표본으로부터의 관측치들의 어떤 특성 또는 통계량을 대표하는 하나의 값이다. 일반적으로 가설 검정은 표본의 관측값들을 수리적으로 요약할 수 있는 하나의 값으로 변환한 검정통계량을 대상으로 수행된다. 이러한 검정통계량은 일반적으로 표본의 관측값들을 활용한 계산식으로 정의된다.

마무리 사례   국가고객만족도

국가고객만족도(National Customer Satisfaction Index, 이하 NCSI)는 기업, 산업, 국가의 품질 경쟁력 향상과 국민의 삶의 질 향상을 목적으로 한국생산성본부가 미국 미시간대학과 함께 개발한 고객만족 측정 지표이다. NCSI는 미국의 고객만족도 지수인 ACSI를 국내에 도입하여 성공시킨 사례로 유럽 및 싱가포르, 일본 등에서도 널리 활용되고 있다. 1998년 개발 당시, 기존의 정량적 생산성 지표가 담지 못하는 질적인 측면에서의 경쟁력을 측정할 수 있는 객관적 지표가 필요하였고, 이에 품질 향상을 위한 기업 간 선의의 경쟁을 유도하고자 NCSI가 개발되었다. NCSI는 공익적 목적으로 기업 경쟁력 제고를 위하여 직접 제품과 서비스를 경험한 고객을 대상으로 조사되고 있다. 1인 1업종 설문으로 직접 대면조사를 하고 있으며, NCSI의 조사 규모는 단일 대면 조사로서는 세계 최대 규모이다.

NCSI는 1998년 최초로 조사/발표한 이래, 지속적인 규모 확대를 통하여 국내 최대 수준의 품질 경쟁력 지표로 성장하였다. 최초 39개 업종, 176개 기업, 4만 795개 표본으로 시작하여 2021년 현재 79개 업종, 341개 기업, 9만 2,268개 표본으로 조사가 확대 실시되고 있다. NCSI는 신뢰성을 갖춘 지수이며, 글로벌 지수로서 국내 기업에게 세계 유수기업과 동등한 잣대로서 경쟁할 수 있는 기준을 제공한다. NCSI는 국가와 업종, 기업 간 비교 가능하며, 전 세계 30여 개국의 1,000개 이상의 기업 간 비교가 가능하다.

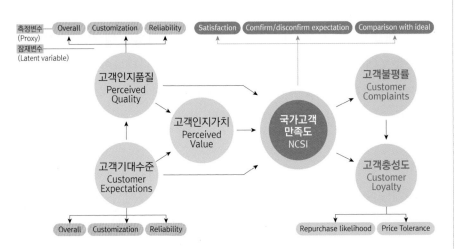

[그림 3-10] NCSI 평가모델

NCSI 측정 단위는 기업이 제공하는 제품 및 서비스이며, 특정 제품과 브랜드에 대한 만족도를 측정하기보다는 기업이 생산, 판매하는 전 제품과 서비스에 대한 기업 차원의 만족도를 측정한다. NCSI 모델은 총 여섯 가지의 잠재변수로 구성되어 있다. 고객기대수준, 고객인지품질,

고객인지가치가 고객만족도에 영향을 미치는 선행변수이며, 고객불평률과 고객충성도는 고객 만족 수준에 의해 결정되는 성과변수이다. PLS(Partial Least Squares) 기법을 사용한 모델을 통해 잠재변수와 고객만족도 사이의 인과 관계를 밝혀낼 수 있으며 다양한 분석 결과를 도출한다.

출처: 한국생산성본부.

마케팅원론 ABC

Artificial Intelligence
Big data
Customer value

제4장

빅데이터 마케팅 애널리틱스

의사결정을 위한 방법: 전문가 의견 vs. 마케팅 애널리틱스

디지털 마케팅에서 A/B 테스트 기법[1]이 유행하고 있으며, 데이터 기반의 마케팅 애널리틱스가 의사결정 방법론으로 각광받고 있다. 구글의 전 부사장 매리사 메이어(Marissa Mayer)의 "데이터는 정치중립적이다."라는 발언은 최근 기업들의 데이터 기반의 비즈니스 모델 운영을 잘 보여 준다. 전문가 혹은 사장의 의견(Highest-Paid Peron's Opinion: HiPPO)이 기업의 빠른 의사결정과 성공에 기여하던 시대가 있었다. HiPPO는 확신에 찬 리더가 데이터에 기반하지 않아도 본능적인 감각으로 기업을 성공시키던 의사결정론이라 정의된다. 2013년 론 존슨(Ron Jonhnson)이 제이씨 페니(J.C. Penney) 백화점에서 해고되는 사건은 HiPPO의 시대가 데이터 기반의 마케팅 애널리틱스의 시대로 변화하고 있음을 잘 보여 주는 사례이다.

제이씨 페니 백화점은 미국의 유명한 사업가 제임스 캐시 페니 주니어(James Cash Penney Jr.)가 설립한, 미국 전역에 존재하는 대중적인 백화점이다. 제이씨 페니 백화점은 2011년 11월 1일 애플의 소매점 사업부의 부사장이었던 론 존슨을 대략 총액 620억(52M USD[2])의 연봉을 주며 사장으로 임명한다. 론 존슨은 제이씨 페니에 '공정한 가격정가 정책(fair and square fixed pricing)'을 도입하였다. 공정한 가격정가 정책은 (1) 할인쿠폰 없음, (2) 99센트로 끝나는 단수가격전략(odd pricing) 없음, (3) 온라인/모바일로 검색되는 동종상품의 가격보다 무조건 낮은 가격으로 책정 등의 특징을 가지고 있었다. 당시 사전 FGI(Focus Group Interview)조사를 통해 소비자들이 상품할인에 대한 강력한 선호가 있음을 알고 있었지만, 론 존슨은 이러한 데이터 기반의 결과를 무시하고 공정한 가격정가 정책을 실시한다.

결과는 어떠했을까? 17개월 동안 거의 1조 2,000억 원(1 billion USD)의 비용이 발생하였고, 현금자산은 2조 2천억 원(1.8 billion USD)에서 1조 1천억 원(930 million USD)으로 줄었다. 2012년 수입은 25%가 줄어 거의 1조 2,000억 원의 손실을 기록하였다. 회사는 거의 50%의 자본잠식을 경험하였고, 론 존슨 취임 이후 주식 가격은 6개월 동안 42달러에서 22달러로 급락하게 된다. 2013년 론 존슨은 해고되었고, 백화점의 운영담당이사 마이클 크래머(Michael Krammer)는 "우리는 고객들이 할인쿠폰을 그렇게 좋아하는지 몰랐다."라는 논평을 발표한다.

---

1) [위키백과] 마케팅과 웹 분석에서, A/B 테스트(버킷 테스트 또는 분할-실행 테스트)는 두 개의 변형 A와 B를 사용하는 종합 대조 실험(controlled experiment)이다. 통계 영역에서 사용되는 것과 같은 통계적 가설 검정 또는 '2-표본 가설 검정'의 한 형태다. 웹 디자인(특히, 사용자 경험 디자인)과 같은 온라인 영역에서, A/B 테스트의 목표는 관심 분야에 대한 결과를 늘리거나 극대화하는 웹 페이지에 대한 변경 사항이 무엇인지를 규명하는 것이다 [예를 들어, 배너 광고의 클릭률(click-through rate)].
2) 환율 $1=1,195원으로 계산되었다.

제4장의 개요

　최근 빅데이터의 중요성이 강조되면서 데이터 주도적 접근 방식인 마케팅 애널리틱스가 더욱 주목받고 있다. 마케팅 애널리틱스는 시장 정보와 고객의 표현 및 행동과 관련된 기업의 내/외부 (디지털) 정보를 수집, 관리, 분석하여 기업의 의사결정과 전략에 사후적 또는 실시간으로 활용하는 일련의 과정을 의미한다. 마케팅 애널리틱스의 특징은 데이터 주도적(data-driven) 접근이라는 점, 기술 주도적(technology-driven) 특성, 고객 애널리틱스를 활용하여 마케팅 투자 수익률을 극대화한다는 점이다.

　마케팅 애널리틱스는 기술형(descriptive) 애널리틱스, 진단형(diagnostics) 애널리틱스, 예측형(predictive) 애널리틱스, 처방형(prescriptive) 애널리틱스의 형태로 구분할 수 있다. 기술형 애널리틱스는 현재 발생하는 현상을 확인하고 이해하기 위해 과거의 자료를 분석하고 해석한다. 진단형 애널리틱스는 기술형 애널리틱스에서 파악한 현상에 대한 원인을 파악한다. 예측형 애널리틱스는 빅데이터를 통한 현상의 파악 및 원인 분석을 통해 향후 미래를 예측한다. 마지막으로 처방형 애널리틱스는 현재 상태를 좀 더 좋은 상태로 변화시키기 위한 전략적 행동 또는 지침의 개발을 목적으로 한다. 애널리틱스의 핵심 과정은 데이터를 비즈니스 아이디어로 전환하는 과정이며 '설계-데이터 수집-분석'의 단계를 거친다.

　전통적인 마케팅조사(실험, 설문 조사, 혹은 관찰에 의한 자료 수집)와 달리, 최근 마케팅 애널리틱스는 웹 애널리틱스를 이용하여 진화하고 있다. 웹 애널리틱스(web analytics)는 웹사이트 이용 현황을 이해하고 사용자 경험을 최적화하기 위해 디지털 데이터를 측정, 수집, 분석 및 보고하는 것이다. 디지털 시대의 온라인/모바일 애플리케이션의 소비자 구매과정은 데이브 맥클루어(Dave McClure)가 제시한 AARRR(Acquisition, Activation, Retention, Revenue, Referral) 모델로 이해할 수 있다. 웹 애널리틱스를 위한 소프트웨어들 중에서 구글 애널리틱스가 가장 많이 사용된다.

제4장의 질문

1. 마케팅 애널리틱스의 특징은 무엇인가?

2. 마케팅 애널리틱스의 네 가지 유형은 무엇이며, 어떠한 차이가 있는가?

3. 마케팅 애널리틱스의 핵심 과정은 무엇인가?

4. 디지털 시대의 소비자의 구매과정은 어떠한가?

5. 웹 애널리틱스란 무엇이며, 어떻게 활용되는가?

1. 마케팅 애널리틱스의 개요

최근 애널리틱스 기법이 경제, 경영, 사회 등 다양한 분야에서 각광을 받고 있으며, 마케팅 분야에서도 넘쳐나는 마케팅 및 고객 데이터를 활용한 다양한 애널리틱스 기법들이 적용되고 동시에 새로운 기법의 개발을 기대하고 있다.

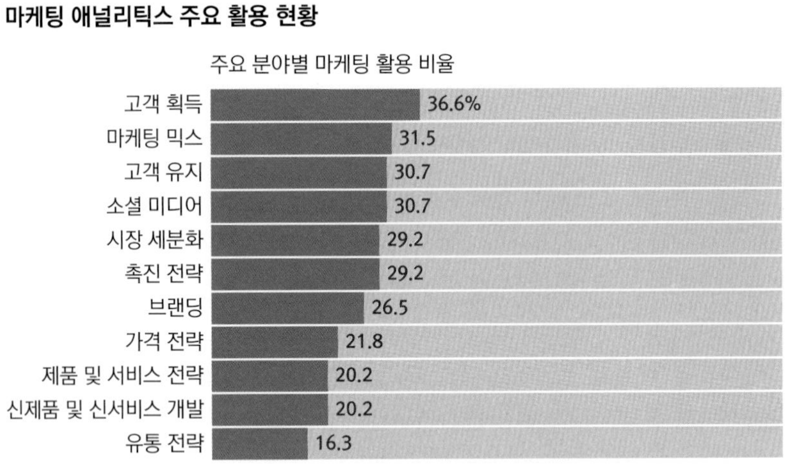

마케팅 애널리틱스 주요 활용 현황

주요 분야별 마케팅 활용 비율

분야	비율
고객 획득	36.6%
마케팅 믹스	31.5
고객 유지	30.7
소셜 미디어	30.7
시장 세분화	29.2
촉진 전략	29.2
브랜딩	26.5
가격 전략	21.8
제품 및 서비스 전략	20.2
신제품 및 신서비스 개발	20.2
유통 전략	16.3

[그림 4-1] 기업의 마케팅 애널리틱스 주요 활용 분야

출처: http://cmosurvey.org(2015).

[그림 4-1]은 기업을 대상으로 한 설문의 결과이다. 기업들이 마케팅 애널리틱스를 활용하는 분야를 잘 보여 주고 있다. 소비자 획득, 마케팅 믹스 결정, 소비자 유지, 소셜미디어 선택, 세분화, 촉진 전략, 브랜딩, 가격 전략 등의 분야에서 마케팅 애널리틱스를 잘 활용하고 있다. 대표적인 애널리틱스 활용 예로 감성 분석을 활용한 고객 서비스 만족도 및 불만 분석, 구매 패턴 분석을 통한 제품/서비스 추천(best next offer), 고객 빅데이터를 활용한 고객 이탈 예측, 고객 지갑 분석을 통해 최적 가격(WTP) 제시 등이 있다. 실용적으로는 애널리틱스가 빅데이터와 함께 널리 활용되고 있는 용어이지만 그 정확한 의미는 명확히 정립되어 있지 않다. 이번 장에서는 애널리틱스에 대한 다양한 관점을 바탕으로 일반적인 애널리틱스의 개념과 그 확장된 개념으로 마케팅 애널리틱스, 그리고 가장 활발히 활용되는 고객 애널리틱스의 개념과 역할에 대해 함께 알아보도록 한다. 먼저, 마케팅 애널리

틱스의 발전 배경, 정의, 중요성 그리고 효과와 활용에 대해 알아보고 이후 마케팅 애널리틱스에서도 활용될 수 있는 애널리틱스의 과정에 대해 알아볼 것이다.

마케팅 애널리틱스의 발전은 디지털 저장 기술과 함께 시작되었다고 해도 과언이 아니다. 이 디지털 저장 기술의 발전과 함께 디지털 빅데이터, 디지털 기술의 발전으로 사용 가능한 고객 데이터의 디지털화가 폭발적으로 이루어지고 있다. 시장에서의 고객 행동의 변화, 구매, 마일리지, 지불, 방문, 커뮤니케이션, 서비스 등 고객 행동이 다양하게 확장 변화하고 있다. 고객 표현 방식도 다양하게 확대되고 있다. 인터넷(Internet), 블로그(blog), 검색엔진(Internet search engine), 소셜네트워크[Social Network Service(SNS); Facebook, Twitter, Instagram 등], 미디어 서비스(예: Youtube), 대행 사이트(예: Hotels.com, Tripadviser, Skyscanner), 리뷰 사이트(예: Yelp), 소셜커머스(예: Groupon, 쿠팡) 등 다양한 방식과 형태로 고객의 행동과 표현 방식이 진화하고 있다.

시장의 변화와 함께 기술적 진보 역시 빠르게 진행되고 있다. 빅데이터 기반 전문 분석 기술과 능력은 점점 발달하고 있고, 데이터 과학자 및 조사 전문가에 대한 관심은 날로 증대하고 있다. 또한 마케팅을 포함한 최고 의사결정 단위에서 회계 재무적 지표와 같은 계량적 성과 지표 활용 요구는 점점 강해지고 있다. 마케팅 실무에서도 데이터 기반 의사결정에 대한 선호와 중요성이 동시에 커지고 있다.

'구슬이 서 말이라도 꿰어야 보배'라는 말이 있다. 아무리 양질의 데이터가 많더라도 이를 관리, 분석할 적절한 도구가 없다면 양질의 데이터는 한낱 디지털 숫자에 불과할 수 있다. 따라서 마케팅 데이터의 디지털화 가속과 빅데이터의 발전으로 데이터에 기반한 시장의 기회를 탐지하고 고객을 관찰하는 능력과 함께 이를 잘 활용할 수 있는 효과적인 관리와 분석 방법 또한 필요하다.

마케팅 애널리틱스는 시장 정보와 고객의 표현 및 행동과 관련된 기업의 내/외부 (디지털)정보를 수집, 관리, 분석하여 기업의 의사결정과 전략에 사후적 또는 실시간으로 활용하는 일련의 과정을 의미한다. 특히, 발달된 애널리틱스 기법은 실시간으로 수집되는 마케팅 데이터에 대한 실시간 분석을 가능하게 하여 기업의 마케팅 전략 실행을 효과적이고 빠르게 대응할 수 있도록 한다.

기존의 일반적 마케팅 분석과 대비되는 마케팅 애널리틱스의 특징은 먼저, 논리(logic)나 이론(theory)이 아닌 데이터 주도적(data-driven) 접근이라는 점이다. 기존의 마케팅 분석 방법들은 대부분 다양한 마케팅 또는 고객 이론을 바탕으로 한 다소 복잡한 이론 모형 분석의 결과를 기반으로 한다. 하지만 최근 마케팅 애널리틱스는 빅데이터와 인공지능을 바탕으로 데이터 주도적 기법과 최신 정보통신(IT) 기술을 활용하여 시장 및 고객 행동을 예측할 수 있게 되었다. 특히, 마케팅 애널리틱스에 활용되는 데이터는 집단 수준이 아닌 개인 수준의 데이터로 점점 더 특정화되고 있어 세분화된 시장, 즉 개별 고객들의 행동 패턴을 한층 세밀하게 분석할 수 있다. 현재 생산되는 디지털화된 데이터는 대부분 인지 또는 태도와 같은 고객 행동에 대한 간접적 데이터가 아닌 행동이나 표현에 의해 직접 표출된 데이터일 가능성이 높아졌다. 기존의 주요 마케팅 분석의 대상은 주로 고객 표본을 대상으로 추출된 데이터를 활용하여 통계적으로 고객 모집단의 특성을 파악하는 방식을 활용하였지만, 현재의 데이터 수집 형태는 직접적으로 특정 고객 집단의 전체 모집단을 대상으로 데이터 수집이 가능한 경우가 많아졌다. 예를 들어, 특정 홈쇼핑이나 인터넷 쇼핑몰 고객의 거래 데이터는 특별한 경우를 제외하고 해당 기업의 식별 가능한 전체 고객의 거래 데이터와 일치할 가능성이 높다. 지금까지의 마케팅 애널리틱스의 특징은 대부분 질적으로 향상된 디지털 빅데이터의 특성으로부터 유래된 것이 대부분이다. 디지털 빅데이터는 보통 대용량(volume), 다양성(variety), 지속성/속도(velocity), 정확성(veracity), 가치(value)의 다섯 가지 특성을 갖는다고 알려져 있다.

마케팅 애널리틱스는 인간의 경험이나 생각이 아닌 기술 주도적 특성(technology-driven)을 가지고 있다. 기존의 마케팅 실무 또는 고객 관계 실무에서는 경험에 의한 전략이 상당히 유용하게 활용되어 왔다. 하지만 앞서 데이터 주도적 환경의 변화에 따라 이를 적절히 활용할 수 있는 다양한 기술들(IT, 전자, 기계 등)의 융합 활용 능력이 전통적인 실무 전문가의 경험을 점차적으로 대체해 갈 것으로 기대된다. 특히, 분석 기술뿐만 아니라 데이터 수집과 관리에도 첨단 기술을 적극적으로 활용함으로써 마케팅 애널리틱스의 전 과정 자동화가 그 목표가 될 것이다.

기술적 진보 외에도 마케팅 애널리틱스가 중요해지는 이유는 시장에서의 최근 주목되는 고객 특성의 변화이다. 똑똑해지는 고객(많은 정보를 가지는 고객: 인터넷), 증가되는 고객의 힘[소비자 의식 증대, 전략적 고객 행동(strategic/forward-looking customer behavior)] 등이 대표적인 고객 특성의 변화이다. IT 기술에 기반한 정보의 증가는 기업과 고객의 정보 비대칭을 약화시킬 수 있으며(물론 반대로 정보 비대칭을 강화시키는 경우나 산업도 존재한다), 이 경우 똑똑해진 고객이 기업과 게임을 하듯 경쟁을 하며 개별 고객의 이익을 극대화할 수 있는 기회가 발생하고 있다.

　마케팅 애널리틱스의 기대 효과로는 먼저, 변화된 고객과 시장에 대한 정확한 이해를 바탕으로 시장의 요구와 고객에게 적절한 가치를 제공할 수 있고, 마케팅 캠페인에 대한 응답률, 고객 충성도와 고객가치의 증가를 통한 마케팅 투자 수익률(Return on Marketing Investment: ROMI)을 증가시킬 수 있다. 마케팅 애널리틱스가 제공하는 효과적 정보는 기업의 정보 관리 비용, 마케팅 비용, 고객관계관리 비용 등을 감소시켜 결국 기업의 수익성을 제고할 것이다. 특히, 마케팅 애널리틱스는 고객 관계의 예측력을 높여 이탈 고객 예측과 선제적 고객 유지 노력을 효과적으로 실행할 수 있게 하여 불필요한 마케팅 투자를 감소시킬 것이다.

　[그림 4-2]는 마케팅 애널리틱스의 한 종류로서 고객 애널리틱스를 활용한 효과를 맥킨지(Mckinsey, 2016)가 조사한 결과를 보여 준다. 고객 애널리틱를 활용하지 않아도 수익(profit)을 보고 있다는 응답자는 28%였고, 고객 애널리틱스를 광범위하게 활용하여 수익을 기록하고 있다고 대답한 응답자는 54%였다. 대략 93%가 높은 수치였다. 매출(sales)은 28%, 51%로 약 82% 높은 수치를, 성장률(sales growth)은 25%, 53%로 112% 높은 수치를, 투자 수익률(ROI)은 26%, 56%로 115% 높은 수치를 보여 주고 있다. 고객 애널리틱스의 확장된 사용이 기업의 대표적 성과 지표 모두의 상승에 지대한 영향을 주고 있음을 알 수 있다.

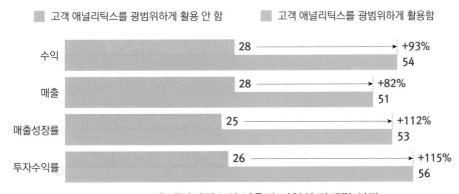

[그림 4-2] 고객 애널리틱스의 사용과 기업의 마케팅 성과

출처: Fiedler, et al.(2016).

동시에 고객 애널리틱스의 중요 성공 요인도 함께 조사한 결과는 다음과 같다. 상위 관리부서 또는 관리자급이 적극적 관심과 참여가 없는 경우, 28%의 응답자가 '애널리틱스는 성과에 기여한다'라는 데 긍정적인 반응을 보였고, 상위 관리부서 또는 관리자급이 적극적 관심과 참여가 있는 경우에는 69%의 응답자가 긍정적인 반응을 보였다. 책임자가 최고 경영층이 아닌 경우에는 20%의 응답자만이 애널리틱스가 성과에 기여하는 영향에 긍정적인 반응을 보였고, 최고 경영층이 책임자인 경우에는 53%의 응답자가 긍정적인 반응을 보였다. 결국 고객 애널리틱스에 대한 최고 관리자급의 참여는 고객 애널리틱스의 중요한 성공 요인으로 조사되었다. 뿐만 아니라, 조직의 고객 지향성 여부(고객 이슈, 고객 모임) 역시 중요한 요인(20 vs. 57, 187%; 39 vs. 56, 42%)으로 조사되었다.

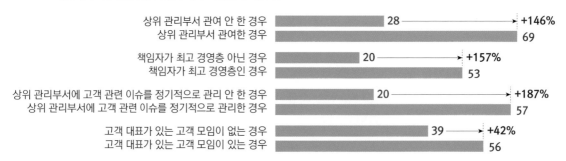

[그림 4-3] 최고 관리자급의 관심과 고객 애널리틱스의 효과 인식

출처: Fiedler, et al. (2016).

고객 애널리틱스의 대표적 활용 분야로는 고객관계관리 측면에서 고객 충성 프로그램, 고객 선택 전략(segmentation: 고객세분화, targeting: 세분시장 선정), 고객 맞춤 서비스 개발, 잠재 고객(획득) 및 고객 유지(이탈률) 관리에서 우선적으로 활용할 수 있다. 또한 일대일 마케팅 측면에서 개별 고객의 특성 분석을 통해 광고/커뮤니케이션, 프로모션, 가격의 개별 고객 수준의 설계에 활용할 수 있을 것이다. 제13장에서 구체적으로 다루게 될 고객가치 측면에서는 고객 생애 가치와 고객 자산 실시간 측정에 활용할 수 있다.

[힐튼 사례] CRM을 넘어 마케팅 애널리틱스로

힐튼 호텔은 1919년 텍사스에서 모블리 호텔(Mobley Hotel)로 시작하여 현재 힐튼, 힐튼 가든 인, 콘라드, 월도프 아스토리아, 캐노피, 큐리오 등의 2019년 기준 30개의 다양한 브랜드를 소유하고 있으며, 130개 국가, 전 세계 7,000개 이상의 시설을 가진 글로벌 호텔 서비스 기업이다. 또한 1987년 멤버십 프로그램인 힐튼 아너스(Hilton Honors)를 도입하였고, 독자적인 CRM 시스템을 이용한 마케팅 전략을 실행하는 것으로 유명한 기업이다. 초창기 힐튼은 고객 충성도 극대화를 위해 기존의 솔루션업체들로부터 CRM(Customer Relationship Management, 고객 관계 관리) 시스템을 도입하고자 하였으나, 기존의 솔루션으로는 다양한 호텔 브랜드의 고객 정보를 통합하여 관리하기 어렵다는 문제점을 인식하고, 독자적인 CRM 시스템을 자체 개발한다.

OnQ 시스템은 힐튼이 독자적으로 만든 CRM 시스템이다. 개별 고객들의 성향, 취향, 기호 등에 대한 데이터를 집적하고, 데이터 기반으로 개별 고객을 응대하고, 개별 고객별 문제 상황 대처 방법을 강구한다. 예를 들어, OnQ 시스템은 멤버십 프로그램을 통해 고객의 생일을 기억하며, 입실 전 생일 케이크와 카드를 호텔방에 비치할 수 있도록 '생일케이크 서비스'를 제안한다. 고객 데이터베이스에는 고객의 인구통계학적 정보뿐만 아니라 고객의 다양한 선호(예: 수건 개수, 비누 향, 침대 유형)도 저장되고 관리된다. 예를 들어, 힐튼 호텔을 첫 번째로 이용한 고객이 따뜻한 방을 요구하였다면, 추후 방문 시에도 힐튼은 따뜻한 방을 고객에게 제공한다. 다양한 서비스를 이용한 고객들에게는 추가적으로 서비스 만족도를 측정하는 설문 조사를 실시하여 기존의 데이터를 지속적으로 업데이트하고 관리한다. OnQ를 통한 CRM 전략은 (1) 고객 만족도, 충성도 증가, (2) 정확하고 효율적인 타게팅, (3) 고객과의 유대감 강화, (4) 교차판매 증가 등의 효과를 가져왔고, 그 결과 힐튼은 지속적으로 성장해 왔다.

최근 힐튼은 CRM 시스템을 넘어 마케팅 애널리틱스에 도움이 되는 다양한 IT 기술을 도입하였다. 그중 온라인 서비스 팀은 첨단 기술과 중요한 제휴관계를 통해 수요를 유도하고, 수입을 극대화하며, 고객과의 탄탄한 관계를 구축하고 있다. 높은 평점과 많은 방문자 수를 기록한 모바일 애플리케이션을 운영하고 있으며, 검색, 온라인 광고, 소셜미디어, 모바일 마케팅을 아우르는 통합 수요를 창출하고 있다. 특히, 다양한 소셜미디어에 힐튼의 불만족 사례 리뷰를 수집하여 CRM 팀과 함께 고객의 불만족 요인들을 분석한다. 글로벌 전자상거래 팀은 ResMax 클러스터 예약프로그램을 사용하여 쉽고 편안한 예약을 돕고, 교차 판매 등의 다양한 마케팅 기법을 제공하고 있다.

2. 애널리틱스의 개념과 유형

애널리틱스의 개념을 이해하기 위해 앞서 다루었던 전통적 마케팅 조사의 개념과 과정을 먼저 살펴보는 것이 필요하다. 전통적 마케팅 조사(marketing research)는 효과적 마케팅 전략과 실행을 위해 필요한 시장 및 고객 정보를 수집하거나, 당면한 마케팅 문제 해결 등 전반적 마케팅 기능을 지원하기 위한 일련의 체계적이고 과학적인 문제 해결 과정을 일컫는다. 마케팅 조사의 범위는 고객에 국한되지 않고 기업, 경쟁자 등 기업 환경까지 포괄하며, 다양한 마케팅활동에 관한 정보를 통해 시장과 기업을 효과적으로 연결하게 하는 기능을 담당한다. 마케팅 조사의 결과물은 마케팅 실무자뿐만 아니라 마케팅 전략을 수립하는 마케팅 의사결정자 및 기업의 전략을 책임지는 최고 경영자에게 전략적 판단의 중요한 핵심 자료로 활용된다.

애널리틱스는 당면한 문제의 해결, 새로운 현상의 파악, 최적의 조건이나 상태(optimal condition/status)를 조사하기 위해 사전에 수집된 또는 실시간으로 누적되는 데이터 또는 정보를 적절히 가공하여 분석(analysis)하거나 또는 측정(measurement)하는 과정을 통칭한다. 이는 기존의 일반적이고 전통적인 조사와는 다른 특별한 과정을 일컫는다. 애널리틱스는 일반적인 조사과정에 비교하면 다음과 같은 특성을 가진다.

우선, 애널리틱스는 설문 조사 등을 주로 하는 기존의 전통적인 조사와는 달리 주로 IT 기술에 의해 자동으로 생산되거나 누적된 2차 자료들(예: 빅데이터)을 합성하고 가공한 자료를 주로 활용한다. 이 자료들은 다양한 정보 원천(다양성, variety)으로부터 많은 양(크기, volume)의 자료들이 실시간으로 누적(속도, velocity)되는 특성을 가지고 있어 빅데이터로 분류되는 경우가 많다. 따라서 간접적이고 의식적인 응답에 대해 간헐적으로 기록한 자료에 의존하지 않고 실시간으로 관찰하고 직접적인 반응이나 활동을 자동으로 기록한 디지털 자료들을 활용한다. 애널리틱스는 좀 더 직접적이고 객관적인 자료들을 바탕으로 비용 효율적이고 빠르게 의사결정을 실시간으로 할 수 있게 한다. 급속하게 증가하는 디지털 데이터를 분석의 대상으로 하기 때문에 이론이나 논리적 접근보다는 데이터 주도적(data-driven)의 탐색적 접근, 대용량 데이터의 효과적 분석을 위한 기술 주도적(technology-driven)의 인공지능 분석적 접근, 그리고 데이터 감각(data-sensing)에 따른 통찰을 분석 방법의 주요 핵심 프레임으로 활용한다.

그렇다면 마케팅 조사와 같은 전통적 조사 방법과 마케팅 애널리틱스와 같은 애널리틱스 기법에는 어떤 차이가 있을까? 전통적 조사 방법은 통계적 접근을 위해 과정을 설계하여 과학적 추론을 바탕으로 현재를 이해하고 미래를 예측하는 것을 검증한다. 하지만 애널리틱스 기법은 관련 정보(시장 또는 고객)의 수집과 분석을 주요 목적으로 존재하는 데이터를 가공하여 사실/현실/현상을 기술/묘사/측정하고 예측하는 과정이며, 이론적이고 논리적인 추론과 통계적 접근을 통한 과학적 검증 자체를 목적으로 하지 않고, 경험적이고 관찰에 근거한 대용량의 데이터를 바탕으로 현재를 이해하고 미래를 예측한다.

애널리틱스는 주로 자동화된 데이터 처리 기술과 분석 기술들을 활용한다. 자동화된 데이터 처리 기술로는 신호처리(signal processing) 기술, 컴퓨터 시각/이미지 처리(computer vision/image processing) 기술, 자연어 처리(Natural Language Processing: NLP) 기술과 텍스트마이닝, 이미지마이닝, 비디오마이닝 등 각종 데이터마이닝들이 활용되고 있다. 정제된 빅데이터를 바탕으로 기계학습과 같은 인공지능(Artificial Intelligence: AI) 기법들과 데이터마이닝이 접목된 자동화된 분석 기술들이 활용되고 있다.

애널리틱스는 보통 기술형(descriptive) 애널리틱스, 진단형(diagnostics) 애널리틱스, 예측형(predictive) 애널리틱스, 마지막으로 처방형(prescriptive) 애널리틱스의 형태로 구분할 수 있고, 전자에서 후자로 갈수록 분석의 난이도와 가치는 점점 높아진다고 알려져 있다. 먼저, 기술형 애널리틱스는 현재 발생하는 현상을 확인하고 이해하기 위해 과거의 자료를 분석하고 해석하는 것을 의미한다. 기술형 애널리틱스에서는 빅데이터를 분석하여 누가, 무엇을, 언제, 어디서, 어떻게 등의 과거와 현재의 사실 관계를 정확하게 파악하는 것을 목적으로 하며, 이때 통계적 기법이나 시각화 기법을 사용하기도 한다. 대표적인 예로, 연간 가격 변동, 매출 순위나 변동, 고객 변동, 고객 의견 또는 불만 조사 등이 있다. 진단형 애널리틱스는 기술형 애널리틱스에서 파악한 현상에 대한 원인을 파악하는 것을 목적으로 한다. 예를 들어, 특정 기능에 대한 고객 불만이 증가한 경우, 해당 불만의 이유가 무엇인지를 관련 빅데이터를 추출하여 분석하여 확인할 수 있다. 다음으로 예측형 애널리틱스는 빅데이터를 통한 현상의 파악 및 원인 분석을 통해 향후 미래를 예측하는 것을 목적으로 한다. 고객 유지에 대한 과거와 현재의 빅데이터를 분석하여 그 원인 요소들을 파악한 후 각 고객의 유지 가능성과 구매 가능성을 분석하는 것이 예시이다. 마지막으로, 처방형 애널리틱스는 단순히 현재 상태의 유지가 아닌 특별한 처방(prescription)을 함으로써 현재 상태를 좀 더 좋은 상태로 변화시키기 위한 전략적 행동 또는 지침의 개발을 목적으로 한다. 따라서 사실 파악과 원인 분석 그리고 단순 미래 예측을 넘어 최적의 미래 성과를 위한 전략을 개발하려는 최적화 기법으로 이해할 수 있다. 예를 들면, 기업의 광고에 있어서 최적의 성과를 내기 위한 미디어 채널별 광고 예산의 배분을 위한 처방형 애널리틱스를 활용한다. 비록 4개의 다른 형태로 애널리틱스가 분류될 수 있지만, 형식적인 분류를 넘어 각각의 애널리틱스 기법은 서로서로 유기적으로 얽혀 있어, 각 상황과 분석의 목적에 맞게 분석 기법을 적절히 설계하여야 한다.

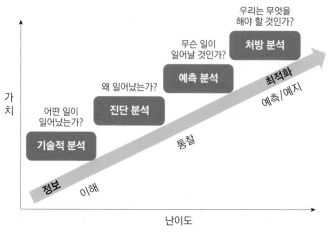

[그림 4-4] 애널리틱스 성숙 단계

출처: Gartner(2012).

[분석 유형 사례] 기술적 분석 사례(시각화)와 예측형 분석 사례

　최근 데이터 분석을 위한 시각화 비즈니스 인텔리전스(Business Intelligence: BI) 분석 소프트웨어가 여러 가지 등장하였다. BI는 기업에서 데이터를 수집, 정리, 분석하고 활용하여 효율적인 의사결정을 할 수 있는 방법에 대해 연구하는 학문이다.[3] 다양한 시각화 소프트웨어가 시장에서 활용되지만, 그중 태블로(Tableau)가 BI 시장을 선도하는 대화형 시각화 소프트웨어이다. 그 외에도 구글 애널리틱스와 호환이 자유로운 구글 데이터 스튜디오(Google Data Studio)도 많이 사용되는 시각화 분석 소프트웨어이다. BI 소프트웨어는 다양한 표와 차트를 모아서 배치하고, 자료를 탐색할 수 있도록 설계한 대시보드(dashboard)를 표현하여 데이터를 비즈니스 아이디어로 전환한다.

　[그림 4-5]는 태블로로 구현한 슈퍼스토어 판매 대시보드이며 온라인/모바일 판매업체의 판매현황을 기술적 분석을 통해 시각화하였다. 월간 판매 변동은 라인 차트

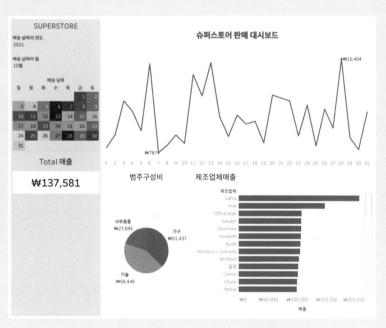

[그림 4-5] 기술적 분석 예: 슈퍼스토어 판매 대시보드

---

3) 출처: 위키피디아. http://ko.wikipedia.org/wiki/비즈니스_인텔리전스

(line chart)로, 상품 분류에 따른 판매비중은 파이 차트(pie chart)로, 제조업체별 매출은 수평막대 차트로 표현하여 대시보드를 구성하였다. 대시보드를 통해 판매업체는 기술과 가구의 판매가 높으며 상대적으로 사무용품의 판매가 다소 낮은 현상을 문제점으로 파악할 수 있다. 이러한 기술형 애널리틱스는 현재 발생하는 현상을 확인하고 이해하며, 문제점의 진단과 해결책을 찾기 위해 많이 사용된다.

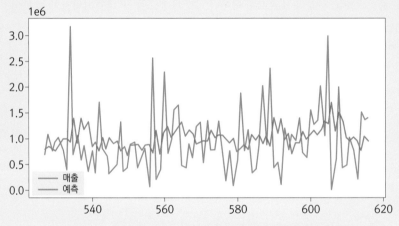

[그림 4-6] 예측형 분석 예: 종합비타민의 약국 판매 예측

[그림 4-6]은 예측형 애널리틱스의 예시이며, 코로나19 기간의 약국을 통한 종합비타민 카테고리의 일별 판매량을 예측한 결과이다. 종합비타민 의약품이 코로나19 예방에 도움이 된다는 뉴스 보도에 따라 종합비타민의 판매 증가가 기대되었으나 예측한 결과로는 일일 총매출액의 변동성이 크지 않을 것으로 판단되었다. 판매 예측의 결과로 제약사들은 종합비타민의 생산과 재고를 급격하게 증가시키지 않는 의사결정을 내리게 되었다.

전통적 마케팅 조사는 조사 형태에 따라 탐색적 조사, 기술적 조사, 인과적 조사로 구분된다. 탐색적 조사(exploratory research)는 문헌 조사, 인터뷰 등 이론적 근거와 방향성을 사전에 정하지 않고 현상을 파악, 통찰하고 아이디어 습득을 목적으로 비계량적 방법을 주로 활용한다. 기술형 애널리틱스와 유사하게 기술적 조사(descriptive research)는 통계적 기법을 활용하여 특정 현상을 정확하게 묘사 또는 기술하는 것을 목적으로 한다. 인과적 조사(causal research)는 사전에 예측된 이론적 근거와 방향성을 바탕으로 특정 현상의 인과 관계를 실증적이고 통계적으로 검증하는 것을 목적으로 한다.

전통적 마케팅 조사도 애널리틱스와 유사하게 조사 목적에 따라 다음과 같이 분류할 수 있다. 기술적 접근(descriptive approach)은 이론적 근거와 방향성을 사전에 정하지 않고 데이터가 보여 주는 그 자체로 현상을 파악, 통찰과 아이디어 습득을 목적으로 하며 다양한 시각적 효과를 활용한다. 예측적 접근(predictive approach)은 기술적 조사로 밝혀진 관계를 바탕으로 추정된 모수 등을 활용하여 미래 현상을 예측하도록 한다. 주로 전통적 마케팅 조사에서 활용한 계량적 모형 분석이 이에 해당한다. 처방적 접근(prescriptive approach)은 기술적 조사로 밝혀진 관계를 바탕으로 추정된 모수 등을 활용하여 현재의 결과를 최적화한다. 주로 시뮬레이션 방법을 활용하고 최적해를 찾는 것을 목적으로 한다.

그렇다면 애널리틱스의 단점과 한계에는 어떤 것이 있을까? 과학적 추론 관점에서 디지털 빅데이터의 몇 가지 부정적 특징이 있다. 먼저, 디지털 데이터로 국한된 편의 표본의 가능성이 있다. 특히, 시끄러운 소수(vocal minority)와 침묵의 다수(silence majority)로 표현되는 디지털과 현실의 괴리와 비대칭성은 디지털 데이터가 가지는 치명적인 약점일 수 있다. 관찰 또는 기록되기 쉬운 행동 또는 반응보다 깊은 인지/태도 측정은 여전히 어렵고 추론의 영역으로 남는다. 따라서 이러한 부정적 측면을 보완하기 위해 데이터 주도에 의한 애널리틱스 결과의 타당성 담보를 위해 기존 전통적 조사 기법과의 접목 역시 필요하다.

[수요예측과 상품관리 사례] 갭(Gap, Inc.)의 상품 3.0 모델

1969년 미국 캘리포니아주 샌프란시스코에서 설립된 갭은 올드 네이비(Old Navy), 갭(GAP), 바나나 리퍼블릭(Banana Republic), 애슬레타(Athleta) 등의 유명 브랜드들을 가진 글로벌 패션기업이다. 갭은 2012년부터 2016년까지 급변하는 기업 환경과 패션트렌드, 다양한 대체브랜드로 인한 경쟁 심화, 다양한 온라인 유통채널의 등장으로 수익률이 지속적으로 감소하는 문제를 겪게 된다. 특히, 회사 내 유능한 디자이너 겸 크리에이티브 디렉터(creative director)의 판단에 전적으로 의존하는 상품 출고 방식이 더 이상 급변하는 시장의 유행과 고객들의 니즈를 정확히 예측하고 차별화된 경험을 제공하지 못하는 현상이 발생한다. 2014년 갭의 새로운 CEO가 된 아트 펙(Art Peck)은 이러한 위기를 극복하기 위해 빅데이터에 기반한 상품 3.0 모델을 기획하였다.

갭의 프로덕트 3.0 모델(Product 3.0)은 빅데이터와 마케팅 애널리틱스를 활용한 제품의 디자인, 유통, 판매 전 과정의 디지털 혁신이다. [그림 4–7]은 갭의 상품 3.0 모델의 구조를 잘 설명한다.

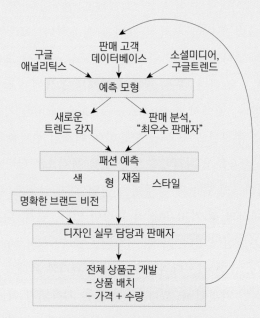

[그림 4-7] 갭 3.0 모델 구조도

갭 3.0 모델은 다음과 같다.

첫째, 고객의 니즈를 파악하기 위해 구글 애널리틱스, 고객의 소리(Voice of the Customer) 프로그램을 통한 고객 판매 데이터, 구글 트렌드를 활용하여 고객 예측 모형을 만든다.

둘째, 트렌드 변화와 고객의 판매 데이터를 분석하여 향후 패션 변화를 분석하는 예측 모형을 만든다.

셋째, 갭의 브랜드 비전을 고려하여, 적합한 색, 형태, 재료, 스타일 등을 디자이너와 판매사원들과의 회의를 통해 확정한다.

넷째, 상품기획을 통해 출시될 제품과 유형, 가격, 품질을 확정한다. 이 과정에서 어떤 제품을 추가 주문하고 어떤 제품을 생산 중단할지 결정한다.

갭 3.0 모델의 가장 큰 변화는 크리에이티브 디렉터의 가장 큰 역할 중 하나였던 시장의 예측이 빅데이터 분석으로 대체되었다는 점이다. 다음 시즌에 출시할 새로운 디자인도 갭 3.0 모델을 통해 예측되고 결정되었다. 갭 3.0 모델을 통한 트렌드 예측 및 생산 결정은 공급 및 재고관리의 변화로도 이어졌다. 생산공장들을 아시아에서 카리

브해로 이전하고 제품 개발 주기를 8~10주까지 줄여 시장의 변화에 빠르게 대처할 수 있게 만들었다. 또한 대규모 오프라인 매장을 줄어 비용을 절감하고, 공급망의 디지털화에 지속적인 투자를 시작하였다. 이러한 갭의 디지털 전환 노력은 2016년 이후 코로나 상황에서도 순매출액을 5% 상회하는 지속 성장으로 이어졌다. 디지털 기반의 마케팅 애널리틱스를 활용한 갭은 2020년 미국 내 전자상거래 규모 2위를 차지하였다.

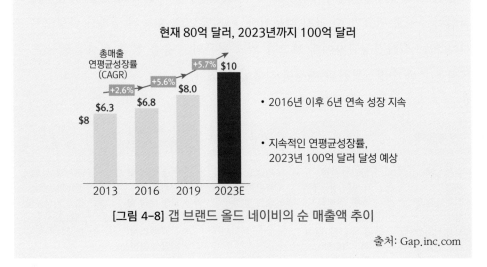

[그림 4-8] 갭 브랜드 올드 네이비의 순 매출액 추이

출처: Gap.inc.com

3. 마케팅 애널리틱스의 차별적 과정

　전반적으로 애널리틱스 과정은 마케팅 조사과정의 일부로 이해할 수 있다. 따라서 애널리틱스의 차별화된 과정을 마케팅 조사의 과정을 통해 설명한다.

　마케팅 조사의 과정은 일반적으로 먼저, 문제의 정의, 조사 방법의 설계, 데이터 수집, 분석 및 통계적 검정, 의사결정 및 보고의 순으로 진행된다. 문제 정의 과정은 주로 시장 기회의 탐색, 변화 감지, 문제 발생 원인 파악 등으로 마케팅 조사의 동기와 목적이 된다. 설계(design)는 정의된 문제에 대한 여러 합리적, 경험적 추론과 조사 방법을 선택하는 과정이다. 이 과정에서 애널리틱스는 기술형, 진단형, 예측형, 처방형 접근방법을 목적에 따라 선택할 수 있다. 다음으로 데이터 수집 단계에서는 측정 도구 개발, 표본의 추출, 정성/정량, 1차/2차 데이터를 수집하게 되는데 주로 애널리틱스는 정형 데이터 또는 비정형 데이터를 포괄하는 빅데이터를 활용할 수 있는 데이터 수집을 진행한다. 분석 및 통계적 검정 과정에서는 측정과 조사의 신뢰성과 타당성이 검증되고 목적하는 통계적 결론을 도출하게 된다. 애널리틱스에서는 이러한 통계적 검정 이전에 수집된 데이터의 정제와 전처리 또는 가시화 등의 분석 전 사전 작업이 필수적이다. 이는 애널리틱스의 주요 대상인 빅데이터가 다양한 비정형 데이터를 포함하고 있어 분석을 위한 계량화 작업이 추가로 필요할 수 있기 때문이다. 마지막으로, 도출된 결과를 바탕으로 조사자 또는 의사결정권자에게 보고가 되고 결론의 수용을 통한 의사결정 또는 피드백을 통한 수정·보완의 과정이 진행될 수 있다.

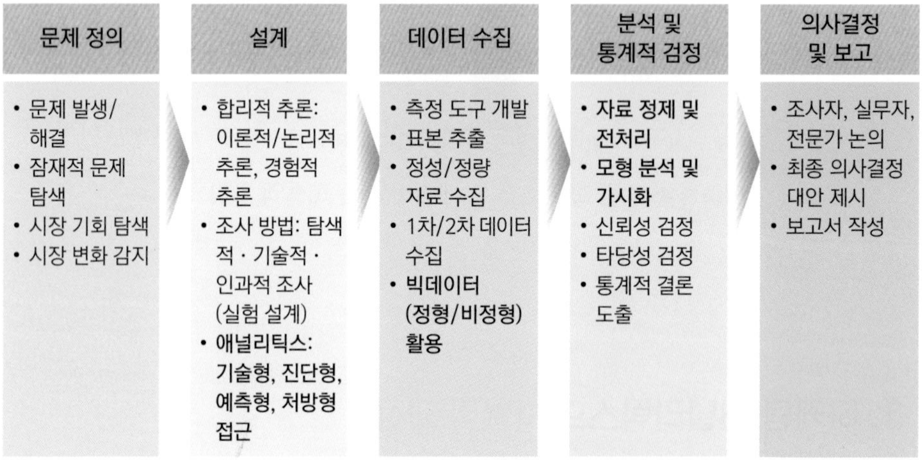

문제 정의	설계	데이터 수집	분석 및 통계적 검정	의사결정 및 보고
• 문제 발생/ 해결 • 잠재적 문제 탐색 • 시장 기회 탐색 • 시장 변화 감지	• 합리적 추론: 이론적/논리적 추론, 경험적 추론 • 조사 방법: 탐색적·기술적· 인과적 조사 (실험 설계) • 애널리틱스: 기술형, 진단형, 예측형, 처방형 접근	• 측정 도구 개발 • 표본 추출 • 정성/정량 자료 수집 • 1차/2차 데이터 수집 • 빅데이터 (정형/비정형) 활용	• 자료 정제 및 전처리 • 모형 분석 및 가시화 • 신뢰성 검정 • 타당성 검정 • 통계적 결론 도출	• 조사자, 실무자, 전문가 논의 • 최종 의사결정 대안 제시 • 보고서 작성

[그림 4-9] 조사와 애널리틱스의 관계

애널리틱스의 핵심 과정만을 요약한다면, 먼저 설계 단계에서 조사의 방법, 즉 기술형 애널리틱스, 진단형 애널리틱스, 예측형 애널리틱스, 처방형 애널리틱스를 목적에 맞게 선택한 뒤, 데이터를 수집 단계에서 디지털화된 정성 및 정량 자료 모두를 대상으로 실시간으로 데이터를 수집하는 시스템을 구축한다. 이를 바탕으로 내용 분석을 위한 텍스트 전처리, 텍스트/오피니언/감성 마이닝, 인공지능을 활용한 분석, 그 외 계량경제학적 모형을 활용한 분석 등을 수행할 수 있다.

마케팅 애널리틱스는 고객의 표현 및 행동과 관련된 기업의 내/외부 (디지털) 정보를 수집, 관리, 분석하여 기업의 의사결정과 전략에 사후적 또는 실시간으로 활

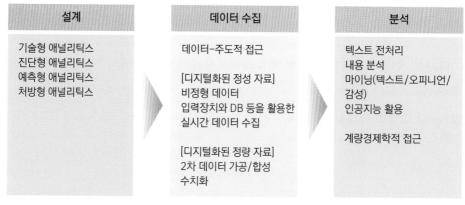

[그림 4-10] 애널리틱스의 핵심 과정

용하는 일련의 과정이다. 4차 산업혁명과 빅데이터 그리고 인공지능에 의한 데이터 주도적이고 기술 주도적인 최신의 분석 기법이 적용되어, 고객 행동의 변화를 감지할 수 있으므로 정확한 고객 이해 및 객관적 성과 관리를 위해서 마케팅 애널리틱스는 기업에게 반드시 필요한 기법이라 할 수 있다. 하지만 데이터 주도에 의한 애널리틱스 결과의 타당성 담보와 방법적 단점을 극복하기 위해 기존 전통적 조사 기법의 활용 역시 필요하며, 특히 분석 결과 제시에 있어서 통계적 기법의 적용이 필요하다는 점도 상기할 필요가 있다.

4. 디지털 시대의 소비자 구매행동과 웹 애널리틱스

전통적인 마케팅 조사(실험, 설문 조사, 혹은 관찰에 의한 자료 수집)와 달리 최근 마케팅 애널리틱스는 웹 애널리틱스를 이용하여 진화하고 있다. 디지털 시대의 소비자들은 웹사이트를 통해 제품과 서비스를 구매한다. 온라인과 모바일을 통해 이루어진 소비자들의 행동은 웹 로그 기록을 통해 데이터베이스에 남아 있다. 웹 애널리틱스(web analytics)는 웹사이트 이용 현황을 이해하고 사용자 경험을 최적화하기 위해 디지털 데이터를 측정, 수집, 분석 및 보고하는 것이다. 디지털 시대의 마케팅 애널리틱스를 이해하기 위해 변화된 소비자 구매행동을 이해하고 웹 애널리틱스를 간단한 사례로 알아보자.

1) 디지털 시대의 소비자 구매행동

디지털 시대의 온라인/모바일 애플리케이션의 소비자 구매과정은 데이브 맥클루어(Dave McClure)가 제시한 AARRR(Acquisition, Activation, Retention, Revenue, Referral) 모델로 이해할 수 있다.

[그림 4-11] AARRR 모델(소비자 구매과정)

소비자 구매과정(제품 판매과정)은 [그림 4-11]과 같은 AARRR 모델로 설명된다. 이 모델에 따르면 기업의 입장에서 소비자 구매과정을 획득(acquisition), 활성화(activation), 유지(retention), 매출(revenue), 추천(referral)의 다섯 단계로 구분할 수 있다. 아래로 진행될수록 이탈이 많아지기 때문에, 구매과정은 깔때기 구조를 가진다. 영어로 깔때기란 단어가 퍼널(funnel)이기 때문에 AARRR 모델을 마케팅 퍼널(marketing funnel)이라 부르기도 한다. 따라서 마케팅 퍼널은 소비자 구매과정이면서, 기업이 '사용자를 고객으로 이끌어 내는 과정'을 말한다.

사용자가 제품이나 서비스를 구매하기 위해 웹사이트를 방문하는 과정을 기업은 획득 단계로 정의한다. 활성화 단계에서는 사용자가 웹사이트에서 제품을 살펴보고 웹의 기능을 사용한다. 유지 단계에서는 사용자가 웹을 재방문하고 재사용한다. 매출(구매) 단계에서는 사용자가 제품을 구입하거나 서비스를 이용하고 비용을 지불한다. 마지막으로, 추천 단계에서는 사용 경험이 있는 소비자가 주변 사람들에게 추천을 한다. 디지털에서 성장마케팅(그로스 마케팅)의 가장 큰 목표는 AARRR의 마지막 단계까지 많은 사용자가 남아 주변에 긍정적인 의견을 전달하도록 효과적인 마케팅 전략을 실행하는 것이다. 이 전 과정은 웹 로그 기록으로 남아 있으며, 이 기록을 분석하는 것이 웹 애널리틱스이다.

2) 웹 애널리틱스

디지털 마케팅에서의 분석은 웹 애널리틱스를 통해 많이 이루어진다. 웹 애널리틱스는 웹사이트 이용 현황을 이해하고 사용자 경험을 최적화하기 위해 디지털 데이터를 측정, 수집, 분석 및 보고하는 것을 말한다. AARRR 행동을 측정하고 수집하며 분석한다. 구체적으로 어떤 사용자들이 웹사이트에 방문하는지(잠재고객에 관한 정보), 어떤 매체와 경로를 통해서 방문하는지(유입에 관한 정보), 웹사이트 도착한 후 어떤 행동을 보이는지(사용자 행동정보), 실제 구매(전환)에 도달했는지(전환 정보)에 관한 데이터를 분석하는 것을 말한다. 웹 애널리틱스는 마케팅 채널별 효과측정, 디지털 광고 효과측정, 사용자의 웹사이트 경험측정 등 마케팅 전략 실행을 위한 애널리틱스 기법으로 많이 사용된다. 웹 애널리틱스에서 많이 사용되는 주요 지표는 〈표 4-1〉과 같다.

〈표 4-1〉 AARRR 모델의 단계별 성과 지표

단계	성과 지표 예시
획득	방문 수, 방문자 수, 순방문자 수, 페이지뷰, 이탈률
활성화	종료율, 등록 수, 회원가입 수, 구독 수
유지	참여율, 몰입도(인게이지먼트), 종료율, 유지율
매출	전환율, 장바구니 구매액, 고객 생애 가치
추천	• 바이럴 계수 • 사용자별 리뷰 작성 수

웹 애널리틱스는 여러 지표를 통해 마케팅 전략 수립에 도움이 되는 정보를 제공한다. 웹 애널리틱스를 위한 소프트웨어들 중에서 구글 애널리틱스가 가장 많이 사용된다. 무료이며, 다양한 분석 보고서(report)를 제공하고, 구글 서비스와 연계가 된다는 장점이 있다. 구글 애널리틱스는 다음과 같은 보고서를 제공한다.

• 잠재고객 보고서: 웹사이트에 방문한 사용자의 정보를 파악한다.

- 획득보고서: 웹사이트에서 획득된 사용자가 어떤 채널에서 들어왔는지 파악한다.
- 행동보고서: 사용자가 홈페이지 내에서 어떤 행동을 하는지 파악한다.
- 전환보고서: 설정한 목표(회원가입, 장바구니 담기, 구매 등의 전환)를 달성한 사용자를 파악한다.

마무리 사례　구글 머천다이즈 스토어를 이용한 웹 애널리틱스 분석

　　구글은 자사의 기념품 쇼핑몰인 구글 머천다이즈 스토어를 운영하면서 구글 애널리틱스 사례를 제공한다. 구글 머천다이즈 스토어를 통해 구글 애널리틱스가 제공하는 보고서와 지표를 간단하게 알아본다. 먼저, 구글 머천다이즈 스토어(https://www.googlemerchandisestore.com/)에 접속하고 한국을 선택하면 다음과 같은 물건을 팔고 있음을 확인할 수 있다.

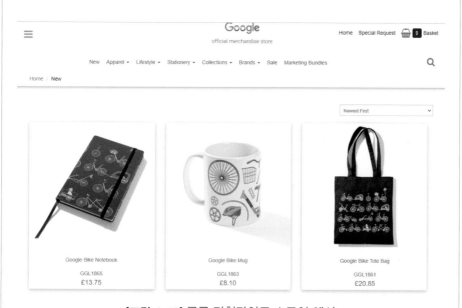

[그림 4-12] 구글 머천다이즈 스토어 예시

　　이 사이트를 데모 계정으로 구글 애널리틱스는 잠재고객 보고서, 획득보고서, 행동보고서, 전환보고서 등을 생성한다. 구글 애널리틱스 실습을 위해서는 구글 애널리틱스 고객센터[4]를 방문하면 된다. 잠재고객 보고서를 기준으로 디지털 마케팅에 관련된 지표를 살펴보고 웹 애널리틱스 활용방안을 소개한다.

　　잠재고객 보고서 라인 차트(A)는 일별 사용자의 변화를 잘 보여 준다. 잠재고객 보고서 기본지표(B)에서는 해당 기간 내 사용자, 신규방문자, 세션, 사용자별 세션 수, 페이지뷰 수, 세션당 페이지수, 평균 세션 시간, 이탈률 지표를 숫자로 확인할 수 있다. [그림 4-13]의 지표를 분석하면 다음의 결과를 얻는다.

---

4) https://support.google.com/analytics/answer/6367342?hl=ko. 이 주소로 접속하거나 네이버 혹은 구글에 '구글 애널리틱스 데모'로 검색하면 된다.

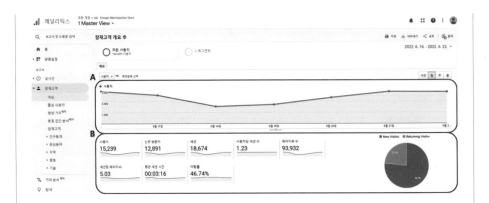

[그림 4-13] 구글 머천다이즈 스토어 잠재고객 보고서

(1) 해당 기간의 사용자는 15,239명이고 신규방문자는 12,891명이다. 재방문자는 2,348명 (=15,239-12,891)으로 확인된다.

(2) 사용자들은 총 93,932페이지를 보았고, 이탈률은 46.74%로 높다.

이탈률(bounce rate)은 웹사이트의 랜딩페이지에서 어떠한 행동도 하지 않고 사이트를 떠나는 사람들의 비율을 의미한다. 앞의 지표를 해석하면 다음과 같이 사이트의 상황을 진단하고 마케팅 전략을 세울 수 있다. 첫째, 해당 기간 내 사용자 재방문이 적다. 15,239명의 사용자에 비해 재방문자는 2,348명이다. 이 지표에 의하면 방문한 사용자가 제품과 콘텐츠에 관심이 적어 다시 돌아오지 않는다고 해석된다. 재방문율이 떨어지면 재구매율도 현저히 낮아진다. 페이지 활성화와 유지(재방문)를 위한 마케팅 전략(출석 이벤트, 로열티 프로그램 등)을 고민해야 한다. 물론 재구매율이 높은 아이템을 팔아야 하는 것은 기본이다. 둘째, 이탈률(46.74%)이 높다. 이는 첫 페이지 (랜딩페이지)의 콘텐츠에 흥미가 없거나 사용자가 원하는 정보가 없다는 것을 의미한다. 따라서 사용자가 원하는 것을 찾아 사이트의 콘텐츠를 충실하게 하거나 재구매 확률이 높은 아이템을 팔거나 또는 사이트 디자인과 기능을 개선해야 한다.

마케팅원론 ABC

Artificial İntelligence
Big data
Customer value

제**5**장

인공지능과 마케팅

도입 사례 | 인공지능을 활용한 큐레이션, '알 수 없는 알고리즘이 나를⋯⋯'

유튜브의 다양한 콘텐츠를 즐기다 밤을 지새운 경험이 있는가? 최근 디지털 세대들은 네이버나 구글에서의 텍스트 검색 대신 유튜브의 영상 콘텐츠 검색으로 더 많은 정보를 얻고 있다. 하나의 키워드로 시작하여 유튜브가 제공하는 다양한 콘텐츠를 시청하느라 많은 사용자들이 불면의 밤을 보내고 있다. 이러한 상황을 유튜브 사용자들은 서로 '알 수 없는 알고리즘이 나를⋯⋯'이라는 유행어로 표현하고 있다.

알고리즘이란 소프트웨어 분야에서 어떤 문제를 해결하기 위한 절차, 방법, 명령어들의 집합이라고 정의된다. 이는 수학, 과학, 언어학 등 다양한 분야에서 폭넓게 사용되고 있다. 유튜브는 이러한 알고리즘을 아주 잘 활용하는 사이트이다. 사용자(유저)들의 시청 및 검색 기록, 구독정보, 시청 지속 시간 등 많은 정형화된 데이터를 활용한다. 또한 주로 시청한 이미지나 영상 등의 비정형화된 데이터를 분석한다. 이러한 사용자의 행동 패턴과 영상 시청 기록이 알고리즘의 자원이 되어 많은 사람들의 추천 영상 리스트를 산출한다. 이러한 까닭에 개개인의 사용자는 취향에 맞는 콘텐츠를 유튜브로부터 끊임없이 제공받는다. 많은 사용자들이 비슷한 경험이 있을 것이다. 손흥민 하이라이트만 보고 자려다가 아침이 되어 정신을 차려 보니 역대 발롱도르 수상자를 보고 있는 자신의 모습을 한심하게 생각해 본 경험 말이다. 이처럼 사용자를 유튜브에 오래 머무르게 하는 것이 유튜브의 추천 알고리즘의 목적이다.

또 다른 경험은 유튜브가 제공하는 뜬금없는 추천영상물이다. 짖는 소리가 귀여운 강아지 영상을 보고 있었는데, 어느 순간인가 유튜브는 소요산에서 1호선 열차가 통과하는 영상을 추천하여 준다. 이러한 추천알고리즘을 사용자들이 이해할 수 없다고 하여 '알 수 없는 알고리즘이 나를⋯⋯'이라는 주제로 많은 콘텐츠들이 생성되었다. 추천시스템은 인공지능을 기반으로 발전하고 있다. 전통적인 추천시스템은 소비자의 구매기록이나 구매 후 별점 리뷰 자료에 근거한 협업 필터링(collaborative filtering) 방식이 주를 이루었다. 최근에는 이미지(영상) 자료의 유사성에 근거한 인공지능 방식의 추천시스템이 도입되어 많은 플랫폼에서 사용 중이다. 유튜브의 알수 없는 알고리즘은 이미지(영상) 자료의 유사도에 근거한 추천방식이다. 기존의 시청기록을 범주화하던 기존 방식에서 탈피하여 사용자가 이미 시청했던 이미지(영상)와 최대한 비슷한 이미지(영상)를 추천하는 방식이다. 이 방식은 많은 사용자를 유튜브에 더욱 오래 머물게 하는 긍정적인 효과도 있는 데다 '알 수 없는 알고리즘이 나를⋯⋯'이라는 유행어도 만들어 내게 되었다.

제5장의 개요

최근 빅데이터의 중요성이 강조되고 컴퓨터 소프트웨어가 발달하면서 인공지능 기법이 비즈니스(마케팅) 분야에 소개되고 있다. 앞 장에서 우리는 마케팅 애널리틱스의 중요성을 언급하였다. 마케팅 애널리틱스가 소비자의 구매 자료나 기업의 상품, 가격 자료 등 정형화된 자료를 분석하여 의사결정에 도움을 주는 반면, 인공지능은 소비자가 생성한 텍스트 자료, 이미지(영상) 자료를 분석하여 의사결정에 반영하는 데 크게 이바지하고 있다.

인공지능은 인간의 학습능력, 추론능력, 지각능력, 자연어의 처리능력을 소프트웨어로 구현한 것이라 정의한다. 인공신경망과 딥러닝을 기반으로 하고 있으며, 자료에 따라 수치예측과 범주예측을 주목적으로 삼고 있다. 머신러닝, 컴퓨터비전, 자연어처리(음성인식), 상황인지컴퓨팅 등으로 세분화된 분야에서 주로 활용되고 있다. 최근 헬스케어, 자동차, 금융서비스, 소매, 커뮤니케이션, 제조, 에너지, 운송 및 물류 등 다양한 산업 분야에서 인공지능이 활용되기 시작하였고 앞으로도 지속적으로 활용될 예정이다. 한국신용정보원에 따르면, 국내 인공지능 시장 규모는 2025년까지 10조 5,100억 원까지 성장할 것으로 전망되며, 이는 2019년 시장규모의 10배에 해당하는 수치이다.

인공지능은 다층퍼셉트론 인공신경망(Multi-layer Perceptron Artificial Neural Network: MLP ANN)과 딥러닝을 주요 알고리즘으로 하여 발전해 왔다. 이미지(영상)처리 분야에서는 합성곱신경망(Convolutionary Neural Network: CNN)을 주로 활용하며, 자연어처리 분야에서는 재귀신경망(Recursive Neural Network: RNN)을 많이 활용한다. 뉴스 및 리뷰의 텍스트 감성분석, 이미지 객체 분석과 자율주행, 이미지 분석을 통한 추천시스템 활용, 음성인식과 자동자막, 위치기반 시스템 등 다양한 분야에서 적용되고 있으며, 향후 비즈니스(마케팅) 분야에서 더욱 각광받게 될 것이다.

제5장의 질문

1. 인공지능이란 무엇인가?

2. 인공지능이 활용되는 분야에는 어떠한 것이 있는가?

3. 인공지능이 기반으로 하는 인공신경망과 딥러닝은 무엇인가?

4. 텍스트와 자연어처리 분야에서 인공지능은 어떻게 사용되는가?

5. 이미지와 영상처리 분야에서 인공지능은 어떻게 사용되는가?

1. 인공지능의 개념

정부는 2020년 한국판 뉴딜정책을 확정 발표했다. 향후 5년간 세 가지 큰 축(디지털 뉴딜, 그린 뉴딜, 안전망 강화 등)을 중심으로 세부 분야별 정부 투자와 일자리 창출이 이뤄진다. 코로나19 이후로 어려워진 경기부양책으로 경기 회복을 위한 대규모 투자 정책이다. 디지털 뉴딜 정책의 핵심은 데이터-네트워크-인공지능(D.N.A) 산업에 대한 투자이다. 특히, 빅데이터에 기반한 인공지능 산업에 대한 투자가 미래의 먹거리로 떠오르고 있다. 〈표 5-1〉을 통해 인공지능 기술을 활용하고 있는 산업과 응용 분야를 파악하여 보자. 헬스케어, 자동차, 금융서비스, 소매, 커뮤니케이션, 제조, 에너지, 운송 및 물류 등 다양한 산업 분야에서 인공지능이 활용되기 시작하였고 지속적으로 활용될 예정이다. 금융서비스 산업의 개인 맞춤형 재무 계획이나 자금 세탁 방지, 소매업의 수요 예측과 재고 최적화 및 납품 관리 등의 분야는 IT 기술로 집적된 정형데이터 분석과 딥러닝 기법을 주로 활용한다. 반면, 헬스케어 산업의 이미지/영상 의료 데이터 판독 및 질병 진단, 자동차 산업의 자율주행, 커뮤니케이션의 맞춤형 콘텐츠 제작과 같은 분야는 비정형 빅데이터(영상과 음성)를 기반으로 하는 딥러닝 기법을 활용하여 인공지능 기술을 발전시키고 있다. 인공지능의 응용 분야는 다음과 같이 비즈니스 분야에 국한되지 않고, 산업 전반의 새로운 동력으로 떠오르고 있다.

〈표 5-1〉 인공지능 활용 산업과 응용 분야

산업	응용 분야
헬스케어	질병 진단, 전염성 질병의 조기 탐지와 추적, 이미지/영상 의료데이터 판독 등
자동차	자율주행, 엔진 모니터링, 고장 예측, 자율 유지 보수 등
금융서비스	개인 맞춤형 재무계획, 사기 및 자금세탁 방지, 금융업무 프로세스 자동화 등
소매	개인 맞춤형 디자인/생산, 수요 예측, 재고 최적화 및 납품 관리 등
커뮤니케이션	미디어 보관 및 검색, 맞춤형 콘텐츠 제작, 개인 맞춤형 마케팅 등
제조	제조 프로세스 모니터링, 공급체인과 생산 최적화, 주문형 생산 등
에너지	스마트 미러링, 효율적 운용과 저장, 예측 기반 인프라 관리 등
운송 및 물류	자동 운송, 교통통제 및 교통체증 감소, 보안 향상 등

출처: CSI 이슈 리포트 2020-5호.

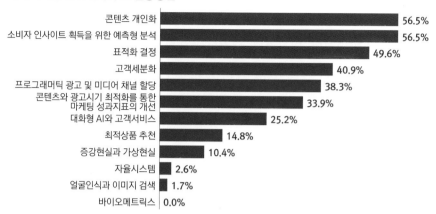

[그림 5-1] 마케팅에서의 인공지능 활용 분야

출처: The CMO survey(2019).

그렇다면 비즈니스 분야의 인공지능 활용은 어떠한 방식으로 이루어지고 있을까? 특히, 마케팅 분야에서의 활용방안은 어떠할까? 이 질문에 대한 대답은 기업 관계자들의 직접적인 의견을 통해 알아보자. [그림 5-1]은 2019년 기업의 마케팅 담당 이사를 대상으로 한 설문의 결과이다. 기업들이 최근 인공지능을 어떻게 활용하고 있는지, 특히 마케팅 분야에서 어떻게 활용되고 있는지를 잘 보여 주고 있다. 콘텐츠 개인화, 소비자 인사이트 획득을 위한 예측형 분석, 표적화 결정, 고객 세분화, 프로그래머틱 광고 및 미디어 채널 할당, 대화형 AI와 고객서비스, 증강현실과 가상현실, 얼굴 인식과 이미지 검색 등 다양한 마케팅과 관련된 분야에서 인공지능을 잘 활용하고 있다. [그림 5-1]에서 언급한 활용사례의 예시로 챗봇, 구글번역기, 이미지 복원 등의 다양한 앱기술 등이 현재 상용화되었다. 이 사례들은 추후에 설명하기로 하고, 이 절에서는 우선 인공지능의 기본 개념을 소개한다.

인공지능(artificial intelligence)의 개념에 대해서는 다양한 의견이 존재한다. 하지만 수많은 전문가들이 다음과 같은 기본적인 생각을 공유하고 있다. 첫째, 인공지능은 인간의 사고과정을 연구하는 학문이라는 것이다. 둘째, 인간의 사고과정을 기계(컴퓨터나 로봇)에서 구현하는 것이다. 즉, 기계를 인간이 사고하는 방식으로 생각하고 작동하게 만드는 것을 인공지능이라고 말할 수 있다. 앞의 기본적인 생각을 정리해 보면 인공지능은 인간의 학습능력, 추론능력, 지각능력, 자연어의 처리능력을 소프트웨어로 구현한 것이라 말할 수 있다. 따라서 인공지능은 장기적으로는 컴퓨터가 인간의 지능을 모방하는 방향으로 발전하고 있다. 인공지능을 이해하기 위해 빅데이터, 머신러닝, 딥러닝에 대한 이해가 필요하다.

빅데이터(big data)는 최근 IT 기술과 함께 집적된 매우 큰 규모의 자료를 의미한다. 빅데이터는 구조화된(structured) 정형 자료와 비구조화된(unstructured) 비정형 자료로 쉽게 나눌 수 있다. 정형 자료란 보통 거래데이터, 상품(재고)데이터, 가격데이터처럼 데이터베이스의 정해진 규칙에 맞게 구조화한 데이터를 말한다. 반면, 비정형 자료는 정해진 규칙이 없이 구성되어 의미를 쉽게 파악하기 어렵다. IT 기술과 플랫폼 비즈니스의 발달로 사용자가 만든 자료(HD 영상, 오디오, 이미지 자료, 음성 자료 등)가 비정형 자료의 예시이다.

실시간 빅데이터 처리의 필요성과 함께, 마케팅 영역에 머신러닝과 딥러닝 기법이 적용되고 있다. 머신러닝(machine learning, 기계학습)은 기계에게 알고리즘을 학습시키고, 데이터에서 지식을 추출하는 작업이다. 통계학, 인공지능, 컴퓨터과학을 기반으로 하고 있으며 예측분석(수치예측과 범주예측)을 주목적으로 다양한 기법들이 발달해 왔다. 딥러닝(deep learning, 심층학습)은 머신러닝에서 발전한 방법론이다. 딥러닝의 대부분 기법은 인공신경망(neural network)을 기초로 하고 있으며, 범주(분류) 예측에 최적화되어 있다. 이 책에서는 딥러닝을 깊은 은닉층(hidden layer)을 가진 심층 인공신경망 모델이라고 간략하게 이해하기로 한다.

인공지능의 핵심적인 목표는 학습을 통한 예측이다. 인간의 학습능력, 추론능력, 지각능력, 처리능력의 궁극적인 목적은 오차 없는 정확한 예측이라고 할 수 있다. 앞서 언급하였듯 인공지능은 머신러닝 혹은 딥러닝을 기반으로 하고 있으며 예측분석을 주 목적으로 한다. [그림 5-2]는 빅데이터와 인공지능(머신러닝, 딥러닝)을 활용한 수리적 모델과 예측분석 과정을 잘 설명하고 있다. [그림 5-2]를 통해 인공지능을 통한 예측과정을 이해하여 보자.

인공지능 시스템에서 중요한 것은 데이터이다. 데이터는 입력자료의 역할을 하며 독립 변수, 예측 변수, 인풋 변수라고 부른다. '원인-결과'를 밝혀내는 것이 주된 목적인 사회과학에서는 원인(cause)에 해당한다. [그림 5-2]에서 모델 함수 부분이 머신러닝과 딥러닝을 활용하는 인공지능[1]의 영역이다. 인공지능은 예측분석을 위한 시스템에서는 입력자료를 처리하는 과정으로 학습능력, 추론능력, 지

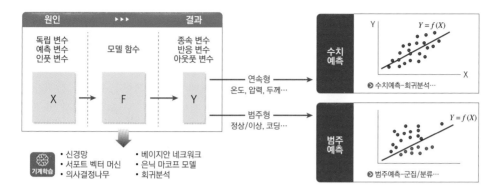

[그림 5-2] 머신러닝과 인공지능의 수리적 모델과 예측

출처: 안대중(2011).

각능력, 처리능력에 해당한다. 인공지능의 처리 결과로 다양한 예측이 가능하다. 이 때 예측하려는 결과가 연속형(예: 온도, 압력, 두께, 가격 등)이냐 혹은 범주형(스팸메일이냐 혹은 아니냐 등)이냐에 따라 수치예측과 범주예측으로 나누어진다. 수치예측(numeric prediction)은 주택 가격의 예측과 같이 연속형 자료(continuous data)를 예측하는 방법이며, 범주예측(categorical prediction)은 고객의 등급과 같은 범주형 자료(categorical data)를 예측하는 방법이다. 손으로 쓴 우편번호 숫자 판별, 광고 영상 이미지에 기반한 구매의향 판단, 블로그 글 감성분석, 취향에 따른 고객 분류 및 추천시스템 등이 마케팅에서 최근 많이 사용하는 인공지능 기법이다. 여전히 인공지능을 활용한다는 것이 잘 이해가 되지 않을 수도 있다. 다음 알파고 사례를 통해 인공지능의 활용에 대하여 조금 더 구체적으로 이해하여 보자.

---

1) 인공지능은 크게 머신러닝과 딥러닝 기술을 많이 활용한다. 머신러닝의 분야에서는 인공신경망(neural network), 서포트 벡터 머신(support vector machine), 의사결정나무(decision tree), 베이지안 신경망(bayesian belief networks), 마르코프 모델(hidden markov models), 회귀 딥러닝 기법으로는 영상분석에 주로 쓰이는 합성곱신경망(Convolutionary Neural Network: CNN), 자연어처리에 주로 쓰이는 재귀신경망(Recursive Neural Network: RNN), 번역 및 생성에 쓰이는 생성적 대립 신경망(Generative Adversarial Network: GAN) 등 다양한 기법들이 있다. 자세한 내용은 이 책의 범위를 넘어선 것이며 관심 있는 독자들은 머신러닝과 딥러닝의 기초부터 공부가 필요하다.

[인공지능 사례] 인공지능의 승리 알파고

알파고는 구글의 딥마인드(DeepMind)가 개발한 인공지능 바둑 프로그램이다. 2016년 3월 9일부터 15일까지 서울의 포시즌스 호텔에서 구글 챌린지 매치를 개최하여 한국의 프로기사 이세돌 9단과 알파고의 대결을 성사시켰다. 구글은 승리를 자신하였으나, 대부분의 전문가들은 체스게임[2]과는 달리 인공지능을 이용하는 바둑 프로그램이 인간을 이기는 것은 아직 힘들 것이라고 예측하였다. 당시 일부 전문가들은 인공지능이 바둑 챔피언을 이기려면 최소한 10년의 시간이 필요할 것이라고 말하였다. 하지만 다섯 차례의 대국에서 알파고는 이세돌 9단을 4 대 1로 이겼다.

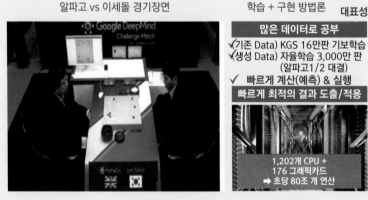

[그림 5-3] 구글의 알파고의 학습과 구현방법론

[그림 5-3]은 구글의 알파고와 이세돌 9단의 경기 장면이다. 알파고 프로그램은 16만 판의 기보자료를 학습하였으며, 자율적으로 3,000만 판으로 연습하면서 가능한 모든 시나리오를 예측하였다고 한다. 기술적으로는 1,202개의 CPU와 176개의 그래픽 카드가 갖추어진 슈퍼컴퓨터를 사용하여 초당 80조 개의 연산까지 가능하다고 한다. 그렇다면 알파고의 작동원리는 어떠한가?

알파고는 다음의 과정을 반복한다.

---

2) 체스게임에서 인공지능이 인간에게 승리한 것은 꽤 오래전 일이다. IBM 슈퍼컴퓨터 '딥 블루(Deep Blue)'가 1996년 2월 10일 구소련의 세계 체스 챔피언 가리 카스파로프(Garry Kasparov: 1963~)에게 첫 승리를 거두었다. 그 대국은 3승 2무 1패로 카스파로프가 승리했지만, 한 해 뒤인 97년 5월 대결에서는 2승 3무 1패로 '딥 블루'가 승리했다.

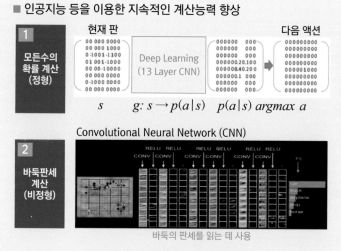

[그림 5-4] 알파고의 작동원리

출처: 문승원 박사(Carnegie Mellon University).

① 딥러닝(CNN)과 강화학습을 활용한 모든 수의 확률 계산: 바둑판의 각 위치를 범주로 생각한다. 이는 범주형 예측에 해당하는 상황이다. 따라서 딥러닝을 활용하여 각 범주에 해당하는 확률을 '[그림 5-3]의 첫 번째 과정'처럼 계산한다. 또한 최종적으로 승리하기 위해 현재부터 최종적으로 바둑돌을 놓는 순간까지의 다양한 방법을 계산하고 예측하여 최적의 방법을 선택한다.

② 이미지 분석과 딥러닝을 활용한 바둑판세 계산: 상대방(이세돌 9단)이 바둑을 두는 경우, 바둑판의 상황은 '[그림 5-3]의 두 번째 과정'을 거쳐 컴퓨터에 입력 자료로 분석된다.

③ 강화학습을 이용한 다양한 시나리오 예측 및 맞춤형 전략 설정: 새로운 데이터가 입력되면 '[그림 5-3]의 첫 번째 과정'이 반복된다. 판세에 따라 게임을 승리하기 위한 전략 변화가 이루어진다.

④ 생성적 대립 신경망(GAN)을 통해 이미지 생성: 생성된 이미지는 다음 바둑돌이 놓이는 위치에 알파고의 바둑돌을 생성하여 대리인이 대국에서 바둑을 둔다.

알파고는 이와 같은 방법을 반복하면서 상대방의 전략에 대응한다. 특히, 매순간 최종적으로 이길 확률이 높은 모든 시나리오를 계산하고 최고의 시나리오를 선택한다. 이 방법은 딥러닝의 한 분야인 강화학습(reinforcement learning)이라 한다.

정리하자면, 인공지능은 다음의 요소, 즉 ① 빅데이터 처리기술: 자연어, 이미지, 영상 등의 비정형 데이터와 정형 데이터를 모두 집적하여 입력데이터로 전처리할 수 있는 기술, ② 데이터 추상화 기술: 다량의 데이터나 복잡한 자료들 속에서 핵심적인 내용 또는 기능을 요약하는 기술, ③ 기계학습 혹은 딥러닝 등의 기술이 결합되어 구현되는 것이 핵심이라 말할 수 있다.

2. 인공지능 시장의 확대

1) 인공지능 국내 시장규모 전망

인공지능은 적용 분야에 따라 머신러닝, 컴퓨터비전, 자연어처리(음성인식), 상황인지컴퓨팅 등으로 세분된다. 컴퓨터비전은 비정형 데이터 중 이미지와 영상을 분석하는 분야이다. 객체 인식(object detection) 등으로 자율주행에 많이 쓰이는 분야이기도 하다. 자연어처리는 비정형 데이터 중 자연어를 분석하는 분야이다. 딥러닝의 발달과 함께 기계번역, 질의응답(Q&A), 감성분석 등 다양한 분야에 활용되며, 음성인식 분야에도 적용된다. 상황인식컴퓨팅은 사용자의 작업과 관련 있는 적절한 정보 또는 서비스를 사용자에게 제공하는 소프트웨어 알고리즘이다. 이 과정에서 주변 상황(공간, 시간, 환경, 시간, 장애 상황 등)을 인식하고 상황에 맞는 서비스를 제공한다. 위치기반 자료가 많이 활용된다. 이러한 적용 분야에 따라 세계시장 및 국내 시장규모의 성장을 알아보자.

2020년 BCC는 '국제 인공지능 시장전망' 리포트에서 머신러닝, 컴퓨터비전, 자연어처리, 상황인지컴퓨팅의 활용 분야에 따른 세계 시장규모와 전망을 발표하였다. 세계 인공지능의 시장규모는 2018년 198.3억 달러에서 2019년 262.0억 달러로 32.1% 증가하였다. 보고서에 따르면, 2025년까지는 1840.7억 달러 시장을 형성할 것으로 전망이 된다. 이는 대략 2018년에 비해 10배 성장하는 것으로 판단된다. 전 세계적으로 2018년 머신러닝 시장은 77.40억 달러, 컴퓨터 비전이 46.60억 달러, 자연어처리는 49.50억 달러, 상황인지컴퓨팅은 24.80억 달러이며, 이러한 각 분야의 시장 또한 2025년까지 10배 정도의 성장이 예상된다. 현재, 세계 인공지능 시장에는 구글 딥마인드, 페이스북(Facebook), IBM 등 다수의 인공지능 관련 솔루션업체가 참여하고 있으며, 다양한 분야의 업계 또한 인공지능 소프트웨어를 도입하는 추세이다.

　그렇다면 인공지능의 국내시장 규모는 어떨까? 한국신용정보원은 BCC의 보고서를 근거로 하여 국내 인공지능 시장규모와 전망을 [그림 5-5]와 같이 발표하였다. 보고서에서 국내 인공지능의 시장규모는 "2018년 1조 700억 원, 2019년 1조 5,000억 원에서 2025년까지 10조 5,100억 원까지 성장할 것으로 전망"한다고 밝혔다. 국내 인공지능 시장점유율은 세계 인공지능 시장 대비 5.5%(2018년, 2019년 기준) 수준이다. 2020년부터 2025년까지 세계 시장 대비 국내 시장 점유율의 5.5%를 유지할 것으로 보이며, [그림 5-5]와 같이 예측, 전망된다. 이는 세계 인공지능

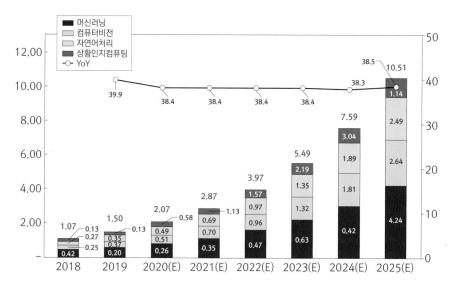

	2018년	2019년	2020년(E)	2021년(E)	2022년(E)	2023년(E)	2024년(E)	2025년(E)	CAGR(%)('19~'25)
시장규모	1.07	1.50	2.07	2.87	3.97	5.49	7.59	10.51	38.4%
머신러닝	0.42	0.58	0.81	1.13	1.57	2.19	3.04	4.24	39.1%
컴퓨터비전	0.25	0.35	0.49	0.69	0.97	1.35	1.89	2.64	39.9%
자연어처리	0.27	0.37	0.51	0.70	0.96	1.32	1.81	2.49	37.3%
상황인지컴퓨팅	0.13	0.20	0.26	0.35	0.47	0.63	0.85	1.14	35.4%
성장률(YoY)		39.9%	38.4%	38.4%	38.4%	38.4%	38.3%	38.5%	

[그림 5-5] 국내 인공지능 시장규모(단위: 조 원)

출처: 한국신용정보원(2019).

시장의 규모 증가와 같은 규모로 10배 정도의 성장을 예측한 것이다. 2018년의 경우 머신러닝 시장은 4,200억 원, 컴퓨터비전은 2,500억 원, 자연어처리는 2,700억 원, 상황인지컴퓨팅은 1,300억 원 수준이며, 2025년까지 10배의 성장이 예측된다. 대한민국 정부는 2020년 7월 14일 한국판 뉴딜정책을 확정, 발표하였다. 2025년까지 세 가지 큰 축(디지털 뉴딜, 그린 뉴딜, 안전망 강화 등)을 중심으로 세부 분야별 정부 투자와 일자리 창출이 이뤄질 예정이다. 특히 2025년까지 총 49조 원의 투자가 추진, 투자계획에 따라 국내 인공지능 시장점유율이 5.5%를 상회할 가능성이 있다. 이럴 경우, 국내 인공지능의 시장규모는 2025년까지 연평균 45.5% 성장하여 13조 8,100억의 시장을 형성할 것으로 전망된다. 다만, 국내 업체들은 글로벌 기업과 다소 기술격차가 있다. 구글은 이미 텐서플로(tensorflow), 페이스북은 파이토치(pyTorch) 같은 파이썬(Python) 기반 딥러닝 라이브러리를 무료로 제공하고 있으며, MS도 Azure 같은 머신러닝 솔루션들을 제공하고 있다. 반면, 한국 기업들은 솔루션 개발에 큰 노력을 들이고 있으며, 방대한 데이터를 확보하기 용이한 SKT, KT, 네이버, 카카오 등의 통신포털업체가 인공지능 시장에 참여하고 있다. 그 외에도 다수의 중소업체가 시장에 참여하여 기회를 엿보고 있다.

2) 인공지능 국제 시장규모 전망

가트너(Gartner, 2021.10.)는 2025년까지 AI 소프트웨어 시장 규모가 약 1,348억 달러까지 성장할 것이며, 시장 성장률은 2021년 14.4%에서 2025년 31.1%로 가속화될 것으로 전망[3]하였다. 가트너는 BCC가 측정한 머신러닝, 컴퓨터비전, 자연어처리, 상황인지컴퓨팅 등의 특정 분야를 넘어서 포괄적인 AI 소프트웨어 시장의 전반적인 규모를 측정하고 전망하였다.

가트너에 따르면 시간이 지남에 따라 AI 모델의 도입과 채택이 미치는 영향력은 광범위해질 것이며, AI 소프트웨어와 비AI 소프트웨어 간 구분이 사라지게 될 것이라고 예측하고 있다. 산업별로 보면, AI 소프트웨어는 전 산업과의 기술융합을

---

3) Gartner(2021.10.). Forecast Analysis: Artificial Intelligence Software, Worldwide

통한 확장을 거듭해 가고 있으며, 공공부문, 은행 및 보안, 보험, 제조, 커뮤니케이션 및 미디어서비스 분야의 시장규모가 순서대로 큰 것으로 나타났다(Gartner,

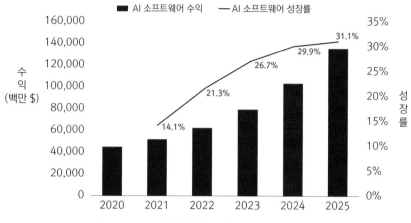

[그림 5-6] AI 소프트웨어 시장 전망(2020~2025)

출처: Gartner(2021.10.).

〈표 5-2〉 산업별 AI 소프트웨어 시장 전망

산업	2020	2021	2022	2023	2024	2025	CAGR (%)
은행 및 보안	8,999	10,047	11,634	13,873	16,874	20,748	18.20
커뮤니케이션, 미디어, 서비스	4,695	5,271	6,225	7,640	9,597	12,185	21.00
교육	1,846	2,178	2,817	3,853	5,391	7,546	32.50
헬스케어 제공자	1,454	1,633	1,941	2,405	3,051	3,906	21.90
보험	4,743	5,409	6,552	8,285	10,729	14,007	24.20
생명공학	532	613	752	965	1,266	1,672	25.80
제조 및 원재료	4,044	4,654	5,686	7,248	9,451	12,413	25.10
공공부문	10,735	12,498	15,697	20,734	28,064	38,184	28.90
소매	2,191	2,495	3,092	4,041	5,404	7,241	27.00
운송	2,014	2,271	2,692	3,315	4,175	5,311	21.40
여행 및 호스피탈리티	484	548	659	829	1,070	1,393	23.50
유틸리티	2,308	2,651	3,239	4,134	5,403	7,113	25.20
도매거래	1,091	1,237	1,481	1,847	2,361	3,050	22.80

출처: Gartner(2021.10.).

2021. 10.). 2020년부터 2025년까지 교육 부문의 증가율이 가장 높을 것으로 전망되며(32.5%), 공공부문, 소매, 생명공학 등도 빠르게 성장할 것으로 기대된다. 대부분 산업 영역에서 AI 소프트웨어는 20% 이상의 성장률을 보이며, AI의 전 산업 확산이 가시화될 것이라고 전망된다.

결론적으로 인공지능 시장은 전 세계적으로 빠르게 성장하고 있다. 특히, 대한민국 또한 대규모 투자로 인공지능 시장의 급격한 성장이 예측된다. 인공지능 시장에서 기술적인 분야인 머신러닝, 컴퓨터비전, 자연어처리, 상황인지컴퓨팅 등은 2025년까지 10배의 성장이 예측되고 있다. 교육, 공공부문, 소매 등 각 산업 분야에서의 인공지능 소프트웨어 시장도 2025년까지 2배에서 3배까지의 성장을 이룰 것으로 예상된다. 결국 비즈니스 분야에서도 인공지능은 간과할 수 없는 큰 물결이다.

3. 인공지능의 기술적 이해

인공지능을 기술적으로 이해하기 위해서는 고도의 수학적 지식이 필요하다. 하지만 이 책은 인공지능이 비즈니스(마케팅) 분야에 어떻게 활용되는지를 사례 위주로 살펴보려 한다. 따라서 복잡한 수학적, 기술적 방법론을 최대한 언급하지 않는다. 하지만 인공지능의 근간이 되는 인공신경망과 딥러닝 방법론의 설명을 아예 배제하는 것도 옳지 않다. 깊은 수학적인 이론을 가능한 한 언급하지 않으면서 기초적으로 필요한 부분을 이 절에서 살펴보도록 한다.

1) 인공신경망

인공신경망을 이해하기 위해서, 인간이 사용하는 생물신경망부터 이해하도록 하자. 인간 두뇌는 가장 작은 정보처리 단위인 뉴런을 통해 정보를 학습, 추론하고, 지각하며, 처리한다. 뉴런에서 세포체(cell body)는 간단한 연산을 진행하며, 수상돌기(dendrite)는 신호를 수신하고, 축삭(axon)은 처리결과를 전송한다. 즉, 신경망은 연결된 뉴런을 통해 '신호의 수신-연산처리-처리결과의 전달'을 반복하는 거대한 네트워크이다. 1958년 프랭크 로젠블랫(Frank Rosenblatt)이 퍼셉트론 (perceptron)을 도입할 것을 제안한다. 이를 인공신경망(Artificial Neural Network: ANN)이라 하며, 퍼셉트론은 인공신경망(딥러닝)의 기원이 되는 알고리즘이다.

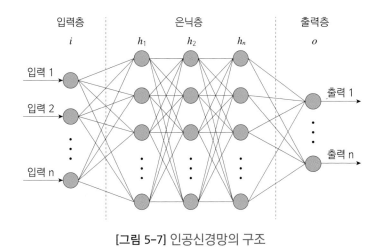

[그림 5-7] 인공신경망의 구조

출처: https://excelsior-cjh.tistory.com/

　[그림 5-7]은 생물신경망의 뉴런을 이용한 정보처리과정과 닮아 있다. 크게 [입력층]-[은닉층]-[출력층]의 3층 구조로 생물신경망의 '신호의 수신-연산처리-처리결과의 전달'의 단계를 알고리즘화 하였다. 입력층은 자료(신호)를 받아들여 은닉층으로 전달한다. 은닉층의 퍼셉트론들은 연산처리를 담당하고, 처리된 결과를 출력층으로 전달한다. 출력층에서는 출력함수를 사용하여 수치예측, 범주예측과 같은 예측분석을 실행한다. [그림 5-7]과 같이 2~3개의 얕은 은닉층을 가진 네트워크를 다층퍼셉트론 인공신경망(MLP ANN)이라 하고, [그림 5-8]과 같이 아주 깊은 은닉층을 가진 네트워크를 활용하여 학습시키는 것을 딥러닝이라고 한다. 딥러닝은 생물신경망에서 복잡하게 연결된 뉴런의 네트워크 활동을 조금 더 비슷하게 구현하였다. 실제 딥러닝은 빅데이터의 등장 및 깊은 은닉층을 소화할 수 있는 컴퓨터 하드웨어의 발전과 함께 2000년대에 들어서야 구현이 가능해졌다. 특히, 2010년부터 전통적인 다층퍼셉트론 인공신경망과 머신러닝 기법들을 대체하면서 본격적으로 인공지능의 발달을 가져왔다.

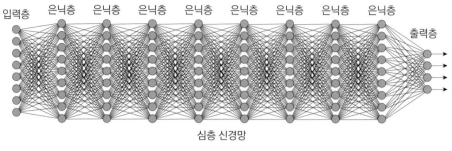

심층 신경망

[그림 5-8] 딥러닝의 구조

출처: https://wikidocs.net/24987

딥러닝의 발전은 비정형 데이터를 분석이 용이한 특징공간(feature space)의 관측값으로 변환한다는 장점이 있다. 비정형 데이터는 이미지, 영상, 자연어 등과 같이 규격화되지 않은 자료라고 이미 설명하였다. 이러한 자료들은 컴퓨터가 연산처리를 하기 위해 숫자로 변환[4]하여야 한다. 자연어에서는 단어나 문장을 순차 데이터로 특징공간에 숫자로 표현하는 것을 단어 혹은 문장 임베딩(embedding)이라 한다. 이미지 혹은 영상의 특징을 추려 수치화(벡터화)하는 것을 특징학습(feature learning)[5] 혹은 표현학습(representation learning)이라고 한다. 강아지 사진이 주어졌을 때, 사진이 강아지인지 혹은 고양이인지 맞추는 인공지능시스템의 예를 들어 보자. 강아지 사진은 [그림 5-8]과 같은 딥러닝 구조를 통해 수치화되고, 학습네트워크를 통해 강아지일 확률과 고양이일 확률로 계산된다. 최종적으로는 높은 확률을 가지는 객체로 예측된다.

---

4) 비정형 데이터의 벡터화(vectorization)라고 한다.
5) 특징학습은 특징추출(feature extraction)이라고도 한다.

[비정형 데이터와 수치화 사례] 숫자 사진의 인식과 벡터화

사진을 벡터화한다는 것에 대하여 공감이 되지 않을 수도 있다. [그림 5-9]를 통해 숫자 사진이 수치화되는 것을 살펴보자. [그림 5-9]의 왼쪽은 숫자가 써지는 방향을 벡터화한 자료의 예시이다. 숫자 2의 경우, '1시 방향 → 3시 방향 → 3시 방향 → …… → 3시 방향'의 순서로 작성된다. 따라서 왼쪽 패널의 오른쪽 위의 시계모양의 기준을 반영하면 '100766555541707700'과 같은 순차데이터로 벡터화된다. [그림 5-9]의 오른쪽은 숫자 8의 음영을 256색으로 표현한 것이다. 숫자 8의 사진이 검은색으로 표현될수록 256에 가까운 숫자로 표현되며 흰색일수록 0에 가까운 숫자로 표현된다. 이 숫자는 [0~256] 범위의 숫자를 원소로 하는 벡터로 수치화된다. 이렇게 일차적으로 수치화된 입력데이터는 [그림 5-8]의 딥러닝 구조를 통해 특징공간에 존재하는 다른 입력데이터로 전환된다. 그 과정을 특징학습이라고 하며, 특징학습을 거친 자료는 최종적으로 2로 예측되거나 8로 예측될 가능성이 높아진다.

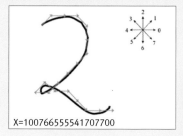

X=100766555541707700

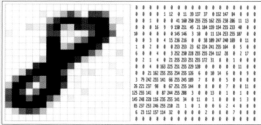

[그림 5-9] 숫자 이미지의 벡터화

2) 딥러닝

이 절에서는 수학적인 설명 없이 이미지 분석과 자연어처리에 많이 사용되는 인공지능 기법을 간단하게 소개한다. 이미지 혹은 영상 분석에 가장 많이 쓰이는 딥러닝 기법은 합성곱신경망(Convolutionary Neural Network: CNN)이다. 크게 합성곱 계층(convolutional layer), 풀링 계층(pooling layer), 완전연결 계층(fully-connected layer)으로 구성되어 있으며, 이미지를 특징공간으로 수치화하거나 이미지를 범주로 분류할 때 가장 많이 사용된다. 신경 이미지 평가(Neural Image Assessment: NIMA) 또한 많이 사용된다. NIMA는 CNN 모델을 기반으로 인공지능이 이미지의 기술적(technical) 그리고 미적(aesthetic) 품질을 측정, 평가하는 기법이다. 이미지의 기술적 분석은 이미지의 화질을 노이즈, 흐림, 압축 등과 같은 픽셀 수준의 데이터 품질을 측정하는 것이다. 반면, 미적 평가는 이미지의 정서 및 아름다움과 관련된 특성을 평가하는 방법이다. 기존의 합성곱신경망이 이미지 분류에 주로 사용되었다면, NIMA는 주어진 이미지 데이터의 미적 품질을 수치화하여 제공한다. 객체탐지(object recognition)는 이미지나 동영상 내에 어떤 객체(물체, 동물 등)가 존재하는지 파악한 후 각각의 객체 이름과 위치를 제시해 주는 작업이다. 자율주행 자동차부터 콘텐츠 조정까지 다양한 분야에서 활용되고 있다. 최근 YOLO(You Only Look Once)와 R-CNN(Regions with Convolutionary Neural Networks)과 같은 최신 기법들이 사용되고 있다.

자연어처리에는 재귀신경망(Recursive Neural Network: RNN)이 주로 사용된다. 시계열자료의 순차적인 특성을 반영하기 위해 자연어 처리모델에는 순환신경망(Recurrent Neural Network: RNN)을 많이 사용한다. 스팸메일 분류하기, 로이터뉴스 분류하기, 네이버 영화 리뷰 감성 분류하기(sentiment analysis), 네이버 쇼핑 리뷰 감성 분류하기 등은 순환신경망을 사용한다. 재귀신경망(RNN)을 극복하기 위해 고급 RNN 기법인 LSTM(Long Short Term Memory), GRU(Gated Recurrent Unit)가 등장하였다. 최근 챗봇, 자동번역, 자연어 질의응답 등 많은 자연어처리 응용분야는 재귀신경망, LSTM, GRU 등을 알고리즘으로 발전시키고 있다.

4. 인공지능 마케팅 활용사례

1) 자연어처리

(1) 키워드 마케팅과 감성분석

텍스트 검색은 온라인, 모바일 인터넷의 발달과 함께 디지털 마케팅의 주류가 되어 버렸다. 키워드 마케팅은 여러 종류로 나타난다. 첫째, 웹사이트 검색창에서 키워드, 즉 찾고자 하는 단어를 입력하면 검색결과로 화면에 관련 업체의 광고가 노출되는 것이다. 이용자들이 원하는 검색어는 소비자의 구매 여정의 첫 단추이며 키워드를 통한 노출의 극대화가 향후 매출로 연결될 가능성이 크다. 둘째, 인터넷 이용자가 이메일, 메신저, 리뷰 등에서 자주 사용하는 단어를 분석하고 평소 검색 기록을 참고하여 이용자가 관심 있어 할 만한 광고를 팝업창 등의 형태로 노출시키는 것이다. 셋째, 블로그(트위터, 페이스북, 인스타그램) 검색에서 특정 키워드를 통해 상위에 노출시키는 것이다. 앞의 세 가지 키워드 마케팅은 다르게 보이지만 텍스트 검색과 자연어 처리기법이 필요하다는 공통점이 있다.

　마케팅은 소비자의 마음을 이해하는 것이 중요하다. 소비자를 이해하기 위한 전통적인 방법은 설문 조사법이다. 설문 조사법은 대답하기 쉽고 정제되어 있어서 분석하기 쉬운 반면, 응답자가 속마음을 쉽게 밝히지 않거나 거짓 대답을 한다거나 성의 없이 응답한다는 단점도 있다. 이러한 단점을 극복하는 효율적인 방법은 소비자의 이용후기를 분석하는 방법이다. 소비자의 직설적인 반응이 남아 있는 문서(텍스트) 자료는 마케팅과 비즈니스에서 소비자를 이해하는 데 큰 도움이 되고 있다. 마케팅에서 텍스트를 분석하는 데 가장 많이 활용되는 자연어 처리기법은 감성분석(sentiment analysis)이다. 감성분석이란 텍스트에 들어 있는 의견이나 감성, 평가, 태도 등의 주관적인 정보를 컴퓨터를 통해 분석하는 과정이다. 자연어 데이터에 들어 있는 감성을 분석하는 일은 오래전부터 연구되어 왔지만, 언어가 가지고 있는 모호성 때문에 쉽지 않았던 것이 사실이다. 전통적으로는 감정 사전(lexicon)의 정의에 따라 본문 텍스트에 포함된 긍정/부정 단어의 출현 빈도로 감정을 판별하는 사전 기반 접근 방식을 주로 사용하였다. 최근 유행하는 인공지능(딥러닝) 기법을 사용하면서 뉴스와 상품, 서비스 리뷰에 등장하는 텍스트를 좀 더 정교하게 분류예측할 수 있게 되었다. 최근 딥러닝 방식(재귀신경망, LSTM, GRU 등)을 사용하여 네이버 영화 리뷰, 네이버 쇼핑 리뷰 등의 다양한 감성분석이 시도되고 있다.

(2) 챗봇

　메신저와 인공지능이 결합한 챗봇은 개인화된 대화형 커머스로 진화하고 있다. 익숙한 인터페이스인 메신저에 인공지능을 결합시킨 챗봇은 커머스 플랫폼 내에서 구현되어 다양한 서비스 영역에 빠르게 도입되고 있다. 챗봇 플랫폼으로 기업들은 카카오톡, 네이버 톡톡, 페이스북 메신저 같은 사용 메신저 플랫폼을 이용하고 있다. 이 메신저 내에서 챗봇은 개인화된 상담사 역할을 한다. 정보제공, 문의에 대한 응대, 상품 추천 및 주문, 예약, 결제까지 기업마다 다양한 서비스를 챗봇을 통해 제공한다. 인터파크의 쇼핑 도우미 톡집사, 현대카드의 실시간 상담 챗봇 Buddy 등 대기업들은 이미 챗봇을 도입하였고, 소규모 쇼핑몰에서 챗봇을 서비스하려고 시도하고 있다.

대부분의 기업들이 챗봇을 도입하려는 이유는 챗봇 고객도 기업도 서로 윈윈할 수 있는 시스템이기 때문이다. 기업에게는 반복되는 고객 문의를 자동화할 수 있으며, 365일 24시간 고객의 문의에 빠르게 답변할 수 있고, 한번에 여러 고객을 동시에 응대할 수 있는 등 전반적으로 고객상담에 드는 시간과 비용을 줄일 수 있다는 장점이 있다. 고객에게는 궁금증이 생겼을 때 시간에 구애받지 않고 답변을 받을 수 있으며, 전화나 이메일보다 부담 없이 문의를 할 수 있고, 상담원 연결 시의 대기시간에 대한 불편함이 없는 등의 다양한 장점이 있다.

챗봇의 '문의에 대한 응대 서비스'는 인공지능의 질의응답(Question Answering: QA) 기술이 활용된다. 이 질의응답 기술은 다양한 유형의 질문을 어떻게 범주화하느냐가 핵심기술이다. 다양한 방식의 텍스트 질문에서 중요한 키워드들을 추출하고, 키워드 조합을 어떻게 적합한 범주로 분류하느냐가 알고리즘의 핵심이다. 감성분석에 사용되는 딥러닝 기법이 챗봇에도 똑같이 이용된다. 다만, 감성분석 예측의 정확도에 비해 챗봇 응답의 정확도는 아직 부족한 실정이다. 챗봇의 추천시스템은 유튜브의 추천시스템처럼 다양한 추천시스템 기법을 사용한다. 현재 기업들은 자동화된 딥러닝을 이용한 추천시스템을 개발하고자 노력 중이다.

(3) 자동번역

최근 구글, 네이버, 유튜브 등에서 자동번역 서비스들이 제공되고 있다. 구글번역은 무료서비스로 영어와 100개 이상의 다른 언어로 단어, 구문, 웹페이지를 즉시 번역한다. 네이버 파파고(NAVER Papago)는 네이버가 무료로 제공하는 기계 번역 서비스이다. 네이버 랩에서 자체 개발한 인공신경망 기반 번역 서비스이다. 유튜브 또한 자동번역 자막 서비스를 제공하고 있다. 유튜브를 시청하는 동안 자동 자막을 설정하고 원하는 언어를 선택하면 영상의 음성을 인식하여 해당 언어의 자막으로 변환하여 준다. 네이버와 구글의 자동번역은 텍스트를 텍스트로 바꿔주는 번역시스템으로, 초창기 낮은 정확도에 비해 최근 엄청나게 향상된 기능으로 많은 유저들의 호평을 받고 있다. 특히, 구글번역기의 '영어-한국어' 자동번역은 놀라운 수준의 정확도를 보여 준다. 유튜브의 자동번역은 음성을 텍스트로 바꿔 주는 번역시스템이다. 이 번역은 음성을 영어 자막으로, 영어 자막을 해당 언어의 자막으로 전환하는 두 번의 단계를 거쳐야 한다. 따라서 아직까지 정확도가 떨어져 이용자들은 불편함을 감수해야 한다. 자동번역은 인공신경망 중 '인코더(encoder)-디코더(decoder)' 기법이 사용된다. 순환신경망을 이용한 시퀀스-투-시퀀스(sequence-to-sequence) 기술을 사용하거나 트랜스포머(transformer)라는 인공신경망 기술을 사용한다.

2) 컴퓨터비전

(1) 이미지 검색과 추천

구글과 네이버의 이미지 검색 분야는 이미 익숙해진 분야이다. 구글은 이미지(사진)를 업로드하면 유사한 이미지를 제공하는 이미지 검색 서비스를 제공한다. 또한 이미지에 포함된 사물에 대한 검색 결과와 이미지 또는 이와 유사한 이미지가 사용된 웹사이트 링크 또한 제공한다. 이미지 검색은 크롬에서 이미지 검색창을 열어 이미지를 업로드하거나 이미지 URL을 붙여넣기 하면 관련된 이미지 혹은 웹사이트의 결과를 제공한다. 인공지능을 활용한 이미지 검색은 앞서 설명한 딥러닝 기술 중 합성곱신경망(CNN)과 코사인 유사도(cosine similarity)가 사용된다. 즉, 사용자가 이미지(사진)를 입력하면 특징을 추출하는 합성곱신경망을 통해 수치화를 한다. 이렇게 수치화된 자료는 데이터베이스에 저장된 이미지(사진) 자료의 수치화된 자료와 함께 코사인 유사도를 계산한다. 비교된 대상 중 코사인 유사도가 높은 이미지(사진)를 결과값으로 이용자에게 제공한다. 이 방식이 이미지 검색과 추천의 기본 알고리즘이다. 그렇다면 이미지 검색은 어떻게 향후 마케팅에 이용될까?

인공지능 기반 이미지 검색은 향후, 쇼핑과 연계로 구매 전환을 유도하는 서비스로 발전할 것이다. 이미 네이버의 경우 특정 검색어에 대해 파워링크를 운영하고 있으며 노출된 웹사이트 사업자들로부터 광고비를 청구한다. 이미지 검색 또한 같은 원리로 쇼핑과 커머스로 연결될 것이다. 이미지 검색 광고의 매출이 확대되고, 커머스의 매출이 확대될 것이다. 이미 11번가에서는 이미지 검색을 적용하고 있으며, 이베이코리아의 경우 이미지 검색을 도입할 예정이다. 영상과 매출의 결합은 이미 라이브 커머스라는 형태로 유행하고 있다. 유튜브 콘텐츠에 익숙한 MZ 세대들의 경우, 향후 이미지 검색 시장의 주된 사용자가 될 것이다.

(2) 아마존 고와 스마트 점포

2016년 12월 미국 시애틀 본사 건물 1층에 혁신적인 무인점포 '아마존 고(Amazon Go)'가 문을 열었다. 아마존 고는 계산대 앞에 줄을 설 필요도 계산을 할 필요도 없다. 가장 큰 특징은 계산대가 없고, 계산대와 계산원 대신 지하철역 개찰구 같은 체크인/체크아웃 레인만 존재한다. 고객은 스마트폰에 다운 받은 아마존 고 전용앱에 있는 QR코드로 스캐닝하면 입장이 가능하다. 그 후 고객은 추가적으로 인위적인 앱 사용 없이 쇼핑을 하고 물건을 담아 체크아웃 레인을 통과하여 점포를 나가면 된다. 아마존 시스템이 자동적으로 어떤 제품을 손에 들었는지 인식하고 고객의 가상 장바구니에 담는다. 고객이 쇼핑을 마치고 체크아웃 레인을 통과할 때 물건 값이 고객 아마존 계정에서 자동정산된다. 2021년 3월에는 미국 내 26개 매장을 확대하였고, 같은 해에 영국 런던에도 '아마존 프레시' 매장을 오픈하였다. 한국에도 '아마존 고'와 비슷한 무인점포 매장이 시험운영되고 있다. 신세계아이엔씨와 이마트24가 2021년 8일 서울 코엑스 스타필드에 완전스마트매장기술 상용화를 위한 이마트24 스마트코엑스점을 1차 오픈하였다.

아마존 고의 핵심기술은 자율주행차에 탑재되는 컴퓨터비전, 딥러닝 알고리즘, 센서퓨전 등의 혁신전 기술이다. 이 융합기술을 아마존은 '저스트 워크 아웃(Just Walk Out) 기술'이라고 부른다. 아마존 고는 고객이 매장에 들어오는 순간부터 고객의 동선을 촬영하고 전용 앱을 통해 고객의 정보를 확인한 후 동선을 파악한다. 이때 주로 사용되는 기술이 앞서 언급한 객체탐지 기술이다. 이 기술은 자율주행에서 많이 이용된다. 코로나 시대에 건물에 들어갈 때, 들어오는 사람들을 탐지하고 체온을 측정해 주는 기술도 객체탐지 기술이다. 상품에 탑재된 센서와 고객 스마트폰이 연동되며 자동결제와 전자영수증 등의 기술도 적용된다. 이러한 행동을 가능하게 하기 위해 매장 천장에는 100여 개 이상의 센서가 설치되어 있다.

(3) 이미지 생성

2020년 말 Mnet에서는 〈AI 음악 프로젝트-다시 한 번〉을 기획하였다. 13년 전 숨진 그룹 거북이의 리더 터틀맨(임성훈)과 1990년 작고한 가수 김현식이 각각 최신곡을 부르는 모습을 방영하였다. 글자를 음성으로 옮기는 TTS(Text to Speech) 방식에 악보 정보와 목소리 정보값을 입력해 만든 가창 합성 기술이 사용되었다. 가수의 전성기 시절 모습 그대로 얼굴 표정과 입모양까지 생생하게 만들어 내는 데는 페이스 에디팅(Face Editing) 기술이 적용됐다. 2021년 1월에 공개된 MBC 다큐멘터리 〈너를 만났다 시즌2〉에서는 고인이 되기 전 아내의 모습과 음성을 그대로 구현해 냈다. 이러한 이미지 생성과 딥페이크에는 인공지능 기술이 중심에 있다. '생성적 대립 신경망(GAN)'이라는 기술이며, 신경망에서 가짜를 합성해 내며 그 가짜가 진짜와 비슷한지 판별하는 신경망에서 서로 경쟁하듯 싸우며 더 나은 결과물을 만들어 내는 인공지능 기술이다. [그림 5-10]은 페이스 에디팅 기술을 위한 GAN 구조의 예시이다. 먼저, 변경할 대상의 인물 영상을 수치화한다. 수치화된 데이터를 확률 분포로 추정하고 끊임없이 이미지를 분포해서 생성한다. 이때 가짜를 합성하는 신경망이 딥러닝의 기술이다. 또한 합성된 가짜와 진짜를 비교하는 판별 네트워크가 필요한데, 이 판별 네트워크가 진짜와 가짜를 구별하기 힘들 정도로 정교하게 합성 네트워크가 가짜를 생성해 내는 것이 이 GAN의 핵심 알고리즘이다.

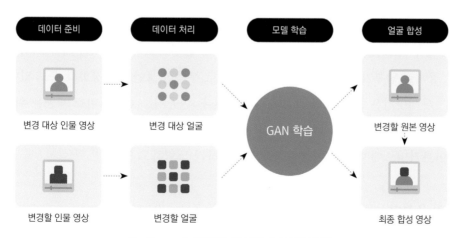

[그림 5-10] 이미지 생성과 GAN의 구조

출처: CJ올리브네트웍스.

3) 음성인식과 생성

(1) 인공지능 스피커

음성인식 시스템과 자연어처리 딥러닝이 결합한 다양한 상품들이 개발되었다. 그중 가장 대표적인 예가 인공지능 스피커로 온·오프라인 플랫폼 확장과 인공지능 생태계 구축의 핵심요소로 자리 잡고 있다. 인공지능 스피커는 스마트 스피커라고도 하는데, 음성인식을 통해 음악 감상, 정보 검색 등의 기능을 수행한다. 스피커에 내장되어 있는 음성비서가 인간처럼 대화하려면 대화의 의도와 패턴을 인공지능이 학습해야 한다. 따라서 인식된 음성을 자연어로 변환하고 변환된 자연어의 패턴을 학습하여 질문에 대답해야 하는 Q&A 분야의 인공지능 시스템이 장착되어 있다. 아마존의 인공지능 스피커는 아마존 에코(인공지능 비서 '알렉사'), 구글의 인공지능 스피커는 구글 홈(비서 '구글 어시스턴트') 등인데, 대표적인 인공지능 스피커들이다. 대한민국에서는 2016년 SK텔레콤이 한국어 전용 AI 스피커인 'Nugu'를 가장 먼저 선보였다. 이후 KT는 '기가지니(GiGA Genie)'를, 네이버는 '클로바(Clova)'를 출시하였다.

음성인식 시스템은 모바일, 생활가전, 스마트홈, 자동차 등 다양한 분야로 확대되고 있으며, 더욱 성장할 것으로 예측된다. SKT은 티맵과 누구를 결합한 인공지능 내비게이션을 출시하며 서비스 확대를 시도하고 있다. 현대기아차는 중국 시장을 목표로 중국 시장에 출시하는 IX35, 포르테 등에 인공지능 기반 음성인식 커넥티비티(바이두와 협업을 통해 개발)를 탑재하였다. 우리은행은 음성인식 AI 뱅킹 '위비톡소리'를 출시하였다. 모바일을 통해 음성으로 즉시 송금, 계좌조회, 환전, 공과금 납부가 가능하며, 홍채인증 추가로 부족한 보안성을 강화할 수도 있다. KT-롯데닷컴은 음성 쇼핑 시장에 진출하였다. 인공지능 쇼핑서비스 제공을 위한 업무협약서(MOU)를 체결하였다. '음성 장보기' 기능을 향후 롯데닷컴에 탑재하여 라이브커머스에 이은 보이스커머스에 대응하려 노력하고 있다.

(2) 음성인식을 이용한 광고들

음성인식 서비스는 광고와 함께 비즈니스 분야에서 활용되었다. 2017년 칸 광고제 DIRECT 부분의 그랑프리를 수상한 버거킹의 캠페인 'Google Home of the

Whopper'는 AI 스피커 'Google Home'의 기술을 절묘하게 훔치는 하이재킹 광고의 사례이다. 이 15초짜리 TV 광고의 스토리는 다음과 같다. 광고에서는 버거킹 유니폼을 입은 젊은 직원이 나와 "허용된 광고 시간 15초로는 와퍼 버거에 들어간 신선한 재료를 모두 설명할 수 없어요. 제게 좋은 생각이 있어요. 오케이 구글, 와퍼 버거가 뭐지?(OK Google, what is the Whopper burger?)"라고 광고를 보는 시청자들에게 묻는다.

[그림 5-11] 음성인식 기술과 버거킹 광고

　이 광고를 본 많은 소비자들은 음성인식 장치인 구글 홈[6]에 "오케이 구글, 와퍼 버거가 뭐지?"라는 질문을 던졌고, 구글 홈은 "위키피디아에 따르는 와퍼 버거는 잘 익힌 100% 소고기 패티에 토마토, 양파, 케첩 등이 들어간 버거입니다."라고 답변한다. 이 광고를 만든 버거킹 관계자들은 두 가지 사실, 즉 첫째, 많은 미국인들이 구글 홈을 거실에 있는 TV와 가까운 곳에 비치한다는 점, 둘째, 구글은 모든 목소리를 인식하고 반응하며 질문에 대한 검색 결과를 위키피디아에서 가져온다는 점을 사전 조사를 통해 이미 알고 있었으며, 소비자의 관심과 호응을 유도하려는 목적의 광고를 만들었다. 이 광고는 소비자의 큰 반응을 이끌어 냈고, 큰 성공을 거둔다.

---

6) TV 광고 속 버거킹 직원은 시청자에게 구글 홈에게 직접 질문을 권유하는데, 여기서 구글 홈은 구글의 인공지능 비서 '구글 어시스턴스'가 탑재된 스마트 스피커로 사람의 음성을 인식해 다양한 비서 역할을 하는 스마트 홈 센터 디바이스이다.

하지만 이 광고의 결말은 버거킹 관계자들도 몰랐다. 단기적으로는 큰 반응을 이끌어 냈지만, 위키피디아는 다수의 사용자들이 편집을 할 수 있는 참여 플랫폼 이라는 사실을 버거킹 관계자들이 간과한 것이다. 다수의 사용자들은 위키피디아 에서 와퍼의 정의를 "와퍼는 국제적인 패스트푸드 전문점 버거킹에서 만들어 파 는 최악의 햄버거"라고 수정해 두었다. 이후 버거킹 TV 광고가 반복될 때마다, 시 청자들은 구글 홈에서 "와퍼는 최악의 햄버거"라는 답변을 들어야 했으며 결국에 이 광고는 수명을 다한다.

4) 프로그래머틱 광고

최근 디지털 시대에 광고는 광고 네크워크를 통해 이루어진다. 인공지능으로 향후 발전해 나갈 디지털 광고시장과 프로그래머틱 광고에 대하여 알아보자. 프 로그래머틱 광고는 '자동화된 방식의 프로그램으로 디지털 광고를 거래하는 것'으 로 정의된다. 이 정의를 구체적으로 이해하려면 디지털 광고가 거래되는 방식에 대한 이해가 필요하다. 디지털 광고의 거래는 전통적인 광고의 직거래 방식(예를 들어, 삼성전자의 광고대행사인 제일기획이 퍼블리셔인 MBC의 무한도전 방영 직전의 광 고 스폿을 사는 것이 전통적인 광고 직거래 방식이다)과는 다르다.

[그림 5-12]의 미디어 구매자와 미디어 판매자(퍼블리셔)의 개념은 전통적인 직 거래 방식과 같다. 따라서 제일기획은 미디어 구매자, MBC는 미디어 판매자이다. 디지털 시대에는 TV, 라디오, 신문과 같은 전통적인 매체와 달리 네이버 같은 웹 퍼블리셔가 영향력이 큰 매체로 탈바꿈하였다. 따라서 디지털 시대에는 네이버가

[그림 5-12] 디지털 광고시장과 미디어 거래소

출처: 제일매거진 블로그.

주도적인 미디어 판매자의 역할을 하고 있다. 제일기획이 디지털 광고를 올릴 매체를 선택하기 위해 웹사이트의 위치, 장소, 시간을 선택해야 한다. 이때 웹의 특정 장소, 시간, 웹사이트상의 위치를 인벤토리(inventory)라고 한다. 퍼블리셔가 판매할 수 있는 광고지면이라는 뜻이다. 전통적인 직거래 방식에서는 미디어 구매자가 원하는 매체와 거래를 할 수 있었고, 그 효과를 어림잡아 추정할 수 있었다. 디지털 시대에는 매체가 폭증하여 미디어 구매자는 어떤 광고 인벤토리가 효과적이고 좋은 인벤토리인지 쉽게 알지 못한다. 따라서 대행사가 필요하다. 퍼블리셔 또한 마찬가지이다. 이제 구매 플랫폼, 광고거래소, 판매 플랫폼을 어렴풋이 이해할 것이다. 좀 더 정확하게 세 가지를 정의하면 다음과 같다.

- 구매 플랫폼(Demand Side Platform: DSP): 매체 수요자가 광고를 구매하기 위해 사용하는 플랫폼으로 구글, 버라이즌(Verizon), 미디어매스(MediaMath) 등이 있다.
- 판매 플랫폼(Supply Side Platform: SSP): DSP와 정반대의 개념으로, 퍼블리셔가 매체를 판매하기 위해 사용하는 플랫폼이다.
- 미디어 거래소(ad exchange): 매체를 팔고 사는 거래소로, 디지털 광고가 범람하고 인벤토리 또한 경쟁이 치열해지면서 디지털 광고는 주식거래소 같은 미디어 거래소에서 거래된다. 구글, 야후 등이 만든 온라인 광고 거래소이며 퍼블리셔(공급자)는 SSP를 사용해 미디어 거래소에 지면을 판매 등록하고, 매체 수요자(구매자)는 DSP를 사용해 미디어 거래소에 등록된 지면을 구매한다.

이제 프로그래머틱 광고에 대해서 조금 더 구체적으로 이해할 수 있다. 앞서 '자동화된 방식의 프로그램으로 디지털 광고를 거래한다는 것'은 DSP, SSP가 미디어 거래소에서 주식거래하듯이 자동화된 방식으로 광고 인벤토리를 거래한다는 것이다. 프로그래머틱 광고시장은 광고 구매자와 판매자를 자동으로 연결하여 디지털 광고를 적절한 오디언스, 적절한 장소, 적절한 시간에 노출시키는 실시간 거래 방식(Real Time Bidding: RTB)을 채택하고 있다. 현재 우리나라는 아직 시장이 많이 활성화되지 않았다. 이는 디지털 광고의 대부분이 네이버에 집중되는 독점구조라 프로그래머틱 광고시장이 활성화되기 위해서는 시간이 조금 더 필요해 보인다. 다만, 미국 시장의 성장 속도로 보았을 때 한국에서의 프로그래머틱 시장도 전망이 밝다.

그렇다면 프로그래머틱 광고시장에서 활용되는 인공지능 기술은 무엇일까? 다음과 같은 기술[7]이 접목되고 있다.

- 퍼포먼스 최적화(performance optimization): 머신러닝 알고리즘과 딥러닝 알고리즘을 사용하여 특정 플랫폼에서 광고 실적을 빠르게 분석한다. 광고 실적의 예측 방법론은 실적 개선 방법에 대한 권장 사항을 제공할 수 있다. 최적화는 시간과 비용을 절약하면서 효과를 극대화할 수 있다.
- 개인화(personalization): AI와 머신러닝은 사용자의 실시간 행동 데이터를 분석한다. 연령, 성별, 위치 및 수백만 개의 다른 데이터와 같은 속성을 근거로 매우 개인화되고 관련성 높은 광고를 제공할 수 있다. 예측분석 알고리즘이 적용된다.
- 자동 광고 생성(automatic ad creation): AI 기반 시스템은 목표에 따라 광고를 제작하는 과정을 자동화할 수 있다. [마무리 사례]에서 언급할 '코카콜라의 마시는 광고'에는 인공지능기법이 활용되었다. 자연어 처리 및 생성을 사용하여 사람이 작성한 문구보다 성능이 뛰어난 광고 문구를 작성할 수도 있다.
- 고객 타게팅(audience targeting): AI를 활용하여 마케터는 올바른 잠재 고객에게 도달하고 소비자가 캠페인에 어떻게 반응하고, 다양한 유형의 크리에이티브와 다른 채널에 어떻게 반응하는지 이해할 수 있다.
- 미디어 믹스 모델링(media mix modeling): AI는 소비자들이 서로 다른 채널의 메시지에 어떻게 대응하고 있는지에 따라 미디어 믹스를 구체화하는 방안을 지속적으로 권고할 수 있다. 이를 통해 광고주는 최적의 미디어 믹스 전략을 결정하고 디지털 광고 ROI를 높일 수 있다.

---

7) 출처: IAB 2020. https://www.Iab.Com/Insights/Iab-Artificial-Intelligence-In-Marketing/

코카콜라의 마시는 광고

음성인식과 관련된 광고 사례는 코카콜라의 마시는 광고(drinkable advertising)이다. 2015년 6월에 공개된 이 광고는 인공지능과 가상현실(virtual reality)이 결합된 기술의 승리임과 동시에 코카콜라의 마케팅 캠페인의 승리라고 부를 만큼 성공적이었다. 당시 코카콜라의 고민은 '코카콜라 제로'의 판매 저조였다. 실제 사람들이 코카콜라 제로라는 제품에 대해 잘 알고 있으면서도 실제 구매까지는 이어지지 않고 있었다. 코카콜라의 결론은 코카콜라 제로의 맛을 강조하는 것은 구매로 이어지지 않는다는 것이었다. 새롭게 새운 마케팅 전략은 코카콜라의 기업이념을 소비자에게 전달하고 코카콜라 제로를 먹어 보지 않은 사람들에게 색다른 이야기를 전달하여 코카콜라를 실제로 먹어 보게끔 마케팅 캠페인을 제공하는 것이었다. 이에 '마실 수 있는 광고'라는 하나의 콘셉트로 다음의 광고를 탄생시켰다.

[그림 5-13] 코카콜라의 '마시는 광고'의 첫 장면

코카콜라는 음성인식 시스템을 갖춘 노래 식별 어플리케이션인 샤잠(Shazam)[8]과 협업하여 마케팅 캠페인을 진행한다. 소비자는 다음과 다양한 방법으로 샤잠 앱을 통해 코카콜라 제로 한 병을 무료로 받을 수 있었다.

• 옥외광고에서는 '코카콜라 제로' 병에 빨대가 꽂혀 있다. 샤잠 앱을 옥외광고에 가까이 접근시키면 전 미국에서 시용 가능한 약 20온스(566g) 정도의 코카콜라 제로 쿠폰이 무료로 제공된다. 광고에서는 소비자가 코카콜라를 앱을 통해 마시는 것처럼 행동한다.
• TBS와 CBS에서 편성되는 농구경기 중 콜라가 쏟아지는 TV 광고가 진행된다. 앱을 통해

---

8) 주변에서 들리는 음악을 찾아 주는 애플리케이션으로, 전 세계적으로 천만 명 이상이 다운로드 받은 인기 있는 앱이다.

TV를 비추면 콜라가 차오르는 모습을 보여 주며 코카콜라 제로 쿠폰이 발행된다.
- 라디오에서 코카콜라를 따르는 소리가 들려온다. 샤잠 앱에 들려주면 앱이 음성을 인식하고 코카콜라 제로 쿠폰이 발행된다.
- 잡지나 신문광고에 쿠폰이 발행된다. 전통적인 방법으로도 코카콜라 제로 쿠폰이 발행된다.
- 트위터에 댓글을 달면 코카콜라 제로 쿠폰을 받을 수 있다.

코카콜라의 '마시는 광고'는 농심이 신라면을 미국에 광고하면서 구글에 의뢰한 '세계를 울리는 신라면, 어디서나 맛있는 소리'에 영감을 주기도 하였다. 이 광고는 제작사와 광고기획자(A.E.)가 전통적인 방식으로 만든 광고가 아니다. 구글은 소비자들이 면을 먹는 소리를 데이터화하였고, 다양한 인종, 국가의 사람들이 라면을 먹는 소리를 인공지능 중 음성생성 모델을 활용하여 만들어 냈다. 앞으로 전통적인 방식이 아닌 인공지능을 활용한 광고가 더 많이 제작될 것으로 예측된다.

출처: Youtube. CocaCola-World's First Drinkable Ad.

제3부

고객가치 기반
마케팅 전략과 실행

마케팅원론 ABC

Artificial Intelligence
Big data
Customer value

제**6**장

고객가치 기반 마케팅 전략

　모든 고객을 동시에 만족시키는 기업은 없다:
스타벅스가 주류 판매를 중단한 이유

출처: Spring Happenings.

　　전 세계 가장 유명한 브랜드 중 하나로서 우리 주변을 포함해 전 세계 어디에서도 쉽게 만날 수 있는 스타벅스는 말 그대로 '마케팅의 성공 신화'로서 유명한 성공 사례가 유달리 많은 커피 브랜드이다. 특히, 스타벅스는 그 명성답게 업계에서 없던 다양한 새로운 도전을 하는 것으로도 유명하다. 카페 도착 전 음료를 주문하고, 카드나 현금 없이 적립된 금액으로 주문과 결제가 가능한 모바일 오더&페이 서비스가 대표적인 예 중 하나이다. 스타벅스의 성공적인 서비스 혁신 덕에 많은 다른 프랜차이즈 카페에서 유사한 서비스를 출시하였다. 하지만 모든 서비스가 성공하는 것은 아니었다. 스타벅스조차 고객들의 차가운 반응에 막을 내려 버린 서비스가 존재한다.

　　커피가 주력인 스타벅스는 매장을 방문해 와인 한잔이나 크래프트 맥주를 즐기고 싶어 하는 고객들의 수요와 이동량이 적은 저녁 시간의 스타벅스 매장 매출 향상이라는 공동의 목표를 감지하였다. 이를 바탕으로 오후 시간에 소그룹으로 편안하게 갈 만한 장소가 그리 많지 않은 고객들에게 '저녁 시간 격식 차리지 않고 편안하게 와인 한잔 할 수 있는 제3의 공간'이라는 새로운 서비스를 기획하였다. 바로 '이브닝스(Evenings)' 서비스가 그것이다. 이름에서 알 수 있듯이 저녁 시간에 스타벅스에서 와인, 맥주, 그리고 간단한 다과와 디저트를 제공한다. 스타벅스 '이브닝스'에 대한 자세한 사항은 출시 당시의 다음 기사를 참조하자.

스타벅스, 와인·맥주 본격적으로 판다

　　수년간 주류판매 사업 가능성을 놓고 고심하던 스타벅스가 와인과 맥주, 술안주 판매를 본격화한다고 외신이 최근 전했다.

　　스타벅스는 최근 와인, 맥주와 함께 안주 삼을 수 있는 트러플 맥앤치즈(truffle

mac'n cheese), 대추 베이컨 말이(bacon-wrapped dates) 등 핑거 푸드를 약 20개 미국 전역의 매장에 선보인다고 밝혔다.

　지난 2010년 처음 '이브닝스'라는 이름으로 이 사업을 소개한 이래 미국 전역 40여 개 매장에서 시범사업을 펼쳐 온 스타벅스는 지난주 덴버, 마이애미, 북부 캘리포니아 지역에 위치한 매장으로 서비스를 확대했다.

　'이브닝스' 메뉴는 지역별로 조금씩 다르지만 스파클링와인, 로제와인, 스파클링 로제와인, 화이트와인, 레드와인 등 와인 10여 종, 맥주 등이 있다.

……중략……

　그는 "매장에 방문해 와인 한잔이나 크래프트 맥주를 즐기고 싶어 하는 고객들의 수요를 감지했다."며 "오후 시간에 소그룹으로 모여 격식을 차리지 않고 편안하게 갈 만한 장소가 그리 많지 않다. 얘기를 나눌 때 내 목소리가 들릴 정도의 조용한 분위기를 가진 그런 곳 말이다."라고 하면서 기존의 바(bar)와의 차별성을 부각시켰다.

　스타벅스는 이브닝스 사업이 2019년께는 연매출 10억 달러를 달성할 것으로 자체 전망하고 있다.

……하략……

출처: 코리아헤럴드(2015. 08. 24).

　스타벅스 '이브닝스'는 시범서비스를 거쳐 2015년 8월, 미국 439개 매장에서 정식 서비스로 당차게 출발하였다. 하지만 늦은 저녁 시간 스타벅스를 찾는 고객들은 스타벅스의 예상과 달리 오히려 조용히 독서를 하거나 귀가 전에 업무를 처리하려는 고객이 더 많았고, 이들과 술을 마시려는 고객의 욕구는 맞지 않았다. 그러면서 차츰 원래 스타벅스의 카페문화를 사랑하던 고객들의 반감이 커졌고, 결국 스타벅스는 2017년 1월 매장의 술 판매를 전격 중단하였다.

　당연하게도 커피와 술은 욕구부터 즐기는 분위기까지 많은 차이가 있다. 특히, 스타벅스의 주요 고객은 단순히 커피를 즐기려는 고객이 아닌 스타벅스 고유의 문화와 분위기를 선호한다는 점에서 그 차이는 더욱 크다고 볼 수 있다. 이렇게 확연히 다른 두 가지의 제품과 서비스를 한 공간에서 즐길 수 있다는 착각부터가 이질적 고객군의 반감을 끌어내기에 충분했던 것이다. 이 사례는 다양하고 이질적인 욕구를 가진 고객 모두를 하나의 제품 또는 서비스로 만족시키는 것이 얼마나 어려운지를 보여 주고, 고객 세분화와 타게팅의 중요성과 필요성을 일깨워 준다. 그렇다면 스타벅스가 주류 산업으로 사업 확장을 위한 방법은 없는 것인가? 이에 대한 해답을 이 장을 공부하면서 고민해 보도록 하자.

제6장의 개요

치열한 경쟁에서 살아남고 성장하기 위해서 기업은 보유한 자원을 최대한 효과적으로 활용할 수 있는 방법을 찾아내야 한다. 이렇게 주어진 자원 제약하에서 목적을 달성할 수 있는 최선의 방법을 찾아내는 과정이 전략 수립이다. 이 장에서는 전략 수립의 기본 개념부터 시작해서 마케팅 전략 수립과정에 이르기까지 전략에 대한 전반적인 내용에 대해 논의한다. 전사적 차원에서 이루어지는 '어떤 사업에 뛰어들 것인가'를 결정하는 문제부터, 사업부 단위에서 '어떻게 경쟁우위를 차지할 것인가', 그리고 마케팅 차원에서 '어떤 표적고객을 대상으로 제품과 서비스를 제공할 것인가' 등 다양한 차원에서의 전략 수립에 대해 논의한다. 이 장에서는 특히 마케팅 전략 수립의 기본 단계인 시장세분화, 표적시장 선정, 포지셔닝(STP)에 대해 자세히 논의하고, 마케팅 전략 수립의 원리를 제2장에서 소개한 다속성 선호도 모형에 기초하여 시각적으로 설명한다.

제6장의 질문

1. 전략 수립 시 고려해야 하는 중요한 두 가지 핵심 요인은 무엇인가?

2. 마이클 포터가 제시한 다섯 가지 경쟁세력 모형(five forces model), 그리고 세 가지 본원적 전략(generic strategy)에 대해서 설명하시오.

3. 마케팅 전략 수립과정은 크게 세 가지 단계를 거치게 되는데, 각각의 단계에 대해서 설명하시오.

4. 기업의 경쟁적 위상에 따라 포지셔닝 전략이 어떻게 달라져야 하는지 설명하시오.

1. 전략의 개념과 전략기획의 과정

1) 외부 환경과 내부 자원의 결합

　마케팅에서 고객과 경쟁자 등 기업을 둘러싼 환경요인들에 대한 분석을 매우 중요하게 강조하는 이유를 진화론의 '적자생존(survival of the fittest)' 원리로 설명할 수 있다. 적자생존의 원리에 따르면 생명체는 다양한 형태로 변이(variation)가 일어나는데, 그중 특정한 환경에 가장 적합한(fit) 형태의, 혹은 가장 잘 적응하는 생명체만 살아남는다. 어떤 종(species)이 살아남을지를 결정하는 것은 주변 자연환경이라는 의미에서 이 이론은 자연선택설(natural selection)이라고도 불린다. 시장에서 어떤 기업이 살아남는가를 이해하는 데 있어서도 이 원리를 적용해 볼 수 있다. 기업의 활동에 영향을 주면서 기업이 통제할 수 없는 외부적 요인들을 경영학에서도 '환경'이라고 지칭하는데, 시장환경에 잘 맞는 기업, 혹은 환경에 맞게 변화한 기업은 생존하지만 그렇지 못한 기업은 도태되어 사라진다. 환경의 변화를 경쟁자보다 더 빠르고 정확히 예측하고, 이에 맞춰 변화하기 위해서 기업이 어떤 환경요인들을, 어떻게 분석해야 하는지가 이전 장까지의 내용이었다.

　환경분석을 통해서 마케터가 찾아내고자 하는 것은 변화하는 환경이 기업에게 제공하는 기회(opportunity)와 위협(threat) 요인들이다. 마케팅적 관점에서 가장 중요한 시장기회는 소비자의 충족되지 않은 욕구이다. 이러한 욕구를 충족시킴으로써 기업은 고객을 창조하고, 이윤을 창출할 수 있다. 그러나 좋은 시장기회가 항상 높은 기업 이윤으로 이어지는 것은 아니다. 예를 들어, 새로운 시장기회를 찾아내서 이를 충족시킬 수 있는 상품을 출시했지만 강력한 경쟁자가 곧바로 더 좋은 상품을 저렴한 가격에 출시해서 그 시장을 빼앗아 가는 경우도 있다. 즉, 시장기회를 찾아내는 것도 중요하지만 그러한 기회를 자사의 이익으로 전환시킬 수 있는 역량(capability)과 자원, 경쟁력을 가지는 것도 역시 중요한 것이다.

　전략 수립이란 시장기회와 자사의 경쟁력이 만나는 접점을 찾아내고, 이 영역에 기업의 자원을 집중할 것을 결정하는 것이다. 이러한 관점에서 전략 수립은 '기업의 목적/자원/역량과 변화하는 시장기회와의 전략적인 일치성(strategic fit)을 개발/유지하는 과정'으로 정의된다(Kotler, 2002). 전략적인 일치성, 혹은 환경과의 일치성(environmental fit)이란 [그림 6-1]에서 보여지듯 두 개의 원이 겹치는 접점을 의미한다. 왼쪽의 원은 외부 환경의 영역을 의미하는데, 시장의 매력도가 높고, 혹은 시장기회가 존재하는 사업 영역을 나타낸다. 매력도가 높은 시장(혹은 산업)이란 소비자의 욕구와 수요가 충분히 존재하고, 규모나 성장성 등을 고려할 때 수익성, 사업성이 좋은 시장을 의미한다. 오른쪽의 원은 내부 환경(자원)을 나타내는데, 자사가 강점 혹은 경쟁력을 가진 사업 영역을 나타낸다. 이 영역은 자사가 경쟁자들보다 더 우월한 고객가치를 제공할 수 있는 영역을 의미한다. 기업이 외부 환경과 내부 환경(자원)을 분석하는 것은 결국 이 두 가지 영역이 만나는 점을 찾기 위함이다.

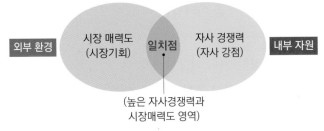

[그림 6-1] 시장기회(외부 환경)와 자사경쟁력(내부 자원)의 접점

전략 수립에 일반적으로 활용되는 수단인 SWOT 분석 역시 외부 환경과 내부 환경을 동시에 분석하기 위한 수단이다(Andrews, 1971). 자사의 강점[Strength(S)]과 약점[Weakness(W)]을 분석함으로써 내부 환경에 대해 이해하고, 외부 환경이 제공하는 기회[Opportunity(O)]와 위협[Threat(T)] 요소들을 찾아내 이 네 가지 요소들을 〈표 6-1〉과 같이 하나의 표로 정리하는 방법이다. SWOT 분석의 목적은 단순한 사실을 나열하는 데 그치는 것이 아니라 자사의 강점(S)과 시장기회(O)가 만나는 영역을 찾아내는 것이다. 현실적으로는 이러한 영역을 찾아내는 것이 쉬운 작업은 아니지만 이러한 영역을 찾아내거나 혹은 개발해 내지 못한다면 치열한 경쟁에서 생존하기 어렵다. '시장기회'와 '자사경쟁력'이라는 두 가지 축은 고려하여 사업 영역을 선정하는 것은 전사적(corporate) 수준에서부터 제품 수준에서의 마케팅 전략에 이르는 모든 전략 수립과정에 공통적으로 적용되는 원칙이다.

〈표 6-1〉 SWOT 분석 양식

	기회(Opportunity)	위협(Threat)
외부 환경분석	– – –	– – –
	강점(Strength)	약점(Weakness)
내부 환경분석	– – –	– – –

　역사상 가장 오래된 전략서이면서 마이클 포터(Michael Porter)와 같은 현대 경영학자들도 그 가치를 높이 평가하는 『손자병법(孫子兵法)』에는 "상대를 알고 나를 알면, 백번 싸워도 위태롭지 않다(知彼知己 百戰不殆)."라는 구절이 있다. 현대 경영학의 관점에서 해석하면, 상대(彼)를 아는 것은 외부 환경에 대한 이해, 그리고 나(己)를 아는 것은 내부 자원에 대한 이해를 의미한다고 볼 수 있다. 또한 상대의 약점(虛)을 찾아서 공격해야 한다는 『손자병법』의 구절(避實擊虛: 피실격허)은 경쟁이 치열한 레드오션(red ocean) 시장은 피하고, 시장의 허점, 즉 충족되지 않은 시장이면서 경쟁자가 없는 시장기회를 찾아서 공략해야 한다는 의미로 해석할 수 있다.

　이와 같이 효과적인 전략 수립을 위해서는 외부 환경과 내부 자원 모두에 대한 분석이 중요하다. 전통적으로 마케팅 개념은 기업의 외부 환경에 초점을 맞춰, 외부 환경을 분석해서 기업이 나아갈 방향을 정한다는 관점(outside-in perspective)를 강조해 왔다. 그러나 최근 경영전략 분야에서는 지속가능한(sustainable) 경쟁우위를 확보하기 위해서 경쟁자가 모방할 수 없는 내부 자원 혹은 역량을 키워 가는 것이 중요하다는 자원기반관점(resource-based view)이 받아들여지고 있다(Barney, 1986, 1991; Wernerfelt, 1984). 특히, 최근에는 지식(knowledge)이나 기술(technology), 역량(capability), 브랜드 자산(brand asset)과 같은 무형(intangible) 자원을 확보하는 것의 중요성이 강조되고 있다. 시장지향적인(market-oriented, market-driven) 기업이 갖춰야 할 가장 중요한 역량으로는 시장의 변화를 파악하는 시장감지역량(market sensing capability)과 고객과의 장기적 관계를 형성하는 고객연결역량(customer linking capability)이 있다(Day, 1994).

기업이 갖춰야 할 무형 자원 혹은 역량으로서 최근 중요성이 강조되는 것은 동적 역량(dynamic capability)이다. 동적 역량이란 변화되는 시장환경에 맞춰서 유연하게 기업의 조직구조나 자원을 재조정할 수 있는 능력을 의미한다(Eisenhardt & Martin, 2000; Teece et al., 1997). 이는 시장지향적 기업의 역량과도 매우 밀접하게 관련되어 있다. 시장환경의 빠른 변화는 비즈니스의 디지털화와 결합하여 대량의 데이터를 끊임없이 발생시키고 있다. 고객과 경쟁자에 대한 데이터에 기초하여 시장 변화를 빠르게 감지하여 전략, 제품, 조직, 인력, 자원을 그에 맞게 변화시키는 능력의 중요성은 과거에 비해 훨씬 더 강조되고 있다.

2) 전략기획의 단계

(1) 전략기획의 단계와 목표 수립

전략이란 용어는 목표를 효과적으로 달성할 수 있는 수단 혹은 방법에 대한 계획을 지칭하는 데 주로 사용되지만 폭넓게 정의하면 목표 수립도 전략 수립의 과정에 포함시킬 수 있다. 경영 전략의 아버지로 불리는 알프레드 챈들러(Alfred Chandler)는 경영 전략을 '장기적인 관점에서 목적과 목표를 결정하고, 그 목표를 달성하기 위한 행동을 채택하고 자원을 배분하는 일'로 정의하였다(Chandler, 1962). 전략 수립의 핵심은 '선택과 집중'이란 단어로 요약될 수 있는데, 기업이 보유한 제한된 자원을 어디에 집중하는 것이 목표 달성에 가장 효과적일지를 결정하는 것이다. [그림 6-2]는 기업의 사명을 수립하는 것부터 시작해서 목표 설정 단계를 거쳐 마케팅 전략 수립까지 일련의 과정들을 보여 준다.

전략을 수립하기 이전에 명확한 경영목표의 수립이 선행되어야 한다. 그리고 그보다 더 우선적으로는 기업이 존재하는 이유, 즉 기업의 사명(mission)에 대한 정의가 이루어져야 한다. 이윤 추구는 경영의 목표는 될 수 있지만, 기업의 사명은 될 수 없다. 사명이란 기업이 궁극적으로 추구하는 가치가 무엇이며, 사회에 어떤 방식으로 공헌할 것인지, 그리고 고객에게 어떤 혜택을 제공할 것인지를 명시화한 것이다. 사명은 기업의 창립자 혹은 최고경영자의 신념과 가치관을 담고 있으며, 기업이 나아갈 방향에 대한 지침을 제공해 준다. 이를 통해 장기적으로 기업을 지탱하는 정신적인 구심점의 역할을 할 뿐 아니라, 기업이 당면하게 되는 중요한 의사결정을 하는 데 있어서 중요한 기준으로 작용하기도 한다(Collins & Porras, 1996).

목표는 사명보다 더 구체적이어야 하는데, 목표가 갖춰야 할 조건들을 SMART로 요약할 수 있다. 목표는 구체적이고(specific), 측정가능하며(measurable), 할당가능하고(assignable), 실현가능하며(realistic), 명확하게 달성 기한이 설정되어야 한다(time-related). 마케팅에서 주로 활용되는 목표 지표로는 매출(판매량)이나 이윤, 시장점유율 등이 있다. 그 외에도 고객만족도, 브랜드가치, 고객충성도 혹은 재구매율, 브랜드 인지도, 주주가치(기업가치) 등 다양한 지표들이 목표로 활용될 수 있다. 피터 드러커(Peter Drucker)는 경영자의 중요한 역할 중 하나로 목표를 수립하고 관리하는 것이라고 하였다(Drucker, 1954).

목표 수립 이후에는 전략 수립이 이루어지는데, 전략은 크게 전사적 차원(corporate level)에서의 전략과 사업부 차원(business level)에서의 전략으로 나눌 수 있다. 전사적 차원에서의 전략 수립은 가장 상위 차원에서 이루어지는 전략적 의사결정으로서 어떤 사업에 투자할 것인가를 결정하는 것이다. 이것은 사업 포트폴리오 분석을 통해 이루어진다. 사업부 차원에서의 전략은 현재 운영하는 사업이 어떻게 경쟁우위를 차지할 것인가, 그리고 사업을 어떻게 성장시킬 것인가에 대한 의사결정 문제이다. 이후 논의하게 될 마이클 포터가 제시한 본원적 전략

[그림 6-2] 기업의 목표 수립과 전략 수립 단계

(generic strategy)이나 STP라고 불리는 마케팅 전략 수립 과정 역시 사업부 차원에서의 전략적 의사결정으로 볼 수 있다. 요약하자면 '무엇을 할 것인가'에 대한 의사결정이 상위 차원에서 이루어지고, '어떻게 할 것인가'에 대한 의사결정이 그보다 하위 차원에서 이루어지게 된다.

(2) 전사적 차원에서의 전략: 어떤 사업을 할 것인가

앤소프(Ansoff)는 전략적 의사결정의 네 가지 요소(영역)를 다음과 같이 정의하였다(Ansoff, 1965).

첫째, 어떤 시장을 사업 영역으로 정할 것인가?

둘째, 기업의 성장을 위해 어떻게 행동할 것인가?

셋째, 무엇을 경쟁우위의 원천으로 삼을 것인가?

넷째, 기업의 사업 영역 사이에 시너지를 어떻게 만들어 낼 것인가?

이 네 가지 중 가장 먼저 이루어져야 하는 전략적 의사결정은 바로 첫 번째인 사업 영역의 선정이다. 서양의 경우 1930년대 이후 기업들은 여러 개의 사업부를 운영하는 다계열 조직으로 확장되며 성장하게 된다. 다양한 사업부에 어떻게 자원을 할당해야 하는가를 결정하기 위한 분석방법들이 개발되었는데, 이들을 사업 포트폴리오(business portfolio) 분석이라고도 한다. 사업 포트폴리오란 기업이 운영하는 여러 개 사업부들의 집합을 지칭한다. 대표적인 포트폴리오 분석방법으로는 경영 전략 컨설팅 회사인 보스턴컨설팅그룹(Boston Consulting Group)이 개발한 BCG 매트릭스, 그리고 이를 개선, 발전시켜 GE사와 맥킨지(McKinsey)가 협력하여 만든 GE/McKinsey 매트릭스가 있다. 포트폴리오 분석에서는 현재 운영 중인 다양한 사업부를 '시장(산업) 매력도(market attractiveness)'와 '자사 경쟁력(competitive position)'이라는 두 축으로 평가한다. 평가 결과에 따라 '매력도가 높은 시장에서 높은 경쟁력을 유지하는' 사업부는 그대로 유지하거나 더욱 투자하여 성장시켜야 한다. 반대로, '매력도가 낮은 시장에서 경쟁력도 낮은' 사업부가 운영되고 있다면, 더 이상 자원을 투입하는 것은 오히려 낭비가 되므로 투자금을 축소하고 사업을 정리하는 방향으로 포트폴리오를 재조정해야 한다. 둘 중 어느 한 조건만 충족시키는 사업부에 대해서는 성장시킬지, 아니면 축소할지에 대해서 신중하게 판단해서 결정해야 한다.

　　BCG 모델에서는 시장의 매력도를 측정하기 위해 '시장성장률(Y축)'을 활용하고, 자사의 경쟁력을 측정하기 위해 '상대적 시장점유율(X축)'을 활용하였다(참고로, BCG 모델에서는 시장성장률이 높다고 해서 무조건 시장 매력도가 높음을 의미하지는 않는다). 상대적 시장점유율이란 절대적인 점유율이 아니라 경쟁사 점유율과 자사 점유율의 비율을 의미하는데 점유율 1위 기업은 2위 기업과의 비율을 나타내기에 1보다 큰 값을 가지게 되고, 그 외 기업들은 1위 기업과의 비율을 나타내기 때문에 1보다 작은 값을 갖게 된다. X축(상대적 시장점유율)은 통상적으로 수학에서 쓰이는 그래프와 달리 왼쪽으로 갈수록 수치가 커짐을 의미한다. 각각의 사업부의 매출규모는 원의 크기로 나타내어진다. 자금젖소(cash cow) 사업부는 시장의 성장성이 둔화된 성숙기 시장에서 높은 점유율을 차지하고 있는 사업부를 의미한다. 자금젖소 사업부는 현금창출 능력이 뛰어나기 때문에 이 사업부에서 얻어진 여유자금은 다른 신생 사업부들을 육성하는 데 활용된다. 별(star) 사업부는 빠르게 성장하는 시장에서 점유율이 높기 때문에 유망한 사업부이다. 그러나 성장성이 높은 만큼 경쟁도 치열하고 사업 확장을 위해 지속적 투자가 필요한 시점이라서 자금젖소만큼의 현금창출 능력은 없다. 물음표(question mark) 사업부는 미래가 불투명한 사업부이며, 개(dog) 사업부는 사업부를 축소하거나 정리하는 것이 바람직한 사업부이다.

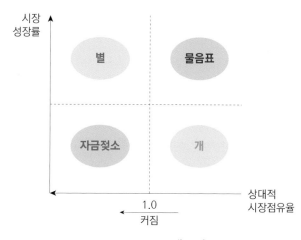

[그림 6-3] BCG 매트릭스

BCG 모델을 더욱 정교화시켜 발전시킨 모형이 GE/McKinsey 매트릭스이다. 기업이 운영하는 여러 개의 사업부들에 대해서 다양한 지표를 종합하여 시장 매력도와 자사 경쟁력을 평가하여 그림으로 나타낸 것이다. 원의 크기는 시장규모이고 그중에 자사의 점유율이 파이 그래프 형태로 나타나 있다. 왼쪽 위 방향으로 갈수록 시장 매력도와 자사 경쟁력 모두가 높아서 성공가능성이 높기에 더 투자해서 육성해야 하는 사업부를 의미한다. 반대로, 오른쪽 아래 방향에 위치할수록 경쟁력과 사업 매력도 모두에서 뒤처지기 때문에 투자규모를 축소하고 정리해야 하는 사업부이다. 그 중간에 위치한 사업부들에 대해서는 신중하게 검토하여 선별적으로 지원해야 한다.

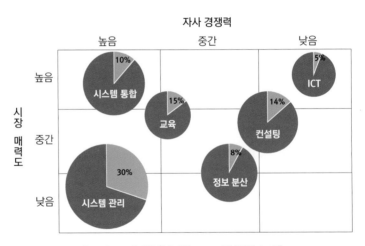

[그림 6-4] GE/McKinsey 매트릭스 예

(3) 사업부별 경쟁 전략의 수립: 어떻게 경쟁우위를 차지할 것인가

어떤 사업에 뛰어들 것인가에 대한 결정이 이루어졌다면 이제는 그 산업(시장)에서 어떻게 경쟁우위(competitive advantage)를 차지할 것인가를 고민해야 한다. 마이클 포터는 전략 수립에 앞서 경쟁환경을 분석하는 데 활용될 수 있는 다섯 가지 경쟁세력 모형(five forces model)을 제시하였다(Porter, 1980, 1985). 기업을 둘러싼 이 다섯 가지 세력의 힘이 얼마나 강한지를 분석하면 자사가 얼마나 독점력을 가지고 있는지, 얼마나 높은 수익을 올릴 수 있는지 예측할 수 있다고 주장하였다. 이들 다섯 가지 경쟁세력(five forces)이란 산업 내 기존 경쟁자의 위협, 공급

자의 교섭력(bargaining power), 구매자의 교섭력, 잠재적 진입자의 위협, 대체재의
위협을 의미한다. 이들 경쟁세력들의 위협이 약해질수록 자사의 독점력은 커지고
더 높은 이익을 거둘 수 있다. 일반적으로 마케팅에서는 고객을 만족시켜야 하는
대상으로 보지만, 다섯 가지 경쟁세력 모형에서는 구매자가 협상력이 강해지면
기업에 위협이 될 수도 있음을 주장한다.

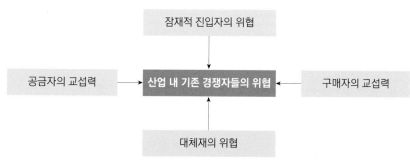

[그림 6-5] 다섯 가지 경쟁세력 모형

　기업을 둘러싼 외부 환경요인들은 편의상 거시환경(macro-environment)과 미시
환경(micro-environment) 요소로 구분한다. 다섯 가지 경쟁세력 모형은 기업의 미
시환경을 분석하는 데 쓰이는 대표적인 모형이다. 참고로, 거시환경 요소를 분석
하는 데 활용되는 프레임워크 중 하나로 PESTEL 분석이 있다. 이는 구체적인 분
석방법을 의미하는 것이 아니라 어떤 환경요인들을 분석해야 하는가를 요약한 것
인데, 정치적(Political), 경제적(Economical), 사회적(Social), 기술적(Technological),
자연환경적(Environmental), 법적(Legal) 환경요인들을 분석해야 함을 의미한다. 미
시환경 요소 분석에 활용되는 또 다른 프레임워크의 예로는 3C 분석이 있다. 여기
서 3C란 이는 고객(Customer), 경쟁자(Competitor), 자사(Company)를 의미한다
([그림 6-6]). 다섯 가지 경쟁세력 모형에서는 고객(구매자) 역시 위협세력으로 보
기 때문에 경쟁자 분석에 국한되는 내용으로 볼 수 있다.

　마이클 포터는 경쟁세력들의 압력을 극복하고 어느 정도의 독점력을 유지하며
높은 수익률을 달성할 수 있는 세 가지 본원적 전략을 제안하였다. 그것은 비용우
위(cost leadership) 전략, 차별화(differentiation) 전략, 그리고 집중화(focus) 전략이
다. 비용우위 전략이란 대량생산 혹은 그 외의 효율적인 생산 및 유통 시스템 등

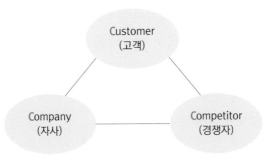

[그림 6-6] 3C 분석

을 통해서 낮은 가격에 상품을 생산 및 유통하여 경쟁자보다 더 저렴한 가격에 고객들에게 제공함으로써 시장에서 경쟁우위를 확보하는 전략이다. 이것은 전통적으로 강조되어 온 경쟁우위 획득 방법인데, 포터는 이에 추가적으로 가격 외적인 요소를 강조하는 전략들을 제안하였다. 차별화 전략이란 경쟁자들이 제공하지 못하는 (가격 외적인) 독특한 특성, 혹은 높은 품질이나 차별화된 이미지 등을 고객에게 제공함으로써 경쟁우위를 확보하는 전략이다. 이를 통해 고객의 가격탄력성을 낮춰서 높은 가격에 상품을 판매할 수 있다. 비용우위나 차별화 전략은 모두 시장 내 모든 고객들을 대상으로 한 전략인 반면, 세 번째 집중화 전략은 전체 시장이 아니라 특정한 세분시장에 집중하여 경쟁우위를 확보하는 전략인데 비용우위나 독특한 특성 둘 중 하나에 기초하여 이루어질 수 있다. 집중화 전략 중 하나로 틈새시장을 공략하는 전략이 있다. 틈새시장(niche market)이란 규모가 작은 시장으로 경쟁자들이 간과하거나, 접근성이나 수익성이 낮아 경쟁이 거의 없는 시장을 의미한다.

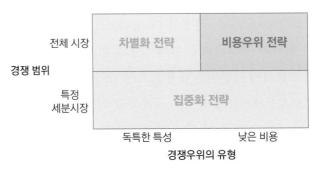

[그림 6-7] 마이클 포터의 세 가지 본원적 전략

사업부 차원에서의 전략에 성장 전략을 포함시킬 수 있다. 사업을 성장시킬 수 있는 방법을 크게 네 가지로 구분하면 [그림 6-8]과 같다(Ansoff, 1965). [그림 6-8]은 앤소프 매트릭스라고도 불리는데, 기존 제품을 기존 시장에 더 많이 판매하는 전략을 시장침투 전략, 새로운 제품으로 기존 시장에 진입하는 것을 제품개발 전략, 기존 제품으로 새로운 시장에 진출하는 것을 시장개발 전략, 새로운 상품으로 새로운 시장에 진입하는 것을 다각화(diversification) 전략이라고 지칭하였다.

	기존 제품	신제품
기존 시장	시장침투 전략	제품개발 전략
새로운 시장	시장개발 전략	다각화 전략

[그림 6-8] 성장 전략(앤소프 매트릭스)

2. 표적시장 마케팅과 대량마케팅

1) 마케팅 전략 수립 과정

마케팅 전략을 수립하는 것은 결국 어느 고객 집단에 자사의 마케팅 역량을 집중할 것인가를 결정하고, 선정된 고객 집단의 마음속에서 어떻게 경쟁자보다 유리한 위치를 차지할 것인가를 결정하는 것이다. 전체 시장은 다양한 욕구와 취향을 가진 고객들의 집합체이다. 이들 모두를 높은 수준으로 만족시키기는 어렵기 때문에 특정한 고객 집단만을 대상으로 차별화되고 맞춤화된 제품이나 서비스를 제공함으로써 높은 고객만족도를 달성하는 것이 장기적인 이윤 추구에 더 효과적이라는 것이 마케팅 전략의 기본 가정이다. 이러한 방식의 마케팅을 표적시장 마케팅 혹은 표적 마케팅(target marketing)이라고 하고, 이와 반대로 전체 시장을 대상으로 표준화된 상품을 제공하는 방식의 마케팅을 대량마케팅(mass marketing)이라고 한다. 현대 경영학에서 마케팅이란 일반적으로 명확하게 정의된 표적고객을 대상으로 하는 표적시장 마케팅을 지칭한다. 표적시장 마케팅의 중요성이 커진 이유에 대해서는 뒤에서 좀 더 자세히 논의될 것이다.

표적시장 마케팅에서 전략 수립 과정은 크게 세 가지 단계를 거쳐서 이루어진다([그림 6-9]). 이 3단계를 흔히 STP 과정이라고도 부르는데, 첫째 단계는 시장세분화(market segmentation) 단계로서 전체 시장을 비교적 유사한 욕구나 취향, 혹은 구매행태를 보이는 여러 개의 하위 시장(세분시장)으로 나누는 단계이다. 두 번째 단계는 표적시장 선정(targeting) 단계로서, 이전 단계에서 파악된 여러 개의 세분시장들 중에서 자사가 제품이나 서비스를 제공할 표적시장을 선정하는 단계이다. 마지막 단계는 포지셔닝(positioning)으로서, 자사 브랜드가 표적고객의 마음속에 경쟁자와 차별화된 위치에 차지할 수 있도록 제품과 이미지를 차별화하고, 의사소통하는 단계이다.

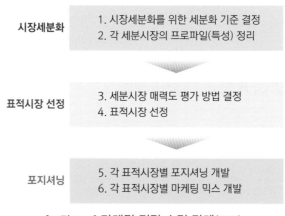

[그림 6-9] 마케팅 전략 수립 단계(STP)

마케팅 전략 수립의 첫 단계인 시장세분화 과정은 앞에서 논의한 3C 분석 중에서 고객에 대한 분석의 연장선상에 있는 환경분석 작업으로 이해할 수 있다. 시장세분화는 시장을 인위적으로 나누는 것이 아니라 소비자 욕구와 취향의 다양성을 파악하는 단계이다(Dickson & Ginter, 1987). 대략적으로 보면 비슷한 취향을 갖는 것처럼 보일지라도 자세히 살펴보면 모든 소비자는 각기 다른 자신만의 차별화된 취향을 가지고 있다. 모든 사람들이 공유하는 일반적 욕구가 어느 정도 충족된 이후에는 각자 자신만의 차별적인 욕구를 충족시켜 줄 수 있는 상품을 찾는다. 그러나 지나치게 시장을 작게 세분화하는 전략을 사용하면 매출은 줄고, 비용이 증가하여 수익성이 떨어지게 될 위험도 있기 때문에, 소비자의 다양성을 어느 정도 수준까지 충족시켜야 하는가는 기업의 자원이나 수익성 등을 고려하여 결정해야 한다. 그러나 20세기 초 포드(Ford) 자동차가 단 하나의 자동차 모델을 모든 소비자에게 제공했던 것과 같은 대량마케팅의 시대는 이제 끝났다는 데에 대부분의 경영자들과 학자들은 동의한다.

　시장세분화 이후에는 표적시장을 선정해야 한다. 표적시장 선정 과정 역시 시장기회와 자사의 경쟁력이 만나는 세분시장을 찾는 과정이다. 즉, 기업이 경쟁사보다 고객을 더 잘 충족시킬 수 있으면서, 충분한 규모와 수익성을 가진 세분시장을 찾아야 한다. 마케팅 전략 수립의 마지막 단계는 포지셔닝이다. 선정된 표적고객의 마음속에 경쟁자보다 더 우월한 위상을 자사 브랜드가 차지할 수 있도록 해야 한다. 포지셔닝은 경쟁자와 자사의 브랜드를 차별화하는 과정을 포함하는데, 실제 제품의 물리적 속성뿐 아니라 이미지의 차별화를 포함한다. 포지셔닝 전략 수립과정에서는 실제 제품보다 소비자가 제품을 어떻게 인식하는가를 중요하게 고려한다. 마케터가 활용할 수 있는 다양한 포지셔닝 방법들, 그리고 자사의 경쟁적 위상에 따라 포지셔닝 전략이 어떻게 달라져야 하는지에 대해서 뒤에서 이어

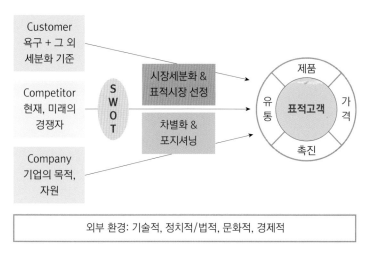

[그림 6-10] 마케팅 환경분석과 마케팅 전략 수립

서 논의하도록 한다. 이러한 마케팅 전략(STP) 수립과정을 거친 이후에는 마케팅 믹스(4P) 계획이 수립된다. 이러한 일련의 과정은 'MR(환경분석, 마케팅 조사)-마케팅 전략(STP)-마케팅 믹스(4P)' 과정으로 요약하기도 한다([그림 6-10]참조).

2) 대량마케팅보다 표적시장 마케팅이 중요해진 이유

표적시장 마케팅 전략이 왜 대량마케팅 전략보다 효과적인지를 이해하는 것은 어떻게 효과적인 마케팅 전략을 수립할 수 있는지를 이해하는 데 많은 도움을 준다. 대량마케팅은 대량생산과 밀접한 관계가 있는데 이 전략 역시 장점을 가지고 있다. 기업의 발전은 생산단가를 낮추기 위한 대량생산 시스템의 발전과 함께 이루어졌다. 분업과 전문화를 통해 표준화된 상품을 대량생산하는 과정에서 기업이 발전되어 왔고, 이 과정에서 개인의 차별화된 욕구는 무시될 수밖에 없었다. 그러나 미국의 경우 제2차 세계대전 이후 경제가 크게 발전하자 표준화된 상품으로 충족되지 못한 소비자들의 차별적인 욕구가 수면 위로 떠오르기 시작하였다. 우리나라도 경제발전이 크게 이루어진 1980년대 이후부터 이러한 추세가 나타나기 시작해 2000년대 들어서는 더욱 가속화되었다. 이러한 추세와 함께 대부분의 제품 범주에서 가격이 비싸더라도 높은 품질과 차별화된 특성을 가진 제품을 원하는 소비자층도 크게 증가한 것이다.

저렴한 상품을 대량으로 공급할 것인가, 아니면 조금 비싼 가격이지만 특정 고객 집단의 만족도를 크게 높이는 전략을 사용할 것인가의 차이를 간단한 수식으로 이해할 수 있다. 기업의 매출(Revenue: R)은 제품 한개당 가격(Price: P)과 판매량(Quantity: Q)의 곱으로 구해진다.

$$R = P \cdot Q$$

경제학의 수요곡선에서 보여지듯이 가격(P)가 높아지면 Q(판매량)은 감소한다. 만약 가격(P)을 높이면, 판매량이 어느 정도 감소하느냐에 따라 매출은 늘어날 수도, 혹은 줄어들 수도 있다. 만약 가격을 많이 올렸음에도 판매량이 거의 줄지 않는다면 가격을 높이는 것이 매출 증대에 효과적일 것이다. 반대로 가격 변화에 소비자들이 매우 민감하여 가격을 낮췄을 때 판매량이 급격히 늘어나는 상황이라면 오히려 가격을 낮추는 것이 매출 증대에 효과적일 것이다(Shaw, 1912). 전자의 경우를 소비자의 가격탄력성(price elasticity)이 낮은 상황이라고 하는데, 소비자가 가격 변화에 둔감함을 의미한다. 반면, 후자의 경우는 가격탄력성이 높은 상황, 즉 소비자가 가격 변화에 민감한 상황이다.

많은 경우 표적마케팅 전략은 가격탄력성을 낮추는 활동과 관련성이 높다. 경제학에서 가정하듯 가격탄력성은 고정된 값이 아니다. 만약 고객만족도가 높아지면 고객의 가격탄력성은 낮아지고, 가격 변화에 둔감해진다. 그렇기 때문에 고객탄력성이 낮아지면 가격을 높이 책정해도 판매량이 크게 줄어들지 않아 매출이 높게 유지된다. 혹은 판매량이 낮은 상황에서도 높은 매출 달성이 가능하다. 이는 마이클 포터가 제시한 세 가지 본원적 전략 중 차별화 혹은 집중화 전략과 관련된다. 반대로, 가격탄력성이 낮은 경우에는 가격을 낮출수록 매출이 높아질 가능성이 높은데, 이것은 비용을 낮춰서 낮은 가격에 상품을 제공하는 비용우위 전략과 관련성이 높다.

비용을 낮추기 위해서는 왜 대량생산과 대량마케팅이 필요한지 살펴보자. 제품 생산에 소요되는 총비용(Total Cost: TC)은 고정비(Fixed Cost: FC) 부분과 변동비(Variable Cost: VC) 부분으로 나눠 볼 수 있다. 고정비란 생산량에 상관없이 일정하게 소요되는 비용을 의미하고, 변동비 혹은 가변비란 생산량이 증가하면 그에 비례하여 증가하는 비용, 예를 들어 재료비 등을 의미한다. 그렇기에 정확히 나타내면 총비용은 고정비에 변동비와 생산량(Q)을 곱한 값을 더해서 구해진다.

$$TC = FC + (VC \cdot Q)$$

생산량이 증가됨에 따라 줄어드는 비용은 제품 한 개당 소요되는 평균비용(Average Cost: AC)이다. 제품 한 단위 생산에 소요되는 평균비용은 총비용(TC)을 생산량(Q)으로 나눈 값이다. [그림 6-11]에서 볼 수 있듯이 평균비용(AC)은 생산량(Q)이 늘어날수록 감소하게 된다. 이것이 규모의 경제 효과를 보여 준다.

$$AC = \frac{TC}{Q} = \frac{FC}{Q} + VC$$

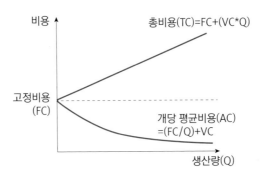

[그림 6-11] 생산량 증가에 따른 개당 평균비용의 감소

규모의 경제로 얻을 수 있는 비용절감 효과와 만족도를 높여서 높일 수 있는 매출 증대 효과를 비교해서 어떤 것이 더 큰지에 따라 대량마케팅 전략을 활용할 것인지, 아니면 표적시장 마케팅을 활용할 것인지를 결정해야 한다(원지성, 2013). 이것은 이윤의 관점에서도 논의해 볼 수 있다. 매출(R)과 비용(TC)의 차이가 기업의 이윤(Π)이 된다. 기업이 활용할 수 있는 전략은 판매량(Q)을 높이는 데 초점을 둘 것인지, 개당 이윤(P−AC)을 높이는 데 초점을 둘 것인지에 따라 두 가지로 구분된다고 이해할 수 있다. 참고로 가격에서 변동비를 뺀 값, 즉 (P−VC)를 공헌이익(Contribution Margin: CM)이라고 한다.

$$\Pi = R - TC = (P \cdot Q) - FC + (VC \cdot Q)$$
$$= (CM \cdot Q) - FC$$
$$= Q(P - AC)$$

소량 판매만으로도 이익이 발생할 수 있다면 더 적은 규모의 표적시장을 대상으로 하는 사업이 가능하다. 이것을 손익분기점의 관점으로도 이해할 수 있는데 손익분기점이 낮으면 더 적은 규모의 시장 공략이 가능한 것이다. 특정 고객 집단의 욕구에 잘 맞는 상품을 제공하면 그만큼 고객만족도는 높아지고, 가격탄력성은 낮아진다. 그 결과로, 제품 가격을 올릴 수 있기 때문에 판매량이 줄어들어도 이윤 창출이 가능한 것이다. 그러나 대규모 설비투자가 필요한 경우와 같이 생산 고정비가 높은 상황에서는 대부분 손익분기점이 높기 때문에 이러한 표적시장 전략을 사용하기 어렵다. 그래서 고객만족도를 높여 가격탄력성을 낮출 수 있을 경우,

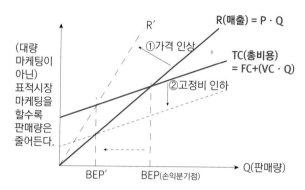

[그림 6-12] 가격인상과 고정비 인하는 손익분기점을 낮출 수 있음

그리고 고정비용이 낮은 상황에서는 표적시장 마케팅의 적용이 가능하다. 이를 그래프로 설명하면 [그림 6-12]와 같다.

[그림 6-12]는 판매량(생산량)(Q)에 따른 매출(R)과 비용(TC)의 증가를 보여 준다. 그래프에 나타난 두 개의 직선(실선)은 매출과 비용을 나타내는데, 두 직선이 만나는 지점에서의 생산량(판매량)이 손익분기점(Break-Even Point: BEP)이다. 손익분기점 Q는 $\dfrac{FC}{P-VC}$ 로 계산된다. 그래프에서 매출직선의 기울기가 가파르게 변하거나, 비용직선이 아래로 내려가면 손익분기점을 낮아진다. 매출직선의 기울기는 가격(P)을 의미하기에 매출직선의 기울기가 증가되는 것은 가격 인상을 의미한다. 비용직선의 기울기는 가변비용(variable cost)을 의미하고, y절편은 고정비용(fixed cost)을 의미한다. 가격 인상이나 비용 인하는 손익분기점을 낮출 수 있음을 보여 주고 있다. 이는 곧 적은 수의 고객에게 팔아도 수익이 발생될 수 있음을 의미한다. 그래프에서 나타나는 두 개의 화살표는 손익분기점을 낮추는 전략을 의미한다. 매출직선이나 비용직선이 화살표 방향으로 변화될 수 있다면[1번(가격 인상) 혹은 2번(고정비 인하) 방향], 표적시장의 규모는 줄어들 수 있다. 왜냐하면 규모가 작은 표적시장을 공략해도 수익이 발생할 수 있기 때문이다.

20세기 중반 이후 오늘날까지 지속적으로 표적시장 마케팅의 중요성이 커져 온 대표적인 이유들을 정리해 보면 다음과 같다(Smith, 1956). 첫째, 많은 제품 범주에서 생산고정비가 감소하는 추세이다. [그림 6-12]에서도 보여지듯 고정비 감소는 손익분기점을 낮추기 때문에 기업이 이익을 내기 위한 최소생산량이 낮아진다. 이러한 추세는 규모가 작은 세분시장을 대상으로 마케팅활동을 하는 것을 가능하게 하였다. 최근 들어 생산기술과 정보기술의 발전으로 이러한 추세는 더욱 극적으로 가속화되었다. 예를 들어, 유튜브와 같은 매체는 누구나 저렴한 비용으로 개인방송을 할 수 있게 만들어 주었다. 대형 방송국과 비교할 때 매우 소수의 시청자만 확보해도 운영이 가능하게 만들어 주었다. 또 다른 예로, 3D 프린팅 기술의 발달은 특정 제품의 극단적인 소량생산을 가능하게 하였다. 둘째, 경제가 발전하고 소비자의 경제력이 커지면 자신만의 개성을 표현하는 상품에 대한 욕구는 커진다. 소비자들은 이러한 차별화된 상품에 대해서는 기꺼이 더 높은 가격을 지불할 용의가 있다. 가격탄력성이 매우 낮은 소수의 부유층 고객들을 대상으로 한 비즈니스가 지속적으로 성장하고 있는 것도 이러한 추세를 보여 준다. 셋째, 경쟁의 심화에 따라 기업들은 강력한 경쟁자를 피해서 새로운 세분시장, 틈새시장을 찾아 진입하려는 경향이 강해진다. 이것은 표준화된 상품으로 충족되지 못한 시장들을 개척하기 위한 전략이기도 하다. 넷째, 대량생산을 통한 비용절감보다는 소비자의 욕구와 경쟁환경의 변화에 빠르게 대응하는 것이 기업의 장기적 생존에 더 도움이 되는 방향으로 시장환경은 변화되고 있다. 예측할 수 없는 방향으로 빠르게 변화하는 시장환경에서 살아남기 위해서 기업은 가격 변화에 덜 민감하고, 지속적으로 자사 브랜드를 구매해 줄 충성고객을 확보해야만 환경 변화에서 오는 충격을 최소화할 수 있다. 그렇기에 저렴한 가격의 대량공급보다는 높은 만족도에 기반한 충성고객 확보가 안정적 이윤 추구에 더 도움을 주는 방향으로 기업환경이 변화되었다.

시장세분화가 더욱 정교하게 이루어지면 궁극적으로 소비자 한 사람 한 사람을 하나의 시장으로 볼 수 있다. 이렇게 특정한 집단이 아니라 개개인에 맞춤화된 상품이나 서비스를 제공하는 방식의 마케팅을 개인별 혹은 개인화 마케팅(individual marketing) 혹은 일대일 마케팅(one-to-one marketing)이라고 한다(Peppers & Rogers, 1993). 다수의 고객들을 대상으로 개인화 마케팅이 가능해지기 위해서는 고객 정보를 담고 있는 데이터베이스 구축이 이루어져야 한다. 개인별 맞춤화(customization)가 특정 고객 집단이 아니라 시장 내 모든 고객들을 대상으로 이루어질 수 있다면 그것이 가장 이상적인 형태의 마케팅 전략이 될 것이다. 이러한 전략을 대량맞춤화(mass customization)라고 한다(Kotler, 2002). 대량맞춤화란 대량생산(mass production)이 가진 비용-효율성과 개인별 맞춤화를 결합한 방식이다. 현재는 발전된 정보기술에 의해서 이러한 전략이 우리의 삶 속에 깊숙이 스며들어 있다. 예를 들어, 우리가 최근 가장 많이 소비하는 매체인 유튜브는 개인의 과거 시청기록을 분석해서 개개인의 취향에 맞는 동영상들을 첫 화면에 추천해 준다. 쇼핑 플랫폼인 아마존 역시 우리의 과거 구매 기록이나 검색 기록에 기초하여 최적화된 상품을 추천해 준다. 인공지능(AI) 기술의 발전은 많은 영역에서 과거에는 실현 불가능하던 수준의 대량 맞춤화를 현실화하고 있다(제5장 참조).

　인터넷과 모바일 기기의 대중화와 인공지능과 같은 데이터처리 기술의 발달은 다수의 구매자들과 판매자들을 서로 연결시켜 주는 플랫폼(platform) 기업의 등장을 가져왔다(Parker et al., 2016). 이들 기업은 많은 수의 판매자와 구매자 데이터를 분석하여 이들을 매칭시켜 줄 수 있는 역량을 가지고 있다. 글로벌 소매점의 경쟁구도를 변화시키고 있는 미국의 아마존은 대표적인 플랫폼 기업이다. 아마존은 우리가 구매하고자 하는 거의 모든 상품을 제공할 수 있을 만큼 다양한 상품 구색을 갖추고 있기에 저가격과 개인별 맞춤화의 성격을 모두 갖추고 있는 플랫폼이다. 플랫폼 기업에서는 많은 구매자의 수에서 발생하는 규모의 경제, 많은 판매자의 수에서 오는 상품 다양성, 많은 판매자들의 경쟁에서 발생하는 가격 인하 효과 등이 모두 발생한다. 여기에 판매자와 구매자 등 이용자 수의 증가에 따라 네트워크의 가치가 더욱 높아지는 네트워크 효과에 의해서 승자독식(winner takes all)의 경쟁구도를 만든다. 플랫폼 업체들은 전체 시장을 대상으로 사업을 하지만 개별 상품 공급자들은 더 세밀화된 표적시장을 대상으로 상품을 제공하고 있기에 표적시장 마케팅 전략의 중요성은 지속적으로 증가되고 있다.

3. 시장세분화, 표적시장 선정, 포지셔닝

1) 시장세분화

(1) 소비자 욕구와 취향의 분포

　시장세분화란 전체 시장을 여러 개의 하위 시장으로 구분하는 것을 의미한다. 이는 전체 시장이 욕구와 취향이 다른 이질적(heterogeneous) 소비자들로 구성되어 있음을 가정한다. [그림 6-13]은 시장에서 소비자의 욕구나 취향이 다양한 형태로 분포될 수 있음을 보여 주고 있다. 가장 왼쪽에 나타난 형태는 소비자의 욕구가 동질적인 경우로서 이 경우에는 굳이 시장을 세분화할 필요가 없다. 한 곳을 중심으로 욕구에 맞춰서 하나의 상품으로 전체 시장의 욕구를 충분히 충족시킬 수 있는 상황이다. 가장 오른쪽에 소개된 그림은 군집형 선호패턴으로서 소비자의 욕구가 다양하면서, 몇 개의 집단으로 군집화되어 있다. 이런 경우에는 세 개의 차별화된 상품을 군집별로 제공함으로써 전체 소비자들을 높은 수준으로 만족시킬 수 있다. 이 경우는 집단 내(within group) 이질성은 적고, 집단 간(between group) 이질성은 큰 상황으로, 시장세분화 전략이 가장 큰 효과를 발휘할 수 있는 경우이다(Wind, 1978). 중앙의 그림에 보여지는 선호패턴은 분산형 선호패턴으로 소비자의 욕구가 특정 영역에 뭉쳐 있지 않고 넓은 영역으로 고르게 분산되어 있는 상황이다. 이 경우에는 하나의 상품으로 전체 시장의 욕구를 충족시키기 어려울 뿐 아니라 소수의 차별화된 상품들로 모든 고객에게 높은 수준의 만족도를 제공하는 것은 어렵다. 다수의 고객들에 대해서 개인별 맞춤 제품이나 서비스를 제공하는 대량맞춤화 전략이 효과적이다.

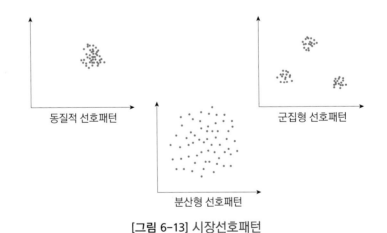

동질적 선호패턴　　분산형 선호패턴　　군집형 선호패턴

[그림 6-13] 시장선호패턴

(2) 시장세분화의 기준

시장을 세분화하는 데 활용되는 대표적인 네 가지 기준들을 소개하면 다음과 같다([그림 6-14] 참조). 첫 번째는 지리적(geographic) 변수에 의한 시장세분화이다. 이것은 문자 그대로 전체 시장을 지리적으로 구분하여 여러 개의 하위 시장으로

| 1. 지리적 변수에 의한 시장세분화 |
| 2. 인구통계학적 변수에 의한 시장세분화 |
| 3. 사이코그래픽 변수에 의한 시장세분화 |
| 4. 행동적 변수에 의한 시장세분화 |

[그림 6-14] 대표적인 시장세분화의 기준

나누는 것이다. 하나의 국가 안에서도 여러 개의 지역으로 나눌 수도 있고, 글로 벌 마케팅에서는 대륙이나 국가를 기준으로 시장을 나눌 수도 있다. 인간의 거주 나 활동이 특정 지역과 깊이 관련되는 경우가 많으며, 지역적 차이는 곧 문화, 라 이프스타일, 구매행태, 경제상황 등의 측면에서 차이를 동반하는 경우가 많기 때 문에 지리적 세분화가 많이 활용된다. 지역적으로 시장을 구분할 경우 마케팅 전 략을 실행하기도 쉬워지는데, 물리적 매장이나 영업조직이 많은 경우 지역적으로 나뉘어 할당되기 때문이다.

　시장을 세분화하는 데 활용되는 대표적인 인구통계학적(demographic) 변수로는 나이와 성별이 있다. 가족생애주기(family life cycle)상의 단계, 직업, 소득수준, 교 육수준, 종교 등을 인구통계학적 변수에 포함시키기도 한다. 인구통계학적 변수 는 측정하기 쉽고, 가치관, 라이프스타일, 취향, 경제력 등의 특성과 관련성도 높 기 때문에 널리 활용되는 시장세분화 기준이다. 베이비붐 세대, X세대, MZ세대 등의 세대 구분도 이에 해당한다. 최근 소비문화를 주도하는 MZ세대의 취향에 맞 춘 상품을 기획하기 위해 이들에 대한 연구가 많이 이루어지고 있다.

　시장세분화에 활용되는 사이코그래픽(psychographic) 변수로는 라이프스타일 (lifestyle)과 개성(Personality)이 있다. 라이프스타일이란 활동(Activity: A), 관심사 (interest: I), 의견(opinion: O) 등을 통해 나타나는 그 사람의 행동방식을 의미하는 데, 이 세 가지 범주(AIO)에 대한 다수의 질문 문항으로 구성된 설문을 활용하여 측정한다. 라이프스타일은 소득, 교육수준, 경제력 등과도 관련성이 높으며, 구매 행동을 예측하는 데도 유용하게 활용된다. 라이프스타일 조사의 대표적 방법으로

VALS II(Values and Lifestyles II)가 있다. 개성 혹은 성격에 대한 연구는 심리학에서 많이 이루어져 왔는데, 최근 마케팅 분야에서는 소비자의 개성과 브랜드 개성(brand personalilty)의 일치성을 추구하는 경향에 대한 연구가 이루어져 왔다.

행동적 혹은 행태적(behavioral) 변수에 의한 시장세분화란 소비자의 실제 구매행동에 기초하여 고객을 분류하는 것이다. 소비자의 과거 구매행동은 태도와 같은 심리적 변수보다 미래 행동에 대한 예측력이 높고, 최근 데이터 수집 및 분석 기술의 많은 발전에 의해서 활용도가 크게 증가한 세분화 기준이 행동적 변수이다. 많이 활용되는 대표적인 행동적 변수로는 구매량(금액), 구매빈도, 브랜드 충성도(재구매율), 가격탄력성, 속성중요도 등의 변수가 있다. 구매량이나 구매빈도에 따른 세분화는 자사 브랜드를 얼마나 많이 구매해 왔는가에 따라 고객을 나누는 것인데 다량 사용자(heavy user), 중량 사용자(medium user), 소량 사용자(light user) 등으로 구분할 수 있다. 과거 구매실적에 따라 고객을 구분하고 등급에 따라 차별화된 혜택을 제공하는 것은 수익성 높은 핵심 고객층의 충성도를 높이는 데 활용되는 대표적인 세분화 전략이다. 1990년대 이후 정보기술과 함께 발전되어 온 고객관계관리(customer relationship management)에서는 이와 같은 방식으로 핵심 고객들과의 장기적 관계 관리의 중요성을 강조해 왔다. 이와 유사하게 활용되는 것이 고객충성도(customer loyalty), 고객생애가치(customer lifetime value)에 따른 시장세분화이다(제13장 참조). 가격탄력성은 소비자가 가격 변화에 얼마나 민감한가를 의미하는데, 이 역시 중요한 세분화 기준으로 활용될 수 있다. 그러나 가격탄력성은 실제로 측정하기 쉽지 않기 때문에 소득수준 등의 변수를 대체지표로 활용할 수 있다. 경제학에서 처음으로 가격탄력성에 의해 소비자를 구분할 수 있다는 개념을 제시하였는데, 이것은 마케팅의 시장세분화 이론의 출발점이 되었다(Marshall, 1920). 최근에는 어떤 상품들을 함께 구매했는가 등의 정보를 상품추천에 활용하는 등 구매데이터의 활용도가 크게 높아지고 있다.

또 다른 중요한 행동적 세분화 기준으로는 속성중요도가 있다. 제2장에서 논의하였듯이 소비자는 브랜드를 평가할 때 개별 속성에 대한 평가와 속성별 중요도를 결합하여 평가한다. 제품을 구매할 때 어떤 속성을 중요하게 고려하는가에 따라서 소비자를 구분할 수 있는데, 예를 들어 가격을 가장 중요하게 고려하는 고객 집단, 품질을 중요시하는 고객 집단, 디자인을 중요시하는 고객 집단 등으로 시장을 세분화할 수 있다. 이 방식은 마케팅 분야에서 가장 초기에 제시된 세분화 방법 중 하나로서 헤일리(Haley)는 이것을 추구하는 편익에 따른 시장세분화(benefit segmentation)라고 하였다(Haley, 1968). 속성중요도는 행동적 변수로 구분하기도 하지만 심리적 변수, 특히 태도와도 관련성이 높은 변수이다. 속성 중요도에 의한 세분화에 대해서는 이번 장의 마지막에 좀 더 자세히 다루도록 한다.

2) 표적시장 선정

(1) 표적시장 선정 방법

표적시장 선정은 어떤 고객 집단을 대상으로 자사의 제품과 서비스를 제공하고, 마케팅활동을 할 것인가를 결정하는 과정이다. 시장세분화를 통해 소비자의 다양성을 파악했다면 이제는 그중에서 자사 브랜드와 잘 맞는 표적고객(target customer)을 선정해야 한다. 소비자가 제품을 신중하게 선택하듯이 기업 역시 어떤 고객 집단과 자사와의 장기적 관계를 형성할 것인지에 대해 신중해야 한다. 기업은 앞서 전사적 차원의 전략에서 설명했던 사업 포트폴리오 분석과 유사한 접근방식으로 세분시장들을 평가하여 표적시장을 선정한다. 표적시장별로 규모나 수익성, 진입장벽 등을 고려하여 세분시장의 매력도를 평가하고, 또 다른 차원에서는 자사의 경쟁우위, 자원과 기술, 목표와 비전과의 일치성을 평가하여 적절한 표적시장을 선정해야 한다([그림 6-15]). 세분시장의 매력도와 자사 경쟁력이 모두

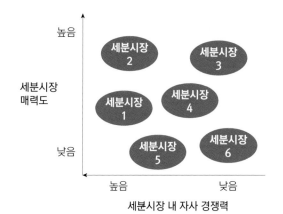

[그림 6-15] 세분시장들에 대한 평가와 표적시장 선정

높은 지점, 즉 왼쪽 윗부분에 위치한 세분시장을 표적시장으로 선정하게 된다. [그림 6-15]에서는 표시된 6개 세분시장 중 '세분시장 2'가 표적시장으로 선정되는 것이 가장 바람직하다.

규모가 크고 수익성이 높은, 즉 매력도가 높은 세분시장일수록 더 많은 경쟁사들이 모여들게 되어 경쟁이 치열해진다. 반대로, 규모가 작고 수익성도 낮은 시장은 상대적으로 인기가 떨어지기 때문에 경쟁강도가 낮아진다. 자사의 경쟁력을 객관적으로 평가하여 매력도도 높고 경쟁도 치열한 시장에 뛰어들 것인지, 경쟁이 없는 틈새시장을 개척할 것인지를 결정해야 한다. 이러한 결정은 기업의 목표가 시장을 지배하는 것인지, 아니면 시장에서 생존하는 것인지에 따라서도 달라진다(원지성, 2011). 여러 브랜드가 자신만의 세분시장에서 독점적인 위치를 차지하는 경우가 많은데(Chamberlin, 1965), 특정 제품범주를 처음 창조한 브랜드는 가장 큰 세분시장을 차지하는 경우가 많고, 후발 진입자들은 순서대로 그다음 규모의 시장을 차지하는 방식으로 시장이 세분화되는 경우가 많다. 경쟁이 치열해짐에 따라 기존 경쟁자들이 차지하지 못하거나 아직 발견하지 못한 틈새시장을 찾아내는 것은 신규 진입 브랜드의 전략에서 가장 중요한 부분이다.

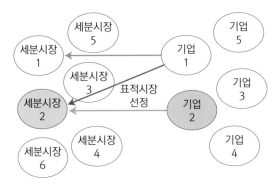

[그림 6-16] 세분시장과 기업의 매칭

(2) 표적시장의 개수 선정

표적시장을 선정하는 것은 [그림 6-17]에서 보여지듯이 하나의 표적시장만 선정할 수도 있고, 여러 개의 표적시장을 선정할 수도 있다. 그리고 차별화되지 않은 표준화된 하나의 상품이나 서비스로 전체 시장에 제공하는 비차별화(무차별적)

마케팅(undifferentiated marketing), 즉 대량 마케팅 전략도 채택할 수 있다. 이 전략은 모든 소비자들의 욕구가 동질적인 경우에 활용될 수도 있고, 혹은 욕구의 다양성은 존재하지만 규모의 경제의 이점을 활용하기 위해서 이러한 차별점을 무시하면서 적용될 수도 있다. 집중 마케팅 전략은 특정한 하나의 세분시장을 대상으로 마케팅을 하는 전략이다. 특정 고객 집단에 대한 만족도를 극대화하여 높은 충성도, 높은 고객당 이윤을 추구한다. 맞춤화된 상품을 모든 세분시장별로 제공하는 차별적 마케팅이 가장 많은 자원을 필요로 하는 전략이다. 소비자의 다양성이 존재하지만 시장을 세분화하지 않고도 높은 성과를 거둘 수 있는 전략에 대해서 이어서 설명하고자 한다.

[그림 6-17] 표적시장 선정 방법

3) 포지셔닝

(1) 포지셔닝의 개념

시장세분화와 표적시장 선정 이후에는 포지셔닝 전략 수립이 이루어져야 한다. 포지셔닝의 의미를 문자적으로 해석해 보면, 자사 브랜드가 고객의 마음속에서 적절한 위치(position)를 차지할 수 있도록 만드는 작업이다. 구체적으로 포지셔닝이란 자사 브랜드가 표적고객의 마음속(인식)에 경쟁자와 차별화된 독자적인 이미지로 각인되도록 만드는 과정을 의미한다(Ries & Trout, 2001; Trout & Ries, 1972). 정의에서도 '표적고객의 마음속에'라고 표현되었듯이, 포지셔닝에서는 제품의 물리적 속성에서의 차별화도 중요하지만, 이보다 소비자가 자사 브랜드를 어떻게 인식하는가의 측면에서 차별화하는 것을 더 중요하게 고려한다. 또한 경쟁자와 비교한 상대적인 위치를 중요하게 고려하는데, 이는 곧 '자사 브랜드는 경쟁사와 비교해서 이런 측면에서 다르다(혹은 우월하다)'는 식으로 포지셔닝되어야 함을 의미한다. 이러한 과정에서, 특히 자사 브랜드보다 더 강력한 브랜드가 선점하고 있는 포지션은 피하는 것이 중요하다. 소비자의 머릿속에서 경쟁자들이 자리잡지 않은 비어 있는 틈새를 찾아내고, 그 자리에 자사 브랜드를 안착시키는 작업은 과학적인 과정임과 동시에 경쟁상황에 대한 통찰력과 창의성이 필요한 작업이다.

일반적으로 포지셔닝은 자사 브랜드를 특정한 속성(attribute) 혹은 편익(benefit)과 연결시키는 방식으로 많이 이루어진다. 특정 속성에서 자사 브랜드가 가장 뛰어나다는 것을 강조하는 방식의 포지셔닝이다. 가장 안전성이 높은 자동차로 포지셔닝된 볼보(Volvo) 자동차나 그래픽 디자이너들이 사용하기에 최적의 성능을 제공함을 강조하는 매킨토시(Macintosh) 컴퓨터 등을 예로 들 수 있다. 효과적인 포지셔닝 전략 수립을 위해서는 소비자가 어떤 욕구를 가지며 어떤 속성을 중요하게 고려하는가, 그리고 현재 경쟁사 브랜드들은 어떻게 포지셔닝되어 있는가에 대한 철저한 분석이 필요하다.

포지셔닝에 활용되는 속성이나 편익을 어떻게 선정해야 하는가를 그림으로 나타내면 [그림 6-18]과 같다. 그림에서 3개의 원이 겹쳐진 영역 중에서 빗금 친 영역이 자사 브랜드가 포지셔닝해야 하는 속성이다. 가장 이상적으로는 경쟁자가 제공하지 못하고, 소비자가 중요하게 고려하는 속성으로 자사 브랜드를 포지셔닝해야 한다. 이러한 영역을 찾는 것은 현실적으로 매우 어려운 작업이다. 소비자가 중요시하는 속성들은 이미 대부분의 경쟁자들이 제공하고 있는 경우가 많기 때문이다. 경쟁이 치열해짐에 따라 자사만의 차별점으로 포지셔닝하기가 더 어려워지는데, 이런 경우에는 사소해 보이는 속성으로라도 차별화를 하는 것이 전혀 차별화되지 않은 것보다는 낫다(Carpenter et al., 1994). 제2장에서 유사성 효과(similarity effect)를 공부하였듯이 유사한 경쟁상품이 많을수록 시장점유율이 낮아지는 것은 마케팅의 가장 기본적인 원리이다. 그러므로 경쟁자들과 차별화하여 유사성을 낮추는 것이 포지셔닝의 출발점이다.

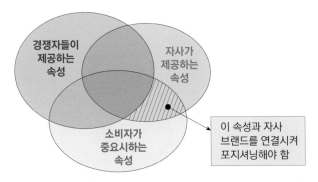

[그림 6-18] 포지셔닝에 활용되는 속성 선정 기준

[그림 6-18]에서 3개의 원이 모두 만나는 부분(중앙)은 자사와 경쟁사가 공유하면서 소비자도 중요시하는 속성을 의미한다. 선도자 브랜드의 경우에는 자사와 경쟁사가 공유하는 속성으로 자사 브랜드를 포지셔닝할 수도 있다. 시장 선도자와 추종자의 포지셔닝 전략이 어떻게 달라지는지에 대해서는 뒤에서 이어서 설명하도록 한다. 경쟁이 치열해질수록 소비자가 중요시하는 속성들은 모든 경쟁사들이 제공하는 경우가 많고, 그래서 이런 속성들은 의사결정 기준에서 오히려 제외되는 경우가 많다(Tversky, 1972). 그러나 이러한 속성에 대해서도 경쟁자보다 먼저 소비자에게 알려서 소비자의 마음속에서 먼저 차지하는 전략도 효과적이다. 광고이론의 창시자인 클로드 홉킨스(Claude Hopkins)는 이것을 선제적 리즌와이(pre-emptive reason-why) 기법이라고 불렀다(Hopkins, 1923).

자사와 경쟁사 브랜드들의 포지셔닝을 분석하기 위해서 사용되는 대표적인 마케팅 조사기법으로 지각도(perceptual mapping) 혹은 다차원척도법(multi-dimensional scaling)이 있다(Torgerson, 1952). 각각의 브랜드 쌍(pair)에 대한 지각된 유사성을 다양한 방법으로 측정하여 입력하면 다차원 평면(주로 2차원 평면)상에 경쟁 브랜드들의 상대적 위치를 보여 주는 기법이다. 지각도에서 가까이 위치할수록 대안들이 더 유사하게, 혹은 대체성이 높은 것으로 소비자는 인식한다고 볼 수 있다. 유사하게 인식되는 브랜드들은 비슷한 마케팅 전략을 활용하거나, 혹은 이미지를 가진 것으로 이해될 수 있다.

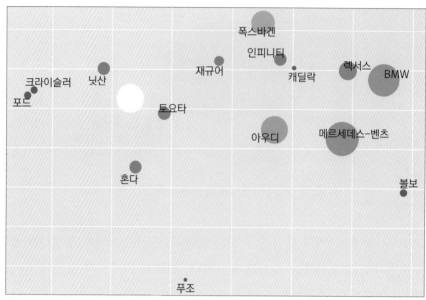

국내 수입차 브랜드들의 지각된 유사성에 기초한 포지셔닝 분석

[그림 6-19] 다차원척도법 활용 예

출처: Won et al.(2018).

(2) 경쟁적 위상에 따른 포지셔닝: 선도자와 추종자의 포지셔닝

포지셔닝 개념의 창시자인 트라우트(Trout)와 리즈(Ries)는 자사와 경쟁사 중 누가 더 강한가에 따라 포지셔닝 전략은 달라져야 한다고 주장하였다. 즉, 자사가 시장에서 차지하는 경쟁적 위상(competitive position)이 시장 선도자(leader)인가 추종자(challenger, follower)인가에 따라 포지셔닝 전략이 달라져야 함을 강조하였다(Ries & Trout, 2001, 2006). 선도자 브랜드는 자신이 속한 제품 범주와 브랜드를 동일시하는 전략, 즉 자신이 특정 범주를 대표하는 브랜드라고 포지셔닝할 수 있다. 범주 포지셔닝에 성공하면 소비자들은 특정 범주를 생각할 때 가장 먼저 머리에 떠오르는 브랜드가 되기 때문에 인지도와 선호도, 선택확률이 크게 높아진다. 소비자의 구매행동에는 관성(inertia)이 존재하기 때문에 한번 높은 인지도와 점유율을 확보한 브랜드는 쉽게 시장 지위를 잃어버리지 않는다(제2장 참조). 일단 선도자로 인식된 브랜드는 굳이 경쟁자와 비교하거나 특정한 속성에 국한시켜 브랜드를 포지셔닝하지 않아도 된다. 그러나 이 전략은 오직 해당 범주에서 1등 브랜드, 시장 선도자 브랜드만이 사용할 수 있다. 이러한 범주 포지셔닝에 성공하게 되면 브랜드명이 범주를 대표하는 일반명사처럼 사용되기도 하는데, 코카콜라, 제록스, 에프킬라, 크리넥스 등이 이에 해당한다.

추종자 브랜드는 선도자가 소비자의 머릿속에서 차지한 포지션을 빼앗기 어렵기 때문에 이보다는 선도자와 차별화된 자신만의 공간을 만들어 내야 한다. 고전적 사례인 세븐업의 언콜라(Un-cola) 광고 전략과 같이, 강력한 경쟁자와는 구별되는 자신만의 강점을 강조함으로써 기존 범주 내에서 자신만의 하위 범주(시장)를 만들어 내는 포지셔닝이 효과적이다. 선도자와의 유사성을 낮추는 것이 강력한 선도자와의 직접적인 경쟁을 피하는 것이고, 이것이 추종자 포지셔닝의 핵심이다. 추종자는 소비자의 머릿속에서 강력한 선도자와 가능하면 거리를 두어 직접적으로 비교되는 것을 피해야 한다(Won, 2007). 전통적인 포지셔닝 이론에 따르면 강력한 선도자와의 정면승부, 즉 직접비교에서는 추종자가 이길 가능성이 매우 낮다. 혁신적인 상품으로 새로운 제품 범주를 창조한 선도자는 후발 진입자와 비교해 높은 인지도와 선호도, 그리고 선택확률을 갖게 된다는 '선도자(개척자) 우위(pioneering advantage)' 현상은 시장을 지배하는 가장 중요한 법칙 중 하나이다 (Carpenter & Nakamoto, 1989).

리즈와 트라우트(Ries & Trout, 2001)는 추종자가 선도자로 올라서는 것이 매우 어렵다는 것을 기본적인 전제로 하면서도, 혹은 후발 진입자가 선도자의 위치로 올라설 수 있는 방법도 제안하였다. 후발 진입자가 선도자를 왕좌에서 끌어내리기 위해 선도자의 기존 포지션을 새롭게 재정의해 버리는 전략을 선도자 재포지셔닝(re-postioning) 전략이라고 지칭하였다. 이것은 주로 선도자 브랜드가 가진 치명적인 약점을 집요하게 공격하여 대중적 이미지를 추락시키는 방식으로 이루어진다. 현재 진통제 시장에서 점유율 1위 브랜드인 타이레놀(Tylenol)은 초기에 선도자 브랜드였던 아스피린(Aspirin)의 약점을 공격하여(인체에 유해한 특정 성분이 아스피린에 함유되어 있음을 지속적으로 홍보) 선도자 위치에서 끌어내린 사례가 있다. 트라우트와 리즈의 포지셔닝 전략을 정리하면, 선도자의 포지셔닝 전략, 추종자의 포지셔닝 전략, 그리고 선도자 재포지셔닝 전략 이렇게 세 가지가 있다. 트라우트와 리즈는 시장을 선도자와 추종자 간의 경쟁구도로 보았고, 자사 브랜드가 둘 중 어느 쪽에 속하는가를 판단하여 적절한 전략을 수립해야 함을 강조하였다.

트라우트와 리즈는 우리 인간의 두뇌는 특정 범주 내에서 최초로 입력된 정보만 기억하는 경향이 있어서 범주에 뒤늦게 진입한 브랜드가 선도자 브랜드가 차지한 위치를 탈환하는 것은 매우 어렵다고 주장하였다. 예를 들어, 스마트폰이라는 제품 범주를 창조한 브랜드인 아이폰(iPhone)이 가진 선도자 이미지와 범주 대표성을 뛰어넘는 새로운 브랜드가 동일한 범주 내에서 등장하는 것은 거의 불가능할 것이다. 이러한 심리적 특성에 기초하여 시장에 최초로 진입하는 것, 혹은 시장을 처음 창조하는 것이 최고의 포지셔닝 방법임을 트라우트와 리즈는 강조하였다. 그러나 시간적으로 먼저 시장에 진입했다는 것이 무조건적으로 지배적인 시장 지위를 보장해 주는 것은 아니다. 우리는 특히 첨단기술제품 시장에서 기술혁신을 통해서 선도자의 위치로 새롭게 올라서는 사례를 흔히 관찰할 수 있다. 우리나라 삼성전자가 소니(SONY)를 뛰어넘은 사례나 구글, 아마존, 그리고 테슬라가 검색엔진, 소매점, 그리고 자동차 시장에서 기존의 강자를 뛰어넘은 사례는 후발 진입자가 무조건 기존의 선도자의 영역을 피해서 포지셔닝을 해야 하는 것은 아님을 보여 준다. 이들은 모두 기술혁신을 통한 정면승부로 기존 시장에서 강자를 뛰어넘었다(Tellis & Golder, 2001). 이렇듯 기존 선도자 브랜드를 압도할 수 있는 파괴적 혁신(disruptive innovation)을 통해 점유율 1위 기업으로 올라서는 기업들이 많아진 것이 최근 나타나는 큰 변화 중 하나임을 볼 때(Christensen, 2000), 선도자와의 정면승부 전략은 기존의 세 가지 포지셔닝에 추가될 수 있는 네 번째 포지셔닝 전략으로 볼 수 있다.

아커와 셴즈비(Aaker & Shansby, 1982)는 기업이 활용할 수 있는 포지셔닝 방법들을 또 다른 관점에서 다음과 같이 분류하였다. 특정 속성에서 자사 브랜드가 최고임을 강조하는 속성에 기반한 포지셔닝, 편익에 기반한 포지셔닝, 사용자에 기반한 포지셔닝, 사용상황에 기반한 포지셔닝, 경쟁자와 비교한 포지셔닝, 범주에 기반한 포지셔닝이다. 이 중 범주 포지셔닝은 트라우트와 리즈가 주장한 선도자의 포지셔닝 방법에 해당하고, 나머지들은 모두 크게 보면 속성 기반 포지셔닝의 형태로 이해할 수 있다.

4. 다속성 모형의 관점에서 이해하는 STP 전략

1) 속성중요도에 따른 시장세분화

앞서 시장세분화에 활용될 수 있는 다양한 변수들을 소개하였고, 그중 속성중요도(attribute importance)에 따라 고객을 세분화하는 방법도 소개하였다. 이에 대해 좀 더 자세히 논의하고, 간단한 그래프를 통해 마케팅 전략의 원리를 이해해 보도록 한다. 다속성 선호도 모형에서도 설명했듯이 제품을 여러 속성들의 집합체로 보는 시각은 마케팅 전략을 이해하는 데 있어서 매우 유용하다. 제품에 대한 평가도 가격, 디자인, 브랜드, 성능, 품질 등 다양한 속성들에 대한 평가가 합쳐져서 이루어진 것으로 볼 수 있다. 이러한 제품 평가 과정에서 어떤 속성을 중요하게 고려하는가는 소비자를 구분하는 매우 중요한 변수로 활용될 수 있다. 오직 하나의 속성만으로 대안들을 평가하는 소비자는 없기 때문에, 소비자가 다양한 속성들에 대해서 어떻게 중요도를 배분하는가, 즉 상대적인 중요도에 따라 시장을 나눠야 한다.

제품 평가에 있어서 속성중요도의 영향을 살펴보기 위해서 소비자가 두 개의 속성만을 고려하여 두 개의 브랜드 A와 B에 대해서 평가하는 상황을 가정해 보자. 브랜드 A는 성능이 뛰어나면서 가격이 비싼 상품이고(성능만족도는 9점, 가격만족도는 6점), 브랜드 B의 성능은 조금 떨어지지만 가격이 저렴한 상품이다(성능만족도는 7점, 가격만족도는 9점)(〈표 6-2〉 참조). 다속성 선호도 모형에 따르면, A와 B에 대한 선호도는 속성별 만족도에 속성중요도를 곱해서 구해진다.

$$V(A) = (w_1 \times 9) + (w_2 \times 6)$$
$$V(B) = (w_1 \times 7) + (w_2 \times 9)$$

w_1은 성능에 대한 중요도이며, w_2는 가격 중요도이다. 그래프에서 성능만족도는 X축에, 가격만족도는 Y축에 나타내어졌다. 제2장에서도 가정하였듯이, w_1와 w_2는 0에서 1 사이의 값을 가지고, 중요도의 총합은 1이다($w_1 + w_2 = 1$). 소비자의 욕구나 취향이 다양하다는 의미는 곧 $\frac{w_1}{w_2}$ 값이 다양하다는 의미로 이해할 수 있다.

이 두 개의 브랜드에 대한 선호도가 동일한 소비자도 있을 것이다. 〈표 6-2〉에서 보여지듯이 성능에 대한 중요도가 0.6이고, 가격에 대한 중요도가 0.4인 소비자($w_1=0.6$, $w_2=0.4$)는 두 브랜드에 대한 선호도가 동일하다($V(A)=V(B)=$ 7.8). [그림 6-20]에서 볼 수 있듯이 A와 B는 동일선호도 직선 위에 놓여 있다. 일반화시켜 정리하면, 선호도 값이 k인 점들을 나타내는 동일선호도 직선의 식은 $y=\dfrac{k}{w_2}-\left(\dfrac{w_1}{w_2}\right)x$이다. 동일선호도 직선의 기울기인 $-\left(\dfrac{w_1}{w_2}\right)$은 소비자의 취향을 나타내는데, 항상 음수의 값을 가진다(0과 마이너스 무한대 사이의 값). 평행한 여러 개의 직선들은 우상향할수록(화살표 방향) 선호도가 높아지는 것을 의미한다(제2장 참조).

〈표 6-2〉 성능중요도＝0.6, 가격중요도＝0.4인 경우의 브랜드 선호도

속성($n=2$)	브랜드 A에 대한 만족도	브랜드 B에 대한 만족도
성능($w_1=0.6$)	9점	7점
가격($w_2=0.4$)	6점(비싸다)	9점(싸다)
전반적인 선호도	7.8점 ＝	7.8점

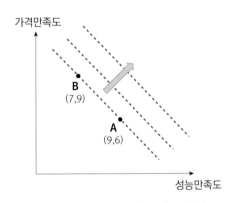

[그림 6-20] A와 B를 동일하게 선호하는 소비자의 동일선호도 직선(기울기=-1.5)

성능에 대한 중요도가 조금 더 높은 소비자는 이 두 개의 브랜드들에 대해서 어떻게 평가하는지 살펴보자. 〈표 6-3〉에서 보여지듯이 성능에 대한 중요도가 더 증가되어 0.7이 되고, 가격에 대한 중요도가 0.3으로 낮아진다면 이 소비자는 브랜드 A를 더 선호하게 된다([그림 6-21] 참조). 성능에 대한 중요도가 높아질수록 성능에 강점을 가진 브랜드에 대한 선호도가 높아진다. 동일선호도 직선의 기울기를 통해서 소비자 취향의 다양성이 나타나는데, [그림 6-20]과 비교해 볼 때 성

능(X축에 나타난 속성)을 중시하는 소비자의 동일선호도 직선의 기울기는 더 가파르다(절대값 커짐).

〈표 6-3〉 성능중요도=0.7, 가격중요도=0.3인 경우의 브랜드 선호도

속성($n=2$)	브랜드 A에 대한 만족도	브랜드 B에 대한 만족도
성능($w_1=0.7$)	9점	7점
가격($w_2=0.3$)	6점(비싸다)	9점(싸다)
전반적인 선호도	8.1점 >	7.6점

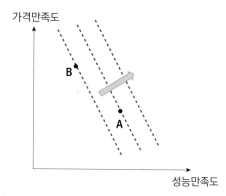

[그림 6-21] A를 더 선호하는 소비자의 동일선호도 직선(기울기=-2.3)

만약 가격을 더 중요시하는 소비자가 있다면, 예를 들어, 〈표 6-3〉에서 보여지듯 성능에 대한 중요도가 0.4이고, 가격에 대한 중요도가 0.6라면 브랜드 B가 더 선호된다. 이를 그래프로 나타내면, [그림 6-22]와 같다. 가격(Y축 속성)에 대한 중요도가 높아질수록 동일선호도 직선은 완만하게 누워 있는 형태로 그려진다. 참고로, 설명상의 편의를 위해서 속성중요도의 합을 1로 가정했을 뿐, 일반적 다속성 선호도 모형에서 속성중요도의 합을 일정한 값으로 고정하지 않는다.

〈표 6-4〉 성능중요도=0.4, 가격중요도=0.6인 경우 브랜드 선호도

속성($n=2$)	브랜드 A에 대한 만족도	브랜드 B에 대한 만족도
성능($w_1=0.4$)	9점	7점
가격($w_2=0.6$)	6점(비싸다)	9점(싸다)
전반적인 선호도	7.2점 <	8.2점

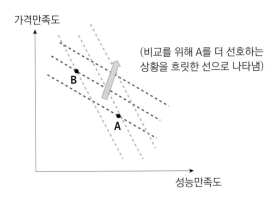

[그림 6-22] B를 더 선호하는 소비자의 동일선호도 직선(짙은 색 점선)(기울기=-0.67)

시장에는 속성중요도가 다른 수많은 소비자들이 존재한다. 다음 그래프와 같이 시장에 존재하는 소비자 취향의 다양성은 [그림 6-23]과 같이 다양한 기울기를 가진 수많은 동일선호도 직선의 존재로 나타낼 수 있다. 수식에서 보여지듯 동일선호도 직선은 오직 음수의 기울기만 가진다. 하나의 직선은 그와 평행한 수많은 직선들을 대표하는 선으로 보면 된다. 마케팅 조사에서 속성중요도는 간접적으로 추정할 수도 있고, 설문 조사를 통해서 직접적으로 측정할 수도 있다. 사전에 정성 조사를 통해 소비자가 중요하게 고려하는 속성들이 무엇인가를 파악한 후에 각 속성에 대해서 소비자가 부여하는 중요도를 7점 리커트 척도 등의 등간척도나 고정총합법(constant-sum scale) 등을 사용해서 측정할 수 있다. 최근에는 텍스트 마이닝(text-mining) 등의 방식으로 온라인에서 소비자가 브랜드와 관련해서 자주 언급하는 단어나 속성에 대한 검색빈도 등을 조사해 소비자가 어떤 속성을 얼마만큼 중요하게 고려하는지를 간접적으로 조사할 수도 있다(Won et al., 2018).

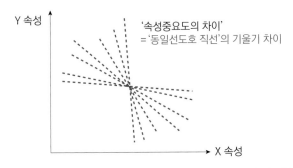

[그림 6-23] 동일선호도 직선의 기울기로 나타난 소비자 다양성

　소비자들의 속성중요도는 측정이 어렵기 때문에 일반적으로는 측정이 더 쉬운 인구통계학적 변수, 예를 들어 나이나 성별 등의 기준이 시장세분화에 더 많이 활용되어 왔다. 이러한 세분화에 기초해서 20대 여성 고객, 30~40대 남성 고객, 60대 이상 고객 등으로 표적시장이 선정된다. 그러나 연령이나 성별에 따라서 고객을 분류하더라도 중요하게 고려하는 속성에서 차이가 없다면 시장세분화는 큰 의미를 갖지 못한다. 실제 구매행동에 있어서 의미 있는 차이가 나지 않음을 의미하기 때문이다. 지리적, 인구통계학적, 혹은 사이코그래픽 변수가 의미 있는 세분화 기준이 되기 위해서는 이들 변수와 속성중요도 간의 유의한 관련성이 존재해야 한다. 이러한 유의한 관련성을 찾기 위해서 상관분석(correlation analysis)이나 분산분석(ANOVA) 등이 활용된다(제3장 참조). 다만, 측정이 쉬운 변수들, 예를 들어 거주지역이나 나이, 성별 등의 인구통계학적 변수들과 행동적 변수들 간의 유의한 관련성이 발견되면 마케팅 전략의 실행가능성을 크게 높일 수 있다.

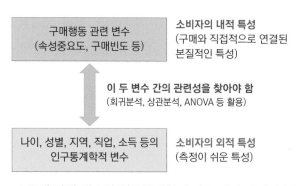

[그림 6-24] 구매 관련 변수와 인구통계학적 변수 간의 관련성 분석 방법

2) 시장세분화가 필요 없는 경우: 지배관계의 이해

　속성중요도의 차이라는 관점에서 소비자의 이질성을 이해하면 언제 시장세분화 전략이 효과적이고, 언제 효과적이지 않은지를 이해할 수 있다. 우리가 아는 많은 기업들이 명시적인 시장세분화 과정을 거치지 않고도 높은 성과를 거두고 있다. 세계의 메모리 반도체 시장을 지배하는 삼성, 유통시장을 지배하는 아마존, 매체 시장을 지배한 유튜브와 같은 서비스는 시장세분화와 표적시장 선정 과

정을 거쳐 마케팅을 하지 않는다. 이들이 성공할 수 있었던 것은 가격과 품질, 다양성 등 소비자가 중시하는 거의 모든 속성에서 경쟁자보다 우월한 제품 혹은 서비스를 제공했기 때문이다. 이런 경우 왜 시장을 세분화할 필요가 없는지를 '지배(dominance)'의 개념을 통해 이해할 수 있다(제2장 참조).

소비자가 가격과 품질의 두 가지 속성만 고려하여 상품을 선택하는 경우를 가정해서 설명하면, 만약 모든 경쟁제품들보다 가격도 저렴하고 품질이 높은 제품이 있다면 이 제품은 소비자의 취향 차이와 상관없이 어떤 소비자에게도 선택된다. 비싸고 품질도 안 좋은 상품을 좋아하는 소비자는 없기 때문이다. 이렇듯 만약 경쟁상품들을 지배할 수 있다면 소비자의 취향이 구매에 영향을 미치지 않는다. 제2장에서 설명한 지배의 개념을 요약하면, 모든 속성에서 경쟁자보다 우월할 경우 경쟁자를 지배했다고 말한다. 좀 더 일반적으로는 다른 모든 속성에서 경쟁사와 동일한 수준을 유지하면서, 한 가지 속성에서만 우월해도 경쟁자를 지배했다고 한다.

[그림 6-25]에서 보여지듯이 A가 B를 지배하면, 어떤 형태의 동일선호도 직선을 가정하여도 A가 B보다 더 선호된다. 가격과 성능 모든 측면에서 경쟁자보다 열등한 브랜드(B)는 둘 중 어떤 속성을 극단적으로 선호하는 소비자라도 선택할 이유가 없다. 이것은 단순히 두 개 속성만 고려하는 경우가 아니라 그 이상의 속성으로 확장해도 동일한 시사점이 도출된다. 그러나 소비자들이 고려하는 속성 수가 많아질수록 모든 속성에서 경쟁상품을 지배하는 것은 불가능에 가까워질 것이다. 그러므로 특정 속성에서라도 경쟁자와 비교하여 우위를 차지할 수 있게 될 가능성이 높다. 이렇게 자사 상품과 경쟁사 상품 간에서 속성 간 트레이드오프(trade-

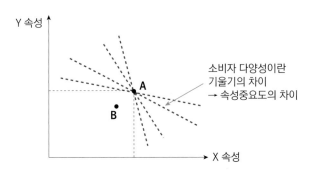

[그림 6-25] 지배관계의 두 대안과 소비자 다양성

off)가 존재할 때는 시장을 세분화하고, 자사의 강점을 좋아해 주는 소비자들을 표적으로 선정해야 할 것이다. 그러나 매우 드문 경우이긴 하지만 고려하는 속성의 수가 매우 적고, 모든 속성에서 경쟁자와 비슷하면서 한두 개 속성에서 최고가 될 수 있다면 시장세분화 과정 없이 전체 시장을 지배하는 브랜드가 될 수 있다.

시장에서 경쟁제품에 의해서 지배되었다는 것은 반드시 특정한 하나의 경쟁자에 의해서 지배되었음을 의미하는 것은 아니다. [그림 6-26]에 나타난 것과 같이 B는 A에 의해서 지배된 것도 아니고, 그렇다고 C에 의해서 지배된 것도 아니다. 그러나 어떤 소비자도 B를 선택하진 않는다. 그 이유는 X속성을 중시하는 소비자는 C를 선택하고, Y속성을 중시하는 소비자는 A를 선택하기 때문이다. 두 속성에 대한 중요도가 비슷하여 A와 B를 동일하게 선호하는 소비자조차 그 둘보다 더 선호도가 떨어지는 B를 선택할 이유는 없다.

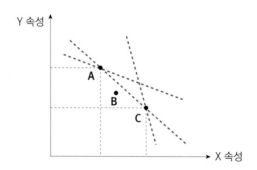

[그림 6-26] 두 개의 경쟁자(A와 C)의 결합에 의해서 지배된 대안(B)

루스(Luce)의 선택모형에 따르면 브랜드에 대한 선호도가 높을수록 선택확률은 높아진다(제2장 참조). 그러나 경쟁자보다 선호도가 낮은 경우는 다시 두 가지 경우로 구분되는데, 경쟁자에 의해서 지배된 경우와 지배되지 않은 경우이다. 경쟁자에 의해 지배된 대안은 선호도 수준에 상관없이 선택될 확률이 0이다. 시장에서 그 어떤 소비자들에게도 선택되지 못하고 사라지는 브랜드들의 공통점은 경쟁자에 의해서 지배된 대안이라는 점이다. 자사 브랜드가 경쟁자에 의해서 지배되는 경우를 보유 속성의 관점에서도 이해할 수도 있다(Tversky, 1972). 경쟁사 브랜드가 자사 브랜드의 모든 속성을 가지고 있으면서 추가적으로 자사에게 없는 속성을 가지고 있다면 이 경우 역시 자사 브랜드가 지배되었다고 볼 수 있다. 이 경우에도 자사 브랜드는 시장에서 생존하기 어렵다. 스마트폰이 대중화된 이후 MP3 플레이어, 휴대용 게임기, 디지털 카메라 시장이 사라진 것은 지배현상을 이해할 수 있는 좋은 예이다. 스마트폰은 이들 기기들이 가진 모든 기능을 가지고 있기에 이들을 모두 지배하여 시장에서 몰아냈다. 다른 온라인 매장에서 판매하는 모든 상품을 구매할 수 있는 쇼핑 사이트가 있는데, 그곳에서는 다른 매장에서 살 수 없는 것들까지 구매할 수 있다면 오직 그 사이트만 남고 나머지는 사라질 것이다. 아마존과 같은 플랫폼 업체들은 이러한 전략을 추구하고 있다. 이렇게 경쟁 브랜드들의 모든 특성을 포함하는 상품이나 서비스를 통해 시장의 지배자로 올라설 수 있다. 고객에 대한 이해도가 떨어지지만 철저하게 경쟁자 지향적인 기업도 시장에서 좋은 성과를 거두는 사례는 지배의 개념을 통해 이해할 수 있다.

많은 기업들이 이러한 경쟁관계 속에서 경쟁사들을 지배하기 위해 쉼 없이 혁신을 하고 있다. 경쟁사의 모든 속성을 모방하고, 추가적인 자사만의 강점을 제시하려고 한다. 만약 지배할 수 없는 상황이라면, 지배를 피하기 위해 자사만의 강점이나 차별점을 키우려고 한다. 브랜드들 간 유사성이 높아질수록 둘 간의 관계가 지배관계로 변하는 특성이 있기 때문에 추종자 브랜드의 경우는 최대한 경쟁사와 차별화시키기 위해 필사적으로 노력하는 것이다(Won, 2007; 원지성, 2014). 이것이 앞서 소개한 추종자 포지셔닝의 개념이다. 만약 경쟁자에 의해서 지배된다면, 어떤 방법으로 시장세분화와 표적시장 선정을 하더라도 생존하기 어렵기 때문이다. 소비자의 취향이 다양한 시장일수록 자사만의 틈새시장을 찾기가 더 쉽고, 시장세분화가 더 효과적인 전략이 될 수 있는 것이다. 반대로 소비자의 취향이 동질적이거나, 매우 소수의 속성만 고려되는 시장에서는 시장세분화의 효과는 떨어질 수 있다.

3) 브랜드의 생존과 포지셔닝

소비자 취향의 다양성을 가정했을 때, 결국 어떤 브랜드가 시장에서 생존하게 되는가를 그래프를 통해 이해해 보자. 시장에 존재하는 다양한 소비자 취향을 가정할 때, 시장에서 생존하는 브랜드들을 개념적으로 나타내면 [그림 6-27]과 같다. [그림 6-27]에서 점선으로 나타낸 곡선은 효율적 경계(efficient frontier) 혹은 수익 프론티어(profit frontier) 등의 용어로 불린다(Hauser & Shugan, 1984;

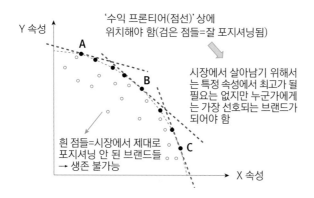

[그림 6-27] 시장에서 생존하는 브랜드(검은색 점)

Montgomery, 2012). 붉은색 직선(점선)은 다양한 기울기의 동일선호도 직선을 의미하는데, 이는 소비자의 다양성을 나타낸다.

[그림 6-27]에서 점선으로 나타내어진 직선은 다양한 소비자의 취향을 반영한 동일선호도 직선이다. 생존 가능한 브랜드들은 검은 점으로 나타내어졌고, 생존하지 못하는 브랜드들은 흰 점으로 나타내어졌다. 현실에서는 세 개 이상의 속성을 고려하기 때문에 좀 더 복잡하게 그려지겠지만 기본 개념은 차원이 증가되어도 동일하다. 어떤 경쟁 대안에게라도 지배된 대안은 사라지게 된다. 그래프에서 검은색으로 표시된 생존가능한 대안들은 각기 다른 수준의 속성별 만족도를 가지고 있다. 그러나 이들 모두는 한 가지 공통점을 공유한다. 바로 시장 내 누군가에게는 가장 선호되는 브랜드라는 것이다. 시장에서 생존하기 위해서는 꼭 어떤 속성에서 최고가 될 필요는 없다. 물론 검은 점들 중 A 혹은 C로 표시된 브랜드처럼 특정 속성에서 최고가 된다면 생존가능하지만 그렇지 못한 경우라도 시장 내에 누군가에게는 가장 선호되는 브랜드가 되면 생존가능하다. 예를 들어, 중앙에 위치한 브랜드 B는 X속성이나 Y속성, 둘 중 어느 면에서도 최고는 아니지만 두 속성 모두를 비슷하게 중요시하는 소비자들에게 가장 선호되는 대안이다. 그렇기에 B는 생존할 수 있을 뿐 아니라 경우에 따라 가장 높은 시장점유율을 차지할 수도 있다. 브랜드 포지셔닝이 효과적으로 잘 되었는지 그렇지 않은지는 결국 시장에서 생존할 수 있느냐 없느냐로 나타난다. 포지셔닝의 핵심은 시장 내에서 누군가에게는 가장 선호되는 브랜드가 되어야 한다는 것이다. 표적고객을 명확하게 이해하고 그들이 가장 선호할 수 있는 상품을 제공하면 시장에서 자신만의 포지션

을 구축한 것이고, 생존할 수 있다. 소비자들의 욕구나 취향이 다양한 시장일수록 소비자 취향의 분포와 표적고객에 대한 명확한 이해, 그리고 자사 브랜드의 강점에 대한 이해 없이는 효과적인 포지셔닝 전략을 개발할 수 없다. 최근 빠르게 변화되는 시장환경은 기업이 고정된 포지셔닝을 오랫동안 고수하기 어려운 시장환경을 만들고 있다. 이런 환경에서는 좀 더 상위 차원의 추상적인 가치로 기업과 브랜드를 포지셔닝하고, 세부적인 전략은 고객에 대한 데이터 분석으로 시의 적절하게 변화시켜 가는 것이 바람직하다.

개인화를 넘어 초개인화: 넷플릭스의 초개인화 마케팅

개인화 마케팅(personalization marketing)은 고객의 취향과 관심사 등을 파악해 소비자 각각의 특성에 맞춰 고객 개인에게 최적화된 서비스를 제공하는 마케팅 방식으로, 2000년 이후 높은 관심을 받아 왔다. 개인화가 '이름, 나이, 성별 등 인구통계학적 고객 정보와 온라인 행동 데이터를 바탕으로 고객의 특성을 이해하고 경험을 최적화하는 것'에 집중했다면, 최근 마케팅 영역에 적극 도입되고 있는 AI와 빅데이터 기술 등 최신 기술들을 바탕으로 실제 소비 맥락과 상황까지 실시간으로 고려하는 초개인화 마케팅의 시대로 접어들고 있다.

초개인화(hyper-personalization marketing)는 AI와 실시간 데이터를 활용하여 각 고객의 실제 생활 패턴과 취향 정보를 바탕으로 소비 상황과 타이밍에 적절한 메시지로 고객의 소비 경험을 이끌어 낸다. 이 접근방식은 개인화된 마케팅을 한 단계 더 발전시킬 수 있을 것으로 기대한다. 일반적인 마케팅 전략이 시장세분화를 통해 표적시장의 고객의 보편적 선호도 파악을 중시하였다면, 현대의 마케팅 기법으로서 개인화와 초개인화 마케팅은 '특정 개인 고객이 현재 소비 맥락에서 원하는 구체적인 혜택이 무엇인가'를 실시간으로 파악하는 것을 중시한다.

[그림 6-28] 넷플릭스 소개 웹페이지

출처: 넷플릭스.

폭발적으로 증가한 빅데이터를 바탕으로 고객 개개인의 취향과 생각을 예측할 수 있는 수준까지 AI가 발전하면서 초개인화된 다양한 '맞춤형 서비스'들이 새로운 마케팅 트렌드로 자리 잡고 있다. 현재 초개인화 서비스가 가장 많이 활용되고 있는 분야는 수많은 콘텐츠를 고객에게 제공해야 하는 OTT(Over The Top Media Service) 산업으로, 넷플릭스가 그 선두주자이며 넷플릭스를 빼놓고 초개인화 서비스를 설명하기 힘들다. 넷플릭스의 경우 자사의 콘텐츠를 약 7만 6,000여 개로 세분화하고 고객 선호도(taste clusters)를 약 2,000여 개 유형으로 분류해 '취향

저격' 콘텐츠들을 고객에게 선보이고 있다. 시네매치(CineMatch)라는 넷플릭스의 영화 추천 알고리즘으로 추천한 작품의 실제 고객 선택 비율은 75~80%에 달하며, 최근에는 고객의 선호도와 감정까지 분석하는 딥러닝 기술을 도입하여, 고객들로부터 "나도 모르는 내 취향까지 넷플릭스는 알고 있다."라는 호평을 받고 있다.

다음은 넷플릭스에서 개인화 추천 콘텐츠 시스템의 작동 방법에 대한 매뉴얼로, 현재 넷플릭스가 활용하는 개인화 추천 알고리즘을 짐작해 볼 수 있다.

넷플릭스의 추천 콘텐츠 시스템 작동 방법

넷플릭스는 개인화된 추천 콘텐츠를 제공하여 관심 있는 TV 프로그램 및 영화를 쉽게 찾도록 도와주는 멤버십 서비스입니다. 이러한 비즈니스 모델의 구현을 위해 넷플릭스는 복합 추천 콘텐츠 시스템을 독점적으로 구축했습니다. 이 문서는 넷플릭스 추천 콘텐츠 시스템에 대한 설명을 평이한 언어로 제공합니다.

기본 사항

회원이 넷플릭스 서비스에 액세스할 때마다 넷플릭스 추천 콘텐츠 시스템이 작동하여 최소한의 노력으로 좋아하는 TV 프로그램 또는 영화를 찾도록 도와줍니다. 넷플릭스는 다음과 같은 다양한 요소를 기반으로 회원이 카탈로그에 있는 특정 콘텐츠를 시청할 가능성을 추정합니다.

- 넷플릭스 서비스와의 상호작용(시청 기록, 다른 콘텐츠 평가 결과 등)
- 유사한 취향을 가진 회원 및 넷플릭스 서비스에서의 선호 대상
- 장르, 카테고리, 배우, 출시연도 등 콘텐츠 관련 정보

회원이 넷플릭스에서 시청한 콘텐츠를 파악할 뿐 아니라 개인화된 추천 콘텐츠를 최적화하기 위해 다음 항목도 고려합니다.

- 하루 중 시청 시간대
- 넷플릭스를 시청하는 디바이스
- 시청 시간

이러한 데이터 하나하나를 입력 정보로 사용해 넷플릭스 알고리즘에서 처리합니다(알고리즘이란 문제 해결 과정에서 따르는 절차 또는 규칙 집합입니다). 추천 콘텐츠 시스템은 인구통계학적 정보(연령, 성별 등)를 의사결정 절차의 일부로 포함하지 않습니다.

시청하고자 하는 콘텐츠가 표시되지 않는 경우, 언제든지 해당 국가에서 이용 가

능한 전체 카탈로그를 검색할 수 있습니다. 넷플릭스는 최대한 간편하고 빠른 검색을 구현하기 위해 노력합니다. 검색 쿼리를 입력하면, 이전에 동일하거나 유사한 검색어를 입력한 다른 회원의 작업을 기반으로 상위 검색 결과가 반환됩니다.

다음은 시간 경과에 따른 시스템 작동 방식 및 해당 정보가 검색 결과에 영향을 미치는 방법에 대한 설명입니다.

추천 콘텐츠 시스템 '바로 시작'

넷플릭스 계정을 생성하거나 계정에 '새 프로필'을 추가할 때 회원에게 좋아하는 콘텐츠를 몇 개 선택하도록 요청합니다. 이러한 콘텐츠를 사용하여 추천 콘텐츠 시스템을 '바로 시작'합니다. 좋아하는 콘텐츠를 몇 개 선택하는 것은 선택 사항입니다. 이 단계를 생략하는 경우, 여러 인기 콘텐츠들로 시작하게 됩니다.

회원이 넷플릭스에서 콘텐츠를 시청하기 시작하면 이러한 콘텐츠가 처음에 선택했던 선호 콘텐츠를 '대체'합니다. 또한 계속 시청함에 따라, 최근 시청한 콘텐츠의 중요도가 이전에 시청한 콘텐츠보다 추천 콘텐츠 시스템 작동 면에서 높아지게 됩니다.

줄, 순위 및 콘텐츠 표시

넷플릭스 시스템은 넷플릭스 홈페이지의 줄에 어떤 콘텐츠를 포함할지 결정할 뿐 아니라, 개인화된 경험을 제공하는 알고리즘 및 복합 시스템을 사용하여 줄 내에 있는 콘텐츠의 순위를 매긴 다음, 줄 자체의 순위를 매깁니다. 다시 말해, 넷플릭스 홈페이지를 살펴보면 넷플릭스 시스템은 회원이 좋아할 만한 콘텐츠가 최적의 순서로 표시되도록 콘텐츠 순위를 매기고 있다는 점을 알 수 있습니다.

각 줄에는 다음 3개의 개인 설정 단계가 있습니다.

- 줄 선택(예: 시청 중인 콘텐츠, 인기 동영상, 수상작 코미디 등)
- 줄에 표시되는 콘텐츠
- 해당 콘텐츠의 순위

가장 적극적으로 추천하는 줄이 상단에 위치합니다. 가장 적극적으로 추천하는 콘텐츠가 각 줄의 왼쪽에서 시작됩니다. 시스템 언어로 아랍어 또는 히브리어를 선택한 경우에 한해 오른쪽에서 왼쪽으로 배치됩니다.

추천 콘텐츠 시스템 개선 방법

넷플릭스 서비스를 방문할 때마다 의견을 수집하여 해당 신호로 넷플릭스 알고리즘을 계속 개선함으로써, 회원 시청 가능성이 가장 높은 콘텐츠를 점점 더 정확하게 예측합니다. 넷플릭스의 데이터, 알고리즘 및 컴퓨터 활용 시스템은 계속 서로 피드를 제공함으로써, 새로운 추천 콘텐츠를 생성하여 회원에게 즐거움을 선사합니다.

출처: 넷플릭스.

현대 마케팅 전략은 기존의 고객 집단 분류를 통한 대량 마케팅 전략에서 개인화 마케팅 그리고 초개인화 마케팅으로 IT 기술의 진보와 함께 발전해 가고 있다. 넷플릭스의 추천 시스템 작동 방식의 이해와 통찰을 통해 다양한 마케팅 서비스에 초개인화 서비스를 적용해 볼 수 있기를 기대한다.

마케팅원론 ABC

Artificial **I**ntelligence
Big data
Customer value

제**7**장

고객가치 구축 I:
제품과 서비스, 신제품

도입 사례   **줌 온라인 라이브 클래스**

줌(Zoom)은 코로나 바이러스의 영향으로 전 세계에 단기간 빠르게 전파되었다. 창업자인 에릭 위안(Eric Yuan)은 과거 장거래 연애가 힘들어서 줌을 개발하였는데, 오늘날 줌은 온라인 회의 기능이 가장 편리하고 우수한 앱으로 인식되고 있다. 줌이 초창기 다른 경쟁 브랜드보다 인기를 끈 이유는 소회의실 기능 때문이었는데, 이러한 제품 차별화 전략은 소비자에게 좋은 인식을 심어 주는 계기가 되었다. 또한 줌은 환경 변화에 발 빠르게 대처하였는데, 문제가 되거나 소비자가 불편함을 호소하는 기능들을 자주 업데이트하면서 발전시켜 나갔다.

줌은 다양한 기능을 탑재한 우수한 제품력을 가지고 있을 뿐만 아니라, 고객의 소리에 민감하게 반응하여 나쁜 점을 즉각 개선하고 피드백하는 좋은 서비스를 제공하고 있다.

제7장의 개요

　제품은 마케팅에서 가장 중요한 부분이다. 우수한 제품이 바탕이 되지 않으면 아무리 좋은 마케팅 전략도 무용지물이다. 오늘날 제품은 유형적 혹은 무형적 자산을 포함하는 개념으로 인식되고 있다. 많은 제조업이 서비스를 같이 제공하고 있어서, 제조업의 서비스업화가 익숙해진 상태이다. 따라서 과거, 제조업과 서비스업을 분리하고, 제품과 서비스를 구분하여 살펴보던 개념이 이제는 이 둘을 하나의 범주로 보는 것으로 바뀌었다.

　우리는 이번 장에서 제품과 서비스가 다른 것인지, 아니면 같은 범주에서 살펴봐야 하는 것인지를 시작으로 각각의 특징을 자세히 살펴보게 될 것이다. 더불어 신제품의 개발과정 및 제품 수명주기도 알아볼 것이다.

제7장의 질문

1.　제품이란 유형적 자산만 포함하는가? 무형적 자산도 포함하는가?

2.　제품 관리에 영향을 미치는 제품 품질, 패키징, 디자인은 어떤 특성을 가지고 있는가?

3.　제품과 서비스는 다른가? 기존 마케팅과 서비스 마케팅은 어떤 차이가 있는가?

4.　신제품 개발과정은 어떻게 진행되며, 제품 수명주기는 무엇인가?

1. 제품의 정의와 분류

1) 제품의 정의

제품(product)이란 시장에 제공되는 유형적 혹은 무형적 자산을 포함한다.

스타벅스에서 아메리카노를 구입 후, 매장에 앉아 노트북을 사용하며 2시간 동안 공부를 한 학생의 경우, 단순히 '아메리카노'라는 제품만 구입한 게 아니라, 매장 안의 안락한 분위기에서 '공부'를 했고, 다양한 서비스를 체험했다. 이렇게 제품은 단순히 제조된 물건 하나만을 의미하는 것은 아니고, 다차원적으로 살펴볼 필요가 있다.

제품은 총 다섯 가지의 차원으로 나눌 수 있는데, 첫째, 제품에 있어서 가장 중요한 것은 핵심혜택(core benefit)이다. 이것은 제품의 가장 근본적인 속성을 의미하는 것으로, 유형재인 인스턴트 라면의 경우, 라면 수프의 맛과 면발 등이, 무형재인 호텔의 경우 편안한 잠자리가 핵심혜택이 된다.

둘째, 기본적 제품(basic product)은 핵심혜택을 구성하는 구성물로서, 인스턴트 라면의 경우 유탕면, 분말 수프, 건더기 수프 등이 해당되며, 호텔의 경우 침대, 침구, TV 등의 가전제품, 욕실의 여러 비품 등이 해당된다.

셋째, 기대하는 제품(expected product)은 제품을 소비할 때 필수적으로 사람들이 기대하는 속성을 의미한다. 인스턴트 라면의 경우 맛있는 수프 맛, 면발의 꼬들꼬들함 등이 해당되며, 호텔의 경우 유명브랜드의 욕실 비품, 청결한 수건, 포근한 침구, 대형 TV 등이 해당된다.

넷째, 확장제품(augmented product)은 소비자가 기대하는 제품을 넘어선 속성 혹은 신기술, 서비스 등이 변화된 제품을 의미한다. 과거 핸드폰은 전화기의 역할만 했으나, 현재는 카메라, 노트북, 영어사전, 내비게이션 등의 역할을 더불어 하는 것과 같다. 서비스 부분을 살펴보면, 과거 정유소는 자동차 기름만을 넣는 곳이었으나, 현재는 편의점, 꽃집, 커피전문점 등이 입점되어 다양한 서비스를 동시에 제공하고 있다. 현대오일뱅크는 패스트푸드와 편의점을 겸한 주유소를 늘려 가고 있으며, 핫도그 전문점, 중고물품 거래장소, 셀프 스토리지 서비스 등도 시도하고 있다. 제조업에서 말하는 '제품'만으로는 더 이상 차별화가 힘들기 때문에 다양한

[그림 7-1] 이케아 가구를 직접 픽업해 갈 수 있는 GS칼텍스 주유소 전경

출처: 한경ESG(2021.10.11.).

[그림 7-2] 현대오일뱅크가 운영하는 '셀프 스토리지 서비스'

출처: 헤럴드경제(2021.09.17.).

서비스를 추가하여 소비자에게 제공하는 확장제품이 늘어나고 있는 추세이다.

다섯째, 잠재적 제품(potential product)은 신기술 등을 적용하여 미래에 변화될 제품을 의미한다. 미국의 항공우주 스타트업 허미어스(Hermeus)는 음속의 다섯 배인 마하 5(시속 약 5천km)로 나는 여객기를 2029년 시험 운항을 목표로 개발 중이다. 영국 런던에서 미국 뉴욕까지 90분, 일본 도쿄에서 미국 로스앤젤레스까지 2시간 45분이면 날아갈 수 있는 극초음속 여객기가 미래에 개발된다면, 이는 잠재적 제품이라 볼 수 있다. 얼굴에 바르기만 해도 주름이 없어지는 크림도 잠재적 제품의 예가 될 수 있다.

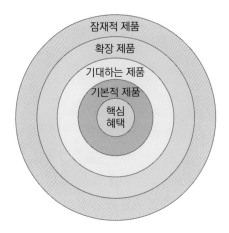

[그림 7-3] 제품의 다섯 가지 차원

2) 제품의 분류

제품은 여러 기준에 의해서 구분될 수 있는데, 유형성을 기준으로 할 때 유형제품과 서비스로 구분된다. 유형제품은 다시 내구재와 비내구재로 분류된다.

- 내구재(durable goods): 1회성이 아닌, 여러 번 사용할 수 있는 제품으로, 가전제품, 의류 등이 그 예이다. 내구재는 A/S 문제 등이 발생할 수 있기 때문에 판매보증을 신경 써야 한다.
- 비내구재(nondurable goods): 한두 번 사용하면 없어지는 제품으로, 일회용 칫솔, 편의점이나 슈퍼에서 파는 음료수, 과자, 라면 등의 1회성 식품 등이 이에 해당된다.
- 서비스(service): 무형의 제품으로, 항공, 호텔과 같은 분야뿐만 아니라, 교육, 금융 분야도 서비스업의 일종이다. 서비스는 무형재라 그 특징들이 눈에 잘 보이지 않기 때문에 서비스업종 종사자와 소비자의 면대면 관계가 매우 중요하게 작용된다.

유형제품은 다시 소비의 주체가 누구냐에 따라서 소비재(consumer product)와 산업재(industrial product)로 구분된다.

- 소비재: 소비재(consumer product)는 소비자들이 구매하는 제품으로, 편의품 (convenience product), 선매품(shopping product), 전문품(specialty product)으로 구분된다.

첫째, 편의품은 노력을 별로 기울이지 않되, 빈번히 구매하는 제품으로 일상 재, 필수품, 저가제품 등이 이에 해당된다. 편의점에서 음료수를 구입하고자 하는 소비자는 보통 본인이 즐겨 먹는 제품을 선택하거나 그날의 행사제품 (예: 1+1제품)을 별다른 고민 없이 빠르게 선택한다.

둘째, 선매품은 브랜드, 품질, 스타일, 가격 등을 기준 삼아 제품들을 꼼꼼하게 비교하면서 구매하는 제품으로 구매빈도 측면에서는 편의품보다 낮지만, 신중한 의사결정을 요구한다. 선매품은 직접 눈으로 보고 만져 보고 경험하는 경험재가 많은데 화장품, 의류, 가전제품, 가구 등이 이에 해당된다. 이들 제품은 제품에 대해 설명하는 판매원의 영향력이 중요하게 작용한다.

셋째, 전문품은 제품이 가진 특수한 특성 때문에 소비자가 시간과 비용을 들여서 구입하려는 제품으로 자동차, 골프채, 특수 스키장비 등이 해당된다. 소비자는 브랜드별 비교하는 선매품과 달리, 본인이 선호하는 특정 브랜드를 가지고 있으며, 이 브랜드를 구입하기 위해 시간과 비용을 아끼지 않는다.

〈표 7-1〉 소비재의 분류

	편의품	선매품	전문품
구매빈도	높음	약간 낮음	매우 낮음
제품 종류	치약, 세제, 휴지, 비누	화장품, 의류, 가전제품, 가구	특정 브랜드 자동차, 카메라, 고가시계
특징	고민 없는 습관적 의사결정	브랜드, 품질, 스타일, 가격 등의 비교	브랜드별로 갖고 있는 특수성이 높을 경우, 시간과 노력을 아끼지 않음

- 산업재: 산업재(industrial product)는 사업상 용도로 사용하는 제품을 의미하며, 원자재와 부품, 시설재, 소모품으로 구분된다.

첫째, 원자재와 부품은 제품 생산 시 투입되는 재화를 의미하며, 냉동식품을 생산하는 업체의 경우 돼지고기, 밀가루, 각종 채소 등이 해당되고, 자동차 생산업체의 경우 철강, 타이어, 주물, 엔진 등이 해당된다.

둘째, 시설재는 공장, 사무실 등에서 주로 사용되는 시스템으로, 엘리베이터, 컴퓨터 본체, 발전기 등이 해당된다.

셋째, 소모품은 제품의 생산을 원활하게 도와주는 것으로, 사무실의 경우 포스트잇, 필기류, 커피, A4용지, 잉크 등이 이에 해당된다.

2. 제품 관리

1) 제품 품질

제품 품질(quality)은 소비자가 제품을 선택하는 데 있어서 가장 중요시 여기는 속성이다. 좋은 품질은 소비자가 제품을 선택하는 순간뿐 아니라, 제품을 사용하는 중에도 일관되게 긍정적인 느낌을 줄 수 있으므로, 이는 고객만족도, 충성도, 재구매에 영향을 미치게 된다. 소비자는 제품 구매 시, 전문가적 지식을 갖고 있지 않은 경우가 많아, KS마크, ISO시리즈와 같이 인증마크가 있는 제품을 좋은 품질을 가진 제품이라고 생각하고 구매한다. 제품이 정해진 표준이나 기술규정 등에 적합하다는 평가를 받음으로써 그 사용 및 출하가 가능하다는 것을 입증하는 인증을 국내외 인증기관에서 받은 제품이 바로 좋은 품질의 제품이다.

오늘날 기업들은 전사적 품질관리(Total Quality Management: TQM)를 실시하고 있는데, 이는 회사 구성원 전원이 조직적으로 제품, 서비스, 비즈니스 프로세스의 품질을 지속적으로 향상시키기 위해 노력하는 것을 의미한다. 기업은 품질을 최우선으로 보고, 고객이 요구하는 품질의 제품 혹은 서비스를 제공하고자 한다.

제품 품질은 품질수준과 일관성 품질 두 개로 구분하여 설명할 수 있다.

첫째, 품질수준(quality level)은 제품이 그 기능을 제대로 수행할 수 있는 능력을 의미한다. 품질수준이 높다는 것은 그만큼 제품의 기능적 성능이 우수하다고 볼 수 있다.

둘째, 일관성 품질(conformance quality)은 결점이 적다는 것을 의미한다. 좋은 품질 이미지를 갖고 있는 제품에서 결함이 발생하게 되어, 리콜을 하게 되면 일관성 품질은 낮아질 것이다. 종합하면 좋은 제품 품질이란 기능적으로 우수하고, 결함 발생률이 낮은 것을 의미한다.

2) 제품 패키징

제품 패키징(packaging)이란 제품의 외관에 해당되는 포장재를 디자인, 생산하는 것을 의미한다. 패키지는 제품의 이미지를 전달하는 중요 수단이며, 광고의 역할을 한다. 패키징이란 제품의 브랜드명, 제품의 주요 브랜드 콘셉트 및 색상, 패키징 속 주요 제품의 이미지, 다양한 속성 정보 등을 반영한다.

우리가 매장에서 신제품을 보게 되면, 제품의 패키징이 가장 먼저 눈에 띌 수밖에 없다. 화장품 회사들은 매년 겨울 크리스마스 시즌이 오면 인기 있는 제품의 패키징을 새롭게 한다. 홀리데이 시즌을 나타내는 이미지의 패키징을 주로 하게 되는데, 록시땅의 경우 [그림 7-4]와 같은 트리를 연상시키는 색상의 디자인을 통해 패키징을 다시 했다.

[그림 7-4] 크리스마스 시즌에 맞춘 록시땅 홀리데이 제품의 패키징

출처: 록시땅 온라인사이트.

패키징은 제품 자체의 외관을 디자인하는 것뿐만 아니라, 제품을 담는 상자, 봉투 등을 의미하기도 한다. 명품 브랜드 불가리는 온라인 배송서비스를 실시하고 있는데, [그림 7-5]와 같은 이미지로 제품이 배송된다. 제품 자체는 쥬얼리나 시계 등으로 크기가 작은 편에 속하나, 전체 포장은 매우 큰 편이다. 회사 측은 이 기프트 박스가 불가리의 근원인 로마 유산을 담아낸 원형, 사각형 그리고 팔각별이 조화를 이루는 브랜드의 상징적인 판테온 메시 패턴을 장식하여 만든 것이라고

[그림 7-5] 불가리 온라인 스토어에서 제품 주문 시 제공되는 패키징의 예

출처: 불가리 온라인사이트.

설명하고 있는데 명품브랜드의 고급스러운 이미지를 소비자에게 심어 주기 위한 것으로 보인다.

이처럼 패키징은 회사가 원하는 방향에 맞는 제품 이미지를 소비자에게 심어 줄 수 있는 중요한 수단이므로, 해당 기업의 마케팅 팀은 제품이 가지고 있는 핵심 콘셉트와 이미지 등을 패키징을 통해 극대화할 수 있도록 힘써야 한다.

3) 제품 디자인

삼성의 갤러시Z 플립3 핸드폰은 2021년 8월 출시되자마자 큰 인기를 끌었다. 사전 예약자가 80만 명 이상이었으며, 중요한 것은 디자인을 중요시하던 아이폰 사용자들조차도 이 신상품을 보고 구입하고 싶어 했다는 것이다. 이 제품은 기존의 삼성 핸드폰과 달리, 반으로 접을 수 있고, 화면의 위아래를 다르게 사용할 수 있다는 잠정이 있다([그림 7-6] 참고).

[그림 7-6] 삼성전자 갤러시Z 플립3 핸드폰

출처: 삼성전자 온라인사이트.

디자인은 제품을 선택하는 데 있어 매우 중요한 요소이며, MZ세대 등 젊은 세대는 다른 제품 속성보다 디자인을 더욱 중요시 여기는 경향이 있다. 이들은 제품을 단순히 기능을 소비하는 것으로 보기보다는, 제품의 디자인을 통한 브랜드의 이미지를 소비한다. 이들은 브랜드 이미지를 자신과 동일시하는 경향이 높으며, 이러한 브랜드 이미지에는 해당 브랜드의 디자인이 중요한 역할을 한다.

블루보틀(Blue Bottle) 커피를 마시는 소비자는 지적이고 깔끔한 전문직 느낌이 강한데 그 이유는 무엇일까? 블루보틀의 로고는 스타벅스나 커피빈의 로고와는 또 다른 이미지를 가지는데, 애플과 유사한 심플한 디자인에 선명한 파란색이 주는 연상이 지적이고 전문적인 느낌을 유발한다. 블루보틀은 이러한 로고 디자인을 통한 브랜드 이미지를 자사의 커피전문점 인테리어에도 그대로 반영한다. 젠 스타일(Zen style)의 나무 원목을 사용한 심플한 인테리어를 지향하며, 종이컵 및 텀블러에도 파란색 로고를 일관되게 사용하고 있다.

[그림 7-7] 블루보틀 이미지

출처: 블루보틀 코리아 인스타그램.

3. 제품 믹스와 제품 라인

제품 믹스(mix)란 회사가 판매하는 모든 상품을 이르는 것으로, 제품 라인(line)과 제품 라인 내의 모든 품목들을 합한 것이다. 예를 들어, 아모레퍼시픽은 여러 분야에서 서로 다른 브랜드를 생산하고 있는데, 여기서 제품 라인(line)은 제품의 큰 카테고리인 화장품, 향수, 헤어케어 등을 의미한다.

둘째, 제품 믹스의 폭(width)이란 제품 라인의 개수를 의미한다. 어떤 브랜드가 제품 라인의 개수가 많다고 한다면, 한 종류의 제품만 생산하는 것이 아닌, 다양한 종류의 제품을 생산한다고 보면 된다. 아모레퍼시픽의 경우 타경쟁사 대비 티(tea) 브랜드인 오설록을 가지고 있는데, 화장품 회사에서 티 제품을 생산하는 것은 흔한 일이 아니기에 제품 믹스의 폭이 넓다고 볼 수 있다. 이는 한 브랜드가 가지는 확장력을 의미하는데, 제품 믹스의 폭이 넓다는 것의 긍정적 측면은, 이 브랜드가 다양한 기술력을 갖고 있으며, 브랜드 파워가 크다는 것을 의미한다. 부정적 측면은 너무 여러 분야에 진출해 있다 보면 한 분야의 전문성이 약해 보일 수 있다. 따라서 회사 경영자가 어떤 목표를 가지고 있느냐에 따라 제품 믹스의 폭은 달라질 것이다. 그러나 회사가 성장하게 되면, 제품 믹스의 폭은 넓어질 수밖에 없고, 폭을 넓혀야 시장에서 차지하는 해당 회사의 영향력이 커질 수 있으므로, 이를 고려해야 한다.

셋째, 제품 라인의 길이(length)란 하나의 라인 안에 들어 있는 브랜드의 개수를 의미한다. 아모레퍼시픽은 화장품 라인 안에 2021년 현재, 24개의 브랜드를 보유하고 있다. 같은 라인 안에 브랜드가 많다는 것은 자기잠식(brand cannibalization)의 우려가 있을 수 있다. 브랜드별로 특성이 명확하고 목표고객이 다르다면 괜찮

[그림 7-8] 아모레퍼시픽의 제품 믹스와 제품 라인

출처: 아모레퍼시픽 사이트.

으나, 겹치는 경우라면 같은 회사의 다른 브랜드끼리 경쟁을 하게 되므로, 이 점은 불리할 수 있다. 그러나 시장점유율 측면에서는 아모레퍼시픽이라는 모브랜드의 이름 아래 많은 브랜드가 있기 때문에 높은 시장점유율을 획득할 수 있다. 따라서 제품 믹스의 폭과 마찬가지로 제품 라인의 길이에 대해서도 회사 경영자가 어떤 목표를 가지고 있느냐에 따라 전략은 달라질 수 있다. 제품 라인의 길이가 짧다는 것은 소수 브랜드만을 가지고 선택과 집중을 하겠다는 의미이며, 제품 라인의 길이가 길다는 것은 브랜드 각각의 수익성보다는 전체 시장점유율 증대를 더 우선시한다는 의미이다.

넷째, 제품 라인의 깊이(depth)는 한 브랜드가 거느린 제품의 종류가 얼마나 많은지를 의미한다. 아모레퍼시픽의 헤라는 스킨 제품, 메이크업 제품, 향수, 남성용 화장품 등 다양한 종류의 제품을 보유하고 있다. 그러나 상대적으로 에스쁘아는 남성용 제품이 없고, 스킨 제품이 빈약한 반면, 메이크업 제품에 더욱 특화된 제품을 가지고 있다.

4. 서비스 마케팅

1) 제품과 서비스는 다른가

파리바게트에서 빵과 음료를 구매한 후, 매장에서 섭취했다고 한다면, 이 경우 파리바게트는 제조업에 해당될까? 서비스업에 해당될까? 분명 빵과 음료는 눈으로 확인가능한 유형적 제품에 해당되므로, 파리바게트는 제조업이라 볼 수 있다. 그런데 매장에서 이러한 제품을 섭취하고, 매장직원의 응대도 경험했다면 이는 서비스업에 해당되는 것이 아닌가?

과거 '제조' 활동이 재화로 효용을 만들었으나, 오늘날 '서비스'는 무형의 효용을 만들고 있다. 제품도 중요하지만 서비스가 뒷받침되어 주지 않으면 소비자가 외면하는 시대가 온 것이다. 이에 따라, 많은 제조업이 서비스업화되어 가고 있다. 동시에 거대 서비스기업이 생겨나고 있다. 구글, 애플, 아마존, 네이버, 카카오 같은 기업은 대규모 기업으로 성장했고, 대기업 제조업보다 더 높은 매출을 보이고 있다. 이제는 제조업과 서비스업을 이분법으로 구별하는 것은 의미가 없으며, 모든 기업은 서비스를 추구하고 있다고 봐야 할 것이다.

(1) 서비스의 정의

서비스는 투입-산출-변환과정을 거쳐 무형의 무언가를 생산하는 행위이다. 이는 제조업과 매우 유사한 형태이나, 무형성을 지니고 있기에 개념적으로 혼란이 있다. 그래서 서비스의 정의도 협의적 정의와 광의적 정의 두 가지로 나누어 살펴볼 필요가 있다.

첫째, 협의적 관점에서 서비스는 형태가 없는 무형의 제품에 해당된다. 우리가 일반적으로 알고 있는 교육, 금융, 호텔, 항공, 여행 서비스 등을 일컫는다. 둘째, 광의적 관점에서 서비스는 유형적 제품을 포함하는 서비스로 보아야 한다. 현재 많은 제조업은 서비스화되어 가고 있으며, 앞서 언급했듯이 서비스업이 제조업보다 발전하여, 더 높은 투자 대비 이익률을 보이는 경우가 많아지고 있다. 이제 모든 제조업에서 서비스는 필연적으로 같이 제공되는 것이므로, 파리바게트와 같은 외식업도 서비스업종으로 보아야 한다. 그러나 기존의 서비스업이라고 하면, 사람들은 외식서비스를 많이 떠올리는데 이러한 산업에서는 아르바이트 고용률이 높고 임금이 높다는 인식이 적기 때문에 서비스업을 3D업종 분야로 잘못 오인하는 경우가 많다. 그러나 금융, 교육 서비스의 경우, 가장 대표적인 고부가가치 산업으로서, 아시아 금융의 허브를 담당하는 싱가포르의 경우 금융서비스 산업의 발전으로 부유한 경제력을 자랑한다. 따라서 서비스업을 너무 한정지어 구분하지 말고, 거시적 관점으로 바라볼 필요가 있다.

(2) 서비스의 네 가지 특징

서비스는 무형성, 소멸성, 비분리성, 이질성의 특징을 가진다.

첫째, 무형성(intangibility)은 서비스를 구매 이전에 보거나 만질 수 없다는 뜻이다. 서비스는 오늘 묵을 호텔에 실수로 가지 못했다면 내일 갈 수 없듯이 재고화가 불가능하며 모방이 쉽기 때문에 특허로 보호받기도 어렵다. 또한 눈에 보이지 않기 때문에 서비스의 특성을 언어나 영상으로 표현하기 어려우며, 가격 산정도 어렵다. 커트를 받기 위해 미용실을 방문해 보면 미용실마다 커트 비용이 다 다르고, 같은 미용실이라고 하더라도 미용사의 직책에 따라서도 비용이 다르다. 그런데 이러한 비용은 미용사의 자격증 레벨(예를 들어, 미용자격증이 급수가 있다고 한다면 1급자격증, 2급자격증 등)에 따라 산정된 것이 아니고, 미용실의 위치, 미용사의 경력, 실력 등에 의해 결정되는 것이 더 일반적이다. 따라서 서비스의 무형성은 여러 가지 애로점이 있다. 무형성을 극복하기 위해서는 유형의 단서를 이용하는 것이 필요하다. 병원은 의사가 어느 대학을 졸업했는지 강조하는 간판을 달아서 유형적 단서를 제공하고, 호텔은 몇 성급 호텔인지, 어떤 기관에서 상을 받았는지 등을 강조하는 광고를 함으로써 유형적 단서를 활용한다. 이 외에도 이러한 유형적 단서가 없는 업종이라면 해당 업종 이용자의 구매후기를 유도하여, 이들이 친구나 가족과 같은 주변인에게 긍정적 구전을 불러일으키도록 해야 한다.

둘째, 소멸성(perishability)은 서비스를 저장하거나 보관할 수 없다는 의미이다. 그러므로 수요가 공급능력을 초과하는 경우, 해당 기업은 예약시스템을 적극 활용할 필요성이 있으며, 시간대별로 요금을 다르게 하거나 하여 수요를 분산시키는 방법을 활용해야 한다. 연극이나 영화 서비스는 조조할인이나 심야할인 등의 정책을 이용하는 것이 좋고, 사람이 많이 몰리는 지점의 주유소나 음식점은 셀프 서비스를 이용하게 하는 것이 필요하다.

셋째, 비분리성(inseparability)은 서비스의 생산과 소비를 분리할 수 없으며 동시발생적 특징을 지닌다는 의미이다. 서비스 제공자와 서비스는 물리적으로 연결될 수밖에 없고, 서비스 이용자인 고객과 서비스 제공자인 종업원은 면대면 접점에서 관계를 형성하게 되므로 서비스의 대량생산이 어렵다. 경우에 따라 고객은 생산과정에 직접적으로 참여하기도 하는데, 병원을 이용할 경우, 의사에게 본인의 증상을 설명하고, 각종 검사 시, 공복상태를 유지하는 등의 준비를 한다. 비분리성을 극복하기 위해서는 서비스 종업원을 전문적으로 교육하여, 한번에 많은 고객을 능숙하게 상대할 수 있도록 해야 하며, 고객을 효율적으로 관리하기 위해 병원 방문 시 사전에 중요한 지병 등에 대한 리스트를 작성하게 하는 등의 방법이 필요하다.

넷째, 이질성(heterogeneity)은 서비스 품질이 누가 어디에서 제공하는지에 따라 달라질 수 있다는 의미이다. 동일한 커피전문점 매장을 방문하더라도 종업원이 누구인지, 그날의 날씨가 어땠는지 등에 따라서 서비스 품질은 다르게 지각될 수 있다. 프랜차이즈 지점의 종업원 교육은 표준화가 잘 되어 있지만 종업원마다 목소리, 외모, 태도 등은 다르므로 고객은 해당 서비스를 이질적으로 느낄 수 있다. 이를 극복하기 위해서 기업은 맞춤서비스 전략을 펼치거나, 제대로 된 종업원 교육을 통한 표준화 전략을 사용해야 할 것이다.

〈표 7-2〉 서비스의 네 가지 특성과 내용

특성	내용
무형성	• 재고화가 불가능하다. • 모방이 쉬워 특허로 보호받기 어렵다. • 무형성을 극복하기 위해서는 유형의 단서가 필요하다.
소멸성	• 저장하거나 보관하기 어렵다. • 수요와 공급의 적절한 조정이 필요하다. • 소멸성을 극복하기 위해서는 예약시스템을 활용하는 것이 필요하다.
비분리성	• 종업원과 고객 간의 상호작용이 중요하다. • 서비스 생산이나 전달과정에서 고객의 참여가 발생하기도 한다. • 비분리성을 극복하기 위해서는 숙련된 종업원 양성교육이 필요하다.
이질성	• 서비스를 제공하는 종업원에 따라 영향을 받는다. • 서비스의 외적 환경(날씨, 온도, 상황)에 의해 영향을 받는다. • 이질성을 극복하기 위해서는 표준화 혹은 개별화 전략이 필요하다.

2) 서비스 마케팅 믹스(7p)와 마케팅 믹스(4p)의 차이점

기존의 마케팅 믹스(marketing mix)는 네 가지로, 제품, 가격, 유통, 촉진으로 구분된다. 서비스 마케팅 믹스(service marketing mixs)는 기존의 마케팅 믹스 외에 세 가지가 더 추가되는데, 물리적 증거(physical evidence), 사람(people), 프로세스(process)가 있다. 이 세 가지는 서비스 마케팅 분야의 특징을 반영한 것이다.

첫째, 물리적 증거의 경우, 서비스가 무형성이라는 특징을 가지고 있으므로, 이를 극복하는 데 필요하다. 여기서 말하는 물리적 증거는 눈에 보이는 유형적 특징으로, 음식점을 예로 들면 음식점의 그릇, 건물의 청결도, 종업원의 복장 등이 해당된다. 이러한 유형적 특징은 서비스 무형성을 보완하는 역할을 해 주므로 중요하다.

둘째, 사람의 경우, 기존의 마케팅 전략을 구상할 시에는 고객만을 중요하게 여겼으나, 서비스 마케팅에서는 고객뿐만이 아니라 이 고객을 접점에서 응대하는 종업원을 중요하게 생각한다. 따라서 서비스 마케팅 믹스의 사람은 고객과 종업원 둘 다를 의미하며, 이 둘은 모두 비슷한 수준의 중요도를 가진다. 기업과 고객, 종업원은 [그림 7-9]처럼 삼각형 구도를 가지는데, 기업과 고객 간에는 외부 마케팅이, 고객과 종업원 간에는 상호작용 마케팅이, 기업과 종업원 간에는 내부 마케팅이 필요하다.

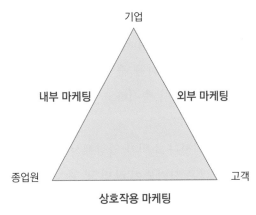

[그림 7-9] 세 가지 유형의 서비스 마케팅

셋째, 프로세스의 경우, 서비스는 고객과 종업원이 면대면으로 만나므로, 이때의 과정이 중요함을 의미한다. 고객과 종업원의 접점은 병원을 예로 들면, 병원예약을 위해 고객이 전화를 하는 것부터 시작해서, 예약당일 주차, 병원접수, 의사진료, 진료 후 처방, 계산 및 추후예약 등의 모든 단계마다의 과정을 의미한다. 이러한 과정상의 응대가 서로에게 좋으면, 고객은 해당 병원에 대한 긍정적 이미지를 갖게 되고, 해당 병원 종업원인 의사나 간호사는 더 즐겁고 열심히 업무를 하게 되어 선순환적인 효과가 나타난다.

5. 신제품 개발

1) 신제품 정의

신제품은 시장에 출시된 새로운 제품을 의미하는데, 여기서의 '새롭다'라는 것은 시장에 없는 혁신적인 제품부터 시작해서, 기존 제품에 약간의 변화를 준 제품까지 다양한 관점을 가진다. [그림 7-10]에 의하면, 신제품은 참신성 정도에 따라 네 가지 형태로 구분된다.

신제품은 기업 입장에서의 참신성과 소비자 입장에서의 참신성으로 구분되는데, 첫째, 기업과 소비자 입장 모두에서 참신성이 낮은 경우는 제품 개선이다. 제품 개선은 제품이 재료에 약간의 변화를 준 형태인데, 그 예로 아이오페는 레티놀 크림을 지속적으로 업그레이드해서 출시하고 있지만 소비자 입장에서는 그 변화의 차이를 지각하지 못한다.

둘째, 기업 입장에서는 참신하나 소비자 입장에서는 참신하지 못한 경우는 제품 계열의 추가 및 확장이다. 많은 사람들이 라면 및 과자 브랜드로 인식하는 농심은 간편식 시장에 진출했는데, 이는 제품 계열의 추가에 해당된다. 농심은 쿡탐이라는 이름으로 간편식 시장에 진출하여 쿡탐 국물요리, 쿡탐 면요리, 쿡탐 볶음밥 등으로 제품 계열을 확장하고 있다.

셋째, 소비자 입장에서는 참신하나 기업 입장에서 참신하지 못한 경우는 재포지셔닝이다. 이는 제품을 다른 관점에서 사용가능하도록 포지셔닝하는 것인데, 요리할 때뿐만 아니라 아침 입안 가글 대용으로도 이용가능한 코코넛 오일이 그 예이다. 코코넛 오일을 아침 기상 후에 가글 대용으로 사용하면, 입안의 세균이 줄어들고 건강에 좋다는 소문이 난 이후로 많은 사람이 요리용이 아닌 가글용으로 코코넛 오일을 구입했다.

넷째, 기업과 소비자 입장 모두에서 참신성이 높은 경우는 혁신 제품이다. 다이슨 에어랩은 머릿결이 상하지 않고, 빠른 드라이를 할 수 있으며, 원하는 스타일의 헤어를 완성할 수 있는 다양한 도구를 제공한다. 10초만 갖다 대어도 미용실에서 드라이한 것 같은 컬을 완성할 수 있는 이 미용도구는 비싼 가격에도 불구하고 여성 소비자에게 큰 인기를 끌고 있다.

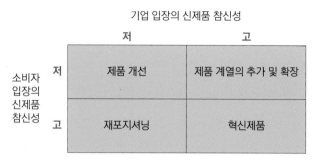

[그림 7-10] 신제품의 분류

　실제 시장에 혁신적 신제품은 많지 않고, 혁신적 신제품은 소비자가 이를 인지하고 받아들이는 데 상당한 시간이 든다. 회사는 이러한 혁신적 신제품을 홍보하는 데 많은 마케팅 비용을 들여야 하므로, 경우에 따라서는 일부러 기존 제품을 점진적으로 변화시킨 형태의 신제품을 내놓기도 한다. 또한 신제품은 앞서 서비스를 의미하기도 하므로, 마켓컬리와 같이 시장에 새로운 유통 형태인 온라인 장보기 앱(새벽배송 앱)을 제안한 초기 마켓컬리도 신제품이라고 부를 수 있다. 신제품의 성공률은 20%를 넘지 않는다고 하는데, 그럼에도 불구하고 회사들이 신제품을 출시하는 이유는 무엇일까? 신제품 성공은 한 기업의 가치를 대폭 상승시키는 역할을 하며, 기업의 사업 확장에도 중대한 역할을 한다. 숙박 앱 '야놀자'의 성공은 많은 것을 시사하는데, 첫째, 야놀자는 많은 기업들의 투자를 받아 미국 나스닥 상장을 준비 중에 있다. 이를 통해 신제품 성공은 기업 자산 증식의 기회가 된다는 것을 알 수 있다. 둘째, 야놀자는 인터파크 사업 부분의 70%를 인수하여, 해외여행시장 공략과 글로벌 사업 확장을 노리고 있다. 이를 통해 신제품의 성공은 기업의 다각화와 새로운 투자기회의 발굴이라는 장점을 지닌다는 것을 알 수 있다.

2) 신제품의 개발과정

　신제품의 개발과정은 '아이디어 제안 및 선별 → 콘셉트 개발 및 테스트 → 마케팅 믹스 개발 → 사업성 분석 → 시제품 개발 → 시장테스트 → 상업화'라는 단계를 가진다.

(1) 아이디어 제안 및 선별

아이디어는 기업 내부 원천과 외부 원천으로 구분되는데, 내부 원천의 경우, 마케팅 및 연구 개발부서를 통한 아이디어, 기타 부서 및 최고경영자의 아이디어 등이 있다. 마케팅 및 연구개발(R&D) 부서는 서로 중요한 관계인데, 마케팅 직원이 아무리 좋은 아이디어를 내더라도 이것이 기술로 개발될 수 없으면 무용지물이므로, 연구개발부서와의 협력이 매우 중요하다. 냉장고, 세탁기 등은 모든 소비자가 사용하는 제품으로 소비자의 니즈(needs)가 다양하고 관심도 또한 높다. 마케터는 시장조사 및 소비자 관찰 등을 통해서 제품에 대한 아이디어를 얻는데 이 아이디어를 구체적으로 실현시켜 줄 수 있는 것은 해당 제품 개발자가 되므로, 이 둘의 관계는 특히 더 중요하다.

외부 원천의 경우, 각종 공모전을 통한 소비자 의견조사, 소비자 관련 설문 조사, 경쟁제품의 비교분석 등이 있다. 오늘날은 인터넷으로 모든 정보들이 공유되기 때문에 기술력이 아주 높은 제품을 제외하고는 모방이 쉽게 일어나고, 다양한 제품이 끊임없이 출시된다. 이렇게 경쟁이 심화된 시대에, 회사 내부 직원들의 아이디어만으로는 소비자 욕구를 제때에 만족시켜 주기가 쉽지 않다. 이에 회사들은 공모전을 통해 소비자의 의견을 듣고, 거기서 아이디어를 얻는 경우가 많다. 롯데푸드는 돼지바 제품 아이디어 공모전 '셰프 돼장'을 통해 두 개의 수상작을 실제 제품으로 출시하기로 결정했다. 회사 측은 두 개 아이디어(그릭복숭아, 돌-짝대기)를 제품화하기로 했는데, 이 중 제주도 방언으로 '돼지'를 뜻하는 '돌'에 우도 땅콩과 백련초로 맛을 낸 '돌-짝대기'는 제주도에서만 판매할 계획이다(뉴시스, 2021. 9. 30.).

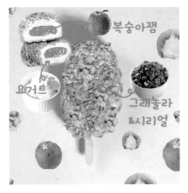

[그림 7-11] 소비자 공모전을 통해 출시될 예정인 롯데 돼지바 신제품

경쟁제품의 비교분석을 통해 새로운 아이디어가 탄생되기도 한다. 서울우유에서 2020년 출시한 '강릉커피 라떼'는 냉장 매대용 커피우유 시장에 비교적 늦게 진출한 제품이다. 그런데 이 제품이 소비자 사이에 입소문을 탄 이유는 기존 제품 대비 '덜 달다'는 데 있었다. 서울우유는 경쟁업체들의 커피우유 당도가 높다고 판단하여 단맛을 줄였고, 이 제품은 소비자에게 커피전문점에서 판매하는 카페라떼와 가장 비슷한 맛을 낸다고 평가받고 있다.

[그림 7-12] 경쟁자 분석을 통한 신제품 출시: 서울우유 강릉커피

신제품 아이디어는 선택기준을 활용하여 선별 작업을 거치게 되는데, 이것을 스크리닝(screening)이라고 한다. 모든 아이디어가 신제품으로 개발될 수 없기에, 제안된 아이디어는 중요 속성별로 점수를 매기되, 필요시 가중치를 적용하여 총합계를 계산하여 이 중 가장 총점이 높은 것이 최종 아이디어로 선정된다. 아이디어의 선택기준이 되는 속성은 회사마다, 제품마다 다를 수 있으나 제품의 실현가능성 측면, 시장점유율 측면, 재무적 측면 등 세 가지가 가장 중요하게 고려된다. 첫째, 제품의 실현가능성은 제품의 기술적 실현가능성, 기존 생산시설 이용여부, 참신성 등이 해당된다. 둘째, 시장점유율은 해당 아이디어를 통한 신제품이 시장에서 차지할 예상 성장 가능성, 시장의 경쟁상황, 시장의 크기 등이 해당된다. 셋째, 재무적측면은 투자 대비 수익률(ROI), 유동성 영향 여부 등이 해당된다. 이러한 상세 기준에 대한 점수를 10점 만점 기준으로 매기되(여기서의 10점은 예시이며, 5점 척도의 등간척도 등 다양한 기준으로 계산 가능함), 가중치를 곱해 준 최종 합계가 해당 아이디어의 총점수가 되는 것이다.

$$T = \sum_{j=1}^{n} W_j U_j$$

T: 총점수
n: 스크리닝에 사용된 속성 수
W: 속성별 가중치
U: 아이디어에 대한 평가점수

(2) 콘셉트 개발 및 테스트

신상품 콘셉트(concept)는 해당 제품이 가지는 이미지를 구체화하여 표현한 것을 말한다. 제품의 대표적 이미지는 언어나 그림으로 표현되는데, '겔포스' 하면 '소화불량과 속쓰림 해결'이, '후시딘' 하면 '상처 날 때 바르는 재생연고'가 그 예가 된다. 이처럼 어떤 브랜드를 떠올렸을 때 겔포스와 후시딘처럼 제품의 중요 속성이 잘 기억되면 그 브랜드는 소비자에게 제대로 된 브랜드 콘셉트를 심어 줬다고 볼 수 있다. 한편, '애플PC'처럼 바로 브랜드 콘셉트가 떠오르기보다는 사과 로고가 먼저 떠오르는 경우도 있고, '마켓컬리' 하면 '보라색', 즉 특정 색상이 먼저 연상되는 경우도 있다. 이러한 로고나 색상의 연상은 이후 해당 브랜드의 이미지 연상으로 이어진다. 어떤 경우든지, 신제품 성공을 위해서 해당 기업은 소비자에게 정확한 콘셉트를 심어 주는 것이 중요하며, 여러 콘셉트 중 최적의 콘셉트를 선택하기 위해 소비자를 대상으로 콘셉트에 대한 반응을 평가하는 것을 콘셉트 테스트(concept test)라고 한다.

(3) 마케팅 믹스 개발

신상품 콘셉트가 결정되면, 제품(product), 가격(price), 유통(place), 촉진(promotion)의 믹스를 해야 하는데, 제품의 경우 제품의 용량, 패키징, 성분, 브랜드 네임 등을 결정하는 것이다. 가격은 시장의 경쟁가격, 소비자가 지각하는 준거가격, 최저 및 최대 수용가격 등의 조사를 통해 결정된다. 유통은 직접판매 vs 간접판매(중간상), 온라인 vs 오프라인 판매 등의 유통 경로 및 채널을 결정하는 것을 말한다. 마지막으로 촉진은 광고와 홍보, 가격할인, 샘플링, 쿠폰 등과 같은 판매촉진, 인적 판매 등을 결정하는 것이다.

(4) 사업성 분석

사업성 분석은 판매량, 원가계산을 통한 마진율을 추정하는 것이다. 신제품 분류를 통해서 보았듯이, 기존 제품에서 업그레이드된 제품 개선, 제품 계열의 추가나 확장 같은 경우는 비교적 정확하게 판매량 예측이 가능하나, 혁신적인 신제품은 이러한 예측이 불가능하다. 따라서 이럴 때에는 혁신적 신제품 수요예측 모델 등을 통한 분석이 필요하다.

(5) 시제품 개발

시제품(prototype)은 연구개발부서에서 만든 시험용 제품으로, 여러 가지 테스트를 거쳐 탄생된다. 시제품의 직접적인 테스트를 통해 해당 제품의 실제 상업화 가능성을 예측할 수 있다. 유명브랜드 의류아울렛 매장을 가 보면, 시제품으로 개발된 제품을 싸게 판매하는 것을 볼 수 있는데 경우에 따라서는 시제품이 원제품보다 완성도는 떨어지지만 더 좋은 품질의 재료를 사용한 경우가 있다. 의류의 경우 재료비와 공임비가 많이 들어가는 만큼 시제품으로만 개발되고, 실제 상업화는 되지 못한 제품이 많이 있다.

(6) 시장테스트

제품이 어느 정도 완제품화되면, 이 신상품을 일부 시장에 선보여서 어느 정도의 판매율이 나오는지 살펴보고 소비자의 반응도 조사해 보는 것이 시장테스트(market test)이다. 시장테스트는 잠재적 문제점을 해결하고자 하는 방법으로 제품뿐만 아니라 서비스에도 적용된다. 부산시는 부산 공공배달 앱 '동백통'의 완성도를 높이기 위해 소비자 체험단을 운영해 시범 테스트를 진행했다. 부산시는 2021년 10월부터 소비자 체험단을 모집하여 11월 1달 동안 테스트를 하고, 12월 시스템 보완을 거쳐 2022년 1월 정식 서비스를 시작하였다. 이처럼 제품뿐만 아니라 서비스 관련 앱도 정식 서비스 전 소비자 체험단을 이용하여 시장테스트를 진행한다. 이러한 시장테스트는 상당한 비용이 발생하지만, 상업화 후 발생할 손실을 예방한다는 차원에서 반드시 필요하다.

(7) 상업화

기업이 제품의 상업화를 결정하면, 제품 생산에 필요한 설비, 공장, 재료비, 광고판촉비 등 막대한 비용이 발생한다. 비용 손실을 막기 위해 기업은 출시과정을 면밀하게 모니터링하는 것이 중요하다. 비내구재인 식품은 1회성 구매보다는 재구매율이 중요하므로, 소비자의 초기 구매율보다는 재구매율의 비율을 잘 살펴봐야 한다. 비내구재인 의류, 가구, 자동차 등은 브랜드 이미지, 주변인의 긍정적 구전이 매우 중요하게 작용하므로, 마케팅 전략을 잘 수립하여 소비자에게 확실한 이미지를 심어 주는 것이 필요하며, 입소문 관리도 신경 써야 한다.

3) 제품 수명주기

제품 수명주기(Product Life Cycle: PLC)는 제품도 도입, 성장, 성숙, 쇠퇴의 과정을 거친다는 것으로, 이는 주변환경 및 경쟁제품의 영향을 어느 정도 받느냐에 따라 그 시기가 빨라지거나 느려질 수 있다. 시장에는 수많은 신제품이 출시되지만, 이 중에서 상당수 신제품은 짧은 수명주기, 즉 실패를 통해 시장에서 빠르게 사라진다. 그러나 일부 신제품은 긴 수명주기를 가지는데, 경우에 따라 쇠퇴기에 진입하려는 제품이 해외수출 등을 통해 인기가 생겨 재도약을 함으로써 매우 긴 수명주기를 유지하기도 한다. 제품 수명주기는 전형적으로 누워진 s자 모형을 나타내는데, 제품에 따라 특수한 형태를 보이기도 한다. 오리온 초코파이 같은 경우, 우리나라에서는 쇠퇴기에 접어들었으나 해외수출 호조로 전체적인 매출은 시간이 지날수록 늘어나고 있다.

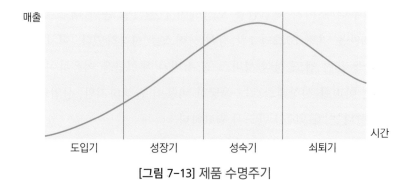

[그림 7-13] 제품 수명주기

　제품 수명주기는 시간이 지남에 따라 매출의 차이를 보이게 되는데, 단계별 특성과 전략을 살펴보도록 하겠다.

(1) 도입기

　도입기는 신제품 출시 초반이므로 해당 제품에 대한 소비자의 인지도가 낮다. 기업은 브랜드 인지도를 높이기 위해 높은 광고 및 판촉비용이 발생한다. 혁신적인 신제품의 경우, 소비자가 제품의 특성을 이해하는 데 상당한 기간이 걸린다. 만약 해당 신제품이 경쟁사보다 가장 먼저 시장에 진출하는 경우에는 선발 주자라는 우위는 있으나 소비자에게 해당 제품을 주지시키는 데 상당한 마케팅 비용이 발생할 것이다. 경쟁자보다 후발로 진입한다면, 혁신제품에 대한 인지마케팅 비용은 감소할 것이고, 해당 제품에 대한 장점을 광고하는 판촉비용은 더 많이 들 것이다. 어떤 경우더라도 도입기는 신제품 브랜드를 소비자가 기억할 수 있도록 해야 하므로, 기업은 입소문 마케팅(buzz marketing)을 잘 활용해야 한다. 오늘날 TV 광고의 영향력보다는 유튜브나 인스타그램 같은 SNS 유명 인플루언서의 영향력이 더 커진 만큼, SNS 마케팅에 적절한 비용이 투입되어야 할 것이다.

(2) 성장기

　신제품이 입소문을 타고 괜찮다는 평가가 내려지면, 해당 제품은 판매가 급속하게 증가된다. 이 시기를 성장기라고 하는데, 이 시기는 도입기보다 구전의 영향력이 더욱더 증대되는 시기이다. 이 시기는 소비자가 제품을 더 많이 구입해서 사용해 볼 수 있도록 유도하기 위해 가격할인이나 판촉 전략 등이 필요하고, 광고 또한 대대적으로 펼쳐야 한다. 유통 분야도 판매하는 채널 수를 대폭 늘려 많은 소비자가 손쉽게 구매할 수 있는 상황을 만들어야 할 것이다. 바르는 멀티밤인 스틱형 화장품 '가히'는 홈쇼핑에서 판매를 시작하고, 이후 배우 김고은을 광고모델로 채용하여 적극적인 광고를 시작했다. 홈쇼핑 특성상 묶음판매를 통한 대량구매가 발생하고, 제품의 품질이 좋을 경우, 긍정적 입소문이 빠르게 펴져 가는데 '가히'는 이러한 홈쇼핑의 장점을 적극 이용하여 성공적인 성장기에 안착했다.

[그림 7-14] 성장기인 뷰티밤 '가히'

(3) 성숙기

성숙기는 매출 증가세가 둔화되는 시기로 매출액 자체는 매우 높으나, 증가율이 낮아지는 시기이다. 더 좋은 품질의 제품이 많이 등장하여 경쟁이 치열해지는 시기이므로 자사 제품만의 차별화된 특성이 없다면 시장에서 도태되기 쉽다. 따라서 이 시기에는 위기를 돌파할 수 있도록 시장을 개척하거나 제품의 품질을 개선하는 노력이 필요하다.

구체적으로 살펴보면, 첫째, 시장 개척의 경우 제품을 해외에 판매하여 판매시장의 폭을 넓히거나 소비자에게 해당 제품의 다양한 사용상황을 제시하여, 제품의 사용빈도를 높이는 것이 필요하다. 한국의 문화콘텐츠 산업의 발달로 인해 한류의 바람이 다시 불면서 한국 식품의 인기가 높아지고 있는 만큼, 한국 식품회사들은 해외 시장에 더 적극적으로 진출하는 것이 필요하다. 또한 '짜파구리'같이 너구리와 짜파게티를 같이 조리하여 다양한 제품을 믹스하여 먹도록 하는 사용상황을 SNS에 적극 홍보하는 것도 필요하다. 식품의 경우 다양한 조리법이 탄생될수록 해당 제품의 사용빈도가 늘어나게 되므로 이는 성숙기에 있는 제품의 재도약에 도움이 될 수 있다.

둘째, 제품 품질 개선의 경우 기존 제품의 기능을 더 견고히 하거나, 새로운 기능을 추가하는 것이 필요하다. 제품뿐만이 아니라 '넷플릭스' 같은 OTT 서비스 시장도 성숙기에 접어들었는데, 이들 OTT 시장은 코로나19로 급작스런 성장을 맞이하였으나 이후 상승세가 급격히 줄어들고 있다. OTT 서비스는 짧은 시간 동안 경쟁사가 너무 많이 생겨났고, 비슷한 콘셉트의 영화, 드라마, 다큐 등이 시청자에게 더 이상 새롭게 다가오지 않고 있는 실정이다. 그러나 넷플릭스는 이때 더 적극적인 제품 개발을 함으로써 〈오징어게임〉과 같은 드라마를 성공적으로 탄생시켰다. 좋은 품질의 콘텐츠 개발은 소비자에게 해당 서비스의 품질이 좋아졌다는 인식을 심어 주게 되고, 이는 곧 매출 증가로 이어진다.

(4) 쇠퇴기

쇠퇴기는 시장 자체의 급격한 축소, 소비자 욕구의 변화, 대내외적인 환경 변화 등의 영향으로 제품의 매출이 감소하는 시기이다. 코로나19 이후, 실내 좁은 공간에 많은 사람들이 방문하는 다중이용시설의 이용도가 급격히 감소하였다. 노래방, PC방은 향후에도 매출 회복이 힘들 것으로 전망되고 있다. 이처럼 상당수의 비말감염 위험이 있는 다중이용시설은 대내외적인 환경 변화로 인해 쇠퇴기에 접어들게 되었다. 이 시기에 있는 기업은 사업을 축소하거나 철수하는 전략을 세운다.

파타고니아의 제품 전략

산악인 이본 쉬나드(Yvon Chouinard)는 인간과 환경 모두에 도움이 되는 제품을 만들고자 파타고니아를 창업했다. 파타고니아는 환경보호를 위해 끊임없이 노력하는 기업으로, 실질적으로는 친환경 보호를 위해 노력하지 않으면서 겉으로만 녹색경영을 표방하는 여타의 기업과는 다른 행보를 보이고 있다. 파타고니아의 다양한 영역에서의 철학을 살펴보자.

1. 디자인 철학
   - 필요한 기능을 갖추었는가?
   - 다기능적인가?(적게 사고, 더 나은 것을 사라)
   - 내구성이 있는가?
   - 수선이 가능한가?(수선은 환경보호를 위한 급진적인 활동이라는 개념)
   - 고객에게 잘 맞는가?(사이즈 변형이 일어나지 않게 함)
   - 디자인이 단순한가?
   - 제품 라인이 단순한가?(품질이 보장되며, 결함이 줄어든다)
   - 관리와 세탁이 쉬운가?(세탁의 환경오염 관점)
   - 환경에 해를 끼치지 않는 재료를 사용하는가?

2. 생산철학
   - 품질보다 앞서는 것은 없다.

3. 마케팅 철학
   - 스토리 전체를 들려준다.
   - 홍보: 고객의 신뢰는 광고비로 살 수 없다(좋은 품질을 바탕으로 하여, 입소문을 통한 추천이나 언론의 호의적 언급이 더 중요하다).

파타고니아의 디자인, 생산, 마케팅 철학은 이 장의 제품 관리 및 제품 라인에 대한 내용 일부를 반영하고 있다. 파타고니아는 환경에 무해한 제품을 생산하고, 그에 따른 고품질을 유지하기 위해 노력하는 회사이다. 이러한 품질을 기반으로 디자인, 생산, 마케팅 철학이 잘 어우러져 파타고니아가 성공할 수 있었음을 본 사례를 통해 알 수 있다.

출처: 이본 쉬나드(2020).

마케팅원론 ABC

Artificial Intelligence
Big data
Customer value

제**8**장

고객가치 구축 II: 브랜드

1. 브랜드 개념과 역할
2. 브랜드 마케팅과 브랜드 자산
3. 브랜드 자산가치의 개념 및 평가

'지구를 위한 지속가능한 소비의 실천'이라는 사회적 가치를 브랜드 콘셉트로 브랜드 자산가치를 구축하고 있는 올버즈

ESG(Enviroment · Social · Govenance) 경영의 패러다임이 중요시되고 있는 지금 올버즈 (allbirds)는 지속가능한 미래를 만들기 위한 최선의 노력으로 윤리적인 방법으로 조달한 친환경 재료를 사용한 신발을 생산한다. 올버즈가 소비자에게 기대하는 것은 신발 한 켤레의 제품 소비를 뛰어넘어 친환경 의식에 바탕을 둔 라이프스타일과 소비문화 형성이 가능한 소비이다. 올버즈는 경쟁이 치열한 신발 및 의류시장에서 제품의 디자인이나 가격 등의 실질적 차별 (substantive difference)보다는 지구를 위한 경영을 하며, 올버즈가 생산하는 제품과 소재는 친환경을 실천하는 것이라는 지각적 차별(perceptual difference)을 통해 브랜드 차별화를 실천하고 자산가치를 강화시키고 있다.

친환경적 제품, 올버즈

올버즈는 뉴질랜드 축구 국가대표 출신인 팀 브라운(Tim Brown)에 의해서 개발된 신발 브랜드이다. 브랜드네임 역시 조류만 존재하던 대륙이라는 뉴질랜드의 역사적 특성에서 힌트를 얻어 'Land of All'이라는 뜻이 반영되어 올버즈로 만들어졌다. 2016년 3월 출시 이후 마크 저커버그나 래리 페이지 같은 미국 실리콘밸리 IT업계 CEO가 애용한다고 소문이 나서 '실리콘밸리 운동화'라는 별칭이 붙기도 하였다. 그 외에도 오바마 미국 대통령과 영화배우 엠마 왓슨, 레오나르도 디카프리오도 올버즈의 고객이다. 올버즈는 불과 2년 만에 기업가치가 14억 달러(약 1.7조 원)가 되었고, 5년 후에는 IPO를 통해 기업가치를 약 22억 달러(약2.5조 원)까지 인정받는 유니콘 기업으로 성장하였다. 올버즈는 100% 환경친화적인 재료를 사용하는데 주로 울과 유칼립투스 나무 등에서 얻은 재료를 사용하여 제품이 가지는 본래의 기능적 편익을 최대한 자연스럽게 제공하고 고객으로 하여금 감성적 편익까지 느낄 수 있도록 노력한다. 즉, 올버즈는 '세상에서 가장 편한 신발'이라는 제품 콘셉트를 바탕으로 신발이 주는 기능을 고객의 감성과 연결시키기 위한 노력을 해 오고 있다. 뿐만 아니라 올버즈는 신발을 포장하는 박스를 테이프와 플라스틱이 사용되지 않은 친환경 재활용 소재로 만들어 순수 핵심 제품 이외의 패키징 부분에서도 친환경정책을 실천하고 있다. 이런 과정들은 소비자들에게 올버즈는 자연친화적 기업으로 제품 그 이상의 가치를 친환경정책으로 실천한다는 브랜드 연상을 강화시키면서 제품력은 물론이고 브랜드 자산가치를 강화하고 있다.

지속가능한 지구를 위한 브랜드, 올버즈

마케팅4.0 시대에 접어들면서 지속가능성(sustainability)을 핵심가치로 한 시장과 제품에 대한 관심이 MZ세대를 시작으로 모든 연령층에서 부각되고 있다. 이런 환경 변화 속에서 메리노 양털, 나무, 유칼립투스 펄프와 사탕수수 같은 천연원료를 사용하여 자연친화적인 신발을 만드는 데 성공한 올버즈는 지속가능한 신발 브랜드로 세상에 등장한 후 미국 샌프란시스코에서 ESG 경영을 가장 솔선해서 실행하는 스타트업 기업으로 유명세를 타고 있다. 구체적으로 올버즈는 지구의 기후환경 변화를 우려해 환경적 기준을 준수하는 비콥(B Corporation)인증을 획득했다. 또 판매하는 모든 제품에 기업, 국가 등의 단체가 상품을 생산하고 소비하는 전체 과정을 통해 발생시키는 온실가스의 총량을 일컫는 탄소발자국(carbon footprint) 라벨을 부착하고 있다. 이로 인해서 올버즈 신발의 구매자는 자신이 사는 제품이 지구환경에 어떤 영향을 미치는지 확인할 수 있다. 이러한 사회적 · 환경적 가치를 염려하는 기업의 브랜드 제품을 구매하는 소비자는 단순히 좋은 신발제품 하나를 구매한다는 지각을 넘어서 본인 스스로가 지속가능한 지구를 위한 소비를 했다고 하는 경험적 가치를 얻게 된다. 즉, 올버즈는 자사의 고객들에게 신발제품이 제공하는 본초적인 기능적 가치는 물론이고, 브랜드에 의해 얻을 수 있는 상징적 가치 그리고 경험적 가치까지 경험할 수 있는 기회를 제공한다.

"일반적인 스니커즈 한 켤레는 12.5kg CO_2e(이산화탄소 환산 kg)를 배출합니다. 그리고 올버즈 슈즈 제품의 평균 배출량은 7.6kg CO_2e입니다. 수치만 봐도 더 낫죠? 하지만 우리의 목표는 그보다 원대합니다. 애초에 탄소발자국을 제로로 만드는 것이지요……."

올버즈는 시장 런칭 6년이 지난 지금 매출 대비 이익 면에서 적자를 못 면하고 있다. 그 이유를 살펴보면, 올버즈는 기존의 신발기업들이 선택한 오프라인(도매 · 소매) 판매 방식에서 벗어나 온라인 베이스 D2C(Direct to Consumer) 판매 방식을 채택하면서 오프라인과는 달리, 다양한 구조 변화를 만들기가 어렵고 고객 접점을 찾기 위해 디지털 광고 부문에 의존할 수밖에 없기 때문이다. 하지만 브랜드는 무형의 자산이며 생명력을 가지며 진화해 나간다. 따라서 올버즈도 '친환경 신발이 주는 편안함'과 '지속가능한 지구를 위한 기업활동'이라는 브랜드 미션을 잘 지켜 나가면서 제품 그 자체를 넘는 '지속가능성의 브랜드'로 브랜드 아이덴티티를 구축한다면 강력한 브랜드 자산가치를 형성할 것이다. 왜냐하면 올버즈는 지금의 '시대정신'을 가장 잘 실천하고 있는 기업이기 때문이다.

"더 나은 방법으로 더 좋은 제품"을
만드는 일은 결코 쉬운 일이 아닙니다.

우리의 여정은 이제 막 시작됐지만,
지금까지 이룬 성공을 소개시켜드리겠습니다.

비콥(B Corp)

비콥 (B Corp) 인증을 받은 우리는 다른 방식으로 비즈니스를 합니다. 환경이 아주 중요한 이해관계자중 하나이며, 우리에게는 환경을 대하는 자세가 이익 창출만큼이나 중요합니다.

SOLES4SOULS®

우리와 뜻을 같이 하고 있는 SOLES4SOULS® 덕분에, 사용감이 적은 Allbirds 신발은 세계 곳곳에서 새로운 주인을 만나 새 삶을 찾고, 그 과정에서 어려움에 처한 지역사회가 변창할 수 있도록 돕고 있습니다.

재활용 소재로 만든 포장박스

우리는 제품 포장박스에 대해 새로운 관점으로 접근했습니다. 90% 재활용 골판지를 사용하여 신발상자, 쇼핑백, 택배배상자까지 모두 올인원으로 사용할 수 있는 패키징을 만들어 환경을 보호함은 물론, 과대포장을 하지 않도록 노력했습니다.

출처: 올버즈.

▶ **사전토론 주제**

1. 제품과 브랜드의 차이는 무엇일까?

2. 제품 콘셉트와 브랜드 콘셉트는 동일하게 취급되어야 하는 개념인가?

3. 소비자가 제품 소비와 브랜드 소비에서 기대하는 것은 무엇일까?

4. 제품의 가치를 결정짓는 요소에는 어떤 것이 있을까?

5. 브랜드의 가치를 결정짓는 요소에는 어떤 것이 있을까?

제8장의 개요

　마케팅4.0 시대와 더불어 브랜드 역시 브랜딩4.0이라고 하는 시대적 현상 속에서 그 중요성이 더욱 커지고 있다. 마케팅과 비즈니스의 가치가 유형의 자산에 초점이 맞춰져 있던 시대와는 달리, 현재의 디지털 사회가 도래하면서 마케팅 전략의 수단이었던 STP 전략과 사회적 가치보다는 기업과 소비자, 그리고 브랜드가 유기적으로 연결된 가치가 시장가치로 재정립되고 있다. 브랜딩4.0 시대의 소비자는 제품이 제공하는 기능적 · 감성적 · 정서적 혜택을 뛰어넘어 자아실현이 가능한 브랜드 중심 사회 속에서 시장가치와 소비가치를 찾고자 노력하고 있다.

　이 장에서는 브랜드 매니지먼트의 핵심이 되는 브랜드의 개념과 브랜딩 요소들에 대해 설명을 하고자 한다. 기업이 운용하는 브랜드의 역할을 소비자의 관점과 기업의 관점에서 살펴보고 브랜드의 의미를 만들어 가는 포지셔닝 전략과 아이덴티티 구축 전략을 체계적으로 구분하고 소개한다. 다음으로 브랜드 자산가치의 개념과 중요성에 대해서 이해하고 기존에 제시된 자산가치 측정모델의 유형과 특징을 이해하도록 한다.

제8장의 질문

1. 소비자의 구매의사결정에 있어서 브랜드가 담당하는 역할에 대해서 설명하시오.

2. 브랜드 마케팅과 브랜드 자산의 관계에 대해서 설명하시오.

3. 브랜드 자산형성과 브랜드 포지셔닝 전략의 관계에 대해서 설명하시오.

4. 브랜드 아이덴티티 구축에 있어서 브랜드 요소의 역할에 대해서 설명하시오.

5. 브랜드 자산가치의 개념과 대표적인 평가방법에 대해서 설명하시오.

1. 브랜드 개념과 역할

1) 브랜드 정의

미국마케팅학회(American Marketing Association: AMA)는 브랜드에 대해, 판매자가 자신이 판매하고자 하는 제품 혹은 서비스를 다른 판매자의 제품 혹은 서비스와 차별화하기 위해 이름, 용어, 심벌, 디자인 등을 결합시켜 표현되는 것으로 정의하고 있다.

브랜드(brand)라는 단어는 '화인(火印)하다'라는 영어 단어 'burned'에서 파생한 것이다. 브랜드는 중세시대부터 자기 소유의 가축을 다른 사람의 것과 구분하기 위해 불에 달구어진 표식으로 자기 가축에게 낙인을 찍던 것에서 시작되었으며, 그 당시 도자기를 굽는 도공들은 본인들의 작품이 위조되는 것을 막기 위한 수단으로 브랜드를 사용하기도 하였다. 이러한 초기의 브랜드가 상업활동에 본격적으로 사용되기 시작한 것은 16세기 초반으로 영국의 위스키 제조업자들이 유통과정에서 제품의 품질을 보증하고 소비자에게 제조업자가 누구인지 증명하기 위해서였다. 근대에 들어와서 마케팅 수단으로 브랜드를 활용한 대표적 사례는 P&G 기업이 소형 비누와 포장에 '아이보리(Ivory)'라는 상표를 붙여서 판매한 것이다. 마케팅이란 기업과 소비자 사이에서 제품 및 서비스의 교환을 촉진하는 활동 또는 과정이다. 이 과정에서 브랜드는 그 자체만으로는 제품 혹은 서비스에 부여된 명칭 또는 마크에 지나지 않지만, 기업이 그 명칭과 마크를 마케팅활동에 어떻게 잘 활용하는가에 따라 기업은 새로운 수요를 만들어 낼 수도 있고, 경쟁우위의 원천

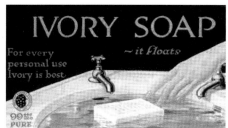

[그림 8-1] IVORY 브랜드의 비누제품

출처: (좌) Chemistrycachet. (우) CBS News.

을 확립할 수도 있다.

　기업은 브랜드의 가치를 정확히 평가하고 육성함으로써 사업의 수익성과 성장성을 높이는 것이 가능하다. 성공적인 브랜드의 구축은 소비자로 하여금 지속적이고 반복적인 구매를 유도할 수 있으며, 동등한 제품 기능을 가진 경쟁제품과 비교해서 더 높은 가격을 받을 수 있는 가격프리미엄 효과도 기대할 수 있다. 그 외에도 유통업자와의 교섭에서 협력과 지원을 보다 쉽게 받아 낼 수 있으며, 마케팅 프로모션과 브랜드확장 등을 용이하게 해 준다. 실제로 애플, 구글, 넷플릭스, 카카오와 같이 소비자의 높은 호의적 반응과 긍정적인 브랜드 태도를 확보한 브랜드는 장기적인 무형자산이라고 할 수 있는 브랜드 자산가치(brand equity)를 창출하면서 기업의 대외경쟁력을 높이는 것은 물론이고 외형 확장을 통한 기업성장을 효과적으로 달성하고 있다.

2) 제품과 브랜드의 차이

　마케팅에 있어서 브랜드의 역할을 알아보기 위해서는 먼저, 기존의 마케팅과 브랜드 마케팅의 차이를 이해할 필요가 있다. 즉, 제품과 브랜드의 차이를 이해해야 한다. 제품이라는 단어는 보통 일반명사로 표현 가능하며, 제품과 관련된 전체부분을 지칭한다. 예를 들어, 샴푸 제품은 머릿결을 건강하고 깨끗이 하기 위한 용도로 사용하기 위해 물리적이고 기능적인 재화로 개발된 것이라고 한다면, 비듬을 없애 주는 것으로 유명한 헤드앤숄더(head & shoulders) 브랜드의 샴푸는 제품에 고객의 인식이나 감정을 부여한 무형(無形)의 재화라고 할 수 있다. 좋은 기술력과 특성으로 만들어진 제품은 단기적으로 새로운 시장을 개척하거나 히트상품이 될 수도 있지만 장기적으로 고객의 마음속에 의미를 부여하지 못한다면 좋은 브랜드 제품으로는 성공하기 어렵다. 또한 브랜드는 제품에 의미를 부여함으로써 해당 제품을 활성화시키기도 한다. 이는 서비스 제품에도 동일하게 적용될 수 있는데, 이동수단인 택시의 경우에도 단순히 교통서비스의 수단으로 취급되던 것이 최근에 '카카오택시'가 시장에 들어오면서 서비스가 브랜드화되는 현상을 보여 주고 있다.

3) 브랜드의 역할: 소비자 vs. 기업

성공적으로 자산가치를 구축한 브랜드는 기업과 소비자에게 다양한 가치를 제공한다. 먼저, 자산가치가 높은 성공한 브랜드는, 첫째, 기업이 제품을 생산하고 관리하는 데 있어서 프로세스를 단순화할 수 있도록 식별 기능을 제공한다. 이러한 기능은 기업이 자사 제품의 재고관리나 회계정보를 기록하고 정리하는 데 도움을 준다.

둘째, 브랜드는 기업이 자사가 소유하고 있는 제품의 독특한 특징이나 외적 디자인에 대해서 법으로 보호받을 수 있게끔 해 준다. 지적재산권에 관련된 법률에 의해서 기업이 소유하고 있는 브랜드가 보호받을 수 있으며, 이로 인해 기업은 브랜드 제품의 개발과 투자를 안전하게 할 수 있다.

셋째, 기업은 브랜드에 대한 투자를 통해 자사 제품의 특징적인 연상과 의미를 형성하고 경쟁제품과의 차별화를 실현할 수 있다. 특히, 품질과 관련된 긍정적인 브랜드 연상은 소비자가 제품의 품질수준을 파악할 수 있는 단서로 작용하기 때문에 소비자의 재구매 의사결정에 긍정적인 영향을 미친다.

넷째, 브랜드는 기업에 있어서 법적으로 가치를 가지는 법적재산에 속하며 소유자인 해당 기업의 지속적인 장래 수익을 보장하는 수단이 되기도 한다. 뿐만 아니라 강력한 브랜드는 기업 간 인수합병(M&A)에서도 무형의 재무자산으로 평가되어 기업가치를 창출한다. 실제로 미국의 필립모리스(Philip Morris)사가 치즈와 아이스크림을 만드는 식품 제조업체인 크래프트(Kraft)사를 매수하면서 장부가격의 네 배를 더 지불한 경우도 있으며, 네슬레가 초콜릿 브랜드 킷캣(KitKat)과 캔디 브랜드 폴로(Polo)를 소유하고 있던 영국의 론트리(Rowntree)사를 장부가격의 다섯 배를 더 주고 매수한 사례는 브랜드파워가 기업가치평가에 큰 영향을 미친다는 것을 보여 준다.

다섯째, 브랜드는 기업경영에 있어서 경쟁우위의 원천으로서 역할을 한다. 기업의 제조공정이나 제품디자인 같은 부분은 경쟁사로부터 모방되기 쉬운 요소일 수도 있지만 기업이 오랜 기간 동안 마케팅을 통해 소비자의 마음속에 자리 잡게 한 브랜드의 인상과 경험은 쉽게 모방하기가 어렵다. 따라서 브랜드는 기업의 경쟁우위 확보를 위한 진입장벽을 구축하는 데도 강력한 수단이 된다. 애플, 스타벅스, 디즈니와 같이 강력한 브랜드명(brand name)을 가진 브랜드는 그 이름만으로도 소비자의 호의적인 정서적 연상을 기대할 수 있기 때문에 기업가치를 높이는 데 강력한 무기가 될 수 있다.

한편, 브랜드는 다음과 같은 점에서 소비자에게 중요한 역할을 한다.

첫째, 소비자는 브랜드를 통해 생산자를 식별할 수 있으며, 제품의 사용 또는 구매과정에서 문제가 생겼을 경우 책임을 져야 하는 제조업자 혹은 유통업자에 대한 정보를 얻을 수 있다. 브랜드는 생산 및 제조와 관련된 정보의 원천이 된다. 예를 들어, 개인용 PC 제조기업들은 자사의 제품에 인텔의 부품이 사용되었다는 정보를 광고하면서 실제로 인텔의 CPU가 사용된 제품은 그렇지 않은 제품에 비해서 높은 가격을 받는다. 이러한 과정을 통해 소비자는 자기가 구매하고자 하는 PC의 제조원은 물론이고 어떤 특징을 가지고 있는지도 파악할 수 있다.

둘째, 브랜드는 소비자가 제품 결정과 관련된 의사결정 프로세스를 단순화할 수 있게 해 준다. 소비자는 기업이 제공하는 제품과 마케팅 프로그램을 경험하면서 해당 브랜드에 대해서 학습하고 본인 스스로가 만족하는 브랜드를 알게 된다. 이와 같이 브랜드를 인지하고 해당 브랜드에 대한 지식을 쌓은 소비자는 제품을 결정하거나 대안을 선택하기 위해 추가적인 사고 또는 정보처리를 할 필요가 없다. 따라서 경제적인 관점에서 봤을 때, 브랜드는 소비자의 제품 탐색비용을 절감할 수 있게 해 주는 역할을 한다. 특히, 소비자가 구매하고자 하는 제품에 대해서 관여도가 낮거나 제품 지식이 부족할 경우, 또 구매 대안의 수가 많은 경우에 브랜드는 소비자의 정보처리과정에서 보다 큰 역할을 하기도 한다.

셋째, 브랜드는 기업과 소비자 사이에서 서로 간에 필요로 하는 계약, 협정, 약속을 대신하는 수단이다. 즉, 브랜드는 기업이 생산하는 제품이나 서비스에 대한 보증의 역할을 한다. 소비자는 브랜드를 기업이 자사 제품의 일관된 제품 성능, 적절한 가격설정과 판매촉진, 유통효용에 대한 가치를 제안하는 수단으로 생각하며, 그 브랜드에 대한 소비가 만족스럽다면 강력한 신뢰와 충성도를 형성한다.

[그림 8-2] 유기농 제품만을 판매하는 WHOLE FOODS MARKET

넷째, 강력한 브랜드는 단순히 기능적 편익을 제공하는 것을 넘어서 브랜드를 사용하는 사용자의 이미지나 개성을 표현하는 수단으로 인식된다. 어떤 특정 브랜드는 그 브랜드를 사용하는 사용자들을 연상시키기도 하고, 그 사용자 이미지와 관련한 가치나 특성을 반영하기도 한다. 즉, 브랜드는 소비자의 기대인지를 반영하여 고유의 브랜드 개성을 형성하기도 한다. 말보로 담배와 할리데이비슨 바이크의 사용자 이미지가 마초적인 것으로 인식되는 것처럼 브랜드는 사용자의 차별적 연상을 형성하기도 한다.

다섯째, 브랜드는 제품이 소유하는 고유의 특성 및 속성에 대한 정보를 소비자에게 전달하는 역할을 한다. 예를 들어, 소비자는 브랜드를 통해 제품 관련 속성이나 편익을 지각하기도 하며 제품을 평가하거나 해석할 때 브랜드를 단서로 활용한다. 따라서 브랜드는 소비자의 품질지각 수단으로 사용된다. 고어텍스나 테트라팩과 같이 브랜드인지도 측면에서는 이미 높은 수준을 형성하고 있는 브랜드이지만 주로 완제품에 부품으로 사용되기 때문에 소비자가 직접 구매를 하는 경우는 드물다. 하지만 의류나 신발 등의 제품을 고려할 때 고어텍스 소재를 사용했다는 정보가 있으면 가치를 인정함과 동시에 제품 구매의 결정적 요인으로 작용한다.

여섯째, 브랜드는 소비자의 제품 결정과정에서 발생하는 지각된 위험(perceived risk)을 낮춰 주는 역할을 한다. 시장에서 강력한 인지도나 긍정적인 평판을 얻고 있는 브랜드는 소비자가 제품을 구매하거나 소비할 때 직면하는 다양한 위험요소에 대해 대처할 수 있는 효과적인 수단이 된다. 쿠팡이나 11번가와 같이 온라인쇼핑몰 업계에서 인지도와 신뢰가 쌓인 브랜드는 소비자가 온라인쇼핑몰을 선택할 때 긍정적인 영향을 미친다.

2. 브랜드 마케팅과 브랜드 자산

1) 브랜드 마케팅의 개념

브랜드 마케팅은 기업이 브랜드를 통해 고객에게 제공하고자 하는 가치를 중심으로 통합적 마케팅활동을 실행하는 것이다. 브랜드 마케팅은 가치를 창출할 수 있는 브랜드의 설계와 브랜드요소의 일관성 있는 관리가 필요하다. 이러한 활동을 통해 브랜드를 소유하고 있는 기업은 경쟁브랜드와 차별화된 마케팅 우위와 기업가치를 기대할 수 있다. 마케터는 효과적인 브랜드 마케팅을 실행하기 위해서 다음의 네 가지 요건을 일관성 있게 관리해야만 한다. 첫째, 브랜드가 고객에게 제공하려고 하는 가치를 명확히 규정해야 한다. 둘째, 브랜드를 대표하고 상징하는 브랜드요소(브랜드명, 심벌, 로고 등)를 고객이 기억하고 이해하기 쉽게 설계해야 한다. 셋째, 고객에게 소구하고자 하는 브랜드의 가치를 기업의 사내외 모든 부분과 철저히 공유하고, 모든 마케팅활동의 중심 기준이 되어야 한다. 넷째, 브랜드관리체계를 구축하여 브랜드 마케팅 실행과정에서 발생하는 결과와 문제점을 조직적으로 관리하고 개선하여야 한다.

[그림 8-3] 브랜드 마케팅의 실행요건

2) 브랜드 마케팅의 목적

브랜드 마케팅의 궁극적인 목표는 기업의 유형·무형 자산가치를 증식시키는 데 있다. 구체적으로 브랜드 매니지먼트는 ① 기업이 시장에서 호의적이고 성공적으로 형성된 브랜드콘셉트를 바탕으로 자사의 경영자원을 집약시켜서 해당 브랜드의 가치를 개발하고, ② 그 가치를 적절하게 운용해서 높은 브랜드파워를 구축함과 동시에 현실 사회에서 해당 브랜드가 존재하는 의미인 브랜드 아이덴티티를 구축하여, ③ 사회 및 소비자에게 긍정적인 브랜드 이미지를 심어 줌으로써,

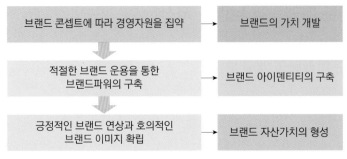

[그림 8-4] 브랜드 마케팅의 목표

④ 확실한 경쟁우위의 브랜드 자산가치를 형성하기 위한 일련의 실행과정을 의미한다.

3) 브랜드 포지셔닝 전략

(1) 브랜드 콘셉트

시장을 선점하고 리드하는 제품은 강력하고 명확한 이미지로 만들어진 브랜드를 사용하면서 고객들과 커뮤니케이션을 한다. 이때 기업이 가장 핵심적으로 고객에게 전달하고자 노력하는 것이 해당 브랜드의 콘셉트이다. 브랜드 콘셉트는 소비자가 브랜드를 선택하는 이유이자 의미이다. 즉, 소비자에게 있어서 브랜드 콘셉트는 브랜드가 제공하는 중요 편익이자 핵심가치이다. 브랜드 콘셉트는 기업입장에서는 제품을 생산하고 브랜드를 육성함에 있어서 지켜야 할 원칙과 지침이며, 기업이 브랜드 콘셉트 형성에 있어서 일관성을 유지하는 것은 충성고객의 확보와 유지에 도움이 된다. 한편, 소비자 입장에서의 브랜드 콘셉트는 해당 브랜드의 소비와 관련된 기대와 약속이며, 향후 브랜드 운용에 있어서 스토리텔링 효과를 기대할 수도 있다.

글로벌 브랜드 컨설팅그룹인 인터브랜드(Interbrand)는 매년 글로벌 브랜드의 가치에 대한 순위를 매겨 '글로벌 100대 브랜드' 리스트를 발표한다. 리스트에 언급된 브랜드는 우리가 매우 잘 알고 친근한 브랜드가 대다수인데 브랜드의 의미부여라는 관점에서 살펴보면, 모든 브랜드가 표방하는 '브랜드 콘셉트'가 매우 명확하며 전달하고자 하는 의미가 뚜렷하다는 것이다. 전기자동차 브랜드 테슬라는

'미래형 럭셔리 전기자동차'를 표방하면서 디자인의 우수성은 물론이고 미래 에너지 문제를 해결하는 선구적 브랜드라고 하는 이미지를 강조하고 있다. 이러한 테슬라의 브랜드 커뮤니케이션은 테슬라 자동차를 구매하는 고객에게는 단순히 이동수단을 구매하는 것이 아니라 미래의 에너지 문제를 해결할 수 있는 행동에 동참한다라고 하는 소비의 의미와 기대를 공유할 수 있게끔 해 준다. 한편, 테슬라 기업은 브랜드 콘셉트에 따라 기존의 내연기관 자동차 브랜드와는 달리, 지구환경 및 에너지 문제를 해결해야 한다는 원칙에 따라 제품을 개발하고 만들어야 한다. 이와 같이 브랜드의 특성이 잘 반영된 브랜드 콘셉트는 소비자의 선택과 구매의 과정에서는 제품 이상의 특별한 의미를 부여하는 역할을 할 것이며, 기업에 있어서는 고객과의 관계를 유지하고 강화하는 수단이 될 수 있다.

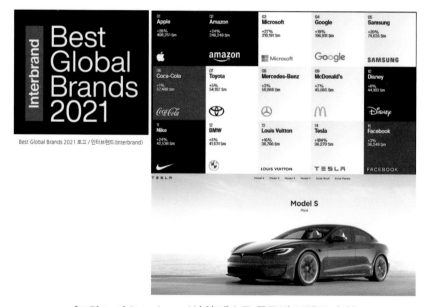

[그림 8-5] Interbrand사의 베스트 글로벌 브랜드 순위

출처: Interbrand.

(2) 브랜드 포지셔닝

포지셔닝의 핵심개념은 잠재 고객의 마음속에 제품이 가지는 고유한 의미를 자리매김하는 것이다. 기업 측에서 포지셔닝을 생각한다면, 브랜드 제품이 가지는 특성은 물론이지만 고객에게 전달되었으면 좋겠다고 바라는 제품으로서의 브랜

드 이미지를 소비자의 인식구조에 구축하는 것이다. 반면, 소비자는 어떤 브랜드의 포지셔닝을 이해할 때 해당 브랜드가 제공하는 다양한 편익을 종합해서 이해하게 된다. 따라서 브랜드 포지셔닝은 제품 및 서비스 브랜드가 제공하는 속성들을 통해 형성된 브랜드 연상과 이미지를 고객의 마음속에 각인시키는 것이다. 성공적인 브랜드 포지셔닝은 기업에게 경쟁브랜드와 비교하여 차별화된 이미지를 구축할 수 있는 기회를 제공하며, 해당 제품의 카테고리에서 중심적 자리를 차지할 수 있는 우위를 제공하기도 한다. 그리고 소비자에게 있어서도 일관되고 명확한 브랜드 포지셔닝은 소비자 고유의 니즈와 욕구를 충족시키기 위한 브랜드 선택을 쉽게 하는 데 도움을 주기도 한다. 아울러 브랜드 포지셔닝은 성공적인 브랜드 아이덴티티 수립을 위해 가장 중요한 요소이며, 브랜드 아이덴티티 형성에 긍정적인 연상을 전달할 수 있는 선행요건이기도 하다.

기업이 브랜드를 통해 소비자에게 전달하고자 하는 핵심적 가치와 의미인 브랜드 아이덴티티를 성공적으로 구축하기 위해서는 브랜드 고유의 의미를 잘 전달할 수 있는 브랜드 포지셔닝의 개발이 필요하다. 브랜드 포지셔닝은 다양한 관점에 기초를 두고 개발될 수 있는데 가장 보편적으로 접근하는 방식으로 다음의 네 가지 방법을 들 수 있다.

① 제품 속성 중심 포지셔닝

제품 및 서비스의 개발이 속성 중심으로 이루어져 경쟁브랜드와의 차별화에 기여할 경우에 해당되는 것으로 제품 속성에 의한 브랜드 연상효과를 기대하는 포지셔닝 방법이다. 예를 들어, 국내 생수 브랜드 삼다수는 제주도 천혜의 환경에서

[그림 8-6] 제품 속성을 강조한 포지셔닝 사례

출처: (좌) 삼다수 인스타그램. (우) Beyond Pesticides.

가져오는 맑은 물이라는 속성을 강조하고, 또 에비앙 생수는 알프스 산자락에 위치한 에비앙 레방이 수원지라고 알리면서 알프스의 물 맑고 공기 맑은 자연의 연상을 포지셔닝 도구로 활용하고 있다.

② 제품 편익 중심 포지셔닝

소비자는 제품을 평가하거나 구매를 고려할 때, 해당 제품이 소유하고 있는 속성으로부터 기대되는 편익을 중요한 기준으로 생각한다. 따라서 제품의 편익을 중심으로 포지셔닝을 할 때는 해당 제품의 소비를 통해 전달될 수 있는 기능 및 감정적 편익을 명확히 제시하는 것이 중요하다. 예를 들어, 비타500의 경우는 경쟁이 치열하기로 소문난 음료시장에 진출하면서 기존의 약 이미지가 강했던 비타민C를 '마시는 비타민C'로 발상을 전환해 소비자에게 커뮤니케이션 하면서 성공한 경우이다. 또 카카오뱅크는 기존 은행들의 대면방식 서비스와는 달리 비대면방식의 금융서비스를 제공하기 때문에 고객의 편리성이 더욱 커졌다라고 커뮤니케이션을 하면서 브랜드 인지도를 높였다.

[그림 8-7] 제품 편익을 강조한 포지셔닝 사례

출처: (좌) 카카오뱅크. (우) 광동제약 네이버쇼핑.

③ 제품 범주 중심 포지셔닝

기업이 브랜드포지셔닝을 하고자 하는 어떤 제품을 특정의 제품 범주와 연결시켜 소비자에게 인식시키는 방법으로 해당 제품 범주 속의 제품을 소비하는 소비자들을 자사의 제품으로 유인하는 효과가 있다. 친환경에 대한 관심이 높아지면서 많은 기업들이 친환경 속성을 가진 제품을 시장에 출시하고 있다. 예를 들어, 코오롱스포츠의 솟솟리버스 제주와 컨티뉴와 같은 브랜드는 업사이클링 제품을 생산하면서 자사 제품의 제품 범주에 대한 마케팅 커뮤니케이션보다는 친환경요소가 포함된 친환경제품이라는 점을 더 강조함과 동시에 기존의 소비자들을 친환경제품 쪽으로 전환하려고 노력하고 있다.

[그림 8-8] 제품 범주를 강조한 포지셔닝 사례

④ 경쟁브랜드 중심 포지셔닝

일반적으로 기업은 자사의 브랜드를 아주 독특하거나 독보적인 차별점을 가진 브랜드로 포지셔닝하려고 노력한다. 하지만 경쟁브랜드 중심 포지셔닝은 기존의 시장에서 경쟁을 해야만 하는 브랜드의 특성이나 이미지와 관련시켜서 브랜딩을 하는 방법이다. 이런 방법은 시장에 있어서 후발 주자이면서 객관적 가치를 평가받을 수 있는 브랜드를 채택하는 경우가 많다. 선발 브랜드의 편익을 모방하면서도 자사의 독자적인 브랜드 편익을 소비자에게 전달하는 것이다. 예를 들어, 2007년 스티브 잡스가 세상에 처음으로 스마트폰을 공개하고 출시했을 때 삼성은 애플과의 소송을 통해 애플의 유일한 경쟁자로서의 포지셔닝을 확보하였으며, 그 후로는 삼성 자체적으로 제품 개발을 통해 현재의 세계적인 스마트폰 브랜드가 되었다.

4) 브랜드 아이덴티티 개발

(1) 브랜드 아이덴티티의 정의

브랜드 아이덴티티는 기업이 표적고객의 마음속에 자리 잡게 해 주고 싶은 브랜드의 존재 형태이다. 즉, 브랜드 아이덴티티는 브랜드에 대해 소비자가 떠올리는 연상의 집합체로 정의할 수 있는데, 기업은 자사 브랜드에 대한 소비자의 연상이 바람직한 요소들로 형성될 수 있도록 마케팅 자원을 통합적이고 일관되게 관리하기 위해 노력한다. 특히, 제품이 가지는 본래의 역할을 전달하기 위한 브랜드 콘셉트와 브랜드 디자인을 통해 형성되는 브랜드 아이덴티티는 확고한 브랜드 이미지를 형성하는 데 바탕이 된다. 세계적으로 유명한 모터사이클 브랜드인 할리데이비슨은 '마초(macho, 남자다움을 과시하는)' 이미지를 떠올리게 하며, 자동차 브랜드 볼보는 오랜 세월 동안 '안전'이란 키워드로 그 어떤 자동차 브랜드보다 안전한 차량이라는 브랜드 아이덴티티를 소비자 마음속에 구축하고 있다.

[그림 8-9] 안전을 강조한 볼보의 아이덴티티 개발

출처: (좌) Amarujala. (우) Youtube. Crash Test Volvo V40.

아커(Aaker) 교수는 브랜드 아이덴티티를 핵심아이덴티티(core identity)와 확장아이덴티티(extended identity)로 구분하였는데, 핵심아이덴티티는 기업 및 마케팅 환경의 변화에도 쉽게 바뀌지 않으며 제품 콘셉트 개발이나 제품 확장을 시도할 때 가장 우선적으로 고려되는 요소이다. 시장에서 핵심아이덴티티를 명확히 인식시키는 것은 확고한 브랜드의 의미를 구축하는 것이며, 나아가 브랜드의 경쟁우위를 결정짓는 수단이 되기도 한다. P&G사의 헤드앤숄더는 비듬 전용 샴푸라고 하는 간결하고 명확한 핵심아이덴티티를 전달하면서 한때는 샴푸 브랜드 1위를

차지하기도 하였다. 확장아이덴티티는 핵심아이덴티티에서 파급된 브랜드 연상
요소들을 바탕으로 해당 브랜드를 구체적으로 설명하는 역할을 한다. 브랜드 인
지구조모델에서 볼 때 핵심아이덴티는 브랜드 인지 및 품질 지각을 유인하는 요
소이며, 확장아이덴티티는 브랜드 연상을 불러일으키는 요소이다. 이와 같이 소
비자의 인지적 측면에서 성공적인 브랜드 아이덴티티의 구축을 생각한다면 브랜
딩 실행 단계에서 브랜드 콘셉트의 일관성과 지속성을 확보하는 것이 매우 중요하
다. 브랜드 콘셉트의 설정이 명확할수록 브랜드의 핵심아이덴티티는 보다 쉽게 소
비자에게 전달될 수 있다.

[그림 8-10] 브랜드 아이덴티티 구조

(2) 브랜드 구성요소의 선택

기업은 브랜드 자산가치의 구축을 위해 브랜드를 구성하는 요소들을 활용한다.
브랜드 자산가치의 구축에 있어서 브랜드요소의 전략적 가치는 브랜드의 인지를
촉진하고 강화하는 것에 있다. 브랜드요소는 브랜드명, 로고, 심벌, 캐릭터, 슬로
건, 징글, 패키지 등으로 구성되는데, 이는 경쟁사 제품 및 브랜드와 식별하고 차
별화하는 데 매우 효과적인 수단으로 사용된다. 또한 기업은 브랜드요소의 개발
과 선택을 통해 자사 브랜드의 인지도를 강화하거나 호의적이고 독특한 브랜드
연상을 형성시키기 위해 노력하는데, 이러한 노력은 브랜드 아이덴티티 구축을
위한 원천이 되기도 한다.

① 브랜드명

브랜드명은 제품이 가지고 있는 핵심적인 콘셉트나 편익에 의한 연상을 소비자에게 가장 간결하고 경제적으로 표현할 수 있는 효과적인 커뮤니케이션 수단이다. 보통 어떤 브랜드에 대한 인지도나 연상을 질문할 때 '코카콜라 하면 생각나는 것은?' 혹은 '맥도날드의 이미지는?'이라고 하는 것과 같이 브랜드명은 브랜드 연상과 강력하게 연결된 형태로 소비자 두뇌에 기억되어 있다. 이를 위해서 브랜드는 무엇보다도 고객에게 잘 알려질 수 있어야 하고 경쟁기업 및 상품들 속에서 자사의 브랜드가 구분될 수 있는 식별 기능을 갖추어야 한다.

브랜드명과 관련된 상기 효과를 높이기 위해서는 다음의 두 가지 조건이 필요하다. 첫째, 브랜드명은 간결하며 발음하기 쉬워야 한다. 브랜드명이 간결하다는 것은 소비자가 브랜드명의 뜻을 이해하고 정보를 처리하는 과정에서 인지적 노력을 줄일 수 있는 장점이 있다. 예를 들어, 카카오나 쿠팡과 같은 짧고 간결한 브랜드명은 기억하기도 쉽고 기억으로부터 다시 상기하기도 쉽다. 이런 브랜드가 소비자에게 친밀감마저 높다고 한다면 반복노출을 통한 상기 집합군에 포함될 확률도 높아진다.

두 번째로, 브랜드명은 소비자가 해당 브랜드의 의미를 이해하고 해석하기가 쉬워야 한다. 예를 들어, 화장품 브랜드인 더바디샵과 농심 신라면은 명칭에서 해석할 수 있는 의미와 실제 제품의 콘셉트가 상당히 일치하기 때문에 기억의 재생이나 재인이 매우 쉽다는 장점이 있다.

[그림 8-11] 제품속성 강조를 통해 상기효과를 높인 브랜드명 사례

② 로고와 심벌

로고와 심벌은 브랜드의 시각적 표현요소로서 인지적 관점에서 본다면 브랜드 자산가치를 구축하는 데 큰 역할을 담당한다. 브랜드는 제품 그 자체라고 하기보다는 제품과 관련된 추상적인 의미를 함축하고 있는 대상물이라고 할 수 있다. 수많은 정보들이 혼재되어 있는 시장에서는 소비자가 브랜드를 인식하기 위한 심리적 길라잡이가 필요하다. 즉, 소비자가 어떤 브랜드를 선택하기 위해서는 브랜드의 가치를 상징하거나 표현하고 있는 이름, 마크와 같은 로고와 심벌 같은 요소가 그 역할을 한다. 보통 파워브랜드라고 하는 유명한 브랜드들은 공통적으로 명확한 개성을 가지는 심벌구조를 가지고 있다. 메르세데스-벤츠의 세 꼭지 별을 상징하는 심벌 마크는 소비자들로 하여금 완벽함과 기술력을 느낄 수 있도록 메시지를 전달하고 있다. 최근 기아자동차도 새롭게 심벌을 변경했는데 기존의 심벌과 로고에서 '자동차(Motors)'라는 표기를 없애고 디지털 모빌리티시대에 걸맞는 간결한 디자인으로 변경하였다. 체계적이고 일관성 있게 관리된 심벌구조는 브랜드 고유의 스토리와 퍼스낼리티를 구축하는 원천이 될 수 있다.

[그림 8-12] 연도별 기아 심벌의 변화 비교

③ 슬로건과 징글

슬로건은 브랜드 아이덴티티를 나타내는 설득적 정보를 담고 있는 비교적 짧은 문구이다. 보통 브랜드 슬로건은 제품광고 속에서 많이 노출되기 때문에 마케터가 마케팅 프로그램을 계획할 때 중요하게 고려하는 요소 중 하나이다. 소비자에게 있어서 슬로건은 해당 브랜드가 무엇이며, 어떤 특징을 가지고 있는지 파악하는 수단이 되기도 한다. 성공한 브랜드는 간결하고 명확하며 이해하기 쉬운 기술적 정보를 담은 슬로건을 소비자에게 전달하면서 브랜드 아이덴티티를 구축한다. 맥도날드의 i'm lovin' it, 코카콜라의 open happiness, 이마트 No Brand의 '브랜드가 아니다. 소비자다', 카카오뱅크의 '이미 모두의 은행'은 각 브랜드의 아이덴티티와 비전을 잘 녹여서 만든 성공한 슬로건이다. 이와 같이 브랜드 아이덴티티를 잘 반영시킨 슬로건은 바람직한 연상을 촉진시킴과 동시에 브랜드 이미지를 구축하는 데에도 유익한 수단이 된다.

[그림 8-13] 브랜드 아이덴티티를 반영한 브랜드 슬로건 사례

징글은 브랜드 아이덴티티를 짧은 멜로디나 효과음과 같은 음악적 수단을 통해 전달하는 수단이다. 징글도 슬로건과 마찬가지로 소비자의 기억 속에 쉽게 남을 수 있도록 매우 간결한 문구와 리듬으로 만들어진다. 브랜드 징글은 주로 광고 속에서 음악의 형태로 편익을 소비자에게 전달하기 때문에 브랜드가 소유하는 의미를 추상적으로 전달하면서 브랜드를 연상하게 만든다. 브랜드의 연상효과와 반복적 기재를 유발하는 중독성이 강한 징글은 가사가 없는 단순한 효과음의 형태로 만들어지기도 하고 브랜드명을 멜로디로 만들어서 표현되기도 한다. 이런 징글의 가장 큰 목적은 소비자로 하여금 브랜드와의 친숙함을 형성하는 데 있다. 비타민 음료 시장에서 후발 주자로 등장한 동아오츠카사의 오로나민C는 "머리부터 발끝까지 오로나민C~"라고 하는 징글로 브랜드 인지도를 높이는 데 성공했고, 농심

[그림 8-14] 브랜드 아이덴티티 전달을 위한 징글 마케팅 사례

출처: 오로나민C 광고.

새우깡의 "손이 가요 손이 가, 새우깡에 손이 가요~"는 오랜 세월 동안 회자되고 있는 징글 마케팅의 성공 사례이다.

④ 패키지

패키지는 제품 전략을 수립할 때 브랜드가 추구하는 핵심적인 아이덴티티를 입체적으로 전달할 수 있다는 점에서 중요한 요소로 다루어진다. 패키지는 브랜드 식별 기능, 브랜드 메시지의 전달 기능, 제품의 운송과 보호 기능 및 제품 사용 용이성 등과 같은 역할을 담당한다. 마케터는 패키지의 디자인을 고려할 때 브랜드의 콘셉트와 같은 아이덴티티 요소가 소비자에게 쉽게 전달될 수 있도록 노력한다. 미국에서 시작된 키엘(Kiehl's)은 식물추출물과 같은 천연원료를 사용하여 만든 화장품 브랜드로 인공 색소나 향을 거의 사용하지 않아서 피부에 자극적이지 않은 것으로 유명하다. 컬롬비아대학교 약대를 졸업한 설립자 존 키엘은 뉴욕 이스

[그림 8-15] 브랜드 아이덴티티와 제품 패키지 사례

트빌리지에 약국을 개업하고 내추럴 성분을 바탕으로 한 제품들을 개발해서 판매하였다. 이때 존 키엘은 자신이 개발한 화장품의 용기를 약통이나 연고 통처럼 디자인하고 포장지도 약봉지처럼 만들어서 판매하였다. 정직한 제품력의 상징이 된 키엘은 브랜드가 추구하는 핵심아이덴티티를 패키지 작업을 통해 구축한 것이다.

한편, 제품의 패키지가 브랜드 캠페인의 수단으로 활용되는 경우도 있다. 1952년부터 파푸아뉴기니에서 맥주를 만들고 있는 SP브루어리(SP Brewery)는 맥주를 담는 박스에 모기가 싫어하는 유칼립투스 나무의 성분을 코팅해서 판매하였다. 파푸아뉴기니에서는 거리에서 사람들이 삼삼오오 모여 모닥불을 피우고 맥주를 마시는 경우가 흔하다. 이때 모기에 물려서 말라리아에 걸릴 위험이 있다는 점에 착안하여, 맥주를 마시면서 동시에 유칼립투스 성분이 코팅되어 있는 '모지박스'를 태워 모기를 물리치는 아이디어를 캠페인 전략으로 실행하였다.

[그림 8-16] 브랜드 캠페인과 제품 패키지

출처: Activation Ideas.

3. 브랜드 자산가치의 개념 및 평가

마케팅을 포함한 기업경영 분야에서 자산으로서의 브랜드가 주목을 받기 시작한 것은 1980년대 중반 미국에서 M&A가 유행하면서이다. 특히, 1991년 아커 교수가 본인의 저서 『Managing Brand Equity』에서 브랜드를 기업경영에 있어서 경쟁우위의 원천이 되는 무형의 경영자산으로 규정하면서 브랜드의 중요성은 더욱 높게 인식되었고 브랜드의 자산가치 측정 및 평가에 대한 관심도 높아지고 있다.

1) 브랜드 자산가치의 개념

오늘날 브랜드는 기업경영에 있어서 마케팅 전략의 핵심적 자산으로 인식되고 있으며 이러한 브랜드의 가치를 기업활동에 활용하고자 하는 인식과 관심이 커지고 있다. 기업이 소유하는 법적 자산이라는 관점에서 브랜드를 본다면 무형의 가치라고 할 수 있으며, 그 가치는 기업의 전체 자산적 가치 중에서 재무적 관점에서 평가할 수 있는 유형의 자산보다 훨씬 큰 부분을 차지한다. 이런 이유로 모든 기업들은 브랜드 가치를 높여서 기업가치를 증대시키려는 노력을 하고 있다.

피터 파쿠아(Peter Farquhar) 교수는 브랜드 자산가치를 "고객으로부터 호감을 받게 된 상품이 해당 기업의 브랜드를 붙이고 있음으로써 그 상품의 가치를 증대시킬 수 있는 부가가치"라고 정의하였다(Farquhar, 1989). 즉, 기업은 브랜드가 소유하는 브랜드명, 로고, 디자인과 같은 요소를 통해 상품 본래의 기능을 넘어서는 무형의 가치를 소비자로부터 기대할 수 있다. 이런 맥락에서 아커 교수도 브랜드 자산가치를 "기업과 고객에게 제품이나 서비스가 제공하는 가치를 증가시키거나 감소시키는 브랜드명과 심벌 등과 같은 브랜드 자산과 부채의 합"으로 정의하였다. 아커 교수는 파쿠아 교수가 주장한 상품 본래의 기능적 편익이 브랜드로 인해 기능적 가치로 발전할 수 있다는 견해에 덧붙여 브랜드 자산을 구성하는 요소들을 구체적으로 제시하면서 각 요소들의 전략적 효과도 브랜드 자산가치 형성에 기여한다고 정리하고 있다(Aaker, 1991). 한편, 켈러 교수는 소비자 측면에서 브랜드 자산가치를 정의하고자 하였는데, 그에 따르면 브랜드 자산이란 "어떤 브랜드의 마케팅활동에 대한 소비자의 반응에 브랜드 지식이 미치는 효과의 차이"로 정의하였다(Keller, 2007).

2) 브랜드 자산가치의 평가

기업의 모든 마케팅활동은 '계획(기획) → 실행 → 측정 및 평가'의 과정을 거친다. 브랜드 매니지먼트의 전략적 운용 측면에서 볼 때 브랜드 자산가치의 측정 및 평가는 매우 중요한 단계 중 하나이다. 브랜드 매니지먼트 구축과정 중에서 고려되어야 할 브랜드 자산가치의 개념과 구조, 그리고 브랜드 자산의 평가 및 측정에 대한 내용을 가장 잘 제시하고 있는 대표적 사례로 아커 교수의 '브랜드 자산가치의 여덟 가지 차원'과 켈러 교수의 '고객 기반 브랜드 자산가치'를 들 수 있다.

(1) 아커 교수의 브랜드 자산가치 모델: 여덟 가지 차원

아커 교수는 기업이 단기적인 재무지표 개선만을 목표로 하는 브랜드 매니지먼트 관점에서 벗어나 장기적인 관점에서 브랜드 자산가치의 구축과 관리를 목표로 하는 것이 필요하다고 주장하면서 브랜드 자산가치의 개념, 구조 및 자산측정을 위한 지침을 제시하였다. 아커 교수는 브랜드 자산가치를 '브랜드충성도' '지각 품질' '브랜드 연상' '브랜드 인지' 및 '그 외의 소유권(특허, 상표 등)'으로 분류하고, 이와 관련된 차원들을 브랜드의 구축, 관리, 측정의 기본 지표로 제시하였다.

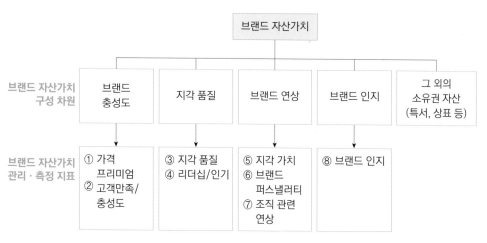

[그림 8-17] 아커 교수의 브랜드 자산가치 모델: 여덟 가지 차원

(2) 켈러 교수의 고객 기반 브랜드 자산가치

켈러 교수는 소비심리학 관점에서 고객 기반 브랜드 자산가치(Customer-Based Brand Equity: CBBE)라고 하는 개념을 정리하였다. 고객 기반 브랜드 자산가치는 소비자가 학습한 브랜드 지식이 마케팅활동에 대한 소비자의 반응에 미치는 다양한 효과이며, 그 원천은 브랜드 인지와 브랜드 연상으로부터 형성되는 소비자의

브랜드 지식구조에 있다. 켈러 교수는 고객 기반의 브랜드 자산가치를 설명하기 위해 네 가지 단계의 브랜드 자산 구축과정과 여섯 가지의 브랜드 자산 구축 평가 지표로 만들어진 고객 기반의 브랜드 자산 피라미드 모델을 제안하였다. 고객 기반 브랜드 자산 피라미드 모델이 제시한 과정은 첫째, 구축된 브랜드 아이덴티티를 활용해 브랜드 인지도의 깊이와 폭을 확보하고, 둘째, 기능적 · 심리적 편익에 의한 긍정적 연상을 바탕으로 브랜드 의미를 창출하고, 셋째, 고객의 욕구충족을 통한 긍정적인 반응을 유도하고, 넷째, 브랜드 애착과 충성도를 가진 고객들과의 강력한 관계를 구축하는 것이다.

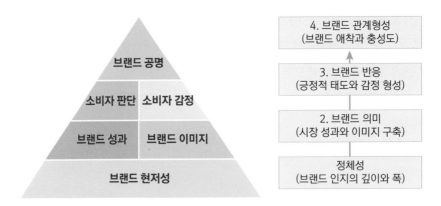

[그림 8-18] 켈러의 고객 기반 브랜드 자산 피라미드

- 브랜드 현저성(salience): 브랜드 고유의 콘셉트에 따른 브랜드 아이덴티티 구축을 위한 차별화 포인트
- 브랜드 이미지(imagery): 브랜드 연상의 집합체로서 브랜드 고유의 의미를 창출
- 브랜드 성과(performance): 제품으로서의 브랜드가 가지는 기능적 편익의 우수성
- 소비자 감정(feelings): 고객이 브랜드에 대해 느끼는 다양한 감정적 반응
- 소비자 판단(judgement): 브랜드의 기능적 편익과 심리적 편익에 대한 고객의 평가
- 브랜드 공명(resonance): 고객이 브랜드와의 관계형성에 있어서 지각하는 공감대

마무리 사례   제품 경험에서 브랜드 경험 중시의 캠페인

고객과의 접점을 확충하고자 하는 노력은 브랜드 명성의 높낮이에 상관없이 모든 기업이 노력하고 있는 부분이다. 특히, 이미 브랜드 명성이 높다고 인정된 명품 브랜드들도 고객의 접점을 확충해서 소비자로 하여금 최대한 자사 브랜드의 경험을 많이 할 수 있도록 다양한 마케팅을 펼치고 있다. 그중에서도 패션 브랜드인 루이비통과 보석 브랜드 까르띠에가 고객들에게 브랜드 경험을 제공하기 위해 실시한 팝업 마케팅은 흥미로운 사례이다.

패션 브랜드 루이비통과 레스토랑의 만남

루이비통은 '피에르 상 at 루이비통(Pierre Sang at Louis Vuitton)'이라고 하는 팝업 레스토랑을 한시적으로 개점했다. 이 레스토랑은 프랑스와 한국을 연결하는 브랜드 경험의 공간으로 활용되었다. 패션 브랜드인 루이비통이 레스토랑을 운영하는 것은 매우 이례적인 경우로 마케팅 업계의 주목을 받았는데 이번 팝업 프로젝트는 두 가지 특징을 브랜드 경험으로 고객에게 제공하였다. 첫째, 레스토랑을 운영하는 셰프 피에르 상 보이에는 한국계 출신으로 파리에서 현역으로 활약하는 유명 셰프이다. 이번 프로젝트에서는 루이비통의 브랜드 아이덴티티, 파리, 그리고 한국을 잘 어우러지게 표현하는 것에 초점을 두었다. 둘째, 보이에 셰프가 선보인 메뉴는 한국 전통의 비빔밥이었다. 도시락 메뉴로 개발된 비빔밥은 보이에 셰프의 로고와 루이비통 모노그램 로고가 새겨진 일회용 종이상자에 담겨져 제공되었다. 한국 고객들이 루이비통의 브랜드 명성을 파리에서 유명한 한국계 셰프에 의해 고급스럽게 재창조된 비빔밥이라고 하는 친숙한 메뉴를 통해 브랜드 경험을 할 수 있게 해 준 사례이다.

출처: 송혜진(2022. 05. 15.).

보석브랜드 까르띠에와 편의점의 만남

까르띠에는 2018년 9월에 일본 동경의 오모테산도라고 하는 지역에서 까르띠에의 저스트 앵 끌루(JUSTE UN CLOU) 디자인을 모티브로 한 마케팅 캠페인을 진행하였다. 이번 마케팅 캠페인이 기획된 배경은 일본의 젊은이들에게 브랜드 친숙도를 높이고 고급 브랜드로 인식되어 있는 까르띠에를 편하게 경험할 수 있는 공간을 마련해 주기 위해서였다. 일본의 명품 시장은 2000년대 후반부터 경기침체로 인해 규모가 축소되었다. 특히, 경제적으로 넉넉하지 못하고 개성 표현이 강한 젊은이들에게서는 명품 선호현상이 크게 축소되었다. 그래서 캠페인 장소도 20~30대가 모이는 곳으로 선택되었고 브랜드 접점을 경험할 수 있는 공간으로는 편의점이 활용되었다. 까르띠에의 캠페인은 보통의 명품 브랜드들이 진행하는 것처럼 갤러리, 고급 레스토랑과 스파, 그리고 클래식 콘서트와 컬래버레이션을 하는 것이 아니고 누구나 아주 쉽게 접근할 수 있는 편의점을 택한 것이다. 까르띠에 편의점에서 주목을 받은 상품이 10만 원 상당의 컵라면이었다. 라면용기 안에는 라면 대신 회원제로 운영되는 '산미(Sanmi)'라고 하는 고급레스토랑의 디너 코스를 2인이 이용할 수 있는 티켓이 들어 있었다(산미 레스토랑의 연간 회비는 약 120만 원이며 디너 코스 가격은 약 12만 5천 원임). 까르띠에 편의점은 비록 보석을 판매한 것이 아니라 까르띠에라고 하는 브랜드 명성을 친숙하고 쉽게 경험할 수 있는 '경험의 공간'을 제공한 사례이다.

출처: Weekly Biz(2020. 05. 31.).

마케팅원론 ABC

Artificial Intelligence
Big data
Customer value

제**9**장

고객가치 상호작용:
마케팅 커뮤니케이션과 프로모션

나이키의 통합적 마케팅 커뮤니케이션, Just do it

나이키는 지구상에서 가장 유명한 스포츠 브랜드 중 하나이다. 나이키는 다양한 방법의 마케팅 커뮤니케이션 수단을 활용하여 타깃고객들과 효과적으로 소통하고 있으며, 그 결과 전 세계 소비자에게 사랑받는 브랜드가 되었다. 2019년 기준 스포츠 브랜드 전 세계 판매 1위로, 매출 총액은 약 43조 6천억 원(USD 3,640만 달러)을 기록했다.

'나이키' 하면 생각나는 것이 무엇인가 묻는다면, 많은 사람들이 승리를 연상시키는 브이(V) 형태의 브랜드 로고 디자인과 Just do it 슬로건을 떠올릴 것이다. 단순하고도 역동적인 나이키의 브랜드 로고와 슬로건은 나이키의 모든 커뮤니케이션 전략에 활용되고 있다.

나이키의 광고는 브랜드의 유구한 역사에 걸쳐 많은 변화를 겪었지만, 항상 일정한 스토리 라인을 따르고 있다. 감성 마케팅의 권위자인 그레이엄 뉴웰(Graeme Newell)에 따르면, 나이키 광고는 늘 5-스텝이라고 일컬어지는 스토리 흐름을 따라 제작된다.

출처: sbnation.com

1. First to the Challenge(목표에 대한 도전의 시작)
2. In the Zone(목표 달성을 위해 노력하는 시기)
3. Doubt and Suffering(스스로의 역량에 대한 의심과 좌절)
4. Rededication(혼신의 재도전)
5. Victory(목표의 달성, 승리)

이는 나이키 브랜드가 추구하는 스포츠맨십, 열정, 승리의 가치를 잘 전달하고 있으며, 나이키의 브랜드 로고와 슬로건이 내포한 가치와도 일치한다. 나이키가 어디에서 팔리고 있든 어느 매체를 통해 광고를 송출하든 간에, 소비자는 이러한 브랜드의 일정한 메시지와 가치를 접할 수 있다.

이것이 바로 이 장의 주제인 통합적 마케팅 커뮤니케이션 관리의 핵심이다. 통합적 마케팅 커뮤니케이션 관리란, 다양한 마케팅 커뮤니케이션 수단을 통해 일관되고 명확한 마케팅 메시지를 타깃고객에게 전달하는 것을 의미한다.

나이키는 50년이 넘은 브랜드이지만 여전히 젊고, 역동적이며, 승리를 안겨 줄 것만 같다.

제9장의 개요

이 장에서는 고객가치 상호작용을 주제로 마케팅 커뮤니케이션을 다룬다. 마케팅 커뮤니케이션은 기업이 제품의 정보와 브랜드의 가치를 소비자에게 전달하고, 구매를 설득하며, 고객과의 우호적인 관계를 관리하기 위한 목적을 지니고 있다. 이러한 마케팅 커뮤니케이션의 수단에는 광고, 인적 판매, PR, 판매촉진 등의 방법이 있고, 최근에는 디지털 커뮤니케이션 수단을 활용한, 온라인, 모바일, 소셜 미디어 커뮤니케이션 방법도 활용되고 있다. 다양한 마케팅 커뮤니케이션 수단을 보다 효과적으로 활용하기 위해서는 통합적 마케팅 커뮤니케이션 관리가 중요하다. 따라서 이 장에서는 통합적 마케팅 커뮤니케이션 관리의 관점에서 마케팅 커뮤니케이션의 의의, 다양한 커뮤니케이션 수단의 특징 및 실제 사례들을 살펴보고자 한다.

제9장의 질문

1. 통합적 마케팅 커뮤니케이션 관리란 무엇인가?

2. 광고, 인적 판매, PR, 판매촉진의 특징과 장단점은 무엇인가?

3. 디지털 커뮤니케이션과 기존 커뮤니케이션의 차이점은 무엇인가?

4. 실제 비즈니스에서 마케팅 커뮤니케이션 전략은 어떻게 활용되고 있는가?

1. 고객가치 창출을 위한 마케팅 커뮤니케이션

1) 마케팅 커뮤니케이션이란

앞서 8장에서 소개된 마케팅 믹스(4P) 개념은 마케팅 전략을 세우는 데 있어 가장 핵심적인 네 가지 요소인 제품(Product), 가격(Price), 유통(Place), 프로모션(Promotion)을 기업의 관점에서 풀어 설명하였다. 이 장의 주제인 마케팅 커뮤니케이션은 이 마케팅 믹스 개념 중에서 프로모션과 가장 밀접하다.

최근에는 디지털의 급부상으로 고객과의 상호작용이 활발해졌고, 이에 따라 마케팅 믹스의 개념 역시 고객의 입장에서 재정립하여 마케팅 전략을 수립하는 데 활용되고 있다. 이러한 최근의 추세를 반영하여 일방향적인 프로모션이라는 용어보다 쌍방향 소통이라는 점을 강조하는 마케팅 커뮤니케이션이라는 용어를 사용하는 것이 더 적합한 표현일 것이다. 따라서 이 장에서는 고객과의 상호 교류와 소통을 통해 가치를 전달하는 마케팅 커뮤니케이션의 의미와 구체적인 활용 전략, 사례들을 알아보고자 한다.

> 마케팅 커뮤니케이션이란 시장과 소통하기 위한 통합된 프로모션 메시지라 정의할 수 있다. (Marketing communications are coordinated promotional messages and related media used to communicate with a market.)
>
> 출처: AMA 홈페이지.

여기서 시장이란 소비자 그 자체와 소비자에게 이르기까지의 모든 유통 채널 구성원들을 일컬으며, 소통 채널은 구체적으로 소비자의 욕구(needs, 니즈)와 업계의 새로운 트렌드를 파악하기 위한 다양한 접점을 의미하고, 프로모션 메시지는 브랜드와 제품의 가치(value)를 시장에 효과적으로 전달하기 위해 고안된 핵심 내용을 의미한다.

이를 위해 텔레비전, 라디오, 서면 제작물, 인적 판매 등 다양한 소통 채널이 활용되는데, 최근에는 온라인, 모바일, 소셜미디어 등 디지털 미디어와 채널을 통한 마케팅 커뮤니케이션이 더욱 확대되고 있다. 이러한 다양한 커뮤니케이션 채널을 통해 소비자의 구매 여정 전반에 걸쳐 효과적으로 소통하기 위한 과정이 마케팅 커뮤니케이션의 핵심이라 하겠다. [그림 9-1]은 마케팅 믹스 전략 중 하나인 프로모션과 이를 활용한 커뮤니케이션 수단의 종류를 보여 준다.

[그림 9-1] 마케팅 커뮤니케이션

2) 통합적 마케팅 커뮤니케이션

소비자와의 효과적인 소통을 위해 기업은 다양한 마케팅 커뮤니케이션 수단을 활용하게 된다. 일상에서 쉽게 접할 수 있는 텔레비전이나 라디오, 서면 제작물 등을 통한 광고는 가장 많이 활용되는 커뮤니케이션의 수단이다. 광고는 비대면의 형태로 불특정 다수의 소비자에게 제품이나 브랜드의 가치를 전달함으로써, 해당 제품이나 브랜드의 이미지를 제고하고 구매 욕구를 자극하게 된다. 반대로, 인적 판매는 대면의 형태로 판매자가 소비자와 직접 교류를 통해 매출을 확대하고 관계 마케팅의 목표를 달성하고자 한다. 한편, PR(Public Relations)의 경우, 해당 기업과 브랜드의 이미지 제고를 통해, 기업과 고객의 장기적이고 우호적인 관계를 이어 가는 데 의의가 있다. 마지막으로 판매촉진은 단기적인 판매량 증가를 목표로 소비자에게 다양한 인센티브를 제공하는 커뮤니케이션 수단이다.

기업은 현재 달성하고자 하는 마케팅 목표에 따라 앞서 언급한 다양한 마케팅 커뮤니케이션 수단을 선택하여 활용하게 된다.

첫째로, 제품 수명주기(Product Life Cycle: PLC)에 따라 마케팅의 목표는 달라지게 된다. 제품 수명주기란 제품에도 수명이 있다는 가정하에 신제품이 개발된 후 도입기, 성장기, 성숙기, 쇠퇴기의 4단계를 거치면서 그 생애를 다한다는 것을 의미한다. 따라서 각 단계에 맞는 마케팅 전략이 필요하며, 그에 따른 커뮤니케이션 수단도 달라져야 한다. 도입기에는 신제품을 시장에 알리는 것이 가장 중요한 마케팅의 목적이므로 광고를 통해 더 많은 소비자에게 신제품의 출시와 정보, 기대 효과에 대해 알려야 한다. 또한 이 단계에서는 신제품의 시연, 소비자의 첫 시도(first trial) 및 테스트를 위해 다양한 방식의 판매촉진 방법도 활용된다. 제품의 성장기에는 시장 자체를 키우고, 매출을 확대하기 위해 모든 방식의 커뮤니케이션 수단이 활용된다. 다음으로 제품의 성숙기에는 매출이 정점을 찍고 하락하는 단계이므로 경쟁자 비교우위의 전략이 중요해진다. 따라서 인적 판매와 판매촉진 수단을 활용하여, 경쟁자 대비 차별성을 부각하고 고객 관계 관리(Customer Relationship Management: CRM)를 시도한다. 마지막으로 쇠퇴기에는 재고를 처분하고 시장에서 철수를 목적으로 하기 때문에, 더 이상 제품의 홍보 및 이미지 관리를 위한 광고 활동이 예산 낭비로 여겨지게 되며, 판매촉진을 통해 남아있는 재고를 판매하는 데 주력한다.

둘째로, 고객 여정 관리(customer journey management)를 통해 고객에게 더 나은 경험을 제공하기 위한 마케팅 커뮤니케이션 전략이 필요하다. 구매와 관련한 고객의 여정은 크게 구매 전, 구매, 구매 후 단계로 나눌 수 있다([그림 9-2]). 구매 전 단계에서 고객은 제품에 대한 인지(awareness)를 통해 관심(interest)을 갖게 되고, 제품과 관련된 추가적인 정보 탐색(exploration)을 하게 된다. 이 단계에서 광고를 통해 제품과 브랜드에 대한 인지도를 올리고 제품 특성과 장점에 대해 홍보하는 것이 중요하다. 구매의 단계에서는 이러한 고객의 관심을 실제 구매로 전환(conversion)되도록 유도하기 위해 인적 판매, 판매촉진 전략 등이 활용된다. 마지막으로 구매 후 단계에서는 고객 경험 관리(customer experience management)를 통해 만족도를 향상시키고 재구매, 추천 등의 행동이 일어나도록 유도해야 한다. 다

구매 전 단계			구매 단계	구매 후 단계
인지 (awareness)	관심 (interest)	정보 탐색 (exploration)	전환 (conversion)	고개 유지 (retention)

[그림 9-2] 고객 여정 관리 단계

양한 마케팅 커뮤니케이션이 활용될 수 있으며, 광고의 경우 소비자가 본인의 구매에 만족감을 느끼고 확신을 가질 수 있도록 경쟁자 대비 우위의 이미지를 강조하고, 재구매와 추천 활동을 위한 판매촉진 등을 적극 활용해야 한다.

　마지막으로 마케팅 전략을 수립할 때, 소비자 스스로 제품에 흥미를 갖게 만들어서 판매자에게 끌어당길지(pull), 제품을 도소매상 등 유통업자를 통해 최종 소비자에게 밀어낼지(push)에 따라 각 전략에 부합하는 마케팅 커뮤니케이션 수단을 활용해야 한다. 풀 전략의 경우, 제품을 최종적으로 구매하게 되는 소비자를 대상으로 제품의 가치와 경쟁제품과의 차별성을 강조하거나 구매에 따른 할인과 혜택을 제공하여, 소비자 스스로 구입을 위해 판매자를 찾게 만드는 전략을 의미한다. 이를 위해 광고와 다양한 판매촉진이 고려될 수 있다. 반대로, 푸시 전략의 경우 소비자에게 제품을 판매하는 도소매상에게 매출에 따른 인센티브를 제공하거나 판매를 돕기 위한 사은품과 경품 등을 제공하여 매출을 확대한다.

　이처럼 마케팅의 목적에 따라 다양한 커뮤니케이션 수단이 활용될 수 있는데, 때로는 한 가지 이상의 커뮤니케이션 수단이 활용되는 것이 더 나은 마케팅 성과를 낼 수 있다. 예를 들어, 고객 여정 관리에서 살펴 보았듯이 구매 후 단계는 구매의 종결이 아니라 또 다른 고객 경험의 시작이며, 추천에 따른 다른 고객의 유입으로 이어질 수 있기 때문에 광고, PR, 인적 판매, 판매촉진 등의 모든 커뮤니케이션이 동원된다. 그런데 이러한 다양한 커뮤니케이션 수단의 활용이 때로는 메시지의 혼란과 동일한 메시지의 반복 등의 문제를 야기할 수 있으므로 이에 따른 통합적 마케팅 커뮤니케이션(Integrated Marketing Communication: IMC)의 중요성이 대두된다.

　통합적 마케팅 커뮤니케이션이란 말 그대로 다양한 커뮤니케이션 수단을 통해 명료하고 일관된 메시지를 전달하기 위해 마케팅 커뮤니케이션을 통합적으로 관리하는 전략을 의미한다. 소비자에게 전달되는 기업의 커뮤니케이션을 보다 적절하고 효율적으로 관리하기 위해 [그림 9-3]과 같은 과정을 통해 통합적 마케팅 커뮤니케이션 전략을 수립하고 활용할 수 있다.

[그림 9-3] 통합적 마케팅 커뮤니케이션(IMC) 전략 수립 및 실행 과정

우선, 통합적 마케팅 커뮤니케이션의 목표를 설정해야 한다. 목표를 수립하기 위해서는 기업 제품, 고객, 경쟁자(company, customer, competitor: 3Cs)에 대한 분석과 시장 상황에 대한 분석이 선행되어야 한다. 우선, 기업의 제품과 관련하여 현재 제품의 수명주기에 따라 커뮤니케이션의 목적이 달라지게 된다. 또한 효과적인 커뮤니케이션 메시지를 개발하기 위해 우리 기업의 타깃고객과 고객이 추구하는 가치를 이해하기 위한 고객 분석이 필요하다. 앞서 언급하였듯이, 고객 여정 단계에 따라서 고객 관계 관리와 고객 경험 관리가 중요하므로 이에 대한 마케팅 조사 역시 선행되어야 하다. 마지막으로 시장에서 차별적 경쟁우위를 점할 수 있는 커뮤니케이션 전략을 수립하기 위해 경쟁자의 커뮤니케이션 전략을 이해하고, 고객의 반응을 살피는 것도 중요하다.

기업은 이러한 분석을 통해 획득한 자료를 통해 통합적 마케팅 커뮤니케이션의 목표를 수립하게 된다. 통합적 마케팅 커뮤니케이션의 우선적 목표는 소비자와 기업 간 효율적이고 명료한 소통이며, 이를 통해 제품의 인지도와 브랜드 가치 상승, 매출 증대, 그리고 장기적이고 우호적인 고객 관계 관리를 꾀한다. 따라서 기업은 단기와 장기의 마케팅 커뮤니케이션의 목표를 세분화하여 그에 맞는 커뮤니케이션 전략을 수립해야 한다.

다음으로는 통합적 마케팅 커뮤니케이션의 예산을 수립하게 되는데, 앞서 설정된 커뮤니케이션의 목표에 따라 소요되는 예산 역시 달라지게 된다. 예를 들어, 화장품 회사에서 새로운 메이크업 제품 출시에 맞추어 신제품의 인지도 상승과 시제품 사용을 늘리는 것이 목표라면, 더 많은 소비자에게 제품을 알리기 위해 텔레비전을 통한 광고와 지점을 통해 무료로 시제품 샘플을 제공하는 커뮤니케이션 활동을 결정할 수 있다. 이 경우, 텔레비전 광고에 따른 광고 대행 업체 모집, 모델 기용, 방송사 광고료 등의 예산이 책정되고, 무료 샘플 제작과 시연 이벤트를 위해 생산 비용, 이벤트 기획 비용, 지점 판매 직원 교육 등의 활동에 대한 예산이 정해지게 된다. 이러한 커뮤니케이션 활동에 따른 예산은 연간 마케팅 예산의 한도 내에서 최종 결정하게 된다.

이렇게 예산이 결정되고 나면, 이어지는 단계에서 커뮤니케이션의 메시지와 수단을 결정하게 된다. 우선, 미리 설정한 커뮤니케이션의 목적에 따라 커뮤니케이션의 메시지 내용과 방식을 결정해야 한다. 앞선 화장품 회사의 신제품 출시의 사례에서 커뮤니케이션의 목적은 제품의 인지도 상승과 시제품 사용 유도이므로, 커뮤니케이션 메시지의 내용은 신제품의 명칭과 제품 카테고리, 경쟁사 대비 차별적 경쟁우위의 효과를 강조하여야 할 것이다. 이러한 메시지의 내용을 효과적으로 전달하기 위해 커뮤니케이션 메시지 선택 시 실용적인 장점을 어필하면서, 동시에 소비자의 감성을 자극하는 방식을 사용하게 된다. 또한 텔레비전 광고와 무료 샘플 제공이라는 커뮤니케이션의 수단을 더 효과적으로 활용하기 위해 광고에 삽입할 메시지와 톤, 스토리 등을 결정하고, 무료 샘플 제공 시 제품 포장에 인쇄할 메시지의 내용과 시각화 정보 등을 선택하게 된다.

마지막 단계에서 통합적 마케팅커뮤니케이션 전략을 실행한 후, 성과에 대한 평가와 전략 수정이 필요하다. 커뮤니케이션의 성과 평가는 처음에 수립한 목표와 비교하여 이루어지게 된다. 기업의 커뮤니케이션 목표가 신제품 인지도 상승이라면, 소비자 설문 조사나 소셜미디어 내 브랜드와 관련한 게시물의 수 증가 여부, 브랜드 랭킹 등을 통해 확인할 수 있다. 또한 매출 상승이 목표라면, 마케팅 비용 투자 대비 매출 비율을 조사하거나 마케팅 캠페인 전후의 매출 차이를 조사할 수 있다. 이러한 성과 평가 과정을 통해 기업은 지속적으로 통합적 마케팅 커뮤니케이션 전략을 개선해 나아가야 할 것이다.

2. 마케팅 커뮤니케이션의 수단

1) 광고

(1) 광고의 의미와 목적

광고는 비대면 방식으로 소비자에게 기업의 제품이나 브랜드에 대한 정보를 제공하는 마케팅 커뮤니케이션의 수단이다. 광고는 가장 대표적인 커뮤니케이션의 수단으로 텔레비전, 라디오, 서면 인쇄물(신문, 잡지, 우편물 등), 옥외 게시판 등의 매체를 통해 소비자에게 전달된다. 광고는 광고료를 대가로 일정 시간과 공간에 한해 매체를 활용할 수 있는데, 전체 광고 비용은 비싼 편에 속하지만 광범위한 소비자에게 제품을 노출시킬 수 있다는 점을 고려하면, 소비자 1인당 광고 비용은 합리적인 수준이라고 볼 수 있다. 〈표 9-1〉을 보면, 각 매체마다 각기 다른 장단점을 갖고 있기 때문에 타깃고객과 광고의 목적에 따라 적합한 매체의 선택이 필요하다.

〈표 9-1〉 광고 매체별 장단점

광고 매체		장점	단점
텔레비전		• 많은 소비자에게 광고 노출 • 노출당 단가가 합리적 • 다양한 시청각 콘텐츠 활용 가능	• 총비용이 높음 • 타깃고객 선별이 어려움
라디오		• 저비용 • 지역 한정 광고 가능	• 청각 콘텐츠에 제한됨 • 타깃고객 선별이 어려움
서면 인쇄물	우편물	• 저비용 • 특정 고객 타게팅 가능	• 낮은 개봉률 • 정크메일로 인식
	신문	• 신뢰도 • 자세한 정보 전달 가능	• 제한적 소비자에게 광고 노출 • 짧은 생명력
	잡지	• 신뢰도 • 지역이나 특정 집단에 대한 접근성 높음	• 제한적 소비자에게 광고 노출 • 주간이나 월간 단위의 생명력
옥외 게시판		• 비교적 저비용 • 유연성	• 타깃고객 선별 어려움

(2) 광고 프로그램의 기획 및 개발

타깃고객과 커뮤니케이션의 목적에 부합하는 광고를 기획하기 위해서 네 가지의 주요 의사결정 과정에 따라 광고 프로그램을 개발하게 된다. 이 과정은 앞서 살펴본 통합적 마케팅 커뮤니케이션의 전략 수립 과정과 유사하다. 우선, 광고의 목표를 설정하고, 그에 따른 예산 계획을 수립하며, 이에 맞추어 광고의 메시지 및 매체를 선택하게 된다. 마지막으로 광고 기획을 실제 진행한 후 광고의 성과를 평가하여, 차후 광고 프로그램 개발에 반영하는 것이다.

① 광고 목표 설정

광고는 그 목적에 따라 크게 세 가지 유형이 있다. 우선, 제품과 브랜드의 정보를 제공하는 정보 전달형 광고(informative advertising), 소비자를 대상으로 기업의 제품과 브랜드가 경쟁자 대비 비교우위에 있음을 설득하는 설득형 광고(persuasive advertising), 마지막으로 제품의 존재를 환기시켜 소비자에게 지속적으로 제품을 어필하는 상기형 광고(reminder advertising)가 있다. 제품 수명주기별로 광고의 목표가 다르므로, 이에 따라 광고의 유형도 달라져야 한다.

정보 전달형 광고는 신제품 개발 초기 및 출시 단계에서 유용하다. 경쟁사 제품과의 비교 광고를 비롯한 설득형 광고는 제품 수명주기상 경쟁이 치열해지는 성장기에 집중한다.

[그림 9-4]는 설득형 광고의 실제 사례로 세계적인 패스트푸드 프랜차이즈 기업인 버거킹의 비교 광고이다. 버거킹은 맥도날드의 대표 제품인 빅맥이 자사의 와퍼보다 작은 사이즈임에 착안하여, '빅'이 아니라 '미디엄' 사이즈임을 강조하고 있다. 이러한 비교 광고는 강렬한 설득의 효과를 지니고 있으며, 주로 업계 상위 브랜드와의 비교를 통해 소비자의 이목을 주목시킬 수 있다는 점에서 활용되고 있다. 따라서 비교 광고를 비롯한 설득형 광고는 경쟁이 치열한 업계일수록 더 유용하게 활용되며, 제품 수명주기상 점차 경쟁이 치열해지는 성장기에 중요성이 증대된다. 다만, 한국에서는 직접적인 비교 광고를 부당 광고로 규정하고 법적 규제가 강하기 때문에 거의 활용되지 않으나, 업계의 자율 규제에 맡기는 미국 등의 서구 국가에서는 널리 활용되고 있다.

상기형 광고는 제품 수명주기상 성숙기와 쇠퇴기를 중심으로, 소비자에게 제품의 존재를 지속적으로 상기시켜 재구매와 고객과의 계속적인 관계를 유도한다. 최근에는 앞선 세 가지 유형의 광고 외에, 고객 구매 여정 전반에 걸쳐 구매에 대한 확신과 만족도의 지속적인 상승을 목적으로 하는 고객 확신 유도형 광고도 새롭게 대두되고 있다.

[그림 9-4] 버거킹의 비교 광고

출처: 링크드인.

② 광고 예산 결정

광고의 목적에 따른 유형이 결정되면 다음 단계에서는 예산을 책정하게 된다. 예산을 책정하는 방법에는, 광고의 목적에 맞춰 진행할 세부 활동 계획을 수립하고 이에 따른 예산을 상부에 요청하는 목표-활동 방법(objective-and-task method), 이미 결정된 마케팅 예산 내에서 적정 수준의 광고 예산을 배정받는 임의 할당 방법(affordable method), 매출액 대비 정해진 비율을 광고 예산으로 책정하는 매출-비율 방법(percentage-of-sales method) 그리고 경쟁자의 광고 예산과 비슷한 수준의 예산을 책정하는 경쟁자 비교 방법(competitive-parity method)이 있다. 이 중 광고의 세부 활동 계획에 따라 적정한 수준의 예산을 책정하는 것이 가장 이상적이지만, 기업의 다양한 활동과 가용 가능한 자산의 한계 등을 고려하여 다양한 예산 책정 방법이 활용된다. 이 밖에도 제품의 수명 주기와 고객 여정 단계 등에 따라 추가로 지출이 예상되는 예산을 고려하여 광고의 예산이 결정된다.

③ 광고 메시지와 매체의 선택

앞서 통합적 마케팅 커뮤니케이션을 소개하면서 커뮤니케이션의 메시지를 소비자에게 전달하는 과정에서 소비자의 감성과 이성에 효과적으로 어필할 수 있는 메시지의 선택이 중요함을 강조하였다. 이와 마찬가지로, 제품과 브랜드의 핵심가치를 소비자에게 전달하기 위한 광고 메시지는 역시 크게 두 가지 유형으로 나눌 수 있다. 소비자의 감성에 호소하는 방식인 감성 광고(emotional advertising)가 그중 하나이고, 이와 반대로 제품 정보의 전달, 소비자 혜택 제시 등 합리적인 소비자관을 기반으로 소비자의 이성에 어필하는 방식인 이성 광고(rational advertising)가 있다. 감성 광고는 주로 이미지를 통해 특정 감정을 불러일으키는 데 초점을 맞추고 있다. [그림 9-5]와 [그림 9-6]의 감성 광고 사례는 광고를 통해 제품의 실용성과 특징을 전달하기보다, 제품과 기업의 브랜드가 추구하는 감성과 이미지를 잘 보여 주고 있다. 반면, 이성 광고의 사례인 [그림 9-7]과 [그림 9-8]은 각각 제품에 대한 설명을 담고 있고, [그림 9-7]의 경우 비교를 통해 제품의 실용적인 특징을 명확히 보여 주고 있다.

[그림 9-5] P&G 'Thank You, Mom' 캠페인 광고

출처: Youtube P&G 채널.

[그림 9-6] 코카콜라 코리아의 메시지 캠페인 광고

출처: Youtube KRcocacola 채널.

[그림 9-7] Bounty 지면 광고

출처: 구글 이미지.

[그림 9-8] KB 국민은행의 KB 골든라이프 광고

출처: 세계일보 지면 광고.

이와 같은 광고의 메시지를 담기 위해서 광고 매체와 관련된 의사결정 역시 중요하다. 이와 관련하여 구체적으로 다음과 같은 네 가지 세부 요소를 고려하게 된다.

- 도달: 타깃고객 중 어느 범위까지 도달할 수 있는지 여부(reach)
- 빈도: 타깃고객에게 광고를 몇 회 노출시킬지에 대한 최적화 여부(frequency)
- 영향력: 타깃고객에게 얼마나 영향력을 줄 수 있는지 여부(impact)
- 교감-몰입: 타깃고객과 어느 레벨까지 교감할 수 있는지 여부(engagement)

여기에 더하여, 〈표 9-1〉에서 살펴본 바와 같이 광고 매체는 다양하고 각기 다른 장단점이 존재하므로, 타깃고객과 광고의 목적을 고려하여 신중하게 결정해야 한다.

④ 광고의 성과 측정

광고 프로그램의 개발 마지막 단계는 광고의 실행과 성과 측정이다. 광고의 성과는 정량적(quantitative) 측면과 정성적(qualitative) 측면의 성과 측정이 필요하다. 우선, 광고의 정량적 부분은 매출 성과를 통해 측정할 수 있다. 주로 광고 캠페인의 실행 이전과 이후의 매출액 변화나 광고 캠페인이 실행된 지역과 비실행 지역 간 매출액 차이를 비교하는 방법이 활용될 수 있다. 다만, 매출은 광고 외에도 다양한 시장 요인의 영향을 받기 때문에, 단순 비교로 판단하기 어려운 부분이 존재한다. 따라서 광고의 고객 커뮤니케이션 효과 측정을 통해 광고의 정성적 성과를 함께 살펴보는 것이 바람직하다. 고객 커뮤니케이션의 효과를 측정하기 위해서는 켈러(Keller)가 고안한 브랜드 회상(recall)과 브랜드 재인(recognition)을 활용할 수 있다. 브랜드 회상이란 브랜드와 관련한 정보를 기억해 내는 것을 의미하며, 브랜드 재인이란 브랜드와 관련한 정보가 주어졌을 때 이 정보가 브랜드에 대한 정보인지 여부를 구별하는 것을 의미한다. 따라서 타깃고객을 대상으로, 광고 노출 후 브랜드 회상과 재인의 정도를 테스트한다면, 커뮤니케이션의 효과를 측정할 수 있을 것이다. 최근에는 뉴로 마케팅 기법을 통해, 타깃고객의 생체 반응 등을 측정함으로써 좀 더 계량화된 방식의 커뮤니케이션 효과 측정이 가능하다.

2) 인적 판매

(1) 인적 판매의 의미와 목적

인적 판매는 고객을 직접 접촉하여 판매 활동을 수행하는 커뮤니케이션 수단이다. 인적 판매는 가장 오래된 방식의 커뮤니케이션 수단이지만 여전히 고객 관계 관리와 고객당 매출 증가에 크게 기여하고 있다. 이는 판매원이 직접 고객과 접촉하면서, 고객의 정보를 보다 자세하고 정확하게 획득할 수 있으며 이에 따라 고객의 변화한 니즈에 대해 능동적이고 신속하게 응대할 수 있기 때문이다. 고객 역시, 판매원과의 인적 교류를 통해 신뢰와 친밀감을 형성하고, 이를 바탕으로 구매에 이르게 된다. 인적 판매를 위한 판매원 교육과 비용이 높은 편이지만, 앞서 언급한 장점들로 인해 인적 판매를 마케팅 커뮤니케이션의 주요 수단으로 활용하는 기업이 적지 않다.

인적 판매는 기업에 소속된 개인 판매 직원의 활동만을 의미하지 않으며, 도소매상과 같은 중간 유통업자가 고용한 외주 판매업자의 영업 활동과 고객 대면 서비스 활동, 세일즈를 전담하는 부서의 전문적인 고객 맞춤 제품과 서비스를 제공하는 활동들을 포함한다. 또한 회사 외부로 나가 직접 고객의 집과 회사를 방문하여 타깃고객에게 접촉하는 외부 세일즈와, 고객에게 직접 방문 전 전화나 온라인으로 상담을 진행하거나 내방 고객을 응대하는 내부 세일즈 두 가지 형태가 있다.

(2) 인적 판매를 위한 판매 직원 관리

인적 판매의 성패는 판매 담당 부서의 기획 및 판매 직원들에 대한 효율적인 관리를 통해 판가름 난다고 할 수 있다. 따라서 매출을 극대화하고 고객과의 보다 나은 관계형성을 위해 판매 직원을 선발하고 교육한 후, 현업에서의 성과를 면밀히 감독한 후 적절한 보상과 피드백을 제공하는 것이 중요하다. [그림 9-9]는 이러한 판매 직원 관리 과정을 보여 준다.

[그림 9-9] 판매 직원 관리 과정

우선, 판매 직원의 선발은 표적시장 사이즈를 고려하여 적정한 수가 선발되어야 한다. 선발 과정에서 판매 직원의 자질과 관련하여 암스트롱과 코틀러(Armstrong & Kotler, 2020)는 잠재력, 체계화된 업무 처리 능력, 세일즈 마무리 능력, 고객 관계 구축(building) 능력 등을 꼽았다. 판매 직원을 선발한 후에는 직원들에 대한 교육이 필요하다. 교육과정에서는 판매 프로세스에 대한 교육, 고객의 니즈를 파악하고 관계를 형성하는 역량, 기업의 목표와 제품의 특징, 시장과 경쟁자에 대한 정보 교육 등이 이루어지게 된다. 이어서 판매 직원들의 의욕을 고취시키기 위해 성과에 따른 다양한 보상 방법을 제시하게 된다. 주로 고정적인 급여 외에 판매 성과에 따른 다양한 금전적 인센티브를 제공한다.

마지막으로 실제 판매 업무에 투입 후 판매 직원의 활동을 감독하고 성과를 평가하게 된다. 성과 평가는 신규 고객 유치 및 기존 고객 매출 성과, 고객 니즈 파악, 효과적인 판매 방법 개발 등 업무와 직접적으로 연관이 있는 항목과, 성실함, 태도 등과 같은 판매 직원과 관련한 항목에 대해 이루어지게 된다. 이와 같이 기업이 기대하는 성과를 더 강화하기 위해 다양한 동기부여 방법이 활용되는데, 앞서 언급한 금전적 인센티브 외에 승진, 표창 등의 비금전적인 보상 방법도 활용하게 된다.

(3) 인적 판매의 사례와 기대 효과

인적 판매가 활용되는 대표적인 사례로는, 제품과 관련하여 자세한 정보의 제공과 고객 설득이 중요한 업종(예: 보험, 퇴직 연금 등), 혹은 금액이 크고 판매의 종결 이후에도 지속적인 사후 관리가 필요한 업종(예: 정수기, 안마 의자 등)을 꼽을 수 있다. B2B 업계에서도 전담 판매 부서를 통해 보다 전문적인 서비스를 제공하고 매출을 확대하기 위해 노력하고 있다. 예를 들어, 현대중공업과 같은 조선사의 경우, 해양플랜트, 스마트 선박, 군함 등의 제품에 대해 설계에서 인수까지 전 과정

[그림 9-10] 코웨이 정수기 방문 판매 사원 '코디'

출처: 조선 비즈 기사.

이 고객의 요청에 따라 맞춤으로 이루어지기 때문에, 전문 지식을 지닌 전담 세일즈 팀이 인적 판매를 진행하게 된다.

이러한 인적 판매는 고객과 판매 직원 간 친밀도를 높여 줄 수 있고, 이로 인해 더 깊은 신뢰가 형성된다. 판매 직원은 이러한 고객의 신뢰를 바탕으로 더 많은 매출 증가의 기회를 얻게 된다. 다만, 인적 판매는 판매 직원의 교육 및 보상에 많은 비용이 투입되고, 개별 판매 직원의 전문성과 태도 등에 따라 성과가 크게 달라질 수 있다는 단점도 존재한다. 〈표 9-2〉를 통해 인적 판매의 장점과 단점을 확인할 수 있다.

〈**표 9-2**〉 인적 판매의 장단점

장점	• 고객 관계 관리 가능 • 고객 1인당 매출 증가 가능
단점	• 고비용 • 판매 직원 교육에 많은 시간과 노력이 필요 • 판매 직원 개개인의 역량 차이에 따른 성과 차이 존재

3) PR

(1) PR의 의미와 목적

PR(Public Relations)은 기업과 연관된 모든 이해관계자와 우호적인 관계를 위한 커뮤니케이션 활동이다. 여기서 이해관계자란, 일반적으로 PR의 주요 매체로 알려진 뉴스, 잡지, 방송 등의 언론뿐만 아니라, 기업 내부 구성원, 유통 채널에 존재하는 공급자와 중간 도소매상, 정부 기관, 일반 대중, 소비자, 주주, 시민 단체 등 기업의 활동에 직간접적으로 영향을 미칠 수 있는 모든 이해관계자를 포함한다.

PR의 수단으로는 언론을 통한 기업 관련 뉴스, 특별 이벤트, 기업의 공공 활동 등을 들 수 있다. 이 중 언론을 통한 PR의 경우, 기업이 비용을 지불하고 배정받은 광고가 아니므로 비용이 거의 들지 않는다는 장점이 있다. 또한 광고가 아니기 때문에 소비자의 신뢰도가 더 높은 편이며, 기업 이미지 제고에 효과적이다. 또한 기업의 공공 활동이나 임직원 봉사활동 등을 통해 사회에 기여하는 기업의 모습을 각인시킬 수 있고, 기업에 대한 소비자의 태도와 인식에 긍정적인 변화를 줄 수 있다.

(2) PR의 사례와 기대 효과

PR은 기업에 대한 호의적인 이미지를 형성하고 소비자의 친밀도와 신뢰를 쌓아, 장기적으로 기업 제품과 서비스에 대한 구매 욕구 증가를 기대해 볼 수 있다. 앞서 살펴본 것처럼, PR의 수단인 언론을 통한 뉴스와 기사, 기업의 공공활동 및 임직원 봉사활동과 같은 사회 기여 활동을 통해 기업의 긍정적인 메시지를 전달한다.

[그림 9-11]과 같은 연말연시 연탄봉사활동은 매년 많은 기업들이 진행하고 있는 대표적인 PR 활동으로 볼 수 있다. 이를 통해 일반 소비자에게 기업에 대한 친숙하고 긍정적인 감정을 소구할 수 있고, 함께 참여하는 임직원들은 회사에 대한 애사심과 자긍심을 불러일으킬 수 있다. 이러한 사회봉사활동은 언론을 통해 기사로 전달되는데, 비용을 지불하지 않으면서도 기업에 대한 호의적 이미지를 형성할 수 있으며 일반 대중에게 브랜드를 각인할 수 있다는 점에서 효과가 크다.

[그림 9-11] 현대백화점의 연탄봉사활동

출처: 중앙일보 기사.

4) 판매촉진

(1) 판매촉진의 의미와 목적

판매촉진은 앞서 살펴본 광고, 인적 판매 등과 비교할 때, 제품과 서비스 구매의 '즉시성'을 목표로 한다. 이를 위해 다양한 방식의 단기적 인센티브 방식이 활용된다. 이 판매촉진의 인센티브 유형에 대해서는 후술하기로 한다.

판매촉진의 수단은 최종 소비자를 대상으로 하는 소비자 판매촉진, 기업 고객을 대상으로 하는 비즈니스 판매촉진, 중간 유통업자인 도소매상을 대상으로 하는 거래 판매촉진, 마지막으로 판매 직원과 기업 내 판매 전담 부서를 대상으로 하는 판매 직원 판매촉진이 있다.

기업이 판매촉진을 커뮤니케이션에 활용하는 데는 몇 가지 이유가 있다. 우선, 제품 수명주기에 따른 판매촉진의 필요성이 제고될 때이다. 일반적으로 제품의 성장기와 성숙기에는 경쟁이 치열해지는 상황에서, 시장을 방어하고 신규 고객의 시제품 구매 유도와 기존 고객의 재구매 유도를 위해 다양한 판매촉진 방법이 활용된다. 특히, 성숙기에는 경쟁사 간 제품의 차별성이 크게 부각되지 않고 광고의 효과가 이전보다 떨어지게 되어, 다른 방식의 커뮤니케이션 수단이 필요하다. 또한 기업 내 세일즈 팀과 판매 직원들의 경우, 계획한 매출 목표 달성을 위해서 판매촉진 방법을 적극적으로 활용하기도 한다. 기업 역시 판매 장려를 위해 중간 유통업자인 도소매상과 판매 직원을 대상으로 판매촉진에 필요한 물품과 다양한 자원을 제공하고 있다.

이러한 판매촉진 활동은 단기적으로 가시적인 매출의 향상을 기대할 수 있고, 신제품의 시험 구매(first trial) 및 기존 고객들의 대량 구매를 유도할 수 있다. 그런데 이러한 판매촉진 활동이 자칫 고객 관계 관리와 제품과 브랜드의 현재 위상에 좋지 않은 영향을 미칠 수도 있다. 판매촉진 활동을 너무 자주할 경우, 정규 가격에 대한 신뢰도가 하락하여 판매촉진 인센티브 없이는 매출이 현저히 줄어들 수도 있다. 또한 가격 하락으로 인한 브랜드의 위상이 하락할 수 있으며, 결과적으로 기존 고객의 로열티가 감소하여 장기적인 고객 관계 관리에 부정적인 영향을 줄 수 있는 것이다. 따라서 판매촉진을 진행할 때는 이러한 부작용을 최소화할 수 있도록 판매촉진 전략을 수립해야 한다.

(2) 판매촉진의 유형과 기대 효과

앞서 판매촉진의 수단에는 판매촉진의 대상이 누군지에 따라 소비자 판매촉진, 비즈니스 판매촉진, 거래 판매촉진, 판매 직원 판매촉진이 있음을 설명하였다. 이에 따라 다양한 방식의 판매촉진 인센티브가 활용되는데, 〈표 9-3〉은 이러한 판

〈표 9-3〉 판매촉진 방법

판매촉진 수단	판매촉진 대상	금전적 인센티브	비금전적 인센티브
소비자 판매촉진	(최종) 개인 소비자	가격 할인, 할인 쿠폰, 캐시 리베이트, 1＋1	무료 샘플, 무료 체험, 경품 추첨, 로열티/프리퀀시 프로그램
비즈니스 판매촉진	기업 고객	대량 구매 할인 제공	고객사 교육, 업계 정보 공유
거래 판매촉진	중간 유통업자	상품 대금 공제, 구매 공제, 지원금 지급	판매 직원 파견, 판매 촉진 물품 제공
판매 직원 판매촉진	판매 직원과 판매 전담 부서	현금 인센티브, 상금	승진, 포상, 휴가

매촉진 방법에 따라 활용할 수 있는 금전적 인센티브와 비금전적 인센티브를 정리하였다.

우선, 최종 소비자에 대한 소비자 판매촉진을 위해서는 가격 할인과 할인 쿠폰의 제공, 특정 이벤트 기간 구매 시 캐시 리베이트, 묶음 제품을 통한 실질적 가격 할인 등의 금전적 인센티브를 활용할 수 있다. [그림 9-12]는 실제 신학기에 진행된 가격 할인과 캐시 리베이트의 사례이다. 편의점 브랜드인 CU는 신학기가 시작되는 3월 1일부터 3월 31일까지 학교 생활 관련 제품을 할인하고 있으며, 노트북 등 전자제품 구입 시 캐시 리베이트를 제공하고 있다. 캐시 리베이트란 정가에 구입 후 영수증을 제조업자나 유통업자에게 제출하면, 약속된 현금을 되돌려 받는 판매촉진 방법이다. 또한 묶음 제품의 경우, 한 개 사면 한 개 무료(Buy 1 Get 1 Free)나 1＋1 같은 이벤트를 통해 같은 가격에 추가 상품을 제공한다. 이러한 판매 촉진 방법을 통해 기업은 단기적 매출 증대를 기대할 수 있게 된다.

비금전적인 판매촉진 인센티브로 무료 샘플을 제공하거나, 새로운 서비스에 대한 무료 체험 등을 제공할 수 있다. 또한 기업의 신제품 시연 등의 행상에서 진행되는 경품 추첨을 통해 무료로 제품을 제공하는 방법도 활용할 수 있다. 이와 더불어, 많은 기업들은 로열티 프로그램을 통해 기업의 우수 고객에 대한 판매촉진 활동을 벌인다. 예를 들어, 백화점이나 항공사의 멤버십 프로그램은 고객의 매출 기여도에 따라 고객의 등급을 세분화한 후, 각기 다른 우대 서비스를 제공한다.

[그림 9-13]은 이러한 로열티 프로그램의 일례로 백화점에서 우수 고객에게만 제공하는 라운지 서비스를 보여 준다. 우수 고객으로 선정된 고객은 기업에 대한 로열티가 높아지게 되며, 고객 등급을 유지하기 위해 지속적인 매출 기여를 하게 된다. 비슷한 방식으로 프리퀀시 프로그램이 있는데, 일정 횟수 이상의 구매가 이루어지면 미리 약속한 상품이나 서비스를 제공하는 것이다. 이러한 비금전적 판매 촉진의 방법은 매출 증가에 도움이 되는 동시에, 기업과 고객 간 지속적인 관계를 유지하는 데도 긍정적 영향을 주는 방법이다.

[그림 9-12] CU의 신학기 판매촉진 이벤트

출처: BGF 리테일.

[그림 9-13] 롯데백화점 VIP 라운지

출처: 연합뉴스 기사.

비즈니스 판매촉진 방법에는 기업 고객이 대량으로 구매할 경우, 가격을 할인해 주는 금전적 인센티브와 고객사가 속한 업계의 정보를 제공하거나 고객사의 직원들에 대한 교육 등의 서비스를 제공하는 비금전적 인센티브를 활용할 수 있다. 이러한 판매촉진 방법을 통해, 기업은 사전 계약된 물량 이상의 매출 증가를 기대할 수 있고, 신뢰를 바탕으로 지속적인 거래 계약 갱신 등을 이룰 수 있다.

중간 유통업자인 도소매상을 대상으로 하는 거래 판매촉진은 진열대의 좋은 위치에 기업의 제품을 진열해 주는 대가로 상품의 대금을 공제해 주거나, 일정량 이상의 구매 시 구매 금액을 할인해 주는 방법, 그리고 판매 목표량 초과 달성 시 판매 지원금을 지원하는 금전적 인센티브를 활용할 수 있다. 추가로 판매 직원을 파견하여 도소매상의 판매 업무를 보조해 주거나, 판매를 촉진하기 위한 판촉 물품 등을 제공하는 등의 비금전적 인센티브 도입을 고려해 볼 수 있다.

마지막으로 판매 직원 판매촉진 방법은 판매를 담당하는 직원과 전담 부서에게 고정 급여 외에 매출 성과에 따른 현금 인센티브의 지급, 특별 상금 등의 금전적 인센티브를 활용할 수 있으며, 이에 더해 승진이나 포상 및 휴가의 제공 등을 통해 비금전적 방식으로 판매 직원의 판매 동기를 유발할 수 있다.

이처럼 다양한 방법을 활용하여 판매촉진 전략을 수립하게 되며, 기업은 이러한 판매촉진 전략의 실행으로 즉각적인 매출 향상과 신규 고객 유입, 기존 고객의 재구매 및 대량 구매를 유도할 수 있다. 다만, 이러한 판매촉진의 결과로 기업과 브랜드의 이미지가 하락하지 않고, 고객과의 관계가 손상되지 않도록 주의가 필요하다. 금전적인 인센티브 외에 다양한 비금전적인 인센티브를 활용하는 것이 대안이 될 것이다.

3. 디지털 커뮤니케이션

1) 디지털 커뮤니케이션의 의미와 목적

디지털 커뮤니케이션은 현재 가장 빠르게 성장하는 마케팅 커뮤니케이션의 방법이다. 우리나라는 2019년 기준 초고속인터넷 보급률이 82%로 전 세계 1위를 차지했고, 이는 OECD 평균 초고속 인터넷 보급률보다도 약 1.5배 높은 수치이다. 이러한 디지털 인프라의 발전은 온라인과 모바일, 소셜미디어를 활용한 디지털 커뮤니케이션의 성장을 뒷받침하고 있다.

앞서 이 장에서는 프로모션 대신 커뮤니케이션이란 용어를 중심으로 통합적 마케팅 커뮤니케이션의 의의와 목적을 설명하였다. 기업-소비자 간 교류에서 소비자의 능동적인 관점과 행동을 고려한 것이다. 마케팅 커뮤니케이션에서 소비자의 역할이 커진 데는 디지털의 보급과 활용이 크게 기여했다고 볼 수 있다.

발전된 디지털 환경의 가장 큰 특징은 기업과 소비자 간 쌍방향 소통(interactive communication)과 즉각적 상호 교류(immediate interaction)가 가능해졌다는 점이다. 이로 인해 기업-소비자 간 상호 교류 시 소비자의 참여는 이전과 비교할 수 없을 정도로 확대되었다. 소비자는 마케팅 커뮤니케이션의 단순 수신자(receiver)가 아니라, 적극적으로 커뮤니케이션 메시지를 만들어 내는 창조자(creator)이자 이를 퍼뜨리는 전달자(deliver)가 된 것이다. 기업 역시 제품과 브랜드에 대한 소비자의 즉각적인 반응과 피드백을 직접 확인할 수 있게 되었다. 또한 전통적 커뮤니케이션 수단보다 저렴하고 신속한 디지털 매체를 통해 타깃고객과 시장에 접근할 수 있으며, 다양한 온라인 데이터의 분석을 통해 더욱 세분화된 타깃고객을 공략할 수 있게 되었다.

2) 디지털 커뮤니케이션의 수단 및 기대 효과

(1) 온라인 마케팅

온라인 마케팅이란 기업의 웹사이트나 온라인 광고, 온라인 이벤트, 이메일 등을 활용한 마케팅 방법을 일컫는다.

기업은 자사 웹사이트를 통해 소비자와 상호 교류할 수 있다. 기업의 웹사이트에는 크게 두 가지 기능이 있는데, 첫째는 기업의 제품과 브랜드에 대한 소개 및 정보의 전달이고, 두번째는 직접 판매를 통한 매출의 증대이다. 자체 웹사이트를 제작할 경우, 메시지의 내용과 톤, 무드, 디자인에 대한 높은 통제권을 갖게 된다. 또한 웹사이트에 방문한 사용자의 방문 빈도, 열람한 페이지, 접속 경로, 머무는 시간 등에 대한 데이터를 확보할 수 있게 된다. 또한 자체적으로 운영하는 웹사이트의 경우에는 추가로 광고 비용 등이 소요되지 않으므로 상대적으로 저렴한 비용으로 운영이 가능하다는 장점이 있다. 반면에, 특정 기업과 브랜드에 한한 웹사이트의 경우 통합 플랫폼이나 소셜미디어에 비해, 소비자들의 관심과 방문이 낮은 편이다. 또한 기업이 제작한 커뮤니케이션 메시지가 브랜드 편향적일 경우 사용자 간 구전과 공유가 많지 않은 편이다.

　온라인 광고의 경우 디스플레이 광고(display AD)와 검색 기반 광고(search-related AD)로 나뉜다. 구글, 야후, 네이버, 다음 등의 인터넷 검색 엔진 사이트나 통합 포털 사이트를 운영하는 기업은 자시 포털 사이트에 일반 사용자에게 필요한 서비스와 콘텐츠를 다양하게 제공한다. 인터넷 이용률이 2020년 기준 96.5%에 달하는 한국의 경우, 대부분의 사람들이 매일 포털 사이트를 사용하고 있다고 봐도 과언이 아니다. 따라서 대형 통합 포털 사이트는 엄청난 사용자 수를 기반으로 매력적인 온라인 광고 채널로 각광받게 되었다.

　디스플레이 광고의 경우, 주로 포털 사이트의 상단이나 초기 화면 우측에 위치하는 배너의 형태로 활용된다. [그림 9-14]는 국내 포털 사이트인 네이버의 초기 화면으로, 상단에 유니세프 광고와 우측에 엔씨소프트의 리니지 광고가 노출되어 있다. 이러한 디스플레이 광고는 일정 시간 동안 사용자에게 콘텐츠를 노출하는 조건으로 포털 사이트에 광고비를 지불해야 한다. 광고 비용은 전통적인 방송 광고와 마찬가지로 시간대별 정액을 지불하는 형태와 소비자에게 1천 회 노출을 기준으로 금액을 산정(Cost per Mile: CPM)하는 방법이 있다.

　한편, 검색 기반 광고는 사용자가 검색 엔진 사이트에 특정 검색어를 입력할 경우, 검색어와 관련 기업이나 브랜드의 광고를 노출되도록 하는 광고를 말한다. 구글의 경우 대표적인 검색 기반 광고인 구글 애드워즈(Google AdWords) 상품이 있는데, 구글 자체의 알고리즘과 광고를 요청한 기업의 검색어를 기반으로 광고 노출 여부를 결정하게 된다. 광고 비용은 주로 클릭 횟수당 비용을 산정하는 방식(Cost per Click: CPC)으로 결정된다.

　이러한 온라인 광고의 경우, 대형 포털 사이트를 통해 많은 잠재 소비자에게 광고를 노출할 수 있다는 장점이 있으며, 사용자의 검색어 등을 기반으로 하여 연관 광고를 노출하기 때문에 불특정 다수에 대한 광고보다 효과적으로 타깃고객에 도달할 수 있다. 다만, 광고 노출 후 흥미를 가지고 방문한 잠재 소비자가 구매로 전

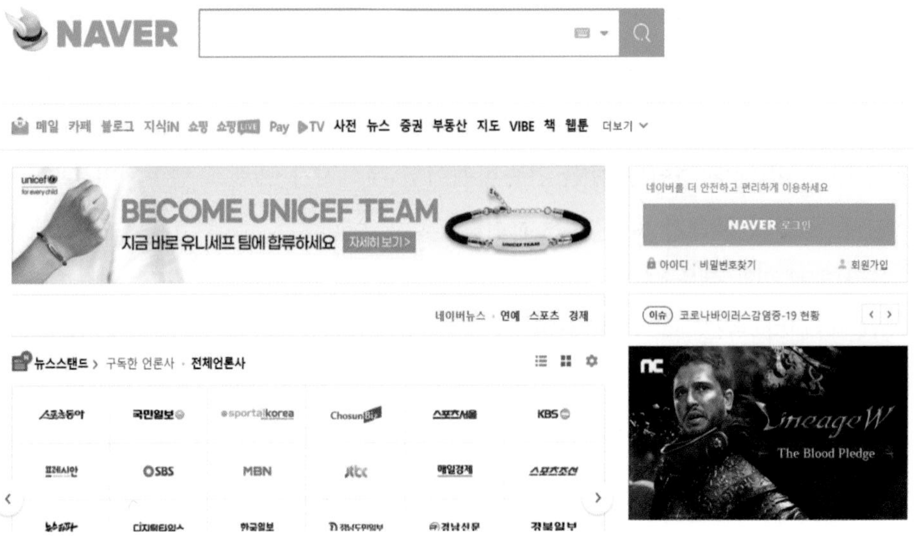

[그림 9-14] 포털 사이트 네이버의 디스플레이 광고

출처: 네이버.

환되는지 여부에 대한 확인이 어렵다는 점과 광고 비용이 높다는 점에서 온라인 광고 성과의 평가를 측정하기 위한 새로운 방법이 고안되어야 할 것이다.

이메일 마케팅은 기업이 활용 가능한 잠재 소비자의 이메일 주소를 통해 기업의 제품과 브랜드에 대한 정보와 설득의 메시지를 전달하는 마케팅 방법이다. 이메일 마케팅은 비용이 매우 저렴하고 다수의 잠재 소비자에게 도달할 수 있다는 점에서 큰 장점을 지니고 있다. 그러나 기업이 상품과 브랜드에 관련하여 발송하는 메일의 평균 오픈율이 8.5%이고, 메일을 열람하여 본문에 포함된 링크를 클릭하는 클릭률은 1.2%까지 하락하여 이메일 마케팅에 대한 수신자의 관심이 낮은 편이다. 또한 광고 목적의 이메일을 받은 수신자의 태도가 오히려 부정적으로 영향을 받을 수도 있기 때문에, 이메일 마케팅의 빈도와 콘텐츠의 내용에 대한 최적화 작업이 중요하다.

앞서 살펴본 온라인 마케팅의 세 가지 유형에 대해 장점과 단점을 〈표 9-4〉에서 확인할 수 있다.

〈표 9-4〉 온라인 마케팅 방법의 장점과 단점

디지털 마케팅 수단	방법	장점	단점
온라인 마케팅	웹사이트	• 메시지 통제 용이 • 사용자 데이터 획득 • 상대적으로 저비용	• 낮은 트래픽 • 낮은 구전 효과
	온라인 광고	• 타깃 마케팅 • 사용자 데이터 획득 • 높은 트래픽 유도	• 상대적으로 고비용 • 구매 전환 여부 확인 어려움
	이메일	• 타깃 마케팅 • 저비용	• 낮은 비율의 열람 • 수신자 반응 확인 어려움

(2) 모바일 마케팅

[그림 9-15]에서 국내 광고 시장의 추이를 살펴 보면, 온라인이 모든 매체를 제치고 가장 높은 비중을 차지하였고, 이 추세는 코로나19 상황과 맞물려 더욱 가속화되고 있다. 또한 2019년을 기점으로 모바일 광고비가 전통적 광고 매체인 텔레비전과 라디오 방송 광고비를 상회하고 있다. 이러한 온라인 매체 중에서도 모바일의 선호 현상으로 인해 인터넷 광고는 오히려 비중이 줄어드는 모양새다. 한국과 비슷한 수준의 모바일 보급율을 지닌 미국의 경우에도 이미 모바일 광고비의

[그림 9-15] 방송통신광고비 현황과 전망

출처: 과학기술정보통신부/한국방송광고진흥공사 공동자료.

비중이 전체 디지털 광고비의 70%를 차지하고 있다.

모바일 마케팅은 소비자들의 스마트폰이나 태블릿 같은 모바일 기기를 매체로 활용하는 마케팅 방법이다. 대표적인 모바일 마케팅의 수단으로 모바일 광고를 들 수 있다. 모바일 기기 화면에 최적화된 모바일 웹사이트와 구글의 플레이 스토어(Play Store)와 애플의 앱 스토어(App Store) 같은 모바일 인앱 스토어에는 각각 백만 개 이상의 앱이 등록되어 있어서 이들 앱을 활용한 모바일 광고 역시 증가 추세에 있다. 모바일을 활용하는 사용자의 경우, 다양한 앱에서 개인의 취향과 선호에 맞는 앱을 골라 사용하기 때문에, 이들 앱과 연관된 기업의 제품과 브랜드의 광고를 게재할 경우 타깃고객에 대한 접근성이 높아지게 된다. 예를 들어, [그림 9-16]처럼 필라테스 앱을 설치한 사용자가 앱을 구동할 때 초기 화면에서 다이어트 음료에 대한 광고를 게재하는 식이다. 이렇게 광고의 타깃고객과 유사한 니즈를 지닌 모바일 앱 사용자를 대상으로 하는 경우, 모바일 광고의 효과가 높아지게 된다. 이 밖에도 QR 코드, 모바일 게임, 브랜드 앱 등을 활용한 마케팅활동도 증가 추세에 있다.

[그림 9-16] 모바일 필라테스 앱 초기 화면의 다이어트 음료 광고

출처: 핀터레스트.

모바일 광고의 가장 큰 이점은 전통적 커뮤니케이션 채널과 PC를 매개로 한 온라인 마케팅에 비해, 타깃고객 도달이 가장 빠르고 용이하다는 점이다. 모바일 기기는 휴대와 사용이 간편하여 말 그대로, 누구나, 언제, 어디서나(anyone, anytime, anywhere) 접근 가능하다. 또한 모바일 광고에 대한 타깃고객의 반응을 즉시 파악하고 대응할 수 있다는 이점이 있다. 모바일 기기는 말 그대로 휴대하고 다니는 기기이므로, 사용자가 허용하는 경우 위치 기반 서비스를 제공하는 것도 가능하다. 특정 브랜드 앱을 설치할 경우, 사용자가 해당 브랜드의 지점과 가까워졌을 때 앱의 알림 서비스가 쿠폰이나 이벤트에 대한 정보를 자동으로 전달하게 하는 식이다. [그림 9-17]은 여성복 브랜드인 레베카 밍코프의 브랜드 앱에서 위치 기반 서비스를 통해, 지점을 소개하고 해당 지점에서 행사 중인 제품과 프로모션에 대한 정보를 안내하고 있다.

[그림 9-17] 레베카 밍코프 브랜드 앱의 위치 기반 서비스

출처: 레베카 밍코프 홈페이지.

(3) 소셜미디어 마케팅

모바일 기기를 활용한 마케팅 커뮤니케이션 방법 중에 현재 가장 큰 성장세를 보이는 유형은 소셜미디어를 활용한 마케팅 기법이다. 소셜미디어는 사용자 간 자유로운 상호 교류를 기반으로 하는 새로운 미디어 채널이다.

가장 대표적인 SNS(Social Networking Service, 소셜 네트워크 서비스)에는 페이스북, 인스타그램, 트위터, 유튜브, 틱톡 등이 있으며 국내에서는 네이버 밴드, 카카오스토리 등이 있다. 닐슨 코리안클릭의 2021년 4월 보고서에 따르면, 국내 소셜미디어 이용자 수는 3,496만명으로 전 세계 SNS 이용률 평균의 약 2배인 89%로 전체 국가 순위 2위를 기록하였다. 이처럼 국내의 소셜미디어 사용 수준은 전 세계적으로도 높은 편이므로, 이를 활용한 마케팅 커뮤니케이션 전략의 실행도 활발하다. 특히, 각 소셜미디어별로 사용자의 인구통계학적 정보와 소셜미디어 활용 목적이 다르므로, 이러한 사용자의 특성을 이해하는 것이 선행되어야 한다.

구체적으로 [그림 9-18]의 국내 소셜미디어 선호도 차트를 분석해 보면, 페이스북의 경우 남성 사용자가 여성 사용자에 비해 높은 선호도를 보였고, 인스타그램은 반대로 여성 사용자의 선호도가 더 높은 것으로 나타났다. 나이대별로는 MZ세대인 2030을 중심으로 인스타그램의 선호도가 페이스북을 앞질렀으며, 4050의 경우 국내 토종 소셜미디어인 네이버 밴드와 카카오스토리에 대한 선호도가 높은 것으로 나타났다. 트위터는 전반적으로 낮은 선호를 기록하였는데, 이는 짧은 인스턴트 텍스트 메시지를 기반으로 하는 트위터에 비해 사진과 동영상 등의 시각화 콘텐츠를 주로 사용하는 인스타그램 등에 대한 선호가 높다는 것을 의미한다. 기업은 이러한 소셜미디어별 사용자의 선호와 미디어 자체의 특성을 고려하여 소셜미디어 마케팅을 전략을 수립해야 한다.

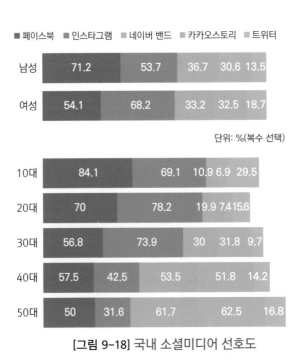

[그림 9-18] 국내 소셜미디어 선호도

출처: 나스미디어.

소셜미디어 마케팅의 가장 큰 장점은 개인화 맞춤 타게팅이 가능하다는 점이다. 소셜미디어 계정을 통해 접속한 개인 사용자의 방문 빈도, 사용 시간, 사용 횟수, 접속 경로, 위치 등이 실시간으로 축적되며 이러한 데이터를 활용할 경우, 사용자의 인구통계학적 정보 외에 다양한 심리적 요인과 행동적 요인을 바탕으로 한 니즈의 파악이 가능해진다. 또한 한 소셜미디어 사용자 간 대화와 리뷰(social buzz)를 통해 즉각적으로 실시간 반응을 확인할 수 있기 때문에, 신제품 출시 등에 유용하게 활용할 수 있다.

최근에는 인플루언서(influencer)를 통한 마케팅활동도 활발해지고 있다. 인플루언서란 유튜버나 블로거, 인스타그래머와 같이 소셜미디어상에 다수의 사용자에게 영향력을 끼칠 수 있는 사용자를 가리킨다. 이들은 연예인과 운동 선수와 같은 대중적인 인지도는 부족하지만, 소셜미디어를 사용하는 사용자들 사이에서는 이들 못지 않은 인기와 영향력을 누리고 있다. [그림 9-19]의 유튜버 쯔양의 경우, 먹방 유튜버로 엄청난 인기를 누리고 있으며 채널 구독자 수가 2021년 기준 490만 명을 넘었다. 이에 다양한 기업이 쯔양과 콜라보레이션을 진행하며, 해당 영상을 쯔양의 채널에 공유하고 있다. 실제로 넷플릭스의 드라마 〈킹덤〉과의 콜라보레이션은 구독자들에게 드라마 속 가장 먹어 보고 싶었던 음식을 추천받아, 킹덤의 출연진들과 실제 먹방 영상을 촬영하였다. 이 협업 영상은 160만 건 이상의 조회 수를 기록하며 〈킹덤〉의 흥행에 도움을 주었다.

이처럼 인플루언서를 통한 소셜미디어 마케팅을 통해 기업은 제품과 브랜드에 대한 정보 전달, 인지도 향상과 같은 효과를 기대할 수 있다. 특히, 구독자들은 인플루언서에 대한 신뢰와 충성도가 높아서 인플루언서를 통한 판매촉진 활동을 통해 직접적인 매출 증가 역시 기대할 수 있다.

[그림 9-19] 유튜버 쯔양과 넷플릭스 〈킹덤〉 콜라보레이션 먹방

출처: Youtube 쯔양 채널.

마무리 사례　　아모레퍼시픽의 멀티브랜드 커뮤니케이션 전략

　아모레퍼시픽은 1945년 태평양화학공업사로 시작한 국내 굴지의 화장품 전문 기업이다. 기업의 오랜 역사답게, 아모레퍼시픽은 다양한 화장품 브랜드를 보유하고 있다. 대표적인 여성 화장품 브랜드로 설화수, 헤라, 에뛰드를 꼽을 수 있다. 이들 브랜드는 나이대와 금액별로 매우 다른 소비자를 타깃으로 한다.

　고가의 설화수는 주로 중년 이상의 여성을 타깃으로 하며, 프리미엄 브랜드로 유명하다. 이와 정반대로 에뛰드는 1020 세대의 여성을 타깃으로 하며, 다양한 색조 화장품을 합리적인 가격에 판매한다. 헤라는 앞선 두 브랜드의 중간 성격을 지니고 있으며, 2030 세대를 타깃으로 한다.

　이처럼 다양한 브랜드와 제품을 보유한 기업의 경우, 각 브랜드의 타깃고객과 포지셔닝 전략이 다르기 때문에 이에 적합한 커뮤니케이션 수단도 달라지게 된다. 아모레퍼시픽의 경우, 고가 라인인 설화수에 대해 인적 판매와 직접 판매 전략을 중심으로 고객 경험과 만족도를 높이기 위해 노력하고 있으며, 2030 세대 고객을 주 타깃으로 하는 헤라는 유명 연예인을 기용한 광고를 통해 헤라의 세련되고 도시적인 이미지를 강조하였다. 마지막으로, 1020 세대 고객을 타깃으로 하는 에뛰드는 젊은 세대에게 익숙한 인플루언서를 활용한 소셜미디어 마케팅 프로모션을 주요 커뮤니케이션 수단으로 활용하고 있다.

[그림 9-20] 설화수 뷰티 컨설턴트 교육 현장

출처: 동아일보.

[그림 9-21] 헤라 광고

출처: 헤라 홈페이지.

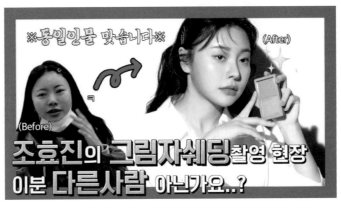

[그림 9-22] 에뛰드 소셜미디어 인플루언서 콜라보레이션

출처: Youtube HYOJIN 채널.

▶ **생각해 볼 문제**

• 통합적 마케팅 커뮤니케이션 관리의 성과는 어떻게 측정할 것인가?

• 디지털 커뮤니케이션은 전통적 마케팅 커뮤니케이션 수단을 대체할 것인가?

• 앞으로 새롭게 활용될 디지털 커뮤니케이션의 수단은 무엇인가?

마케팅원론 ABC

Artificial İntelligence
Big data
Customer value

제**10**장

고객가치 연결:
유통과 플랫폼 서비스

쿠팡이 퀵커머스 전쟁 참전을 선언하고 '15분 내 배송'을 내건 쿠팡이츠마트 서비스를 개시했다. 현재 이 시장에는 2018년부터 선발 주자로서 빠른 성장세를 구가해 온 배달의민족의 B마트가 단독 1인자로 자리 잡고 있다. 하지만 이미 수도권에 인접한 대형 물류센터와 수많은 로켓배송 재고 및 차량을 보유한 쿠팡의 경우 도심 물류 거점들만 확보하면 품목 수와 가격, 배송 속도 등 모든 측면에서 우위를 점할 수 있어 업계가 긴장하고 있다. 이에 그동안 주거 접근성이라는 이점을 누려 온 편의점/SSM(기업형 슈퍼마켓) 업계도 배송 플랫폼들과 손잡고 퀵커머스 경쟁 격화에 대응하고 있다. 편의점/SSM은 전국 곳곳에 입지한 점포들이 이미 도심 물류 거점의 역할을 한다는 점에서 짧은 배송 거리를 자랑하지만 플랫폼 이용 규모나 라이더 수 등에서 쿠팡이나 배달의민족 대비 열위에 있다. 누가 이 새로운 유통 전쟁의 승기를 잡을 것인지를 예측하려면 플레이어별 장단점을 이해해야 한다.

최근 쿠팡이 퀵커머스 출전을 선포하며 강남 일부 지역을 대상으로 15분 내 배송을 약속했다. 15분 내 배송이라는 빠른 서비스는 주거 접근성을 강점으로 내세우는 편의점이나 SSM과 그 궤를 같이한다. 그동안 공룡들의 이커머스 전쟁과 코로나19 사태에도 불구하고 시장점유율을 빼앗기지 않았던 편의점/SSM 업계에 강력한 경쟁자가 나타난 셈이다.

쿠팡의 퀵커머스 진입, 기대만큼 빠른 성장을 할 것인가

2018년부터 배달의민족의 B마트는 퀵커머스 영업을 시작했다. 현재 퀵커머스 시장의 단독 1인자인 B마트는 매년 전년 대비 250% 이상의 매출 성장을 보이고 있다. 현재 서비스를 서울 전역에 제공하고 있을 뿐만 아니라 경기/인천권 일부까지 확대 중이다. 최근에는 GS더프레시(GS슈퍼마켓)와 MOU를 맺어 도심 지역에 물류센터를 확보하고 재고 운영의 리스크를 줄일 수 있을 전망이다. 이대로라면 서비스가 빠르게 전국권으로 확대되고 성장세도 가속화할 것으로 보인다.

이런 성장세를 고려할 때 쿠팡의 퀵커머스 브랜드인 쿠팡이츠마트는 B마트보다 더 빠르게 시장에 진입할 것으로 예상된다. B마트로 유통 사업에 처음 뛰어든 배달의민족의 경우 초기 DC(Distribution Center: 재고 보유 물류센터)와 MFC(Micro Fulfillment Center: 도심 거점 풀필먼트센터), 배송 전략 수립이 필수였다. 반면, 쿠팡은 이미 수도권에 인접한 DC와 해당 지역으로 가는 수많은 배송 차량을 보유하고 있기 때문에 도심 내 MFC만 확보하면 서비스가 가능하다.

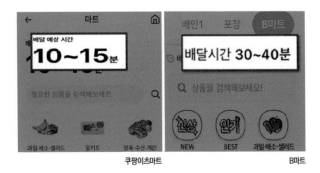

[그림 10-1] 쿠팡이츠마트 vs. B마트 퀵커머스 배송 시간

더불어 B마트에서는 판매 중인 신선 식품의 폐기율이 상당한 것으로 알려져 있으나 쿠팡의 경우 판매 채널이 쿠팡과 쿠팡이츠마트로 더 다양하고, 하루 한 번 물품이 입고되는 B마트의 MFC와 달리 로켓배송을 활용해 여러 번 물품이 입고된다. 이는 당일 수요를 고려한 입고 수준 결정에 유리하다는 의미다. 더불어 쿠팡이 적극적으로 퀵커머스를 시작할 경우 600만 종의 로켓배송 제품(쿠팡 재고 보유)을 통해 B마트 대비 더 많은 물품을 취급할 수 있다.

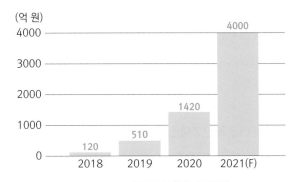

[그림 10-2] B마트 매출 성장세

출처: B마트.

편의점/SSM은 쇠락할 것인가

퀵커머스의 즉시성은 편의점이 가지고 있는 접근성이라는 장점과 중첩된다. 그렇다면 퀵커머스의 등장이 편의점에는 위기가 될까? 반드시 그런 것은 아니다. 편의점에도 지금이 위기이자 새로운 기회가 될 수 있다. 오프라인 매장 하나 없는 B마트나 쿠팡과 달리, 편의점 업계에는 어마어마하게 많은 매장이 출점되어 있다. 이 점포마다 재고가 있기 때문에 각각의 편의점이 곧 작은 물류 거점과 같다고 말할 수 있다. 이들이 배송 거리, 그와 연동된 시간에 있어 쿠팡이나 B마트보다 유리한 고지를 점하고 있다는 의미다.

〈표 10-1〉 퀵커머스 제공 현황

서비스명	제공업체	배송시간	배송지역	SKU
B마트	배달의민족	30분	서울 전 지역 인천/경기 일부	8,500여 종
1시간 배송	롯데온	1시간	잠실	600여 종
톡딜프레시	카카오커머스	2시간	강남, 송파, 서초	52개 상품
쿠팡이츠마트	쿠팡	15분	송파구 일부	-
현대백화점	현대백화점그룹	30분	압구정	-

물론 편의점/SSM이 당면한 숙제는 여전히 존재한다. 첫째, 플랫폼 이용 규모의 확대다. 안드로이드 OS 기준 B마트의 플랫폼인 배달의민족의 월 사용자 수는 1,700만 명이 넘고 쿠팡이츠마트의 플랫폼인 쿠팡이츠의 월 사용자 수는 400만 명이 넘는다. 이에 비해 대표 편의점인 CU의 월 이용자 수는 200만 명 수준에 불과하다.

둘째, 라이더의 안정적 확보. 각각 배민커넥트, 쿠팡이츠 서비스를 통해 라이더를 꾸준히 확보하고 있는 B마트와 쿠팡이츠마트도 코로나19 사태 이후 라이더가 부족해 주문이 들어와도 처리하지 못하는 어려움을 종종 겪고 있다. 이런 상황에서 시장에 신규 진출해야 하는 편의점/SSM 업계는 배송 플랫폼과 연계할 것으로 예상된다. 실제로 이미 이마트24는 배송 플랫폼 '바로고'와 연계해 퀵커머스를 준비하고 있다. 이처럼 진입 장벽이 없는 것은 아니나 편의점/SSM 입장에서 퀵커머스는 사업의 지속이란 관점에서 선택이 아닌 필수 요소가 됐다. 최근 GS리테일이 '요기요' 인수전에 뛰어든 것도 이런 맥락으로 해석된다.

퀵커머스 물류센터는 어떻게 운영되는가

그렇다면 현재 퀵커머스 1인자인 B마트는 어떻게 운영되고 있는지 살펴보자. B마트는 서울 내 27개, 경기/인천 지역을 포함하면 32개의 도심 거점 풀필먼트센터인 MFC를 운영 중이다. 이 거점은 내부적으로 FC란 약자로 불린다. 이들 FC는 약 200~300평 규모이며 레이아웃은 물류센터보단 마트에 가깝다. 선반렉과 스탠드형 냉장/냉동기가 가득 설치돼 있으며 이 공간들은 매일 새벽 물류센터인 DC로부터 보충받은 재고들로 채워진다. FC는 단순 보관, 저장의 기능보다는 상품을 선별해 포장하는 피킹, 팩킹 기능을 중점적으로 수행하기 때문에 층고보다는 일정 수준의 바닥 면적을 필요로 한다. 이 때문에 일반적인 물류센터보다는 넓은 면적의 상가와 아파트형 공장을 임차해 운영되고 있다.

〈표 10-2〉 물류센터와 MFC 임차료 비교

구분	물류센터	MFC	
	김포물류센터	쿠팡(송파)	B마트(송파)
평당 임차료	4만~4만 8,000원 (저온 6만 5,000~7만 5,000원)	약 20만 원 (1층 기준)	약 7만 원 (4층)

　도심 핵심지에 입지하는 FC는 임대료가 일반적인 창고 임대료를 훨씬 웃돈다. 기업 입장에서 FC 임대 규모를 최소화하는 것이 중요한 이유다. 작게 임차하고 필요한 재고는 자주 보충해줘야 한다. DC와 FC를 인접해 두는 이유도 재고를 자주 보충하기 위해서다. 현재 B마트는 FC의 재고를 빠르게 채우기 위해 DC를 김포에 두고 있다. 입지를 서부권에서 서울 접근성이 가장 좋은 지역으로 정한 것이다. 설비 용량(Capa) 초과로 이전을 검토 중이긴 하나 이번에도 서울까지 30분 안에 접근할 수 있는 위치의 물류센터를 선호하는 모습을 보이고 있다.

각 플레이어는 어떤 방향으로 나아가야 할까

　현재 퀵커머스의 핵심 경쟁력은 가격, 속도, 품목 세 가지다. 그렇다고 해서 전쟁에 참여한 플레이어들이 반드시 세 가지를 모두 보유해야 하는 것은 아니다. 오프라인에서 우리가 CU를 가는 이유와 코스트코를 가는 이유가 다르듯 말이다. 전자는 속도와 편의성, 후자는 다양성과 가격 등으로 소비자들의 선호 배경은 모두 다를 수 있다. 그렇다면 세 가지 경쟁력 측면에서 커머스 업계의 각 플레이어는 어떤 방향으로 나아가야 할까?

1. 편의점 업계

　쿠팡이츠마트가 15분 배송(B마트 30분 배송)을 앞세워 현재 퀵커머스 시장에서 배송 속도의 우위를 점하고는 있지만 '거점 수=배송 거리 단축'이라는 공식이 통하는 한 쿠팡이 아무리 많은 MFC를 설립한다 한들 편의점을 이기기는 어렵다. 편의점들은 이미 별도 비용이 들지 않는 수많은 거점 매장을 전국 각지에 확보하고 있기 때문이다. 이는 편의점이 커머스 전쟁에 참전한 플레이어 중 비용에 대한 리스크 없이 짧은 배송 거리와 속도를 확보하는 데 가장 유리하다는 의미다.

　물론 문제는 있다. 편의점의 면적이 쿠팡이츠마트나 B마트의 MFC 대비 작기 때문에 취급하는 품목의 수가 제한돼 있다는 점과 확보된 라이더가 없다는 점이다. 품목 수의 경우에도 한계가 있다. 편의점이 아무리 수요예측을 정교화해 품목을 운영한다 하더라도 절대 면적 부족으로 인해 타 플레이어 대비 한계점을 드러낼 수밖에 없다. 결국 편의점은 품목의 다양성보다는 배송 가격 경쟁 또는 속도전으로 승부를 봐야 한다.

　시장의 라이더가 부족해 배송 단가가 높아지고 있는 상황이지만 편의점의 경우 짧은 배송 거리로 인해 배송 단가를 획기적으로 낮출 수 있다. 굳이 이륜차를 이용하지 않아도 배송이 가능하기 때문이다. 배민커넥트의 사례처럼 도보, 자전거, 킥보드 등을 활용한 아르바이트족이나 투잡족을 통한 접근이 경쟁자 대비 매우 유리하다. 이에 따라 이런 단거리 배송을 수행해 줄 인력풀 확보에 주력한다면 충분히 경쟁력을 가질 수 있을 것으로 보인다.

2. 쿠팡이츠마트

'빠른 배송=쿠팡'이라는 공식은 이미 사람들의 뇌리에 깊이 박혀 있다. 지난 몇 년간 퀵커머스 시장을 개척해 온 선발 주자 B마트보다 서울 송파구 일부 아파트 단지를 중심으로 이제 막 서비스를 개시한 쿠팡이츠마트가 더 큰 파장을 일으키고 있는 것도 이런 이미지와 무관치 않다.

사실, 쿠팡이츠마트는 퀵커머스를 더 일찍 시작하지 않은 것이 이상할 정도로 퀵커머스에 최적화된 장점을 많이 보유하고 있다. 쿠팡은 수도권 초근접 지역에 물류센터를 보유하고 있으며 품목 수를 의미하는 SKU(Stock Keeping Unit, 재고 관리 단위)가 600만 개에 달한다. 또한 쿠팡맨 또는 쿠팡플렉스를 이용해 거점 물류센터에서 MFC까지 수시로 재고를 옮겨 나를 수 있다. 이미 이커머스의 핵심 플레이어로서 제품 원가에 대한 경쟁력도 가지고 있으며 라이더 고용을 통해 배송 속도까지 올리고 있다. 가격, 배송 속도, 품목에 대한 경쟁력을 모두 갖췄다고 해도 과언이 아니다.

하지만 쿠팡이라고 해서 난관이 없는 것은 아니다. 먼저, 단기적으로는 MFC 설립을 위한 부지와 건물을 확보하는 게 쉬운 일이 아니다. 도심 내 200~300평 규모에, 주차가 용이하고 합리적인 임차료의 건물을 찾는 것은 생각보다 까다롭기 때문이다. 핵심 지역의 부동산마다 쿠팡에서 좋은 건물을 찾는다는 소문이 이미 파다하지만 MFC 확보가 순조롭지는 않은 상황이다. 나아가, 장기적으로는 적자 운영에 따른 위험이 있다. 현재 업계 1위인 B마트도 지속적으로 적자를 기록하고 있다. 그런데 B마트보다 더 빠른 배송을 목표로 하는 쿠팡이츠마트는 B마트 대비 두 배 이상의 MFC를 설립하려 하고 있다. 쿠팡이츠마트의 적자 운영은 불가피하다는 뜻이다.

과거 쿠팡은 로켓배송을 시장에 안착시키기 위해 적자를 감수하고 경쟁사 대비 많은 거점 인프라에 선투자했고 압도적인 시장 지위를 확보했다. 하지만 퀵커머스 시장에선 상황이 다를 수 있다. 쿠팡이 편의점보다 우월한 인프라를 확보하기는 어렵고 MFC 운영 및 배송에 드는 운영비용 또한 편의점 대비 열위에 있기 때문이다. 과거 쿠팡이 사업을 하던 방식대로 적자를 감수하고 공격적으로 투자한다 한들 편의점이 적극적으로 방어한다면 로켓배송과 같은 압도적인 시장점유율을 확보할 수 있을지 의문이다. 이에 따라 아무리 쿠팡이라 할지라도 MFC 증설을 위한 과도한 출혈은 자칫 더 큰 위험을 초래할 수 있다. 비용과 실익을 따져 가면서 전략적으로 접근할 필요가 있다는 의미다.

3. B마트

B마트는 현재 가장 많은 품목(8,500여 개)을 제공하고 있는 퀵커머스 시장의 선두 업체지만 이 업체가 선두의 지위를 유지할 수 있을 것인지 귀추가 주목된다. B마트는 퀵커머스 시장에서 계속해서 우위를 가져가기 위해 경기/인천 등 지방 권역 서비스 및 품목 확대에 전력을 다하고 있다.

하지만 앞서 언급한 것과 같이 배송 거리에 특화된 편의점, MFC만 확보하면 시장 점유를 할 수 있는 쿠팡이 강력한 경쟁자로 떠오르고 있는 상황이다. B마트가 지방 권역을 선점할 수 있을지 아무도 장담할 수 없다.

특히, B마트가 배송 효율 측면에서 타 플레이어들을 제치기는 어려워 보인다. 가격 측면에서도 마찬가지다. 기존에 막강한 채널을 통해 유통 단가에서 우위를 점한 플레이어가 많고 품목 수 측면에서도 그다지 강점이 있지 않다. 그렇다면 B마트가 가야 할 길은 어디일까?

B마트에서만 찾을 수 있는 차별화된 품목을 확보하는 것이 관건이다. 최근 MOU를 체결한 GS더프레시와의 협업도 이런 B마트의 약점을 보완하기 위한 의도로 풀이된다. 실제로 쿠팡이나 편의점은 '초신선' 제품 부문에서 경쟁력이 다소 부족하다. 과일, 육류, 수산류는 제품의 수량 부족과 높은 폐기율 등으로 인해 취급이 까다로우며 쿠팡은 이미 로켓배송에서도 신선 식품 카테고리를 축소한 경험이 있다. 반면, GS슈퍼마켓은 초신선 부문에서 상당한 비교 우위를 가지고 있다. 이에 따라 B마트가 GS슈퍼마켓와의 협업을 성공적으로 추진해 신선 식품 카테고리를 확보한다면 타사에 없는 품목 확보가 B마트의 강점이 될 것으로 예상된다.

퀵커머스는 물류 자산에 어떤 영향을 미칠 것인가

〈표 10-3〉 업체별 취급품목 수

구분	SKU	비고
B마트	8,500여 종	
쿠팡이츠마트	1,000여 종 미만	로켓상품 600만 개 보유
편의점	평균 2,000~3,000여 종	
SSM	평균 4,000~5,000여 종	

수많은 플레이어가 퀵커머스 시장에 참전하고 있다. '속도'를 기반으로 하는 이 서비스는 곧 수도권 근접 물류센터에 대한 엄청난 수요를 발생시킬 것이다. 일전에 쿠팡이 로켓배송을 위해 인천/김포/의왕 등에 물류센터를 설립하고 곧이어 이미 많은 거점을 가진 이마트가 쓱배송(당일 배송 격)에 뛰어들어 김포/용인에 물류센터를 추가 설립한 것과 유사한 상황이 연출될 수 있다.

B마트는 현재 김포에 4,000여 평의 물류센터를 사용하고 있고, 올해 안에 의왕 물류센터를 확보해 규모를 6,000평까지 확대하려는 계획을 세우고 있다. 현대백화점그룹 또한 당일 배송을

위해 김포 내 별도의 물류센터를 임차했다. 퀵커머스로 유통사업에 신규 진입하는 B마트발 물류센터 수요 발생은 너무나도 당연해 보인다. 기존 물류 거점을 전혀 보유하지 않고 있기 때문이다. 배달의민족 B마트와 유사한 배달 대행업체 바로고, 딜리버리히어로코리아의 퀵커머스 참전도 물류센터 거래 시장 폭발을 예고하고 있다.

물론 이미 도심 거점을 다량 갖고 있는 편의점이나 쿠팡은 시작 단계에서 기존 거점들을 활용할 것이다. 하지만 이들도 결국 퀵커머스만을 위한 물류센터를 추가로 확보해야 하는 상황에 당면할 것이다. 그 핵심 원인은 바로 출고 단위에 있다. 쿠팡은 주로 소박스 단위의 판매 혹은 대량 판매를 해 왔다. 편의점도 신선 식품을 제외하고는 박스, 소포장 단위로 출고를 해 왔다. 이와 달리 퀵커머스는 이륜 차량 적재함에 들어갈 정도의 크기, 혹은 고객의 주문 성향을 고려한 낱개(piece) 단위 판매를 주력으로 한다. 그렇기 때문에 물류센터에 낱개로 찾아 배송할 수 있도록 낱개 피킹 영역(piece picking area)을 갖추고 있어야만 한다.

간단히 설명하면, 판매 단위가 다른 제품은 별도의 품목 단위(SKU)로 취급되기 때문에 쿠팡과 편의점의 SKU가 더욱 늘어나는 것이 불가피하다. SKU의 증가는 단순 재고의 양적 증가보다 더 많은 물류센터 면적을 요구한다. 단순 재고량의 증가는 높이 쌓음으로써 해결할 수 있다. 물류센터의 수직 길이인 층고를 활용할 수 있다는 의미다. 그러나 SKU가 늘어나면 이야기가 다르다. 서로 다른 품목을 다른 곳에 진열해야 쉽게 선별할 수 있기 때문에 피킹 접근성 측면에서 수평적으로 재고를 배치해야 한다는 문제가 있다. 또한 편의점 매장 및 MFC의 작은 규모는 더 잦은 재고의 보충, 즉 보충 입고(feeding)를 요구한다. 이는 물류센터에 잦은 출고가 필요하고 출고장의 차량 교통량(traffic)이 증가하면서 필요한 독(dock) 수가 많아진다는 얘기다. 이러한 도심 거점 물류센터의 특수성으로 인해 기존 거점을 보유하고 있는 쿠팡이나 편의점 또한 시장 진입이 본격화되는 시점엔 퀵커머스 전용 물류센터를 도입할 수밖에 없을 것이다.

결국 수도권 근접 지역 물류센터 수요 증가로 이미 높은 임대료 상승을 보이고 있는 경기도 김포/남양주/군포 등 핵심 지역의 임대료는 추가 상승할 것으로 예상된다. 또한 퀵커머스는 냉장 및 냉동 제품의 비중이 높아 상/저온 복합 물류센터에 대한 수요가 매우 크다. 이에 따라 수도권 근접 지역의 상온 센터는 일부 면적을 저온 센터로 전환함으로써 임대 수익 증대를 꾀할 수 있을 것으로 보인다.

반면, 상대적으로 배송 속도에 크게 영향을 받지 않는 의류, 가구, 온라인 쇼핑 등 산업 물류센터의 수도권 후방 지역으로 이전이 빨라질 전망이다. 현재도 이커머스 시장 활성화로 인한 물류센터 수요 증가 및 임대 가격 상승에 따라 의류 및 가구 업체들이 임대료가 싼 경기도 여주, 안성 지역으로 이전하고 있는 추세다. 그런데 퀵커머스의 발전은 이런 물류 자산의 격동을 더욱 가속화할 것으로 보인다. 퀵커머스 시장의 출현에 따른 위기와 기회에 잘 대응하기 위해서는 새로운 유통 전쟁에 각 플레이어가 어떻게 대처하는지, 물류센터 수요 변화로 인해 자산 시장이 어떻게 움직이는지 유심히 지켜볼 필요가 있다.

출처: 조서윤(2021)에서 발췌 수정.

제10장의 개요

　유통은 물건을 사고파는 거래에 있어서 가장 기초가 되는 활동이다. 일상 속에서 매일 접하고 있으며, 익숙한 개념이다. 어느 신입생은 학교로 가는 길에 편의점에 들러서 간식거리를 샀다. 집으로 가는 길에 지하철로 백화점에 들러서 신상품을 스캔한다. 마음에 드는 물건을 발견하고는 스마트폰으로 최저가를 검색해서 고민한다. 집으로 돌아오는 길에 강의계획서를 확인하고 필수 교재를 온라인 서점에서 검색한다. eBook으로 살지 양장본으로 살지 고민하다가 Amazon.com에서 대여하기로 결정한다.

　신입생의 하루에서 볼 수 있는 유통의 경험에서 여러 가지를 알 수 있다. 언제든 편의점에서 간단한 물건을 구입할 수 있고, 스마트폰으로 오프라인의 물건을 온라인에서 구매할 수 있으며, 가격을 비교할 수도 있다. 또한 온라인으로 검색하고 구매하는 과정이 어색하지 않고 너무나도 자연스러운 일상이 되었다. 이 장에서는 유통경로에 대해 알아보고, 소매상은 도매상과 어떻게 다르고 프랜차이즈와 플랫폼은 어떻게 다르며, 어떤 장단점이 있는지 알아본다. 그리고 유통의 조정과 통제에 어떤 특징이 있는지 알아본다.

제10장의 질문

1. 유통경로란 무엇인가?

2. 소매상, 도매상, 프랜차이즈, 그리고 플랫폼은 어떻게 다르고 어떤 장단점이 있나?

3. 유통, 조정, 통제는 각각 어떤 특징이 있나?

1. 유통경로의 이해

1) 유통이 왜 필요한가

유통이란 생산자 또는 제조업자가 제품이나 서비스를 소비자가 구매할 수 있도록 연결하고 전달하여 가치가 전달(value delivery)되도록 하는 일련의 행위를 의미한다. 유통경로의 궁극적인 목적은 제조업자와 소비자를 연결하는 것이다. 이러한 유통에 관한 결정은 다른 마케팅 결정에도 영향을 미치기 때문에 종합적으로 판단하고 장기적으로 조정 및 결정을 한다. 또한 유통경로의 장점을 활용하면 경쟁사에 비해 경쟁우위(competitive advantages)를 얻을 수 있다. B2B(business-to-business) 관계가 B2C(business-to-customer)에 비해 횟수는 줄고 기업 사이의 관계가 깊은 것처럼 유통경로 안에 있는 타 기업들과의 관계나 연결은 매우 견고하다.

생산자와 소비자 사이에는 중간상이 이 둘의 가치 전달과정을 보다 효율적으로 만든다. 예를 들어, 3개의 생산자(a, b, c)와 3명의 소비자(1, 2, 3)가 있다고 가정하자. 중간상이 없는 경우에 이루어질 수 있는 총 거래는 아홉 번이다(a1, a2, a3, b1, b2, b3, c1, c2, c3). 만약 중간상(m)이 생산자에게서 제품을 사서 소비자들에게 판매하면 총 거래의 수가 여섯 번으로 줄어들게 된다(am, bm, cm, m1, m2, m3). 이 과정에서 거래의 숫자가 줄어들고 그만큼 유통경로의 효율이 높아진다. 농수산품의 경우 도매상이 중간상 역할을 하며 여러 가지 기능을 담당한다. 그중에서 생산자에게 많은 양의 상품을 구입하여 작은 단위로 분할(bulk breaking)하여 소매상에게 판매한다.

중간상은 앞의 예시에서처럼 물리적으로 제품을 제조업자에게서 소비자에게로 전달하는 역할을 담당해 장소적 불일치를 해소하기도 하지만 여러 가지 다양한 어려운 점을 해결하기도 한다. 농작물의 경우 생산 시기는 가을에 집중되어 있는 반면, 소비자들의 소비 시기는 1년 내내 퍼져 있다. 이러한 시간의 불일치 또한 유통 채널의 구성원들, 다시 말해 도매상이 창고에 저장하여 소매상에게 일 년 내내 적정량을 판매하는 방법으로 해결한다. 또한 가치 전달망(value delivery network) 안에 있는 경쟁자나 소비자 그리고 기타 시장 환경요인들에 대한 정보를 전달하기도 한다. 이러한 유통경로 구성원들의 역할은 크게 두 가지로 구분할 수 있다.

첫째, 소비자들이 제품이나 서비스를 구매하도록 돕는 역할이다. 구체적으로 소비자들의 필요와 요구들에 대한 정보를 전달하고, 판촉 활동을 하며, 소비자와 생산자를 연결시키고, 소비자와 생산자가 가격이나 기타 조건들을 조율하도록 협상을 한다. 둘째, 이미 이루어진 구매를 지원하는 역할이다. 물리적으로 제품의 위치를 이동시키고, 금융지원을 하고, 위험을 감수한다.

2) 경로 구조 및 구성원의 수

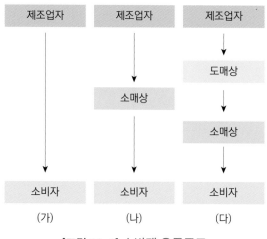

[그림 10-3] 소비재 유통구조

소비재 유통구조는 크게 세 가지로 생각해 볼 수 있다. 첫째, (가) 유형은 제조업자가 직접 소비자에게 제품을 판매하고 배송하는 구조다. 아마존이 킨들(Kindle) 제품을 온라인으로 직접 소비자에 판매하는 경우가 이에 해당한다. 라이나 생명보험의 경우 전화로 보험에 가입하고 서비스를 구매할 수 있다. 인스타그램 등 SNS를 활용해 생산자가 직접 온라인에서 최종 소비자에게 제품을 판매하는 사례가 늘고 있다. 예를 들어, 헤리터 도마와 칼, 산지에서 직접 배송하는 농산물 샤인 머스캣 등이 있다. 둘째, (나) 유형의 경우 제조업자가 소매상에게 비교적 많은 물량을 한꺼번에 판매하고 소매상은 각각 개인 소비자들에게 판매하는 방식이다. LG나 삼성의 가전제품의 경우 대리점 또는 백화점을 통해서 소비자들에게 직접 제품을 둘러보고 비교하기 용이하도록 한다. 셋째, (다) 유형의 경우는 도매상과 소매상 두 번의 중간상을 거쳐 소비자에게 판매되는 경우다. 중간상의 수가 많아질수록 도매상과 소매상은 각각 자신의 이윤극대화를 위해 마진을 결정하게 되고 이런 이유로 소비자들이 지불해야 하는 제품의 가격은 올라가는 경향이 있다(double marginalization; Jeuland & Shugan, 1983; McGuire & Staelin, 1986). 이런 문제는 제조업자와 중간상이 수직적으로 통합이나 합병이 되면 해소될 수 있다. 최근 스마트폰과 인터넷 사용이 늘어 감에 따라 중간상이 줄어드는 현상(disintermediation)이 점점 더 많아지고 있다(Kotler & Armstrong, 2021). 대표적인 예로 아마존의 킨들(Kindle)을 생각할 수 있다.

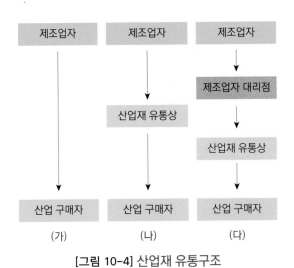

[그림 10-4] 산업재 유통구조

산업재의 유통구조도 소비재와 비슷한 형태를 띠지만 각 유통 구성원 사이의 관계가 더 깊고, 거래는 더욱 많으며 쉽게 거래나 계약이 변경되지 않고 경직되는 특징이 있다. 소비재 유통구조와 또 다른 특징으로 산업재 구매자는 최종 소비자와 달리 구매한 제품을 다시 가공, 포장, 처리, 운송 등을 통해 다음 유통 구성원이나 최종 소비자에게 다시 판매하기 위해 구매한다는 것이다.

2. 소매상, 도매상, 프랜차이즈 그리고 플랫폼

이 절에서는 마케팅 중개상 중에 대표적인 두 개의 유통 구성원인 소매상과 도매상을 설명한다. 유통 경로의 유형은 크게 소매상과 도매상으로 구분되며, 최근 플랫폼의 등장으로 다양해지고 있다. 이 절에서는 우선 소매상과 도매상을 먼저 설명하고 특수한 형태인 프랜차이즈와 유통 플랫폼에 대해 다룬다.

1) 소매상

소매상(retailer)은 제품 또는 서비스를 판매, 전달, 보관, 배송하는 일련의 활동을 담당한다. 최종 소비자(end-user)를 직접 상대하여 판매를 하는 소매상은 소비자가 원하고 선호하는 마케팅 요소가 무엇이고 어떻게 달라지는지 예민하게 관찰하고 파악하고자 한다. 최근 고객 관련 데이터가 늘어나고 온라인 소매상을 통한 고객의 구매가 늘어 감에 따라 고객의 선호에 대한 정보를 얻을 기회가 커지고 있다. 이에 따라 개별 소비자에게 맞춤형 마케팅 전략을 진행하는 경우가 늘고 있다. 예를 들어, 아마존에서는 고객의 최근 구매내역을 통해 추천 상품 목록을 최적화하기도 하고, 신규 고객에게는 멤버십 가입 시 큰 혜택으로 소매상에게 고착(lock-in)되도록 하는 전략을 사용하기도 한다. 최종 소비자의 다양하고 변

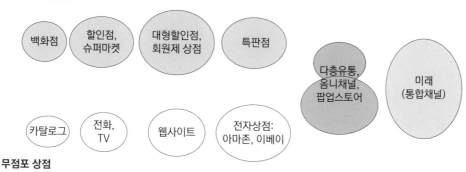

[그림 10-5] 소매형태의 진화과정

출처: Gauri et al. (2021).

화하는 욕구와 선호에 대응하기 위해서 온라인 리뷰나 SNS 등에 언급되는 제품에 대한 고객의 목소리에 귀를 기울이는 노력이 점점 더 중요해지고 있다(Moe & Schweidel, 2017).

소매업의 변화를 간단하게 살펴보면 [그림 10-5]와 같다. 물리적 점포 소매상은 백화점을 시작으로 할인점, 슈퍼마켓을 거쳐 회원제 할인점과 대형마트가 생겨났다. 그 후 카테고리 킬러나 특수한 상품군을 취급하는 전문점이 나타났다. 무점포 소매상의 경우 카탈로그를 활용한 방식에서 전화 통신 판매, 그리고 TV 홈쇼핑 등 텔레비전이 소매 매체로 확장되었고, 최근 인터넷의 발달로 인터넷 웹사이트를 통해 소매업이 활발해지고 있다. 그 후 온라인에서 플랫폼과 더불어 생겨난 초대형 기업으로 아마존과 이베이, 알리바바 등이 있다. 이후 물리적 점포와 온라인 두 경로를 모두 활용하는 옴니채널이 더욱 활성화되었다. 옴니채널의 경우 할인이나 행사를 온/오프라인에서 동시에 함으로써 소비자들에게 일관된 메시지와 마케팅을 전달할 수 있어 보다 효과적이다. 최근 시장점유율을 크게 높이고 있는 플랫폼 기업에 대해서는 이후 절에서 구체적으로 알아보기로 하자.

다양한 소비자의 욕구와 선호에 따라 다양한 형태의 소매상으로 구분할 수 있다. 첫째, 오프라인 점포를 가지고 있는 점포 소매상과 점포를 갖지 않는 무점포 소매상으로 구분할 수 있다.

- 점포 소매상: 백화점, 슈퍼마켓, 편의점, 대형할인점, 회원제 도매클럽, 아울렛, 전문 소매상
- 무점포 소매상: 모바일 앱, 온라인 상점, 홈쇼핑, 전화 판매, 방문 판매, 자동판매기

점포 소매상에는 백화점, 슈퍼마켓, 편의점, 대형할인점, 회원제 도매클럽, 아울렛, 전문 소매상등이 해당한다. 백화점에 방문하는 고객은 희망 구매 목록(wish list)에 해당하는 제품을 사러 왔지만 원스톱쇼핑(one stop shopping)의 장점을 살려서 다양한 분야의 상품을 한번에 쇼핑하는 경향이 있다. 백화점은 이 점을 적극적으로 활용해 유명 음식점을 식당가에 유치하고자 하고 구매력이 큰 고객층을 유인하기 위해 고급 명품 브랜드 상점의 입점을 추진하기도 한다. 또한 백화점

의 위치를 선정할 때에도 접근성이 좋은 지하철 역세권이나 주변 환경을 고려해 결정하기도 한다. 과거 백화점으로 대표되던 형태가 요즘은 복합 쇼핑몰이라는 형태로 거리가 먼 곳에서 방문하는 고객들이 늘어나고 있다. 최근에는 스타필드 (Starfield)와 더 현대(The Hyundai)가 쾌적하고 MZ세대가 좋아할 만한 매장을 꾸미고 구성하여 주목받고 있다. 이와는 반대로 전문 소매상은 취급 분야는 좁지만 특정 분야 안에서는 제품 구성이 다양한 특징을 갖는다. 예를 들어, 운동용품 전문점으로 Dick's Sporting Goods나 골프 용품만을 취급하는 Golf Galaxy를 생각해 볼 수 있고 가구와 가정용품점으로 이케아(IKEA)를 생각해 볼 수 있다.

무점포 소매상은 모바일 앱, 온라인 상점과 케이블 TV 방송을 통한 홈쇼핑, 전화 판매, 방문 판매, 자동판매기 등이 해당한다. 물리적인 거리의 제약이 없어 보다 폭넓고 다양한 소비자를 대상으로 판매가 가능한 특징이 있다.

최근 스마트폰의 보급률이 지속적으로 커지고 있어 점점 더 많은 소비자들이 모바일 기기로 쇼핑을 하고 있다. 시간과 장소의 제약이 없고 24시간 항상 스마트폰을 갖고 있기 때문에 언제든지 소비자가 구매에 대한 관심이나 구매의도가 있을 때 바로 제품 구매로 연결될 수 있다. 최근에는 고가의 해외명품 브랜드 제품도 모바일 앱을 통해서 구매할 수 있는 사례가 늘고 있다. 예를 들어, 발란(BALAAN)과 트렌비(tren:be) 등이 있고 한정판(limited edition) 제품이나 콜라보레이션 (collaboration) 제품을 전문으로 취급하는 크림(KREAM) 등의 앱이 있다.

웹사이트를 중심으로 온라인 판매를 하는 온라인 스토어(online store) 또한 전통적인 점포 소매상(brick and mortar store)과 큰 차별점이 있는 소매상이다. 물리적인 거리 제약이나 시간의 제약이 없고 무인점포로 운영이 가능한 점이 특징이다. 최근 오프라인 매장에서 스마트폰으로 다른 오프라인 매장에서 판매가격이 차이가 나는지 또는 온라인 마켓에서 최저가가 얼마인지 검색하는 소비자가 늘고 있다.

홈쇼핑도 흥미로운 무점포 상점이다. TV 시청자들의 세분화, 차별화를 통해 특정 소비 계층을 타게팅해서 해당 방송 시간 동안 특별한 가격과 선물로 구매를 촉진하는 소매상이다. 전문적인 쇼호스트가 제품의 사용법과 장점 및 특징을 실시간으로 설명하면서 소비자들의 질문이나 요구에 반응하기도 한다. 의류, 뷰티, 식품, 생활, 잡화 등 상품군이 주를 이루는 홈쇼핑은 소비자로 하여금 충동구매를 유도한다는 점에서 비판적 시각 또한 존재한다.

가격을 기준으로 소매상을 다음과 같이 구분할 수 있다.

(1) 대형할인점

대형할인점(discount stores)은 언제나 가장 낮은 가격(Every Day Low Price: EDLP)으로 판매하는 특징이 있다. 박리다매의 원칙으로 저렴한 가격이지만 비교적 수량이 큰 경우가 있어 대형할인점의 경우 이윤 추구가 가능한 구조다. 저렴한 가격이 더욱 많은 소비자들을 유인하고 많은 고객의 방문으로 매출량의 증가가 마진의 주요 원동력이라 할 수 있다. 또한 할인점이 자체 브랜드(private label, private brand)를 개발하여 더욱 저렴한 가격으로 많은 매출을 올리는 경우도 있다. 대표적인 예로, 이마트 트레이더스와 코스트코, 롯데마트, 홈플러스 등이 있다.

(2) 가격할인점

가격할인점(off-price retailers)의 대표적인 특징은 정해진 가격에 맞게 가격대비 성능의 비율이 소비자들로 하여금 매력적으로 느끼도록 용량과 포장을 달리한다는 점이다. 예를 들어, 한국의 다이소, 미국에서 쉽게 만날 수 있는 달러트리(Dollar-tree) 또는 달러스토어(Dollar-store), 일본에 대표 100엔 숍으로 편의점 형태인 로손(LAWSON)이 있다. 다이소의 예를 좀 더 생각해 보자. 1,000원, 2,000원, 3,000원, 5,000원, 10,000원 등의 정해진 가격에 맞추어 상품을 기획하고 재포장하기도 한다. 가장 중요한 매력 포인트로 부담 없이 여러 종류의 저렴한 상품을 한번 방문으로 구매할 수 있다는 점이다. 청소도구나 생활용품 등 특정 제품군에서는 단연 소매업 중에서 큰 시장 점유율을 보이는 품목들이 있다. 가격탄력적인 학생이나 1인 가구에게 매력적인 소매업의 형태다.

(3) 아울렛 스토어

아울렛 스토어(outlet store)는 유명 브랜드 제품에 하자가 있거나 인기가 없어 재고로 남은 상품들을 모아 둔 할인매장으로 임대료가 비교적 싼 교외에 위치한다. 쇼핑몰 형태로 백화점이나 쇼핑몰에서 판매되는 소비자 가격보다 파격적으로 할인된 가격으로 소비자들의 방문을 유도하는 형태의 소매업이다. 예를 들어, 여주 프리미엄아울렛, 김포 현대프리미엄아울렛, 파주 롯데프리미엄아울렛, 그리고 미국 동부 뉴욕주에 위치한 우드버리 아울렛(Woodbury outlet)이 유명하다.

(4) 창고형 회원클럽

창고형 회원클럽(warehouse club)은 육류, 과일이나 빵, 샴푸 등 여러 가지 식료품과 생활용품을 한 상자나 12병, 비교적 큰 용량의 제품을 크게 할인된 단위당 가격으로 판매하는 소매 형태다. 예를 들어, 코스트코, 이마트 트레이더스가 있고, 미국에서 흔히 볼 수 있는 Sam's club과 BJ's가 있다. 박리다매의 원칙을 기반으로 하지만 수입의 큰 부분은 판매에서 나오는 마진보다는 고객들에게 받는 연간 회원 수수료에서 나온다.

(5) 백화점

다양한 제품과 여러 상품군이 한곳에 있는 것이 특징이다. 커다란 빌딩 하나가 전부 백화점을 구성할 정도로 큰 규모의 집합 소매점이다. 각층을 부문별로 구성하여 한 번 방문으로 여러 품목의 제품을 구매할 수 있도록 하는 특징이 있다. 화장품, 각종 악세서리와 고가의 해외 유명 명품점이 주로 1층에 위치하고 2층부터 숙녀, 여성의류, 신사의류, 가족의류와 가족용품, 가구, 주방용품, 스포츠 의류, 스포츠 용품 등의 순서로 층을 구성한다. 지하에는 식당가와 슈퍼마켓이 있는데 가격은 일반 슈퍼마켓보다 높은 경향이 있다. 예로, 현대백화점, 롯데백화점, 신세계백화점, 스타필드 등이 있다. 많은 고객의 접근성을 높이고자 도심 중심에 위치하거나 역세권에 위치한다.

(6) 슈퍼마켓

편의점보다는 저렴한 가격을 제공하며 식료품과 농수산품, 그리고 생활 잡화를 취급한다. 주거지 근처에 위치해 고객의 접근성이 높고 배달 등의 편의 서비스를 제공하는 경우가 많다. 아파트 상가 지하 전체를 사용하는 등 비교적 큰 매장을 활용해 소비자들의 방문을 유도한다.

(7) 전문점

특정 상품군이나 제한된 수의 상품 계열을 깊이 있게 판매한다. 악기를 전문적으로 취급하는 낙원상가, 모여 있는 가구판매점, Sephora 화장품전문점, IKEA, 골프용품점, 등산용품점 등이 전문점에 해당한다. 특정 품목에서 보다 깊이 있는 제품들을 비교하여 구매할 수 있는 특징이 있다. 미국의 Radio Shack은 전자제품, 컴퓨터, 오피스용품, 배터리, 핸드폰 관련기기 등을 취급한다. 이케아는 쇼룸을 통해 고객에게 이케아 제품으로 거실, 침실, 서재, 주방을 매력적으로 꾸며 놓고 어떻게 이케아 아이템들을 사용할 수 있는지를 보여 줌으로써 소비자들의 구매를 더욱 부추기기도 한다. 이케아에 대해 몇 가지 더 살펴보면 미로와 같은 구조의 긴 쇼룸을 지나서 다양한 생활용품, 주방용품을 구입할 수 있는 시장(market-place)으로 가는 구조다. 물론 스웨덴의 음식과 문화를 소개해 주는 아주 저렴하고 맛있는 식당가를 지나가게 되어 있다. 쇼핑과 보완 상점인 식당을 연결해 이익을 추구하는 동시에 스웨덴의 음식도 소개하고 스웨덴의 특산품, 주류, 초콜릿 등도 판매한다. 영국의 아르고스(Argos)처럼 카탈로그를 제작해 무료로 배포하여 지속적인 이케아 제품을 고려하고 흥미를 지속하게 만들기도 한다. 다른 예로, 이마트의 일렉트로마트는 체험형 전문 가전 매장으로 가전제품을 체험하면서 자연스럽게 고객의 흥미를 제공하면서도 정보 습득에 도움을 줌으로써 구매를 돕는 형태의 소매점이라 할 수 있다.

(8) 편의점

주거지 근처나 인구 밀도가 높은 지역에 위치하고 슈퍼마켓보다 접근성이 뛰어나다. 24시간 운영하여 언제나 구입할 수 있는 장점을 제공한다. 장소적, 시간적 편의성을 제공하는 만큼 비교적 비싼 가격으로 판매한다. 최근에는 1+1이나 제조업체가 제공하는 할인행사가 많이 있어 소비자들의 쇼핑 행동에 새로운 긍정적인 영향을 주기도 한다.

또 다른 최근 트렌드로는 수입맥주 500ml 캔을 4캔 이상 구매할 경우 개당 2,500원으로 할인하는 행사를 통해 다른 유통 채널과 경쟁하기도 한다. 일정 기간 동안 유명 와인을 대폭 할인된 가격에 판매하기도 한다. 취급품목은 식료품, 음료, 감기약, 우유, 생필품 위주의 제품 계열을 포함한다.

최근 흥미로운 현상 중 하나인 쇼루밍 현상과 웹루밍 현상에 대해 알아보자. 쇼루밍(showrooming) 현상은 고객이 오프라인 매장을 방문해 제품에 대해 정보를 얻기도 하고 만져 보기도 하고, 패션제품의 경우 입어 보거나 착용해 보기도 하지만 구매하지 않고 온라인에서 주문하여 보다 저렴한 가격에 구입하는 현상을 말한다. 이 경우 지역에 위치한 오프라인 매장은 쇼룸 역할을 하게 된다. 그 이유는 온라인 스토어의 경우 비교적 짧은 시간 안에 어렵지 않게 여러 온라인 점포들을 둘러보면서 제품의 가격에 대한 정보를 쉽게 얻을 수 있기 때문이다. 이와 반대로 온라인에서 상품에 대한 정보를 얻고 여러 가지 상품들 중에서 가장 선호하는 제품을 고른 뒤, 오프라인 매장에 방문하여 구입하는 현상을 웹루밍(webrooming)이라고 부른다. 정보 탐색 단계에서 효율적으로 비교를 한 뒤 구입을 위해 오프라인 매장에 들러서 제품을 만져 보고 경험해 본 후 구매하여 구매 과정의 효율성을 높이려는 것으로 해석된다. 소피파이(Shopify, 2021)의 한 보고서에 따르면, 한 브랜드가 오프라인과 온라인 채널을 모두 운영하는 옴니채널의 경우 오프라인 매장을 의도적으로 쇼룸으로 제공하여 제품의 인지도를 높이고 고객에게 탐험의 기회를 더 주는 것도 전략적으로 가능한 방법으로 소개하고 있다. 이 과정에서 오프라인 매장은 재고를 줄여서 매장을 더욱 효율적으로 운영하도록 하고, 쇼루밍 현상이 일어나더라도 오프라인 매장의 매출도 연결시켜 결국 오프라인 매장의 이윤도 챙기는 방법들을 추천하고 있다.

소매상의 또 다른 유형으로 무점포 소매상이 있다. 점포가 없이 판매자와 소비자가 직접 만나 구매가 이루어지는 특징이 있다. 야쿠르트 판매하는 자동차를 떠올리면 된다. 자동판매기도 따로 점포를 두지 않고 지하철역이나 공공기관의 복도에 위치하여 판매하게 된다. 방문판매도 여기에 해당하고 전화를 이용한 텔레마케팅도 무점포 소매상이라 할 수 있다. TV홈쇼핑 또한 물리적인 점포가 없고, 인터넷을 통한 전자상거래도 모두 무점포 소매상으로 구분할 수 있다. 우편으로 배달된 전단지나 카탈로그를 보고 직접 전화나 인터넷으로 구입을 하는 경우도 무점포 소매상에 해당한다.

2) 도매상

유통경로를 간단히 원자재 공급업자–제조업자–도매상–소매상–소비자로 생각해 볼 수 있다. 이 유통 경로에서 가장 복잡하고 다양한 기능을 수행하는 유통 경로 구성원이다. 제조업자에게 제품을 구매하여 바로 최종 소비자에게 제품을 판매하는 것이 아니라 소매상에게 판매한다. 구매와 판매가 모두 B2B(Business-to-Business) 거래로 이루어지고, 따라서 B2C 경우에 비해서 상대적으로 훨씬 복잡한 거래 단계를 거치고 매우 작은 수의 거래처가 있고 이 거래처와의 관계가 아주 튼튼하다. 한번 거래가 이루어진 제조업자나 소매상과는 지속적인 거래가 이루어질 경우가 많고 쉽게 거래처가 바뀌지 않는 특징이 있다.

도매상은 다양한 기능을 수행하지만 주요한 기능으로 크게 두 가지를 생각해 볼 수 있다. 제품을 수집하고 여러 소매상에게 분배하는 것이다. 제조업자들과 소매업자들 사이에서 중간상(middleman) 역할을 하므로 거래가 보다 효율적으로 이루어지게 하는 기본적인 역할을 한다. 최근 제조업체가 커지거나 소매상이 커지게 되면서 도매상이 없이 제조업자-소매상-소비자로 연결되는 유통구조 또한 생겨나게 되었다. 이 경우에도 도매상의 별도의 유통 구성원이 없어졌 뿐이지 도매상의 기능이 없어진 것은 아니다. 도매상의 기능을 제조업체나 거대 소매상이 감당할 뿐이다. 또한 인터넷과 통신수단의 발달로 제조업체와 소매상의 직거래가 활발해지면서 도매상의 역할은 상대적으로 줄어드는 추세에 있기도 하다.

도매상의 기능을 정리하면 다음과 같다.

- 효율적 판매
- 판로 개척
- 제조업자의 재고 부담 줄이기
- 대량 제품 물량을 소량으로 나누기
- 운송
- 대출
- 위험 감수
- 경영관리
- 시장 정보 수집
- 제품 관련 기술 지원과 도움

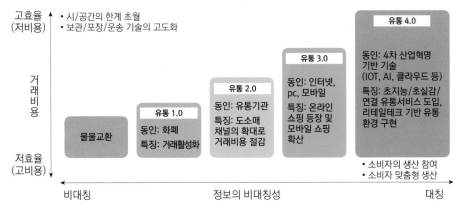

* 유통 4.0 시대, 리테일 패러다임의 전환(삼정KPMG 경제연구원)

[그림 10-6] 유통 4.0의 도래

[그림 10-6]을 통해서 알 수 있는 것은 보다 연결된 유통 서비스가 도입될 것이고 소비자의 참여가 더욱 커지며 소비자 개개인을 위한 맞춤형 제작이 더욱 많아질 것이라는 사실이다. 먼저, 소비자가 생산자 또는 공급자의 역할을 쉽게 할 수 있고 또한 언제든지 소비자가 공급자의 역할을 할 수 있는 플랫폼에 대해 알아보자.

3) 플랫폼

전자상거래가 늘고 있는 가운데 다양한 플랫폼 기업의 출현으로 온라인 유통의 중요성은 더욱 커지고 있다. 2021년 통계청 자료([그림 10-7])를 보면 네이버 쇼핑, 쿠팡 그리고 이베이 코리아 등 플랫폼 기업의 시장점유율이 40% 이상을 차지하는 것을 알 수 있다. 먼저, 어떠한 원리로 플랫폼이 이렇게 성장할 수 있었는지를 알아보자.

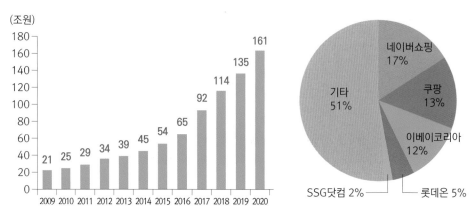

[그림 10-7] 국내 전자상거래 시장 규모 및 점유율(2020년 기준)

출처: 통계청, DB금융투자(2021. 3.).

플랫폼은 '외부 생산자와 소비자가 상호작용을 하면서 가치를 창출할 수 있게 해 주는 것에 기반을 둔 비즈니스'라고 정의한다(Parker, Alstyne, & Choudary, 2018). 우리에게도 이미 알려진 세 가지 사례를 통해 원리를 이해해 보자.

첫 번째 사례로 에어비앤비를 살펴보자. 패션업계 종사자인 체스키와 게비아 두 사람은 샌프란시스코의 한 아파트에 함께 살며 디자이너로 일하고 있었다. 2007년 디자이너를 위한 세계 콘퍼런스가 샌프란시스코에서 열린다는 소식을 듣고 참신한 아이디어를 냈다. 3명의 방문자들에게 관광 서비스와 본인들의 아파트를 임시  숙소로 에어 매트리스를 포함한 잠자리와 아침식사(Air mattress bed and breakfast: AirBnB)를 제공한 것이다. 이렇게 벌어들인 숙박료와 관광 가이드 비용으로 이들은 아파트 월세를 낼 수 있었다. 이후 이들은 남는 소파나 게스트룸을 여행자들에게 대여해 주는 웹사이트를 만들게 된다. 이런 웹사이트를 제공하는 회사는 이 여행자들이 지불한 이용료의 일부를 수수료로 가져간다. 2013년 기준으로 192개국 3만 4,800여 개 장소에 숙박을 연결하고 있고 2초당 한 건의 예약이 진행되고 있다(위키피디아). 에어비앤비는 유서 깊은 최고급 호텔 체인으로부터 많은 고객을 빼앗아 가고 있다. 흥미로운 것은 물리적인 건물을 하나도 보유하지 않은 상황에서 이 모든 시장의 변화가 일어난 것이다.

두 번째 사례로 우버에 대해 알아보자. 2009년 샌 프란시스코에서 서비스를 시작한 우버는 회사 차량 을 이용하거나 자발적으로 차량과 운전자 보험을 가  진 기사를 모집하고 불특정 다수의 고객을 모바일 앱으로 연결해 주어 가치를 만 들어 냈다. 시가총액 630억 달러를 넘어서고 전 세계 200여 개 이상의 도시에서 택시와 경쟁하고 있다. 승객이 이용 후 5점 척도로 별점 평가를 남기는 시스템으 로 우버 운전자로 하여금 보다 나은 서비스를 제공할 충분한 유인을 제공한다.

세 번째 사례로 쿠팡을 생각해 보자. 쿠팡은 제조 업체 또는 판매자와 소비자를 연결시켜 주는 역할  을 하는 대표적인 플랫폼 유통업체이다. 입점업체 또는 가맹업체에게 수수료를 받 고 소비자에게 이들 업체가 판매하는 제품이 보이도록 한다. 때로는 가장 인기가 많은 상품을 가장 먼저 나오도록 하거나 비슷한 상품군에서 가격이 가장 저렴한 제품이 먼저 검색되도록 하는 알고리즘을 적용한다. 소비자들은 여러 번 검색하 지 않고도 인기가 있는 제품이나 비교적 가격 경쟁력이 있는 제품들이 손쉽게 우 선순위로 나와 편리하고 빠르게 쇼핑을 할 수 있게 된다. 네이버쇼핑과 SSG.com, 11번가, G마켓 등도 쿠팡과 유사한 플랫폼 기업으로 볼 수 있다.

3. 유통관리: 조정과 통제

기업은 고객에게 맞는 유통서비스와 유통구조를 알아내야 한다. 그리고 그 유 통구조에 어울리는 여러 가지 유통의 기능들을 담당하는 유통 구성원과 그 역할 을 담당해야 한다. 소비자가 몇 개의 제품을 구매하고 싶어 하는지, 얼마나 신속 하게 배달이 되길 기대하는지, 얼마나 가까운 곳에 위치하는 곳에서 쇼핑을 하고 자 하는지, 얼마나 폭넓은 제품을 비교하고자 하는지 등을 고려해서 최적의 유통 서비스를 제공할 수 있도록 각 경로 구성원들이 각자의 역할을 충실히 해야 한다. 이 과정 중에 제조업자로부터 만들어진 가치가 유통경로를 통해 최종 소비자에게 까지 전달된다(value chain). 이러한 가치 전달의 큰 흐름 속에서 유통 구성원들은 서로 협력하고 상호 의존해야 하는 관계다.

　기본적으로 유통 구성원의 일차 목표는 각 개개의 유통 구성원의 이윤극대화다. 도매상은 이윤극대화를 위해 마진을 남기고 도매가격(wholesale price)을 결정한다. 소매상은 또 이윤극대화를 위해 마진을 남기고 소비자 가격을 정하게 된다. 이러한 두 번의 마진을 남기는 과정에서 이중마진 문제(double marginalization problem)가 나타난다. 이를 해결하기 위한 두 가지 방법으로 유통 협업과 수직적 합병이 있다. 먼저, 제조업체가 도매상이나 소매상을 합병하거나 인수하는 경우와 그와 반대로 소매상이 다른 유통 구성원을 인수/합병하는 경우가 있다. 이러한 유통구조에서 수직적 통합의 경우에는 각 유통 구성원의 이윤극대화가 목표가 아니라 전체 유통업의 총 이윤극대화가 목표가 된다. 이는 유통의 조직적 구조를 변경하여 유통 전체의 이윤을 높이는 방법이다. 이와는 달리 유통 협업을 하는 방법은 인센티브 구조를 통해 각 유통 구성원이 자발적으로 인센티브를 더욱 크게 하려는 유인으로 문제가 해결되는 방법이다. 예를 들어, 수량 할인을 통해 이중마진 문제의 단점을 줄일 수 있다.

새로운 커뮤니티 플랫폼, 무신사

2001년 인터넷 커뮤니티에서 출발한 '무신사 (MUSINSA)'는 창업 20년 만에 연간 거래액 1조 2,000억 원, 매출액 3,319억 원, 영업이익 455억 원, 입점 브랜드 6,200여 개를 달성하며 국내 열 번째 유니콘 기업으로 자리매김했다. 무신사는 초기 커뮤니티에서 패션 콘텐츠를 만드는 콘텐츠 미디어 기업으로, 그리고 커머스 기능이 추가된 패션 플랫폼 기업으로 발전했다. 그 과정에서 커뮤니티를 통해 쌓은 팬덤이 큰 역할을 했다는 평가를 받고 있다. 무신사는 커뮤니티 시절 국내에서는 보기 어려운 한정판 스니커즈 사진 및 스트리트 패션 자료를 대거 올리며 패피(패션 피플)들을 모았다. 또한 이들을 대상으로 주기적으로 이벤트를 개최하며 무신사 자체를 1020 패피들의 놀이터로 만들었다. 무신사는 또한 실력은 있지만 마케팅 및 판매 채널 부재로 힘겨워하던 국내 브랜드들의 마케팅 및 유통을 대행해 주며 여러 국내 스트리트 패션 브랜드를 키워 냈다.

2020년 10월 무신사가 선보인 TV 광고는 유니콘 기업이 된 무신사의 자신감이 엿보이는 광고였다. 광고 모델로 몸값이 비싼 배우 유아인을 기용했기 때문만은 아니다. 그보다는 이 광고 하나로 무신사가 추구하는 콘셉트와 지향점을 잘 알릴 수 있었기 때문이다. 무신사는 광고를 통해 아직 무신사를 접하지 못한 고객에게는 브랜드를 알림과 동시에 '남들 다 하는 무신사를 아직도 모르냐?'는 메시지를 던졌다. 또한 무신사에 입점하지 않은 패션 브랜드들에도 '남들이 다 들어와 있는 플랫폼에 아직 들어오지 않았으니 긴장해야 한다'는 경고를 날리는 데 성공했다는 평가를 받았다.

이 광고의 카피처럼 최근 무신사는 패션과 관련된 거의 모든 분야를 섭렵해 나가고 있다. 1020세대 스트리트 패션에서 출발한 무신사는 최근 명품, 골프웨어, 한정판 스니커즈 등으로 영역을 확대하고 있고 화장품 사업 진출도 선언했다. 거래액 및 영업 실적 역시 성장세가 빠르다. 무신사의 거래액은 2018년 4,500억 원, 2019년 9,000억 원에 이어 지난해 1조2,000억 원을 기록했다. 매출액 상승세 역시 가파르다. 매출액은 2018년 1,000억 원을 돌파한 이후 지난해에는 3,319억 원을 기록했다. 지난해 12월에 진행한 블랙프라이데이 행사 매출은 무려 743억 원에 달해 패션 업계를 깜짝 놀라게 했다. 매출액과 영업이익도 폭발적으로 늘었다. 이러한 눈부신 성과 속에 2019년 11월 세쿼이아캐피털로부터 2,000억 원의 투자금을 유치하며 국내에서 열 번째 유니콘 기업으로 등극하기도 했다. 올해 3월에는 세쿼이아캐피털과 IMM인베스트먼트로부터 1,300억 원을 추가 투자받으면서 기업 가치 또한 2조 5,000억 원으로 껑충 뛰었다.

[그림 10-8] 무신사 모바일 플랫폼

출처: 무신사 홈페이지.

최근 무신사는 온라인을 넘어 오프라인으로도 사업을 적극 확장하고 있다. 2019년 홍대에 패션 문화 편집 스튜디오 '무신사 테라스'를 오픈한 것을 시작으로 올해는 자체 PB인 '무신사 스탠다드'의 1호 매장을 열며 오프라인 시장 공략에 나서고 있다. 또한 공격적인 M&A에도 나서면서 여성 의류와 라이프스타일에 강점이 있는 패션 플랫폼 스타일쉐어와 29CM의 경영권도 인수했다. 이를 통해 여성 패션이라는 새로운 카테고리를 사업에 추가했고 액세서리와 인테리어, 식품, 화장품 등으로도 취급 품목의 외연을 넓혔다. 이에 더해 2018년부터는 벤처투자캐피털 '무신사 파트너스'를 설립해 다른 스타트업에 대한 투자에도 나섰다. 이에 따라 2021년 9월 초까지 국내 중소 브랜드 및 스타트업에 460억 원의 투자를 집행했다. 스니커즈 덕후들을 위한 비공개 인터넷 커뮤니티에서 출발해 패션 플랫폼으로 성장했다.

충성 고객 기반으로 성장하는 커뮤니티 플랫폼

무신사에는 6,000여 개의 브랜드가 입점해 있다. 경쟁사라고 할 수 있는 지그재그의 입점 브랜드(혹은 셀러) 수(3,000여 개)의 두 배에 달하는 숫자다. 입점 브랜드가 많다는 것은 플랫폼으로서 공급자가 많다는 뜻이고 그만큼 구색과 가격 경쟁력이 높음을 의미한다. 이런 이유로 플랫폼은 '규모'에 집중한다. 보다 많은 공급자는 보다 많은 소비자를 부르고, 보다 많은 소비자는 또 다른 공급자를 유인하기 때문이다. 언뜻 보기에 무신사는 플랫폼의 골든룰(golden rule)을 잘 지키고 있는 것 같다. 하지만 자세히 뜯어 보면 일반적인 플랫폼에서 보기 힘든 모습들이다.

플랫폼과 다른 행보

무신사는 2021년의 경영 목표로 주요 입점 브랜드의 육성과 자체 브랜드인 무신사 스탠다드의 매출 증대를 제시하고 있다. 무신사가 판매하는 100개 브랜드의 매출을 100억 원까지로 올리고 이를 바탕으로 글로벌 진출을 돕겠다는 것이고, 또 하나는 자체 브랜드인 무신사 스탠다드의 비중을 전체 매출의 10% 수준까지 끌어올리겠다는 것이다. 이는 우리가 흔히 생각하는 플랫폼 사업자의 목표가 아니다.

플랫폼은 시장의 운영자다. 따라서 플랫폼 그 자체의 경쟁력을 올리는 데 주력한다. 공급자들을 위한 공통의 도구, 예를 들어 빠른 배송, 간편한 결제, 차별화된 마케팅 등을 앞세워 보다 많은 공급자와 소비자가 플랫폼으로 모여들게 만드는 것이 일반적인 플랫폼 사업자의 경쟁 방식이다. 우리가 잘 알고 있는 아마존의 '풀필먼트 바이 아마존'이나 쿠팡의 로켓와우 멤버십, 단건 배송 등이 대표적인 예다. 그래서 우리는 플랫폼의 경쟁력을 제공하는 도구가 얼마나 매력적인가에서 찾는다. 역설적이게도 시장에서 패션 카테고리에서 가장 앞서간다고 평가받는 무신사에는 이러한 매력적인 도구를 찾아보기 어렵다. 그렇다면 무신사는 플랫폼이 아닌가?

무신사는 커뮤니티에서 시작됐다. 그래서 무신사의 고객은 처음부터 오픈마켓에서 생각하는 구매자(buyer)가 아닌 사용자(user)였다. 매일 무신사에 올라오는 콘텐츠를 보기 위해 방문하는 사용자들을 기반으로 시작된 무신사의 커머스는 다양한 콘텐츠 중심으로 발전했다. 여타 다른 플랫폼들이 걸어온 길과는 전혀 다른 경로였다. 소수의 브랜드를 육성했고 그 브랜드의 품질과 실력이 상승하면서 무신사의 시장 입지와 경쟁력도 성장했다. 무신사와 함께한 브랜드들은 타 쇼핑몰에서 찾아볼 수 없었기 때문이다.

[그림 10-9] 무신사 모바일 커뮤니티

출처: 무신사 홈페이지.

브랜드를 육성하는 과정에서 무신사는 그 브랜드들과 함께 성장하면서 신뢰를 쌓았다. 그리고 무신사는 입점 브랜드 숫자를 100개까지 늘려 가려 하고 있고 이제는 이들의 글로벌 진출까지 지원하고 있다. 그래서 무신사의 성장 경로를 보면 플랫폼이라는 단어를 붙이기에는 적합하지 않다. 그보다는 요즘 주목받는 '커뮤니티 커머스'라는 표현이 더 적절할 수 있다. 커뮤니티를 통해 충성 고객을 만들고 이 충성 고객의 지지를 바탕으로 성장하는 커머스 기업이 커뮤니티 커머스다. 타깃으로 삼고 있는 시장의 특징을 너무나 잘 이해하고 그에 적합한 상품을 만드는 제작자들과 협업하면서 이 시장에서의 불만 요소(pain point)를 찾아 해결해 주는 비즈니스 모델이다.

오픈마켓과의 차별화

무신사의 성공은 어떻게 이해해야 할까? 일반적인 플랫폼 이론에 따르면 플랫폼은 양면 시장을 지향한다. 공급자와 수요자, 판매자와 구매자라는 양면 시장 모두를 지향한다는 의미다. 이 두 시장 참여자에게 모두 이익이 될 수 있도록 원칙을 정하고 운영하는 것이 플랫폼의 기본 룰이다. 그 원칙이 시장에서 인정되면 플랫폼은 자리를 잡게 된다. 고객 만족, 고객 중심 경영과 같은 과거의 선언들은 플랫폼에 적용되지 않는다. 따라서 플랫폼은 고객에게만 집중하지 않는다. 즉, 고객과의 관계가 강하다는 표현을 하기 힘들다. 플랫폼은 규모에 집중한다. 그래서 가능하면 빨리 대상 시장을 넓힌다. 굳이 작은 시장, 제한된 상품 구색에 한정하려 하지 않는다. 배달의민족이 B마트로, 쿠팡이 쿠팡이츠로 확장하는 것은 플랫폼의 본질적 속성이다. 구색이라는 가격 이외의 또 하나의 상거래 요소는 플랫폼이 규모를 이뤄 내는 데 매우 중요한 또 하나의 요소이기 때문이다. 그래서 플랫폼은 빠르게 구색을 늘리고 이를 통해 규모를 확보하는 전략을 선택해 왔다.

무신사는 플랫폼의 이 두 가지 보편적 원칙의 반대 방향을 선택했다. 고객에게 집중하면서 무신사를 사랑하는 고객 네트워크를 만들었고 Z세대, 그리고 젠더리스 패션에 집중했다. G마켓을 포함한 경쟁 플랫폼들이 Z세대의 취향과 특성을 전혀 이해하지 못할 때 이들만을 위한 콘텐츠와 정보를 제공했고 이들이 열광할 만한 제품을 파트너 기업들과 협력해 만들었다. 타 플랫폼들이 전혀 할 수 없었던 고객과의 커뮤니케이션이 가능했기에 고객이 원하는 것을 만들어 낼 수 있었고, 그 결과로 만들어진 것이 지금의 무신사라 할 수 있다.

오픈마켓이라는 전형적인 플랫폼은 낮은 가격과 보편적 구색을 제공하기에 많은 대중을 만족시킬 수 있는 것으로 보인다. 하지만 특정 고객군을 타깃으로 맞춤형 콘텐츠나 상품을 구성하는 것은 쉽지 않다. 무신사는 오픈마켓이 할 수 없었던 가치를 만드는 데 집중했고 그 과정을 '고객 네트워크'의 확보라 볼 수 있다. 여기서 '고객 네트워크'란 내가 집중하는 시장이 원하는 바를 제공함으로써 고객을 모으고 그들과 소통하는 것을 뜻한다. 과거 우리가 고객 세그먼트라 불렀던 그런 시장 구분의 개념이 아니라 소통이 이뤄지는 고객집단을 의미한다. 무신사는 '고객 네트워크'와의 대화를 통해 이들이 원하는 상품을 지속적으로 만들어 온 것이다. 플랫폼이 거대화되면서 기존 브랜드들도 이제 고객 네트워크 구축을 시도하고 있다. 플랫폼에 더 이상 고객과의 관계를 양보하기 싫은 브랜드들이 스스로 고객을 정의하고 이들과 직접 소통하기 위해 애쓰기 시작한 것이다. 나이키는 2019년 말 아마존 유통망을 통한 판매를 중단하고 NTC(Nike Training Club), NRC(Nike Run Club)와 같은 모바일 고객 커뮤니티 도구를 통해 자신만의 고객 네트워크 구축을 시도하고 있다. 이 노력을 통해 연결된 고객은 1억 8,000명이 넘었고 아마도 이 가운데 나이키에 충성도가 높은 팬이 30%에 달할 것으로 보인다. 나이키는 이들과 소통하면서 다음 시즌 상품을 고민할 것이고 출시된 제품은 가장 먼저 이들에게 제공될 것이다. 과거 나이키는 고객과의 관계를 3만 개의 리테일러, 즉 소매상에게 의존했던 기업이다. 하지만 이제 리테일이라는 영역이 플랫폼에 의해 장악되면서 더 이상 기존 방식을 고수할 수 없게 됐기에 다시 자신의 고객을 만들고 그들에게 집중하려고 변화하고 있다. 무신사는 나이키가 이제 시도하기 시작한 변화를 처음부터 추구해 왔다. 시작이 달랐기에 고객에게 집중했고 그들과 소통하면서 그들이 원하는 상품을 만든 것이다.

무신사가 최근 스트리트 패션을 넘어 골프, 아동복, 시니어 의류 등으로 카테고리를 넓히는 행보는 보다 많은 브랜드를 무신사 안으로 끌어들이려는 '플랫폼스러운' 시도로 보인다. 큰 규모의 투자를 유치했기에 지속적인 성장세를 유지하기 위한 유일한 수단이 플랫폼일 것이기 때문이다. 하지만 무신사는 과연 플랫폼의 본질을 제대로 이해하고 있을까? 이것이 앞으로도 무신사가 '1등 플랫폼' 지위를 유지할 수 있을지 여부를 결정하게 될 것이다.

출처: 이승훈(2021)에서 발췌 수정.

마케팅원론 ABC

Artificial İntelligence
Big data
Customer value

제**11**장

고객가치 교환: 가격

마스의 헝거리듬 캠페인

초콜릿 바 브랜드 스니커즈(Snikers)를 보유한 마스(Mars)는 헝거리듬(hungerithm)이라는 매우 흥미롭고 효과적인 가격할인 캠페인을 선보였다. 헝거리듬은 소셜미디어 채팅을 모니터링하여 실시간으로 대중의 짜증 정도를 표현하는 지수(index)를 산출하는 알고리즘을 의미한다. 마스는 이 헝거리듬 지수가 높아질수록 스티커즈의 가격할인율이 높아지는 캠페인을 전개하였다. 소비자들은 모바일 앱에서 해당 시점의 헝거리듬 지수에 연동된 할인수준이 기록된 바코드를 저장한 뒤 소매점에서 바코드를 제시하면 할인을 받을 수 있었다. 캠페인 기간 중 이 지수가 가장 높았던 시점에는 가격이 82%까지 할인됐었다. 캠페인에서는 "날씨가 궂으면, 정치적 스캔들로 분노가 폭발하면, 운석이 떨어지는 날이면 싼 스니커즈를 구입할 수 있다"고 광고하였다.

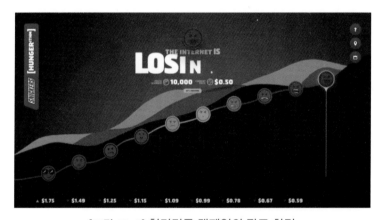

[그림 11-1] 헝거리듬 캠페인의 광고 화면

출처: YouTube.

'출출할 때 넌 네가 아니야'라는 스니커즈의 광고 캠페인을 기억할 것이다. 출출할 때 좀비 모습으로, 짜증과 분노의 화신으로 변하는, 그리고 스니커즈로 활력과 멋진 기분을 되찾는 광고의 스토리는 스니커즈의 포지셔닝을 명확히 표현한다. 헝거리듬 캠페인은 이 포지셔닝을 그대로 가격할인과 연결시킨다. 소비자들이 짜증 나는 상황이라면 마스가 스니커즈 할인이라는 선물을 제공하는 것이다.

통상 가격할인은 단기적으로 매출을 증가시키지만 제품의 이미지를 싸구려로 인식시킬 수 있다는 점 때문에 유의할 필요가 있다. 그렇지만 헝거리듬 캠페인을 대한 소비자들이 이 제품이 잘 안 팔려서 할인한다고 생각할까? 공짜 선물을 받은 사람들이 선물의 가치를 낮춰 생각하지 않듯이 이 캠페인에서는 그런 부작용이 발생치 않았으리라 생각된다. 그야말로 스니커즈를 힘들고 짜증 날 때 선물을, 활력을 주는 브랜드로 인식시키는 데 기여했을 것이다.

또 고객들이 모바일 앱을 깔고 수시로 헝거리듬 지수를 확인하는 과정은 고객의 관여도 (engagement)를 증대하고 고객 관계를 강화하는 데 크게 기여했을 것이다. 캠페인의 화제성과 흥미는 많은 관심을 불러일으켜 고객 저변을 확대했을 것이다. 효과적인 가격할인 캠페인은 다 양한 마케팅 효과를 유발할 수 있다.

출처: Armstrong & Kotler(2021), p. 28을 참고하여 재편집.

제11장의 개요

가격은 수요와 공급을 조절하여 시장의 균형을 달성케 하는 시장 메커니즘의 핵심 개념이다. 따라서 경제 운영의 원리를 다루는 경제학 분야에서 많이 연구되어 온 주제이다. 그러나 가격은 특정 제품 또는 사업이 수익을 창출하는 원천으로서, 또 마케팅 믹스의 하나로서 실용적, 실무적 관점에서 다루어질 사안이기도 하다. 이번 장에서는 가격 의사결정의 대상과 고려 요인들을 정리하여 가격결정을 위한 프레임워크를 제공한다. 그리고 제시한 프레임워크에 기초해 가격과 관련된 중요 이슈들을 설명할 것이다.

제11장의 질문

1. 가격결정에 영향을 미치는 요인들에는 어떤 것들이 있으며, 이들 요인들은 어떤 절차를 통해 가격결정에 반영되는가?

2. 동일 제품에 상이한 다른 가격들이 적용되는 이유는 무엇이고 어떻게 이윤극대화에 기여하는가?

3. 가격이 시간에 따라 변화하는 원인과 영향 요인들은 무엇인가?

4. 소매점의 가격결정은 개별 제품 가격결정과 어떤 차이점이 있는가?

1. 가격의 역할 및 가격 의사결정의 고려 요인

통상적으로 가격은 소비자들이 제품을 구매할 때 그 대가로 지불하는 화폐량을 의미한다. 가격은 기업이 생산해 낸 가치의 직접적인 표현으로 소비자들이 인지하는 가치의 수준에 영향을 미치며, 기업이 추구하는 세분시장, 즉 표적시장을 결정한다. 예를 들어, 세련된 디자인의 자전거를 생각해 보자. 이 자전거는 생활과 운동을 위한 생활필수품인가? 또는 자신의 개성을 표출하는 수단인가? 만약 보편적인 자전거와 유사한 수준으로 가격이 책정된다면 기업은 이 제품을 단지 제품의 속성(디자인)이 향상된 보편적인 제품으로 선언하는 것이다. 반면, 높은 가격을 책정한다면 개성의 표출 수단으로서 디자인에 높은 가치를 부여하는 소비자들을 대상으로 판매를 하겠다는 의지가 표명되는 것이다.

한편, 가격 외의 마케팅 믹스들은 비용을 유발하는 요소들이며, 가격만이 수입을 창출하는 요소라는 점에서 여타 마케팅 믹스들과 구별된다. 이 외에 가격의 특성을 첨언하자면, 다음의 세 가지를 들 수 있다.

첫째, 가격은 다른 마케팅 믹스들에 비해 쉽게 변경할 수 있다. 일단 개발된 제품을 개선하거나 수정할 경우 적지 않은 시간과 비용이 소요되며, 유통망의 경우에도 한번 구축되면 이를 변화시키는 데 상당한 어려움이 있다. 그에 반해 가격 변경은 매장의 가격표만을 변경함으로써 실행될 수 있다. 온라인 쇼핑몰의 경우 가격의 조정은 더 용이할 것이다.

둘째, 다른 마케팅 믹스들에 비해 소비자들과 경쟁자들의 빠른 반응을 가져온다. 제품의 특징이나 유통 경로를 변경하더라도 소비자들이 이런 변화를 깨닫기까지는 상당한 기간이 소요되지만 가격의 변경은 변화를 인지하기 용이하며, 그 영향이 매우 직접적이다. 이러한 특성으로 말미암아 경쟁자들도 가격의 변경에 민감하게 반응하기 쉽다. 더욱이 다른 마케팅 믹스들의 경우 경쟁자들이 모방하기 어려운 경우도 있으나 가격의 경우 모방이 매우 용이하다.

셋째, 가격 자체는 쉽게 바꿀 수 있지만 가격 이미지는 쉽게 바꿀 수 없다. 앞서 가격이 소비자들이 인지하는 가치에 직접적인 영향을 미칠 수 있다고 언급한 바 있다. 일단 싼 가격에 판매되면 소비자들은 그 제품을 낮은 가치로 인식하기 쉬우며, 그렇게 형성된 제품의 이미지는 쉽게 변경되지 않는다.

　정리하자면, 가격은 쉽게 변경할 수 있는 반면, 매우 직접적이고 장기적인 영향을 미친다. 따라서 가격결정은 매우 신중하게 이루어져야 하며, 가격과 관련된 개념들을 체계적으로 이해하고 활용해야만 한다.

　우리는 가격을 생각할 때 제품의 단위당 가격을 주로 떠올린다. 그렇지만 사실 가격 의사결정은 기본적으로 가격산출지표(metrics of price), 가격구조, 가격수준의 세 가지 요소에 대한 의사결정을 포괄한다. 가격산출지표는 가격의 적용 대상 또는 가격을 부과할 때 사용하는 단위를 의미한다. 동일한 제품을 판매하면서도 가격을 적용하는 대상은 상이할 수 있다. 예를 들어, 복사기가 통상적인 방식으로 판매되면 복사기의 소유권, 사용권이 모두 소비자에게 이전되며, 이 두 가지 권리가 가격의 대상이다. 그러나 복사기를 임대(lease)해 주는 경우 소유권은 판매자가 가지고 있으면서 제품의 사용권만을 제공하게 된다. 이 경우 가격의 적용 대상은 사용권을 보유하는 기간이 된다. 다른 임대 방식에서는 복사량을 계산·저장하는 장치를 삽입하여 복사량에 따라 가격을 적용하기도 한다.

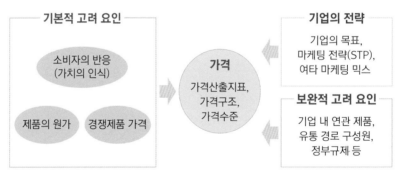

[그림 11-2] 가격의 결정 요인

　주어진 가격산출지표에 적용하는 가격은 얼마(수준)만으로 정의되기도 하지만 조금 더 복잡한 요소들을 포함하는 경우들이 있다. 우리가 사용하는 이동전화요금은 가입 시 지불하는 가입비, 월단위로 고정적으로 지불하는 기본료(lump-sum fee or fixed price)와 분당 이용요금(variable price, marginal price)으로 구성된다. 이 외에도 구매량에 따라 가격이 달리 적용되거나, 구매자의 신분(학생, 일반인 등)에 따라 가격이 달라지는 경우, 인터넷이나 전화와 같이 다수의 제품들을 결합하여 구매할 때 상이한 가격이 적용되는 경우들을 볼 수 있다. 따라서 가격은 단순히 수준만으로 표현되지 않을 수 있으며, 다양한 요소들의 결합, 즉 가격구조로 이해되어야 할 경우가 많다. 즉, 상이한 가격 요소들이 결합되어 가격 구조를 형성하게 되며, 각 구성요소들은 상호작용하면서 제품의 판매량과 매출에 영향을 미친다. 상이한 유통망, 시점에 따라 다양한 가격이 적용되는 경우도 있으며, 이 또한 가격구조로 이해되어야 한다. 정리하면 가격의 이슈는 단지 가격수준을 결정하는 문제가 아니며, 가격 적용 대상(산출지표)과 가격구조가 결정된 이후 수준이 조율되어야 한다.

한편, 앞에 제시된 [그림 11-2]에는 가격의 기본적 고려 요인으로 소비자의 반응(가치 인식), 제품 원가, 경쟁제품 가격을 제시하였다. 소비자의 반응이란 개별 소비자 차원에서는 가격 변화에 따른 구매여부 또는 구매량의 변화를, 시장 전체 차원에서는 구매자 수와 구매량의 변화를 의미한다. 만약 제품의 가격이 목표시장 소비자들이 인지하는 가치 이상이 된다면, 이들은 제품을 구매하지 않을 것이기 때문에 인지 가치는 제품 가격의 상한이라고 보아야 한다. 반면, 제품의 원가는 가격의 하한으로 작용한다. 원가보다 가격이 낮다면 기업은 이윤을 창출할 수 없다. 마지막으로 경쟁제품의 가격 또한 가격결정을 제약하는 요인이다. 경쟁사의 제품보다 가격이 높고 품질이 유사하거나 낮다면, 역시 구매자들은 제품을 구매하지 않을 것이다. 결과적으로 이 세 가지 요인은 제품을 판매하고, 이윤을 창출하기 위한 가격결정에 반드시 고려되어야 한다. 이 외에도 기업의 장기적 이윤 극대화를 위해 기업의 전략 및 기타 보완적 요인들이 고려되어야만 한다.

2. 가격결정의 기초 이론

1) 원가구조의 이해

가격결정 방식을 논하기에 앞서 원가를 구성하는 기본적인 요소에 대해 이해할 필요가 있다. [그림 11-3]에는 기업의 총비용(TC)이 예시적으로 표현되어 있다. 총비용은 제품의 생산량과 무관하게 결정되는 고정비용(f)과 생산량의 증가에 따라 증가되는 변동비용($\sum_{i=1}^{Q} c_i$)의 합으로 결정된다. 이때 c_i는 제품 생산의 한계비용,

즉 제품 한 단위 생산 증가에 추가되는 비용을 의미하며, 그 크기는 생산량에 따라 달라지는 것으로 표현되고 있다. 대체로 한계비용은 생산량이 생산용량보다 상당히 낮을 때에는 낮게 나타나다가 점진적으로 증가하는 것으로 가정된다. 예를 들어, 용량보다 많은 생산을 하려면 초과근무수당이 발생하는 등 한계비용이 증가하기 때문이다. 앞서 변동비용을 $\sum_{i=1}^{Q} c_i$로 표현했는데 변동비용 총액은 각 단위에서의 한계비용의 합계가 되는 것이다. 따라서 총비용 TC와 이를 생산량 Q로 나눈 평균비용 AC가 아래와 같이 표현된다.

$$TC = f + \sum_{i=1}^{Q} c_i, \ AC = TC / Q = f / Q + \sum_{i=1}^{Q} c_i / Q$$

그리고 평균비용의 최저점은 한계비용 곡선과 교차한다. 한계비용이 평균비용보다 높으면 평균비용은 생산량 증가 시 같이 증가하며, 반대의 경우 감소하는 것이다. 따라서 평균비용과 한계비용이 교차하는 지점에서 최소 평균비용 생산량이 정의된다.

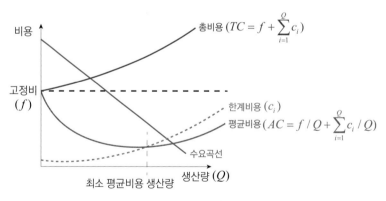

[그림 11-3] 기업의 비용구조 예시

그런데 [그림 11-3]은 주어진 생산용량을 가정하여 그려진 것이다. 만약 생산용량이 더 커지고 더 정교한 자동화 설비가 도입되면 고정비가 증가하지만 한계비용이 감소할 수도 있다. 또 용량이 증가하면 최소 평균비용 생산량이 더 커지게 된다. 결과적으로 생산용량에 따라 평균비용 곡선은 변화하게 된다. 그렇다면 용량 수준별로 평균비용을 중복적으로 그릴 수 있으며, 그 결과는 [그림 11-4]와 같

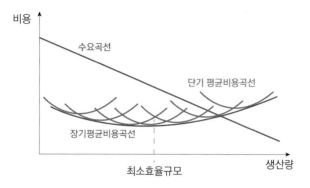

[그림 11-4] 생산용량에 따른 평균비용의 변화 및 최소효율규모

이 표현될 수 있다.

  참고로 경제학에서는 고정성 생산설비를 변화시킬 수 없는, 즉 고정비를 변화시킬 수 없는 기간을 단기, 변화시킬 수 있는 기간을 장기로 표현한다. [그림 11-4]에서 단기 평균비용곡선(short-run average cost curve)은 주어진 생산용량, 고정비 하에서 그려진 것이며, 생산용량의 변화에 따라 상이한 다수의 단기 평균비용곡선이 그려질 수 있다. 그리고 빨간색으로 그려진 장기 평균비용곡선(long-run average cost curve)은 모든 단기 평균비용곡선에 접하는 포락선(envelop curve)으로 그려진 것이다.

  이제 이런 평균비용의 행태를 이해하였다면 원가구조를 이해함에 있어 다음의 몇 가지 중요한 개념들을 숙지할 필요가 있다.

(1) 규모의 경제 및 범위의 경제

  기업의 원가는 주어진 것이 아니다. 통상 원가라고 하면 평균비용을 의미하는 경우가 많은데 평균비용은 생산량에 따라 달라진다. [그림 11-3]에서 '최소 평균비용 생산량'보다 생산량이 작을 때에는 생산량이 늘어날수록 고정비가 분산되어 평균비용 AC가 하락하는 모습을 보인다. 이것이 '규모의 경제' 효과이며, 이 개념은 단일 제품의 생산량이 증가할 때 나타나는 효과를 의미한다. 만약 기업이 여러 제품을 생산하며 이 제품들이 공통의 고정비를 공유한다면 한 제품이 아니라 여러 제품의 생산에서 고정비가 분산되어 평균비용이 감소할 수 있는데 이 경우는 '범위의 경제'라고 칭한다. 즉, 단일 제품을 논할 때는 규모의 경제, 여러 제품을 논할 때에는 범위의 경제라는 용어가 사용된다.

(2) 최소효율규모

[그림 11-3]에서 '최소 평균비용 생산량'은 주어진 생산용량하에서 구해진 것이다. 즉, 주어진 생산용량하에서 가장 비용 효율적인 생산량을 의미하는 것이며, 그 생산량과 평균비용의 조합이 [그림 11-3]에서 한계비용과 평균비용의 교점으로 표현되어 있다. 그런데 기업은 장기적으로 생산용량을 조절할 수 있으며, 생산용량의 조정을 고려해 그려진 평균비용곡선이 [그림 11-4]의 장기 평균비용곡선이다. 결과적으로 장기 평균비용곡선은 생산용량의 조정이 가능한 상황에서 정해진 생산량을 달성하는 최소 평균비용을 표현하는 것이다. 그리고 이 장기 평균비용곡선은 통상 U자 형태 또는 L자 형태를 보인다. 그리고 장기 평균비용의 최저점을 달성하는 생산량을 최소효율규모(minimum efficient scale)라고 한다. 만약 최소효율규모가 상당히 크다면, 규모의 경제가 넓은 구간에서 발생함을 의미한다. 그리고 최소효율규모가 수요곡선에 근접하거나 더 오른쪽에 있다면 이 산업은 독점화될 가능성이 크다. 즉, 특정 기업이 점유율을 충분히 늘려 규모의 경제를 달성하면 이 기업보다 낮은 원가를 달성하는 기업이 나타날 수 없게 되어 산업이 독점화된다는 것이다. 결국 최소효율규모와 산업의 수요규모를 비교하면 산업구조, 경쟁의 수준을 예측할 수 있다. 대체로 고정비의 규모가 큰 산업에서 최소효율규모가 높게 나타나며, 반도체, 여객용 항공기 산업 등이 그 예가 된다.

(3) 경험효과

경험효과(experience effect)란 생산공정에 있는 작업자들이 생산과정을 반복하면서 작업효율성을 높이는 방법을 고안하고, 낭비와 비효율을 없앰으로써 생산성을 높이기 때문에 발생하는 원가의 절감 효과이다. 즉, 축적된 경험은 공정을 개선하거나 제품 재설계를 통해 생산비용을 절감할 수 있게 해 준다는 것이다. 경험효과는 누적 생산량이 증가함에 따라 발생하는 것이며, 앞서 규모의 경제가 특정 기간 동안의 생산량에 영향을 받는 것과 구별된다. 일반적으로 경험효과는 생산공정 및 제품의 개선에서 발생하므로 생산공정이 복잡할수록, 부품 수가 많을수록 크게 나타나는 경향이 있다. 반도체나 항공기 제작산업 등이 경험곡선 효과가 크게 나타난다는 것은 이러한 경향을 반영한다. 기존 연구에 따르면 반도체산업에서는 누적 생산량이 두 배가 됨에 따라 평균비용이 30%씩 감소한다고 한다.[1] 또 경험효과는 냉장고 생산에서부터 보험산업, 장거리전화산업에 이르기까지 상당히 보편적으로 나타남이 발견되었다.

이상에서 설명된 규모의 경제, 범위의 경제, 경험효과는 원가의 동태적 측면을 설명하기 위한 것이다. 한 기업의 원가, 평균비용 수준은 주어진 것이 아니며, 점유율, 생산경험 등에 의해 결정되는 것이다. 가격을 결정함에 있어 원가를 주어진 것으로 보는 방식에는 한계가 있다. 통상 가격수준은 생산량을 결정하며, 이 생산량이 원가, 평균비용을 결정한다. 가격 의사결정에서 이런 관계가 충분히 고려되어야 한다. 한편, 최소효율규모 개념도 설명하였는데 이 개념은 경쟁의 수준, 산업구조를 예측하는 데 유용하며, 가격 의사결정은 이의 예측에 근거할 필요가 있다.

앞서 언급된 고정비는 다시 매몰비용(sunk cost, 회피불가능원가)과 비매몰비용(non-sunk cost, 회피가능원가)으로 구분될 수 있다. 매몰비용이란 이미 지출되어 회수가 불가능한 비용으로 향후의 의사결정에 영향을 미치지 않는 비용을 의미한다. 예를 들어, 다른 기업에게 되팔 수 없어 당장 처분한다고 해도 회수가치가 0인 이미 구입된 기계장비를 생각해 보자. 기업이 생산량을 조정(기계를 추가로 투입하지 않아도 되는 한도에서)하거나 생산을 포기하더라도 이 기계장비와 관련된 미래의 현금 흐름은 변화되지 않는다. 생산량을 늘려도 추가적인 기계구입비용이 발생하지 않으며, 생산을 중단하여 장비를 처분한다고 해도 회사로 유입되는 가치는 없는 상황인 것이다. 앞서 언급된 고정원가 유형 중 유형자산의 감가상각비, 기지불 또는 지불이 확정된 임차료 등의 상당 부분은 매몰비용의 성격을 갖는다. 예를 들어, 재무상태표(과거 대차대조표)상에 1억 원으로 기장된 기계의 경우 시장에서 처분할 경우 0.1억 원을 회수할 수 있다면 0.9억 원은 매몰비용에, 0.1억 원은 비매몰비용에 해당하는 것으로 보아야 한다. 반면, 재산세, 관리직의 봉급 등은 경영 의사결정에 따라 향후의 지출 여부를 통제할 수 있으므로 비매몰비용에 해당한다.

---

1) 장세진(2007). p. 104 및 p. 283 참조.

이 책은 개론서로서 이윤극대화의 원리를 설명하지 않으나 앞서 언급하였듯이 매몰비용은 미래 의사결정에 고려치 않는 것이 옳으며, 이윤극대화 가격 의사결정에서는 고려되지 않는다. 통상 이윤을 구할 때는 회계적 비용을 고려하며, 회계적 비용에는 매몰비용이 포함되지만 경제적 의사결정에서 이를 고려하지 않음을 이해하기 바란다.

2) 원가 기반 가격결정

가격결정 방식으로 가장 널리 알려진 방식이 원가 기반 가격결정이다. 이는 기본적으로 원가의 회수 또는 요구되는 이윤을 달성할 수 있는 가격수준을 결정하는 방식이다. 앞서 설명된 기업의 총비용과 평균비용 개념이 이해되었다면 평균비용에 마진을 더한 방식으로 구해지는 원가 기반 가격결정 방식을 이해할 수 있다. 만약 목표이익 Π^*와 예상(목표) 판매량 Q^*가 정책적으로 정해졌다면, 기업은 가격을 다음과 같이 결정할 수 있다.

$$P^* = \frac{\Pi^*}{Q^*} + AC(Q^*) = \frac{\Pi^*}{Q^*} + \frac{f + \sum_{i=1}^{Q^*} c_i}{Q^*}$$

예를 들어, 고정비용 f가 1,000만원, 한계비용 c_i가 생산량과 무관하게 0.03만원, 예상 판매량이 1만 개이며, 목표 이익이 500만 원이라고 가정하면 다음과 같은 계산에 따라 원가 기반 가격은 1,800원이 된다.

$$P^* = \frac{\Pi^*}{Q^*} + AC(Q^*) = \frac{5,000,000}{10,000} + \frac{10,000,000 + 300 \times 10,000}{10,000} = 1,800원$$

이런 원가 기반 가격결정은 ① 원가가 상대적으로 파악이 용이하여 적용이 편리하고, ② 대내·외적으로 그 근거가 명확하며, ③ 산업 내 기업 간 비용구조가 유사하며 마진율이 관행적으로 정해지는 경우 암묵적 담합(implicit collusion)을 발생시키고 가격경쟁을 억제하는 효과가 있다고 알려져 있다. 그렇지만 이 방식은 다음과 같은 문제점들 또한 내포하고 있다.

첫째, 원가에 의해 산출된 가격에서 사전에 정의된 예상(목표) 판매량 Q^*가 달성된다는 보장이 없다. 이 방식에서는 원가를 통해 가격을 정하고자 하나 원가는 가격에 의해 결정되는 판매량 Q^*에 영향을 받는 순환논리 또는 논리적인 모순이 발생한다. 이 문제점을 보다 명확히 이해하기 위해 경쟁이 심화되는 경우를 생각해 보자. 경쟁이 심화될 경우 판매량이 감소하게 되며, 만약 판매량이 [그림 11-3]의 '최소 평균비용 생산량' 이하인 경우 판매량의 감소는 평균원가의 상승을 유발할 것이다. 이 경우 원가 기반 가격결정 방식에서는 가격을 인상해야 할 것이다. 그러나 경쟁이 심화되는 상황에서 가격을 인상하는 것은 추가적인 판매량 감소와 평균원가의 상승을 유발할 것이며, 이를 올바른 의사결정으로 보기 어렵다. 반대로 시장이 호황 국면에 접어들어 수요가 증가할 경우 평균원가는 감소하게 될 것이다. 그러나 이러한 상황에서 가격을 인하하는 것이 바람직하다고 생각되지 않는다. 원가 기반 가격결정은 종종 바람직한 의사결정과 반대의 결과를 낳을 수 있다.

둘째, 기업의 본질적인 목표는 사전에 정의된 이익이나 수익률을 달성하는 것이 아니라 이익을 극대화하는 것이다. 그러나 원가 기반 가격결정에서는 최적의 목표이익을 결정할 수 있는 논리적 기반을 제시하고 있지 않다. 또 경쟁사의 가격수준에 대한 고려가 포함되지 않은 것도 중요한 문제점이다.

셋째, 원가 기반 가격결정 방식에서 고려하는 원가는 일반적으로 고정비용을 고려한 평균비용이다. 그런데 고정비용의 상당 부분은 매몰비용으로 경영 의사결정에 영향을 미치지 않아야 하며, 기업의 이윤극대화 가격은 한계비용만을 고려하여 결정되어야 한다.

3) 경쟁 기반 가격결정

경쟁 기반 가격결정 방식은 경쟁제품, 즉 유사한 대체재의 가격을 추종하거나 그 가격으로부터 조정하여 가격을 결정하는 방식을 의미한다. 간단히 생각하면 중국집의 짜장면 가격을 주변 중국집들의 가격과 동일하게 설정할 수 있다. 이 방식은 경쟁자들을 자극하여 가격경쟁을 유발하지 않으면서 적어도 가격경쟁력을 해치지 않는 방식으로 타탕할 수 있다.

그러나 대체로 기업들은 판매 증대를 위해 경쟁제품들의 가격을 살펴 상대적으로 낮은 가격을 설정하는 경우도 많으며, 유사한 제품들의 가격이 다양할 경우 그 중 낮은 가격을 추종할 수 있다. 이 경우 판매량은 경쟁 기업들의 반응에 따라 크게 달라진다. 상대 기업들도 점유율의 감소를 우려하여 같이 가격을 인하한다면 가격경쟁이 발생하여 산업 전반의 이윤만 감소시킬 수 있다. 경쟁 기반 가격결정의 가장 중요한 문제점은 경쟁 기업의 반응을 예측하기 어렵다는 점이다. 경쟁 기업들의 가격을 주어진 것으로 가정할 수 없으며 자사의 가격 의사결정에 대해 경쟁 기업들이 반응하는 동태적 측면을 추가로 고려해야만 한다.

한편, 기업들의 제품, 서비스는 완전히 동일하지 않다. 제품이 차별적인 속성을 포함하고 있다면, 그 차별성을 고려하여 가격을 조정하는 것이 타당하다. 유사한 제품이라도 브랜드 인지도, 이미지 등을 포함한 다양한 속성에서의 차이가 가격 의사결정에 고려되어야만 한다. 따라서 단순 추종이 아니라 일정 수준의 조정을 위해 다양한 요인들이 고려될 수밖에 없다.

4) 가치 기반 가격결정

원가 및 경쟁 기반 가격결정의 소개에서는 이 방식들이 상당한 문제점을 안고 있음을 언급하였다. 제기된 문제점들을 피하기 위해서는 원가, 경쟁, 그리고 소비자들의 가치 인식이 종합적으로 고려될 필요가 있다. 이를 위한 신제품 가격 의사결정 상황의 절차를 정의하면 다음과 같다.

① 시장세분화: 잠재 소비자들을 세분화하고 세분화된 시장의 프로파일을 작성한다. 이를 통해 각 시장의 규모, 독특한 욕구와 준거가격 수준이 파악되어야 한다.

② 표적시장 및 포지션 결정: 표적시장 및 제품의 차별화된 가치를 결정한다. 이때 가능한 가격수준과 가치를 제공하는 데 소요되는 비용을 개략적으로 판단하여 목표이익이 달성될 수 있는지 검토되어야 한다.

③ 제품기획과 원가수준의 파악: 포지셔닝의 실현을 위한 제품 및 기타 마케팅 믹스를 설계하고 이를 고려해 고정비, 변동비 등 원가의 세부항목을 파악한다.

④ 가격정책 수립(가격산출지표와 가격구조): 가격의 적용 대상, 즉 가격산출지표는

제품 단위뿐 아니라 이용 기간, 사용량 등 다양할 수 있다. 또 세분시장별로 상이한 가격이 적용되거나 가격이 기본료와 이용료 등 다수의 항목으로 구성되는 등 가격구조도 다양한 선택이 가능하다. 목표하는 세분시장들의 특성을 감안하여 가격정책을 결정한다.

⑤ 가격수준 결정: 가격정책하에서 이윤을 극대화하는 가격수준을 결정한다.

⑥ 가격의 최적화: 이윤극대화 관점의 가격은 기타 요인들을 고려하여 조정되어야 한다. 기업의 목표, 여타 마케팅 믹스, 기업 내 연관 제품, 기타 외부 요인 등이 반영된다.

이 절차에서 ①과 ②의 항목은 마케팅 전략에 해당하는 시장세분화, 표적시장 및 포지셔닝 결정에 해당한다. 포지셔닝은 표적시장을 대상으로 제품의 차별화된 가치를 제시하는 것이라 볼 수 있으며, 이 단계에서 대략적인 가격수준이 정의되어야 한다. 그리고 그 가격수준에서 목표이익이 달성될 수 있는 원가에 제품이 생산 가능한지 또한 검토되어야 한다. [사례 11-1]은 스와치의 사례를 통해 이 과정을 개략적으로 보여 준다.

[사례 11-1] 스와치의 가격 의사결정

스와치, 오메가, 론진 등은 스와치그룹(Swatch Group Ltd.)이 보유하고 있는 다수의 시계 브랜드의 일부이다. 이 회사는 1970년대에 일본, 홍콩 등에서 생산되는 저가 시계들에 의해 큰 타격을 입었다. 이 회사는 생존을 위해 저가의 시계를 고려할 수밖에 없는 상황이었다. 고민의 결과, 시계를 옷에 따라 바꿔 차는 패션 소품으로 포지셔닝하여 40달러 수준의 저가 시계를 출시하기로 하였다. 이 가격대는 일본이나 홍콩 시계에 비해 다소 높은 수준으로 충동구매를 일으킬 수 있을 정도로 저렴하지만 싸구려라는 이미지를 주지 않을 정도로 선택된 것이다. 이렇게 포지셔닝이 결정된 이후 구체화된 브랜드명은 패션소품의 포지셔닝에 적합하게 세컨드 와치(second watch)를 줄여서 스와치(Swatch)로 지어졌다. 또 40달러 수준의 가격대와 필요한 이윤율을 고려하여 시계의 디자인이 개발되었다. 이를 가능케 하기 위해 소재를 금속이나 가죽을 사용하지 않고 플라스틱 및 천을 이용하는 형태로 변경하였다. 또 시계의 내부 장치들도 극적으로 단순화시키고 제조공정을 혁신하여 직접인건비 비중을 30%에서 10% 수준으로 감소시킬 수 있었다. 이렇게 출시된 스와치는 광적인 반응을 불러일으켰고 스위스 시계 산업을 다시 부흥시키는 계기가 되었다.

　여기서 주목할 점은 포지셔닝 단계에서 가격수준이 원가에 의해 정해지는 것이 아니라 소비자의 가치 인식에 근거해 도출되었다는 점이다. 만약 제품기획이 완료되고 원가가 구해진 뒤에 가격 의사결정을 시도할 때 소비자들이 원가 이상의 가치를 인식할 수 없다면 이 제품이 성공할 수 없음이 자명하다. 프로모션을 통해 소비자들에게 가치를 설득하고 목표 판매량을 달성하기 위한 노력을 시도하기도 하나 포지셔닝이 근본적으로 잘못된 경우 이를 만회하기 어려우며, 손실만 누적시킬 가능성이 크다.

　따라서 가격 의사결정에서는 소비자들의 가치 인식이 우선적으로 고려될 필요가 있으며, 이런 방식을 가치 기반 가격결정이라고 부른다. [그림 11-5]는 가치 기반 가격결정과 원가 기반 가격결정의 차이를 개념적으로 설명하고 있다.

[그림 11-5] 가치 기반 가격결정과 원가 기반 가격결정

　포지셔닝 단계에서 개략적인 가격수준이 결정되고, 포지셔닝의 구현을 위한 원가수준에서 이윤 창출이 가능한지 검토되어야만 한다. 앞서 가격 의사결정 절차의 ③~⑥은 구체적 제품설계와 통합적 마케팅 계획의 수립 절차에 해당하며, 이 과정에서 가격수준이 구체적으로 조정되고 확정된다. 이 과정에서 [그림 11-2]에서 제시된 다양한 고려 요인들이 반영된다.

　한편, 포지셔닝 단계에서 대략적인 가격수준을 결정할 때 준거가격의 개념이 도움이 된다. 준거가격이란 어떤 제품의 가격이 비싼지 싼지를 평가하는 기준으로 정의된다. 이 준거가격은 소비자들의 과거 또는 현재의 가격경험에 주로 의존한다. 예를 들어, 콜라 한 캔을 사려고 할 때 평소 슈퍼에서 800원에 구매했었다고 생각해 보자. 그렇다면 낯선 곳에서 콜라가 1,000원에 판매되는 것을 보면 가격이 비싸다고 느낄 것이다. 그 소비자에게는 800원이 콜라의 준거가격이 된 것이다.

그런데 통상 제품들은 조금씩 차별적인 속성을 가지고 있다. 볼펜 한 자루도 얼마나 다양한 제품들이 존재하는가? 만약 평소 사용하던 볼펜과 다른 새로운 제품의 가격을 평가한다고 생각해 보자. 이 경우 소비자는 기존 사용하던 볼펜을 준거제품으로 생각하고 새로운 제품의 좋은 점(양의 차별화 가치)과 나쁜 점(음의 차별화 가치)을 고려하여 어느 수준의 가격이 적당한지 고려할 것이다. 즉, 기존 볼펜의 준거가격을 출발점으로 하여 준거가격을 조정할 것이며, 이 과정을 개념화한 것이 다음의 식이다.

준거가격＝준거 제품의 가격＋양의 차별화 가치－음의 차별화 가치

만약 새로운 제품에 차별점이 없다면 기존에 구매하던 제품의 준거가격이 새로운 제품의 준거가격이 될 것이라 생각할 수 있다. 만약 여러분이 신제품의 가격을 결정하고자 한다면 이렇게 구해진 준거가격을 출발점으로 삼는 것이 타당하다.

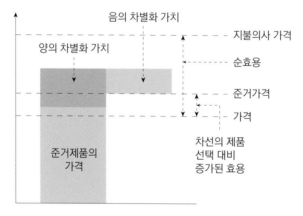

[그림 11-6] 가치의 개념과 구매의사결정

이 준거가격의 산출 과정에는 경쟁사 제품(준거제품)의 가격이 이미 고려되었으며, 준거가격을 제품의 원가와 비교해 충분한 마진이 확보될 수 있는지를 검토할 수 있다. 소비자들의 가치 인식, 경쟁제품의 가격, 원가가 종합적으로 고려될 수 있는 것이다. 여기에 추가적인 고려사항들이 반영된다. 예를 들어, ① 만약 제품을 프리미엄급으로 포지셔닝한다면 가격을 인상하고 여타 마케팅 믹스에 투자를 강화(마케팅 전략과 여타 마케팅 믹스의 고려), ② 마진이 충분히 높고(원가) 소비자들

이 가격에 민감할 경우(가격탄력성) 가격을 하향조정, ③ 경쟁사와의 가격경쟁을 완화하고자 한다면 가격 상향조정(경쟁 전략), ④ 기업이 보완재를 판매할 경우 보완재 판매 증진을 위해 가격 하향조정(기업 내 연관 제품), ⑤ 소매점 등의 협상력이 큰 경우 가격 하향조정(유통 경로 구성원)과 같은 방식으로 기업의 이윤을 극대화하기 위한 가격조정을 수행하여 가격이 확정된다.

한편, 가격 의사결정 과정에서 〈표 11-1〉과 같은 가격분석표를 작성해 보는 것도 도움이 된다. 다만, 가격분석표의 작성을 위한 예상 수요량의 추정이 쉽지 않으며, 이 분석표에서는 마케팅 전략 등 기타 고려사항들이 반영되기 어렵다는 점이 고려되어야 한다. 이 표를 통해 이윤극대화 가격을 추정하고 추가로 기타 고려사항을 반영하는 접근이 가능하다.

〈표 11-1〉 가격분석표: 상이한 가격에 따른 손익분기 수요량, 이익 분석

(1) 가격	(2) 예상 수요량	(3) 손익분기 판매량	(4) 총수입(1)×(2)	(5) 총비용	(6) 이익(4)-(5)
1,100	3,100	3,077	3,410,000	3,387,500	22,500
1,050	3,300	3,243	3,465,000	3,412,500	52,500
1,000	3,500	3,429	3,500,000	3,437,500	62,500
950	3,700	3,636	3,515,000	3,462,500	52,500
900	3,900	3,871	3,510,000	3,487,500	22,500

예상 수요량은 '$Q=7500-4P$'를 가정하여 산출하였으며, 총비용은 고정비용 3,000,000원과 한계비용 125원을 가정하여 '총비용$=3,000,000+125Q$'를 이용하여 산출하였다.

3. 가격차별

앞에서는 단위당 단일 가격(uniform pricing)을 결정하는 상황을 가정하여 논의하였다. 그러나 실제 가격은 소비자별, 상황별로 달라질 수 있다. 버스에서 노인과 학생들에게 할인을 해 준다거나, 동일한 제품에 대해 유통망에 따라 다른 가격이 적용되는 것을 흔히 볼 수 있다. 이와 관련하여 가격차별 개념이 중요하다.

가격차별(price discrimination)은 동일한 제품 또는 서비스가 소비자, 구매량 등

에 따라 다른 가격으로 판매되는 것을 의미한다. 통상 가격이 올라가면 마진이 증가하지만 가격에 민감한 소비자들이 이탈하여 판매량이 감소한다. 반면, 가격을 내리면 수요량이 증가하지만 마진이 감소한다. 이 상충관계를 조율하는 것이 가격수준 의사결정인 것이다. 그런데 만약 가격에 민감한 소비자들에게 낮은 가격을, 가격에 민감하지 않은 소비자들에게 높은 가격을 적용할 수 있다면, 높은 마진과 많은 판매량을 동시에 추구할 수 있으며, 기업의 이윤은 증가할 것이다.

노인과 학생에게 일반 시민 대비 할인이 적용되는 버스 요금을 생각해 보자. 이는 약자에 대한 배려로 보일 수 있다. 그러나 노인, 학생은 당장에 수입이 없어 가격에 상대적으로 민감하기 때문에 버스 요금이 올라가면 외출을 포기하거나 걸어 다니는 편을 선택할 가능성이 크다. 따라서 일반 시민에게는 높은 가격으로 마진을 챙기고, 노인, 학생에게 할인해 주어 수요량을 증가시키는 것이 이윤을 극대화하는 방법이 될 수 있다.

가격차별이 작동하기 위해서는 높은 가격을 적용받는 사람들이 낮은 가격을 이용할 수 없도록 하는 장치가 필요한데 이를 가격장벽(price fence)이라고 한다. 앞의 버스 사례에서는 나이(신분증)가 가격장벽이 된다. 그런데 이 가격장벽은 다양한 형태가 될 수 있다.

에버랜드, 미국의 디즈니월드와 같은 놀이공원을 생각해 보자. 놀이공원의 정규가격은 매우 비싸다. 그런데 인터넷을 열심히 뒤져 보면 할인쿠폰과 같은 가격할인 기회를 발견할 수 있다. 디즈니월드 같은 경우 할인쿠폰을 찾아내기가 정말 어렵다. 아무튼 누군가는 정규가격을 내고 누군가는 할인가격을 적용받으니 가격차별이 된다. 이때 누가 열심히 할인쿠폰을 찾아다닐 것인가? 대부분 소득이 적은 경우 등 가격에 민감한 사람들일 것이다. 바쁘고 소득이 많은 사람들은 정규가격에도 구매할 것이다. 이 경우 할인쿠폰을 찾아다니는 수고가 가격장벽이 된다.

수량할인도 자주 관찰되는데 대량으로 구매하면 보관의 어려움이나 남는 물건이 문제가 되며, 이것이 가격장벽으로 작용한다. 똑같은 옷이 불편하고 다소 쾌적성이 떨어지는 유통망에서 싸다. 이 경우 불편함과 낮은 쾌적성이 가격장벽이 된다.

여러 가지 가격현상들이 가격차별로 해석될 수 있는데 이를 개념화하여 구분한 것이 1차, 2차, 3차 가격차별이다.

- 1차 가격차별: 모든 개별 소비자들에게 지불할 수 있는 최대한의 가격을 적용하는 것을 의미하며, 통상 다수의 불특정 소비자들을 다루는 소비재들의 경우 적용이 어렵다. 다만, 소수의 대량 구매자를 상대하는 산업재들의 경우, 그리고 기업이 높은 독점력을 가지고 있을 경우, 적용이 가능할 수 있다.

- 2차 가격차별: 소비자들이 다수의 가격 중 원하는 가격을 선택할 수 있는 경우이다. 할인쿠폰을 찾는 수고와 연계된 가격할인, 유통망에 따른 가격 차이, 수량할인 등이 이에 해당한다.

- 3차 가격차별: 특정한 기준에 따라 소비자들을 분리하여 각 집단에 다른 가격을 적용하는 경우를 의미한다. 즉, 소비자들에게는 선택권이 없는 경우이다. 버스 요금 사례가 이에 해당한다. 이동전화에서 학생요금제 그리고 번호이동 여부(기존 가입자 또는 경쟁사 가입자)에 따른 단말기 보조금 차이와 같은 경우도 3차 가격차별에 해당한다.

자세히 살펴보면 가격차별의 유형들은 상이한 가격장벽으로 구분된다. 3차 가격차별은 주로 인구통계 등 개인의 특성이 가격장벽으로 사용된 경우이다. 그런데 상이한 속성의 제품에 대해 상이한 가격이 적용되는 경우가 있는데 이 또한 광의의 가격차별로 볼 수 있으며, 이를 버저닝(versioning)이라고 한다.

- 버저닝: 제품의 속성 차이를 가격장벽으로 사용한 가격차별을 의미한다. 과거 특정 브랜드의 개인용 프린터는 두 가지 형태의 사양으로 제공되었다. 하나의 사양은 단지 일반 사양에 프린트 속도를 저감시키는 장치를 추가하여 제공된 것이었다. 단순히 생각하면 장치를 추가하여 품질을 떨어뜨리는 행위는 상상하기 어려운 것이다. 그러나 가격 민감도가 높은 소비자들에게 낮은 가격을 적용시키기 위한 가격장벽으로 낮은 속도의 제품을 제공하는 것이다. 그래야만 정상 속도의 프린터를 고가에 팔 수 있는 것이다. 이와 유사한 사례로 인텔(Intel)은 저가용 CPU 브랜드로 셀러론 칩을 출시하였는데 이 칩은 팬티엄 칩을 기반으로 하되 수치보조처리기가 꺼져 있는 상태로 출시되는 것으로 알려져 있다.[2] 버저닝은 특히 서비스 분야에서 주로 적용되는데 기차의 경우 KTX, 새마을호, 무궁화호에 상당한 가격 차이가 존재한다. 예약의 취소,

변경에 따른 위약금의 차이가 있는 예약 기반 서비스도 버저닝으로 볼 수 있
다. 서비스 수준, 대기 시간 등을 가격장벽으로 사용할 수 있는 것이다. 그러
나 가격의 차이가 단지 원가 차이를 반영하는 경우라면 버저닝으로 볼 수 없
다. 가격장벽이 가격 민감도의 차이를 이용해 이윤을 증가시키는 경우에만
버저닝 개념이 적용된 것이라 볼 수 있다.

　결국 다양한 가격장벽을 개발함으로써 수요량의 증대와 마진의 증대를 동시에
추구할 수 있다는 것이다. 그런데 가격장벽이 때로는 소비자들에게 받아들여지지
않는 경우도 있다. 코카콜라는 날씨에 따라 자판기에서 판매되는 가격을 달리 적
용하는 실험을 했다가 소비자들의 반발에 의해 이를 포기한 바 있다. 온라인쇼핑
몰 아마존 또한 동일 DVD를 소비자별로 다른 가격에 판매했다가 가격 차이를 환
불해 주고 사과문을 발표하였다. 사회적 관행에 부합하지 않는 가격장벽은 소비
자들의 저항을 초래할 수 있다. 반면, 버스 요금의 경우 소득이 적은 사람들을 배
려한다는 명분과 이윤 추구를 동시에 달성한다. 가격장벽, 가격차별의 기획에는
상당한 주의가 요구된다. 그리고 가격차별 상황에서는 다양한 가격이 적용되므로
상이한 가격들을 조율해야 하는 이슈가 발생하며, 이를 앞서 가격구조의 문제라
고 설명한 바 있다.

[사례 11-2] 복합기 시장에서의 가격차별 사례

　복사, 프린트, 팩스 기능 등을 포괄하고 있는 고성능 복합기의 경우 가격이 수백만
원 대에 달하여 중견기업들에서도 부담이 될 수 있는 장비이다. 이때 표적시장으로
고려되는 소비자들 중 일부는 관리상의 문제 등으로 제품의 구매보다는 리스(lease)
형식으로 임대료를 지불하는 것을 선호하는 경우가 있다. 그렇다면 표적시장을 구매
선호 세분시장과 리스 선호 세분시장으로 구분하는 것이 가능할 것이다.
　일반적인 판매와 리스의 선택지를 제공함으로써 복합기 제조업체들은 각 세분시장
의 욕구를 충족시켜 판매량을 증대시킴은 물론, 리스에서의 총 지불가격(사용기간 동
안 지불하는 임대료의 합계)을 구매방식보다 높게 설정함으로써 제품의 단위당 마진

---

2) 네이글, 호건, 송기홍(2006). p. 59 참조.

을 증가시킬 수 있다.

한편, 일부 기업들은 고성능 복합기의 편리함을 선호하지만 사용량이 많지 않아 구매를 주저할 수 있다. 이 세분시장의 경우 판매나 일반적인 리스 방식 대비 가격을 상당히 낮추어야만 제품을 이용할 것이다. 그러나 가격의 인하는 수요를 증대시키지만 마진을 감소시키게 된다. 따라서 리스의 임대료를 기간이 아닌 복사량에 따른 사용료의 형태로 부과하는 것을 고려할 수 있다. 이 방식에서는 사용량이 적은 세분시장에게만 낮은 가격이 적용된다. 사용량이 많은 세분시장의 소비자들은 이용량에 따라 가격이 정해진다면 구매나 일반 리스보다 더 많은 비용을 지불하게 되어 이용량에 따른 사용료를 선택하지 않음에 주목해야 한다.

결국 사용량이 많아 지불의사가격이 높은 소비자들은 구매나 일반적인 리스 방식으로 제품을 사용하고, 사용량이 적어 지불의사가격이 낮은 소비자들은 복사량에 따른 사용료 방식으로 제품을 사용하게 된다. 즉, 타 세분시장에서의 가격을 인하하지 않고 새로운 세분시장으로 판매를 확대하는 것이다. 이런 방식은 캐논을 비롯한 복합기 업체에서 보편적으로 이용되는 가격차별 방식이다.

4. 동태적 가격관리와 가격조정

1) 스키밍 전략과 침투가격 전략

제품의 가격은 시간이 지나면서 변화한다. 그런데 가격 담당자는 이런 시간에 따른 가격 변화를 미리 기획하고 관리할 필요가 있다. 관련하여 스키밍 전략(skimming price strategy)과 침투가격 전략(penetration price strategy)의 개념이 유용하다.

스키밍 전략은 신상품을 비싸게 팔다가 일정 시간이 지나면 가격을 낮추고 이후 더 낮추는 방식을 말한다. 초기에 비싼 가격에 사는 사람들은 소득이 높고 유행에 민감한 사람들이다. 반면, 가격이 충분히 낮아질 때까지 기다리는 사람들은 가격에 민감하고 유행에 덜 민감한 사람들일 것이다. 스키밍 전략도 가격차별의 일종으로 단일 가격보다 높은 이윤을 창출할 수 있다.

스키밍 전략은 일반적으로 유행을 타는 패션상품이나 기술 변화가 빠른 전자제품 등 신제품 출시 주기가 짧은 내구재에서만 이용될 수 있다. 동일 제품의 가격이 시간이 지나 충분히 낮아지면 다시 가격을 올리기 쉽지 않다. 소비자들의 가격저항이 발생할 것이기 때문이다. 이때 신제품을 출시해서 다시 비싼 가격을 매길 수 있어야 스키밍 전략이 지속적인 높은 이윤을 창출할 수 있는 것이다. 또 내구재가 아니라 자주 구매하는 소모품의 경우에는 유행에 민감한 사람도 낮은 가격에 구매하게 되기 때문에 스키밍 전략이 적용될 수 없다.

침투가격 전략 또는 도입가격(introductory pricing)은 스키밍 전략과 정반대로 신제품 도입 초기에 가격을 낮게 설정하고 점진적으로 가격을 인상하는 방식이다. 이 전략에서는 초기에 빠른 점유율 확보를 추구한다. 빠른 점유율 확보는 앞서 설명된 규모의 경제와 경험효과를 창출하는 데 기여한다. 또 망외부성(network externality)이라는 개념도 중요하다. 망외부성은 해당 제품의 사용자가 늘어날수록 그 제품의 가치가 증가하는 현상을 의미한다. 한컴오피스의 워드프로세서를 사용하는 사람이 거의 없고 MS 제품만 사용한다면 한컴의 제품은 가치가 크게 낮아진다. 글을 써도 다른 사람들과 공유할 수 없는 것이다. 사용자를 늘려야만 제품의 가치가 구현되는 경우가 많으며 이 경우 침투가격 전략이 효과적인 것이다.

이 외에도 한 제품에 익숙해지면 다른 제품을 사용할 때 추가로 학습비용과 같은 교체비용이 발생한다. 또 사용하던 브랜드에 상표 애호도가 발생하고, 남들에게 구전하고 보여 주는 과시효과가 나타난다. 이런 효과들은 초기에 높은 점유율이 장기적으로 판매에 도움이 됨을 의미하며, 이런 효과가 클 경우 침투가격 전략이 바람직하다. 그러나 초기에 가격이 낮으면 소비자들의 준거가격이 낮아지고 가격을 높이기 어려운 문제도 발생한다. 따라서 소프트웨어들의 경우 초기에 기능을 일부 뺀 베타버전 또는 무료판을 제공하여 점유율을 확보하고 이후 유료 버전을 제시하기도 한다. 또 많은 제품들에서 초기에는 규모의 경제와 경험효과를 창출치 못해 원가가 비싸게 나타난다. 이 경우 초기에 원가 대비 싸게 출시하고 이후 원가가 낮아져도 그 가격을 유지할 수 있는데 가격은 유지되지만 실질적으로 침투가격 전략 개념이 적용된 것으로 볼 수 있다.

2) 가격조정: 가격인하

기획하지 않은 경우에도 환경의 변화에 따라 가격을 조정해야 할 경우가 발생한다. 가장 힘든 상황은 경쟁자의 가격경쟁 시도이다. 맞서서 가격을 인하하지 않는다면 점유율이 하락할 것이지만, 가격인하는 마진을 감소시킬 것이다. 이때 중요하게 생각할 점은 1%의 가격인하가 이윤을 1% 감소시키는 것은 아니라는 것이다. 마진(가격−평균원가)이 5%인 경우 가격의 1% 하락은 20%(1%/5%)의 마진 하락을 의미한다. 가격인하에 따른 매출 증가가 충분히 크거나 전략적 목적이 명확하지 않은 한, 가격을 인하하는 것은 바람직하지 않다.

따라서 가격의 인하는 신중할 수밖에 없는 일이다. 자발적이든 경쟁사의 가격인하 때문이든 가격인하 시 매출과 이윤에 대한 계량적 분석이 반드시 필요하다. 그러나 계량분석은 경쟁사의 반응에 대한 가정에 크게 영향을 받는다. 경쟁사의 반응(가격전쟁 가능성)을 예측하기 위해 경쟁사 및 자사의 경쟁전략(차별화, 원가우위, 집중화), 원가 차이, 목표시장이 중복되는지 여부, 자금력, 여유 생산능력 등을 점검하는 것이 도움이 된다. 예를 들어, 자사가 고급 브랜드라는 차별화 전략을 추구한다면, 경쟁사의 가격인하에 대응할 필요가 감소한다. 또 기업 간 목표시장이 상이하다면 경쟁사의 가격인하의 영향이 제한적이다.

그렇지만 경쟁사를 퇴출시켜 장기적으로 경쟁 수준을 줄이겠다는 목표가 아니라면 가급적 가격경쟁을 회피하는 것이 바람직하다. 따라서 가격경쟁을 회피하는 전략을 고려할 수 있다. 예를 들어, 경쟁사들도 상대방의 반응을 살피기 위해 일시적으로 가격을 인하하는 경우가 있을 것인데 이에 단호히 대응하여 경쟁사가 본격적인 가격경쟁의 폐해를 공감하도록 만드는 전략을 생각할 수 있다. 그러나 때로 이런 전략이 본격적인 가격경쟁을 유발할 수도 있다. 경쟁은 상호적인 것이며, 상대방의 반응을 예측하는 것이 본질적으로 쉽지 않다.

경우에 따라서는 소비자들의 경쟁제품들 간 가격비교를 어렵게 하기 위해 가격 구조를 복잡하게 만드는 것도 가격경쟁을 회피하는 수단이 된다. 과거 이동전화 서비스의 경우 기본료와 통화료로 구성된 이부제요금, 이용량에 따른 할인, 친구나 가족 간 할인, 집과 같이 지정된 장소에서 이용할 경우 할인 등으로 인해 요금 구조가 상당히 복잡했었으며, 이를 통해 가격경쟁을 완화했을 것으로 추정한다.

이 외에도 경쟁사가 가격을 인하할 때 기존 제품의 가격을 인하하지 않고 새로운 저가상품을 출시하는 것도 가능하다. 미국의 선도적인 보드카 생산자인 휴블레인(Heublein)은 경쟁사의 가격인하에 맞서 고급 브랜드와 저가 브랜드를 추가로 출시하였다. 기존 브랜드와 저가 브랜드는 경쟁사의 제품에 대응하고 점유율을 방어하는 역할을 한다. 반면, 추가로 출시된 고급 브랜드는 고급 제품을 선호하는 세분시장을 만족시키면서 높은 마진율을 통해 기업의 수익성을 개선시킨다. 흥미로운 점은 기존 브랜드를 포함해 세 가지 브랜드가 맛과 생산원가 면에서 거의 동일했다는 점이다. 실질적인 품질보다 소비자들의 인지 품질이 중요하다는 점을 다시 상기할 필요가 있다. 이때 가격경쟁에 대응하기 위해 출시되는 저가 브랜드를 경쟁브랜드(fighting brand)라고 한다.[3]

더 원천적으로 가격경쟁을 차단하는 방식도 생각할 수 있다. 경쟁사의 가격인하에 대응해 가격을 인하하는 대신에 마케팅 커뮤니케이션을 강화하고 부가서비스를 추가하는 방식을 생각할 수 있다. 소비자들의 브랜드 인지도, 제품에 대한 품질 인식을 강화하면 가격인하 없이도 점유율 하락을 막을 수 있다. 또 이런 방식은 장기적으로 경쟁사와의 차별화를 강화하여 경쟁수준을 낮출 수 있으며, 자사 제품에 대한 소비자들의 가치 인식을 향상시킬 수 있다. 지속적인 품질개선 투자도 동일한 효과를 낳을 것이다.

3) 가격조정: 공정성 개념과 가격인상

가격인하가 바람직하지 않다고 했었던 원리를 생각해 보면 성공적인 가격인상은 기업의 성과에 긍정적 영향을 미칠 것임도 이해할 수 있을 것이다. 가격인상의 경우 경쟁사 대비 가격경쟁력의 감소 문제와 함께 소비자들의 가격저항이 이슈가 된다. 가격경쟁력의 문제는 소비자들의 가치 인식을 향상시킬 수 있는 품질 향상, 마케팅 커뮤니케이션 강화 등을 통해 해소할 수 있으며, 때로는 경쟁사들의 가격인상을 추종하는 방식을 취할 수도 있다.

소비자들의 가격저항 문제와 관련해서는 공정성 개념을 이해하는 것이 의미가 있다. 사라 맥스웰(Sarah Maxwell, 2009)이 제시한 공정가격모형에서는 개인적 공정성과 사회적 공정성의 개념을 분리하여 제시하면서 소비자들의 가격에 대한 반응을 [그림 11-7]과 같이 모형화하고 있다.

---

3) Kotler & Armstrong(2007). p. 372 참조.

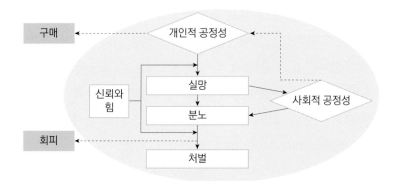

[그림 11-7] 공정가격모형

여기서 개인적 공정성이란 가격수준과 가격이 제시되는 방식이 소비자 개인의 예상, 기대와 일치하는지 여부에 대한 것이다. 개인이 가격에 대해 가지고 있던 믿음이나 예상은 준거가격 개념과 일치하는 것이다. 만약 가격이 생각보다 높은 경우 사람들은 불편한 감정을 느끼게 되며, 이를 개인적 공정성의 위배로 표현한 것이다.

가격에 대한 공정성 판단은 단지 가격수준에 대한 것만은 아니며 가격이 제시되는 방법(가격구조)도 대상이 될 수 있다. 통상 한국에서는 음식점에서 팁을 내지 않으며, 핫도그를 먹을 때 케첩의 가격은 받지 않는다. 이런 관행이 예상, 기대가 되고 이를 위반할 경우 역시 개인적 공정성이 위배되었다고 느끼는 것이다. 단순하게 표현하면 개인적 공정성은 무엇이 정상적인가, 관행에 일치하는가의 판단이다.

반면, 사회적 공정성이란 단지 정상적일 뿐만 아니라 어떤 일이 행해지고 어떤 일이 금지되어야 하는지를 지정하는 규범을 말한다. 단골 소비자는 할인을 받아야 하며, 소비자의 상황을 이용해 폭리를 취해서는 안 된다. 가격은 원가에 기초하며, 품질을 반영해야 한다. 이런 규범은 어느 정도 사회적 합의가 이루어진 것이라는 의식에 기초하고 있으며, 이를 위반할 경우 단지 비정상적인 것이 아니라 나쁜 일을 한 것이라고 인식된다.

공정가격모형에서는 만약 어떤 가격이 관행과 달라 개인적 공정성을 위반할 경우 소비자들은 실망하게 되고 그 이유를 찾아 불만을 해소하려 한다고 설명한다. 즉, 제시된 가격이 의외로 비쌀 경우 소비자들은 실망하고 그 이유를 찾고자 하며, 원가가 올랐다거나 새로운 기능이 추가되었다거나 하는 등의 적절한 사유가 있으면 사회적 공정성이 만족됐다고 생각하여 개인적 공정성 판단에 의한 불쾌감을 억누를 것이다. 그러나 그 원인이 기업이 단지 이윤을 높이기 위한 것이었다고 판단되면 높은 가격이 사회적 공정성을 위반한 것으로 판단하게 되며, 분노하게 된다. 어떤 소비자들은 불공정한 기업을 처벌하기 위해 소비자보호원에 신고를 하기도 하고 기업에 대한 비판을 블로그에 올리기도 한다.

이상의 공정가격모형을 살펴보면 기업이 제시하는 가격이 소비자들에게 쉽게 받아들여지기 위해서는 기존의 관행 또는 가격수준, 소비자가 예상하는 준거가격에서 크게 벗어나서는 안 된다는 점을 인식할 수 있다. 이런 개념에 따르면 가격인상은 대체로 개인적 공정성을 위배하는 것으로 인식되고 실망감을 자아낼 수 있다. 그리고 소비자들이 납득할 수 있는 사유를 제시하지 못할 경우 이는 분노를 유발한다.

[그림 11-7]에는 신뢰 및 힘이라는 개념이 포함되어 있다. 만약 기업이 오랫동안 사회공헌 사업으로 명성을 쌓고 있으며, 그간 공정한 거래를 해 왔다는 신뢰가 구축되었다면, 설사 현재 개인적 공정성이 위배되었다고 생각하더라도 뭔가 이유가 있으리라는 식으로 받아들여지기 쉽다는 것이다. 한편, 신뢰를 쌓지 못하고 도리어 나쁜 명성을 가지고 있는 기업에 대해서는 개인적 공정성의 판단이 매우 민감한 반응을 초래할 수 있을 것이다. 힘의 개념은 기업이 독점기업이고 그 제품 이외의 대안이 없는 경우라면 소비자들은 공정성의 판단에 적극적으로 임하지 않을 것임을 의미하는 것이다.

공정가격모형을 이해하였다면 가격인상의 방법론도 이해할 수 있다. 소비자들의 부정적 방응을 회피하는 가장 단순한 방식은 가격인상이 소비자들에게 가시적으로 드러나지 않도록 하는 것이다. 실제 가격이 인상된 것이나 그렇게 보이지 않는 다양한 경우들이 존재한다. 통상적으로 많은 기업들이 판매촉진을 위해 일시적인 가격할인을 실시하는데 이런 가격할인을 줄이기만 해도 상당한 가격인상 효과가 발생한다. 또 상당수 기업들이 하나의 제품 범주(카테고리) 내에 다양한 가격대의 제품을 판매하고 있다. 일반적으로 저가의 제품들이 마진이 낮게 나타나는데 저마진 제품들의 생산량을 줄이거나 없애는 것도 결과적으로 가격인상 효과를 가져온다. 때로는 가격을 인상하지 않고 제품의 용량을 조금씩 줄이거나 더 저렴한 원료를 사용하기도 한다. 만약 가격을 명시적으로 인상해야 하는 상황이라면,

가격의 인상이나 수수료의 부가는 소비자들이 대수롭게 여기지 않을 수준으로 조금씩 점진적으로 진행되는 것이 바람직하다.

만약 가격인상이 가시적으로 들어날 수밖에 없는 상황이라면, 사회적 공정성을 만족시키기 위한 타당한 가격인상의 원인을 제시하는 것이 바람직하다. 가장 대표적인 방식이 가격인상 전후의 원가 요인 변화를 직관적·가시적으로 제시하는 것이다. 한편, 가격인상의 사유를 제시하는 것과 함께 소비자들에게 추가적 가치를 제공하는 것이 바람직하다. 상대적으로 적은 수준이라도 품질, 서비스의 증가와 같은 고객가치 증가 요인이 수반되면 소비자들이 인상된 가격을 정당화하기 용이해진다.

4) 가격할인

가격조정에서는 가격이 변화되고 상당 기간 지속적으로 유지되는 경우를 다룬 것이다. 이번 절에서 다룰 가격할인은 시험적 이용을 유도하거나, 관심을 가지고 있는 소비자들의 즉각적인 구매를 유도하기 위한 목적으로 진행되는 일시적인 가격인하를 의미한다. 가격할인을 얻기 위해서는 할인 시즌까지 기다려야 한다든가 쿠폰을 오려 보관하는 등의 불편함이 수반되기도 하는데 이 경우 가격할인은 불편함을 감수하는 사람들과 그렇지 않은 사람들 간 가격 차이를 발생시켜 실질적으로 가격차별의 수단으로도 이용된다.

보통 제품으로부터 얻는 순효용을 '제품의 효용(사용가치)−가격'으로 표현하며, 사람들의 구매행위를 순효용의 극대화로 설명한다. 그렇다면 가격할인이 주는 효과는 매우 명확해 보인다. 할인은 실제 지불하는 가격을 낮추어 순효용을 증가시키는 것이다.

그렇지만 현실에서 사람들은 순효용과 별개로 할인 자체를 추구하는 경우가 많아 보인다. 사람들은 할인을 받거나 흥정에 성공한 경우 구매한 물건에 훨씬 더 높은 가치를 부여한다. 그 이유는 할인이나 흥정이 각성된 감성, 즉 짜릿한 흥분을 창출하는 경향이 있는데 이러한 흥분이 흥정 자체가 아니라 상품에 전이되기 때문으로 해석된다.[4] 이런 할인의 가치를 순효용(또는 획득효용, acquisition utility)과 구분하여 거래효용(transaction utility)이라 칭한다. 거래효용은 '준거가격과 가격의 차이'로 결정된다(Thaler, 1985). 이 거래효용 개념은 사람들이 할인에서 느끼는 기쁨을 학술적으로 정의한 것이다.

한편, 할인을 제공함에 있어 할인의 비교 대상, 준거점이 정의되어야 한다. 예를 들어, 경쟁업체의 가격을 비교 대상으로 삼아 할인율을 제시할 수 있으며(경쟁준거), 자사의 과거 가격을 준거점으로 삼아 할인율을 제시할 수도 있다(과거준거). 어떤 개념이든 할인을 제공할 때 기업은 준거점을 제시하는 것이 일반적인데 이를 외부 준거가격(external reference price)이라고 부른다. 이 용어는 앞서 설명된 사람들이 마음속에 가지고 있는 준거가격과 구분되는 용어이며, 외부 준거가격이라는 용어와의 대조를 위해 준거가격을 내부 준거가격이라고 부르기도 한다. 그리고 외부 준거가격은 소비자들의 내부 준거가격을 끌어올려 할인의 크기를 크게 인지시키는 기능을 수행하는 경우가 많다.

신발가게들은 유독 정상가격과 실제 판매가격을 같이 제시하는 경우가 많다. 이때 정상가격이 외부 준거가격의 역할을 한다. 사람들은 신제품이 쏟아져 나오는 상황에서 처음 보는 신발들에 대한 내부 준거가격을 뚜렷이 가지지 못하는 경우가 많다. 즉, 제시된 판매가격이 싼지 비싼지를 판단하지 못하는 것이다. 이때 외부 준거가격으로 제시된 정상가격을 믿고 이를 내부 준거가격으로 삼는다면, 실제 판매가격은 내부 준거가격 대비 할인가격으로 인식되고 거래효용을 발생시킨다. 정상가격 외에도 시중가격, 경쟁사 제품 가격의 제시도 비슷한 역할을 할 수 있다.

또 다른 대표적인 사례가 소비자권장가격이다. 일반적으로 실제 판매가격보다 높게 제시되는 소비자권장가격은 실제 판매가격에 대해 사람들이 할인을 받는다고 느끼게 만든다. 만약 신발가게의 정상가격이나 소비자권장가격이 단지 부풀려진 가격이었다면 이는 교묘한 사기행위가 된다. 실제 소매 점포들은 할인되지 않은 상품에도 할인표지를 제시하는 경우(정상가격의 왜곡)가 있다고 한다(Anderson & Simester, 2001). 이런 부풀려진 외부 준거가격이 제시되는 일을 막고 소매점 간 가격경쟁을 활성화하기 위해 일부 산업들에서는 소비자권장가격을 제시하지 못

---

4) 데이비드 루이스(David Lewis, 2014), pp. 53−54에서 재인용.

하게 하는 오픈 프라이스(Open Price) 제도를 도입하여 운영하고 있다. 이런 제도는 기업들이 부풀려진 소비자권장가격을 이용할 유인이 있음을 반증하는 것이다.

한편, 가격할인의 표현 방식도 다양할 수 있다. 3,000만 원짜리 제품을 30만 원 할인하는 경우, 30만 원을 할인한다고 제시할 때와 1%를 할인한다고 제시할 때에 소비자의 반응이 어떠할지를 생각해 보자. 히스 등(Heath et al., 1995)에 따르면, 본래 가격이 높은 제품에 대해서는 할인의 절대금액이 커도 할인율은 높지 않으므로 할인율보다는 절대금액으로 제시하는 것이 소비자들의 구매의도를 더 증가시킬 수 있다고 한다. 반대로, 2만 원짜리 제품을 1만 원 할인하는 경우에는 50% 할인한다고 제시하는 것이 더 효과가 클 수 있다. 할인의 절대금액은 작아도 비율이 높다면 비율을 전면에 제시하는 것이 더 효과적이라는 것이다. 기업은 소비자들의 인식 방식을 기업에게 유리한 쪽으로 유도할 수 있다.

또 할인의 방식도 이슈가 될 수 있다. 단순히 할인된 가격을 제시하여 판매할 수 있으나 많은 경우 쿠폰이나 리베이트 방식으로 할인을 제공하기도 한다. 다음에서는 쿠폰과 리베이트의 정의 및 특성을 설명한다.

- 쿠폰: 구매가격에서 일정 수준 할인해 준다는 것을 표기한 서식이다. 쿠폰은 신문지면, 우편을 통해, 최근에는 온라인 바코드 등으로 배포된다. 쿠폰은 사용을 위해 획득, 보관되어야 하므로 불편을 야기하며, 이런 불편을 감수하는 소비자들과 그렇지 않은 소비자들을 가격차별 하는 수단으로 이용될 수 있다. 그런데 쿠폰은 기업 입장에서 발행비용과 이를 수령하여 처리하기 위한 비용을 유발한다. 문헌에 의하면 발행된 총 쿠폰 중 실제 이용되는 비율은 5% 이내이며, 그 이용률이 점차 감소하고 있다고 한다.[5] 또 소비자들에게 불편을 야기하고 쿠폰을 이용치 않는 이용자들에게 불만을 유발한다는 문제점이 지적되고 있다.
- 리베이트: 구매가격에 비례해 매입자에게 돌려주는 돈을 의미한다. 소매업체에서 구입한 이후 제조업체에게 구매 증거를 우편 등을 통해 전송하면 해당

---

5) Levy & Weitz(2011). p. 458 참조.

액수를 돌려주는 방식이 이용된다. 소비자 입장에서 절차가 더 까다롭기 때문에 금액이 큰 제품에서 주로 사용될 수 있다. 리베이트는 기업 입장에서 실제 청구하는 소비자들에 대해서만 비용을 발생시키므로 쿠폰보다 효율성이 있으며, 불편을 감수하는 소비자들에게만 할인이 적용되므로 역시 가격차별을 유발한다. 한편, 소비자들이 리베이트를 염두에 둔 가격으로 구매하지만 추후 실제 청구를 하지 않는 경우도 많다고 한다. 결국 소비자는 할인가로 지각하지만 기업은 정상가로 판매하는 결과를 낳으며, 이런 현상을 착각할인이라고 한다. 또한 리베이트는 고객이 청구를 할 때 각종 개인정보를 제공하게 되므로 고객자료를 확보하는 수단으로 인식되기도 한다.

이상의 이슈들을 살펴보면, 가격할인에서 준거점의 제시, 할인의 표현 방식, 할인의 전달 방식(예: 쿠폰) 등 다양한 이슈가 있음을 알 수 있다. 그러나 무엇보다도 가격할인의 부작용이 있음을 이해해야만 한다. 앞서 준거가격이 소비자들의 가격경험에 의해 형성됨을 설명하였다. 만약 기업이 가격할인을 자주 하면 소비자들의 준거가격이 하락되고 정상가격에는 잘 구매하지 않으려는 성향이 발생할 것이다. 또 외부 준거가격 개념에서 설명했듯이 기업들은 그다지 할인되지 않은 제품을 할인된 것처럼 제시하기도 한다. 이런 이유로 때로는 소비자들이 가격할인에 대해 부정적인 생각을 품을 수도 있다. 예를 들어, '이월상품이구나.' '정상가를 지나치게 높인 것은 아닐까?' '인기 없는 제품인가?'와 같은 생각을 할 수 있다. 가격할인을 진행할 때에는 소비자들의 반응을 충분히 예측하고 진행할 필요가 있다. 이번 장의 도입사례로 제시된 마스의 헝거리듬 캠페인은 가격할인의 부작용을 막으면서 제품의 포지셔닝 강화와 매출의 확대를 성공적으로 진행한 모범적인 사례로 참고하기 바란다.

5. 소매점 가격전략

통상 소비자들의 의사결정을 제품, 브랜드의 선택으로 인식하는 경우가 많다. 그러나 계란이나 두부 같은 일상용품의 구매에서는 브랜드의 선택보다는 소매점의 선택이 더 중요해진다. 소매점들은 점차 대형화되고 있으며, 소비자들은 한번 점포를 방문할 때 필요한 모든 제품을 일괄 구매(one-stop shopping)하는 것이 일반적이다. 더 싸고 더 선호하는 제품을 구매하기 위해 제품별로 다른 점포를 방문하여 구매하는 것은 소비자들의 거래비용을 증가시켜 전체적인 편익을 감소시킨다. 따라서 소비자들은 일단 소매점을 선택하고 이후 소매점에서 제공하는 브랜드들 내에서 선택을 하게 된다.

소매점들은 ① 점포의 입지(위치)의 편리성, ② 구색, 즉 점포가 취급하는 제품의 종류, 제품 내 브랜드 및 품목의 다양성, ③ 주차, 제품 탐색의 편리성, 결제수단, 운영 시간 등 서비스 품질, ④ 가격수준과 같은 요소들을 통해 경쟁하고 있다. 이 중 가격수준이 매우 중요한 요소임은 모두들 동의할 것이다. 그런데 소매점들의 가격수준이란 개별 제품의 가격과는 달리 전반적인 수준을 의미하는 것이며, 개별 제품의 가격결정과는 다른 부분이 있다. 소비자들이 인식하는 가격수준에 영향을 미치는 소매점 가격전략의 대표적인 것이 HiLo(High-low)와 EDLP(Every Day Low Price) 전략이다.

1) HiLo와 EDLP

평균적인 가격수준이 유사하더라도 소매업체가 선택하는 가격전략은 상이할 수 있다. HiLo전략은 정상가격을 높게 책정하는 반면, 수시로 특정 품목들에 대해 상당한 할인가격을 제공하는 방식을 의미한다. 반면, EDLP전략은 경쟁자의 정상가격과 할인가격의 중간선에서 변화하지 않고 가격을 유지하는 전략을 의미한다. 그러므로 EDLP 가격이 반드시 최저 가격을 의미하는 것은 아니다. 그럼에도 불구하고 소매점의 전체적인 가격수준(평균가격)은 EDLP전략에서 HiLo전략 대비 낮게 나타나는 것이 보편적이다.

한편, 많은 소매점들의 가격전략이 전형적인 HiLo 또는 EDLP 전략으로 분류되지 못한다. 예를 들어, 한국의 보편적인 할인점들은 EDLP전략을 쓰는 것으로 알려져 있지만 매 시점마다 특정 상품군들을 선별하여 매우 높은 할인을 제공하고 있으며, 이를 전단지 등을 통해 적극적으로 홍보하고 있다. 두 전략의 중간적 행태를 보이는 것이다. 어떤 기업들은 주력 제품에 대해서는 EDLP 전략을 사용하고 기타 제품에 대해서는 HiLo전략을 사용하는 방식으로 두 전략을 혼합한 전략을 사용하기도 한다.

일반적으로 HiLo전략의 장점은 다음과 같이 정리될 수 있다.[6]

- **가격차별을 통한 수익 증대**: HiLo전략하에서 일부 소비자들은 많은 할인을 제공하는 몇몇 제품들을 구매하기 위해 해당 점포를 방문한다. 반면, 일부 소비자들은 단지 가까운 위치와 높은 서비스를 기대하여 HiLo 점포를 선택한다. 결국 가격에 민감하면서 할인을 기대하는 소비자들에게는 낮은 가격을, 가격민감성이 낮고 지불의사가격이 높은 소비자들에게는 더 높은 가격을 적용시킴으로써 수입을 극대화할 수 있다.
- **재미와 흥분의 제공**: 시기별로 일부 품목들에 대해 많은 할인을 제공하기 때문에 소비자들은 보물찾기를 하는 마음으로 점포를 방문하게 된다. 오늘은 어떤 제품에서 할인을 할지 기대를 하게 되는 것이다. 할인은 군중을 모으고, 모여든 군중은 흥분을 자아낸다. 이와 더불어 상품 시연, 경품 제공 등의 이벤트를 결합함으로써 효과를 극대화할 수 있다.

다음으로 EDLP전략의 장점으로는 다음의 두 가지를 들 수 있다.

- **고객에게 낮은 가격에 대한 확신 부여**: HiLo전략에서 일부 소비자들은 할인을 하지 않으면 제품을 구매하지 않는 경향을 보인다. 반면, EDLP전략은 가격이 낮다 또는 가격이 공정하다는 인식을 심어 줄 수 있다. 결과적으로 성공적인 EDLP전략은 지나친 할인 또는 판매촉진 압력에서 벗어날 수 있게 하며, 소비자들이 더 자주 지속적으로 소비할 수 있다.
- **광고와 운영비의 감소**: 가격을 일정 수준으로 유지하여 할인과 판매촉진의 필요를 제거할 경우 광고와 판매촉진 비용을 감소시킬 수 있다. 즉, 판촉행사에 부수되는 전단비용, 매장 내 POP(Point of Purchase) 광고비용, 판촉인원의 할

---

6) Levy & Weitz(2011). pp. 460~461을 참조하여 재구성.

당 등의 비용이 절감될 수 있는 것이다. 또 빈번한 할인에 의한 수요 변화가 발생하지 않아 재고관리의 효율화와 재고회전율의 증가를 통해 운영비를 감소시킬 수 있다.

전반적으로 운영비 관점에서 EDLP전략이 우월하다고 할 수 있다. 반면, HiLo전략은 평균적인 가격을 높게 유지하면서도 소비자들을 유인할 수 있는 방식이다. 이런 상이한 장단점을 가진 소매점 가격전략의 선택을 위해서는 다양한 측면들을 고려할 필요가 있다. 예를 들어, 소매점이 추구하는 포지셔닝의 고려가 필요하다. 소매점들은 가격수준 외에 입지, 구색, 서비스 수준에서도 경쟁한다. 이때 다른 경쟁요소들의 품질을 높일 경우 상대적으로 고가 포지셔닝이 가능하며, HiLo전략이 바람직할 수 있다. 이런 포지셔닝의 문제는 소매점의 목표시장 문제와도 관련된다. 이번 장의 마무리 사례에서 다루는 제이씨페니(JC Penny) 사례는 목표시장의 특성과 맞지 않는 가격전략의 부작용을 설명한다.

2) 최저 가격 보상제도 및 손실유도품

소비자들에게 소매점의 가격이 낮다는 인식을 유발하는 전략은 다양할 수 있다. 소매점 가격전략에서 EDLP는 평균 대비 낮은 가격수준을 의미하는 것이지 업계 최저가격을 보장하는 것은 아니다. 반면, 최저 가격 보상제도(price-matching guarantee)는 소비자들이 다른 소매업체에서 더 낮은 가격을 발견할 경우 구매가격과 발견된 더 낮은 가격의 차액을 보상함으로써 최저 가격 구매를 보장하는 방식이다. 이 전략은 해당 소매점의 가격이 시장 내에서 가장 낮다는 신호로 작용할 수 있다. 소비자들이 시장 내 소매업체들의 모든 가격정보들을 파악하기 위해서는 탐색비용이 발생할 수밖에 없으며, 결과적으로 소비자들이 모든 소매업체들의 가격들을 모두 알지 못하는 것이 일반적이다. 따라서 소비자들은 최저 가격 보상제도를 실시하는 소매업체의 가격이 가장 낮을 것이라고 추정하고 가격탐색 없이 제품을 구매할 수 있다. 따라서 저가격을 무기로 삼는 소매점이라면 최저 가격 보상제도를 활용하는 것이 의미가 있다.

그러나 실제 이 전략은 다양한 목적을 가질 수 있다. 우선, 경쟁의 회피를 목적으로 사용될 수 있다. 이 전략에서는 경쟁자들이 자사 가격 이하로 가격을 인하할 경우 자동적으로 대응이 발생하기 때문에 경쟁사들이 가격을 인하할 유인을 제거할 수 있다. 또 자사보다 낮은 가격을 적용하는 경쟁자들이 있을 경우 소비자들이 가격 차이에 대한 보상을 요구하기 때문에 경쟁자들의 가격을 자동적으로 확인하는 수단이 될 수 있다. 이를 통해 경쟁사들의 가격전략에 더 빠르게 반응할 수 있게 된다(Hviid, 2010).

또 다른 낮은 가격이미지를 형성하는 전략으로 손실유도품(loss leader) 전략이 있다. 이는 손님을 유인하기 위해 정상보다 낮은 가격으로 제품을 제공하는 것을 말하며, 미끼상품이라고 불리기도 한다. HiLo전략에서 제공하는 일부 품목에 대한 깊은 할인도 동일한 기능을 수행하지만 손실유도품은 항시적으로 낮은 가격을 유지한다는 점에서 다르다.

소비자들이 소매점들의 가격 수준을 정확히 인지하는 것은 어려운 일이다. 따라서 가격을 잘 알고 있는 몇몇 제품들의 가격을 비교함으로써 전반적인 가격수준을 평가할 가능성이 높다. 따라서 소비자들이 일상적으로 구매하는 라면, 계란, 우유와 같은 제품들을 상시적으로 낮은 가격으로 판매함으로써 점포의 가격수준이 낮다는 단서를 제공할 수 있다. 약국이라면 박카스 같은 제품이 사용될 수 있다.

또 손실유도품은 가격 단서 이외에도 그 자체로 소비자들을 유인하는 역할을 수행할 수 있다. 손실유도품을 구매하기 위해 점포를 방문하는 소비자들도 있는 것이다. 손실유도품은 때로 원가보다 낮은 가격에 판매되기도 하는데 여기서 발생하는 손실은 이를 통해 유인된 소비자들이 다른 제품들도 같이 구매함으로써 회수될 수 있다.

제이씨페니의 가격전략 변화[7]

   100년이 넘는 역사를 자랑하는 미국의 소매업체 제이씨페니(JC Penney)는 2000년대 초반 위기에 직면했다. 다양한 새로운 소매업체들과의 경쟁에 뒤처지면서 매출이 점진적으로 하락하였다. 2011년 매출은 10년 전의 절반에 불과했다. 그때까지 이 점포는 매출을 올리기 위해 매년 590회 정도의 지나친, 그리고 빈번한 세일행사를 실시했다. 제이씨페니의 상품 중 75%가 50% 이상의 할인가격으로 판매되었으며, 이런 가격정책은 기업의 마진과 이익을 까먹었다. 소비자들은 정상가격에 판매되는 제품은 구매하려 들지 않았고 할인행사를 기다려야만 하는 불편함을 겪었다. 한정 세일 이벤트를 놓치는 아쉬움을 겪어야 했으며, 힘들게 쿠폰을 모아야 하고 운이 좋은 소수의 고객들만이 얻을 수 있는 초염가 제품을 구매하기 위해 한밤중에 긴 줄을 서야 했다. 때로는 할인에 이끌려 불필요한 제품을 구매하기도 했다.

   제이씨페니는 이런 상황에서 벗어나기 위해 2012년 새로운 가격정책을 도입했다. 대체로 EDLP전략에 부합하는 새로운 가격정책은 공명정대함, 투명성을 강조하였다. 이를 위해 제이씨페니는 정상 소매가격을 40% 정도 인하했고, 정상가격(everyday prices)은 대다수 제품들에 적용되었으며, 항시 저가격을 제공하였다. 그 외에 세일행사는 테마에 맞추어 한 달간 실시되는 세일행사(개학시즌 행사 등)와 매달 첫 번째, 세 번째 금요일에 실시되는 재고처분 세일행사의 두 유형만으로 국한하였다.

   그러나 이런 단순하면서도 투명한 가격정책의 도입은 큰 실패로 끝났다. 큰 가격할인을 기대하는 가격판촉 지향적인 제이씨페니의 기존 고객들은 새로운 가격전략에 대해 부정적인 반응을 보였다. 새로운 가격전략을 주도했던 CEO 역시 제이씨페니의 핵심 고객층들이 쿠폰과 세일을 중요시했다는 점을 과소평가하였다고 인정했다. 결국 오래된 핵심고객들을 만족시키지 못했으며, 새로운 고객들을 유치하는 데에도 실패함으로써 제이씨페니의 위기는 심화되었다.

   이 사례는 가격전략을 수행함에 있어 회사의 목표시장(핵심고객층)의 특성과 욕구를 정확히 이해할 필요가 있음을 보여 준다.

---

7) 제이씨페니의 사례는 Kotler & Armstrong(2017)의 pp. 312~314 및 마르코 버티니와 존 거빌(2013)을 참조하여 재구성하였다.

제**4**부

고객가치의
확장과 관리

마케팅원론 ABC

Artificial **I**ntelligence
Big data
Customer value

제**12**장

글로벌 고객가치:
글로벌 마케팅

2021년 4월 29일 한국 전통주택을 의미하는 '가옥'에서 공식 명칭을 착안한 '구찌 가옥(Gucci GAOK)'은 생동감 넘치면서도 다양성이 공존하는 서울 이태원에 자리를 잡았다. 총 1층부터 4층까지 이루어져 있는데, 구찌 가옥의 이태원 오픈은 이태원의 문화적 전통과 자유로움에 대한 오마주(homage, 존경)이다. 그동안 도시나 거리 이름으로 매장 이름을 짓는 경우는 종종 있었으나, 한 나라의 전통적인 주거 형태의 명칭을 이름으로 삼은 것은 구찌 역사상 최초이다. 구찌 홈페이지에 보면 "한국의 '집'이 주는 고유한 환대 문화를 담아, 방문객들이 편안하게 쉬어 갈 수 있는 공간을 표방한다."라고 설명되어 있다.

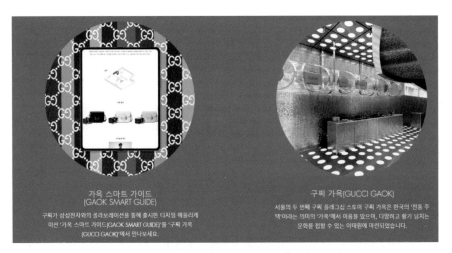

가옥 스마트 가이드
(GAOK SMART GUIDE)
구찌가 삼성전자와의 콜라보레이션을 통해 출시한 디지털 애플리케
이션 '가옥 스마트 가이드(GAOK SMART GUIDE)'를 '구찌 가옥
(GUCCI GAOK)'에서 만나보세요.

구찌 가옥(GUCCI GAOK)
서울의 두 번째 구찌 플래그십 스토어 구찌 가옥은 한국의 '전통 주
택'이라는 의미의 '가옥'에서 이름을 많으며, 다양하고 활기 넘치는
문화를 접할 수 있는 이태원에 마련되었습니다.

구찌 가옥 스마트가이드 및 구찌 가옥 내부 모습

보통 글로벌 럭셔리 브랜드는 주요 매장을 낼 때 주로 외국의 건축가나 아티스트와 협업하는 경우가 많은데 국내 유명 금속조형 작가인 박승모 작가와 협업하여 스테인리스 스틸 와이어를 여러 겹 중첩해 마치 나무가 빽빽이 들어선 숲의 형상을 표현하여 한 폭의 동양화를 보는 듯한 풍경을 연출하고 있다. 매장 4층에도 커다란 미디어 아트 월이 자리해 있다.

구찌 가옥은 고객들에게 특별한 경험을 선사하고 있다. 우선, 1층 매장에 들어서면 오른쪽에 디지털 고사상이 있다. 한국에서 전통적으로 개업식에서 사업의 번창을 위해 고사상을 차리는 한국의 전통문화를 반영한 것으로 보인다. 방문고객이 디지털 고사상을 터치하면 자신만의 상을 차려 볼 수 있게 하여 고객의 흥미를 일으킨다. 디지털 고사상에는 '홍동백서'의 원칙에 따라 한국의 전통을 제대로 살려 돼지머리와 과일, 약과, 생선 등이 준비되어 있고, 그릇에 담긴 과일도 격식에 맞게 홀수로 담겨 있다.

구찌 가옥 디지털 고사상

또한 구찌 홈페이지에서 '구찌 가옥' 홍보용 동영상을 클릭하면 사물놀이패의 공연을 볼 수 있다. 동영상의 시작은 이태원의 구찌 매장 앞에서 한국의 정서를 대표하는 '연희집단 The 광대'의 사물놀이 공연으로 시작되며, 사물놀이패가 구찌 가옥 안으로 들어가면서 가옥 안을 곳곳이 소개하고 있다. 구찌와 한국의 전통놀이인 사물놀이의 의외의 조화를 느낄 수 있다.

매장에는 구찌 가옥에서만 볼 수 있는 제품들이 전시되어 있다. 한국의 전통 문양인 '색동'에서 영감을 받아 색동저고리를 연상시키는 패턴에 구찌의 상징적인 문양이 혼합된 형태의 옷, 지갑, 가방, 모자, 스니커즈 등을 볼 수 있다.

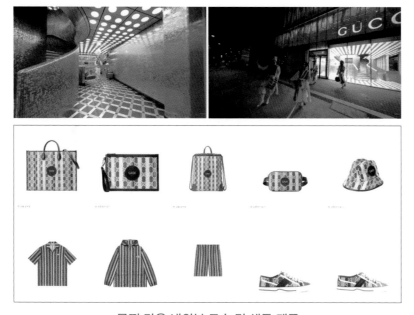

구찌 가옥 내외부 모습 및 색동 제품

포장 서비스 또한 가옥의 느낌을 갖고 있다. 가옥에서 판매되는 제품에는 '가옥' 전용 쇼핑백이 제공되는데 한국식 포장을 원하는 사람들에게는 붉은색 보자기를 활용해 박스 포장을 한 뒤 전용 쇼핑백에 노리개를 장식하여 한국의 전통식 포장법을 통해 가옥의 느낌을 경험할 수 있다. 또한 직원들 또한 구찌 가옥에 어울리는 옷차림으로 더욱 가옥다움을 보여 주고 있다.

두루마기 같은 가운형태에 색동 디자인이 덧대어진 유니폼을 통해 '가옥'의 느낌을 그대로 전달받을 수 있다.

구찌의 크리에이티브 디렉터(CD) 알레산드로 미켈레는 시대를 허무는 문화적 다양성을 중시하는 것으로 잘 알려져 있다. 구찌 가옥은 그의 이런 철학을 구현한 공간으로 보인다.

구찌 가옥을 통해 한국 문화에 대한 존중을 보이며 구찌는 국내 고객들에게 기대감과 설렘을 안겨 준다.

▶ **생각해 볼 문제**

1. 구찌의 2000~2020년대 한국시장에서의 마케팅 전략에 대해 논의하시오.
2. 구찌의 한국 시장에서의 현지화 마케팅 전략(4P)에 대해 논의하시오.
3. 구찌의 한국 시장에서의 현지화에 대한 이유와 향후 전략 방안에 대해 논의하시오.

출처: 구찌 가옥 홈페이지, Youtube-gucci Gaok.

제12장의 개요

이 장에서는 글로벌 마케팅 전반에 대해 살펴본다.

우선, 글로벌 마케팅의 개념과 국내 마케팅과의 차이점에 대해 알아본다. 다음으로 글로벌화 시대에 글로벌 마케팅이 필요한 이유에 대해 알아보고, 글로벌 마케팅 시장 통합에 영향을 미치는 촉진요인과 제약요인은 무엇인지 살펴보자. 또한 글로벌 시대에 지녀야 할 경영자 태도에 영향을 미치는 EPRG 프레임워크를 통해 본국시장 지향형, 현지시장 지향형, 지역시장 지향형, 세계시장 지향형 개념을 살펴보고, 마지막으로 글로벌 마케터로서 고려해야 할 중요 사항에 대해 알아보고자 한다.

제12장의 질문

1. 글로벌 마케팅은 무엇이고, 국내 마케팅과 어떻게 다른가?

2. 글로벌 마케팅은 왜 필요한가?

3. 글로벌 마케팅 시장 통합에 영향에 미치는 촉진요인과 제약요인들에는 무엇이 있는가?

4. 글로벌 마케팅과 EPRG에 대해 알아보자.

5. 글로벌 마케팅 수행 시에 주요 고려 사항들은 어떠한 것들이 있는가?

1. 글로벌 마케팅의 개념

우리는 글로벌 시장에서 살고 있다. 각 나라의 소비자의 기호가 동질해지고 국가 간의 무역장벽이 철폐되어 시장개방이 가속화되면서 세계 시장이 하나의 시장처럼 되는 시장의 글로벌화 시대에 살고 있는 것이다. 이러한 글로벌 시장의 좋은 예는 우리의 일상 생활 속에서 찾아볼 수 있는데 우리는 유튜브를 통해 각국의 동영상을 공유하고 있으며, 애플사의 아이폰을 사용하고, 버버리사의 트렌치코트와 나이키사 운동화를 신고, 레고사의 장난감을 갖고 놀며, 스타벅스에서 커피를 마시고, 맥도날드에서 빅맥 햄버거를 먹는다.

글로벌 마케팅은 기업이 전 세계 시장을 대상으로 수행하는 마케팅활동으로서 국경을 넘어 이루어지는 모든 형태의 마케팅활동이라고 말할 수 있다. 글로벌 마케팅과 마케팅의 차이는 마케팅활동 범위에 있다. 키건(Keegan, 1995)에 의하면, 글로벌 마케팅이란 범세계적인 시장기회와 위험 속에서 인력, 자금 및 물리적 자산과 같은 자원과 조직의 목표에 초점을 맞추는 과정으로 정의될 수 있다. 다시 말하면, 범세계적 시장의 기회와 위험을 확인, 글로벌 마케팅 계획의 수립, 글로벌 마케팅의 조직과 통제에 의하여 인적 · 재무적 · 물적 자원에 초점을 두고 범세계적 경쟁력을 배양하여 생존능력을 확보하고자 하는 과정이다. 요한슨(Johansson, 2010)은 글로벌 마케팅에 대해 다음과 같이 정의하였다. "글로벌 마케팅은 다수의 해외시장에 걸쳐 조정하고 통합된 마케팅활동이다. 여기서 통합이란 여러 국가에 걸쳐 표준화된 제품, 통일된 패키지, 동일한 브랜드명, 동일한 시기의 신상품 출시, 유사한 광고 메시지, 통합된 판매촉진활동을 나타낸다. '글로벌'이라는 표현에도 불구하고 지구상의 모든 국가가 기업의 마케팅활동에 포함될 필요는 없다. 예를 들어, 범유럽과 같은 지역마케팅 또한 글로벌 마케팅이라고 할 수 있다."

오늘날 글로벌 시대에 경쟁자보다 더욱 자사의 능력을 정교히 차별화하면서 규모와 범위를 갖추어 더욱 넓은 시장을 대상으로 고객의 욕구와 필요에 민첩하게 대응하는 것이 기업의 생존 및 성장발전을 위한 기본적인 명제가 되고 있다. 즉, 오늘날에는 글로벌 마케팅이 기업의 성공 잠재력을 실현하기 위한 필수 불가결한 것일 뿐만 아니라 심각하게는 기업의 생존을 위해 요구되는 기업의 기본 과제가 되고 있다. 사업의 영역을 글로벌화하지 못한 기업은 국내 사업마저도 원가, 사업

경험, 제품, 고객서비스 면에서 보다 종합적인 경쟁력을 가진 글로벌 기업에게 빼앗길 수 있다.

글로벌 마케팅에서 표준화와 현지화에 대한 문제는 오래전부터 제기되어 왔다. 이 논쟁은 1983년 테오도르 레빗(Theodore Levitt)의 「시장의 글로벌화(The globalization of markets)」라는 논문으로부터 시작되었다. 레빗은 이 논문에서 전통적 현지화(localization) 전략에 반대하여 글로벌 시장의 동질성(homogeneous global village)을 주장하며 전 세계적으로 표준화된 고품질의 글로벌한 제품을 개발하고, 이를 표준화된 광고, 가격, 유통전략을 수행하여 전 세계에 판매하는 것이 보다 효과적이라고 주장하였다. 그러나 그의 주장을 따르고자 했던 파커 펜(Parker Pen)과 기타 많은 회사들이 실패를 하게 됨으로써 그의 주장에 의문을 갖게 되었다. 특히, 이 주장에 대해 산업 관계자들과 학자들은 반대하였는데, 예를 들면 세계적인 광고회사인 BSBW(Backer Spielvogel Bates Worldwide)의 CEO였던 칼 스피엘보겔(Carl Spielvogel)은 『월스트리트 저널(The Wall Street Journal)』에서 "세계가 동질화되고 있다는 레빗의 언급은 터무니없는 것이며, 레빗이 주장하는 글로벌 마케팅을 실현하는 제품은 오직 두 제품밖에 없다. 그중 한 제품이 코카콜라이다."라고 반박하였다.

글로벌 마케팅이 코카콜라의 세계적 성공의 핵심 역할을 했지만 마케팅 믹스의 완전한 표준화에 기반을 둔 것은 아니다. 예를 들어, 코카콜라는 일본 시장에서 내부자(insider)가 되기 위해 많은 시간과 노력을 들여 판매조직과 유통을 글로벌 현지화, 즉 현지기업화하면서 글로벌 차원의 운영에서 얻게 되는 혜택을 활용하는 전략을 달성한 결과라고 볼 수 있다(Green & Keegan, 2020).

글로벌 현지화라는 것은 성공적인 글로벌 마케팅을 위해 "글로벌하게 생각하고 현지에 맞게 행동하라(Think globally and act locally)"는 것이다. 즉, 글로벌 현지화는 완전한 표준화('한 제품으로 전 세계 시장에 통함')와 완전한 적응화('모든 지역에 각각 차별화된 제품')를 배격하고 표준화와 적응화의 결합을 의미한다. 따라서 글로벌 마케터는 세계 시장의 유사점과 차별점을 잘 이해하고 글로벌하면서도 동시에 현지화된 방식으로 행동해야 한다.

글로벌 마케팅의 핵심은 이러한 글로벌 현지화 개념을 제품, 시장에 맞도록 맞춰 나가는 것이다. 맥도날드의 글로벌 마케팅 전략은 글로벌 마케팅 믹스와 현지화 마케팅 믹스를 결합하여 성공한 좋은 사례이다. 예를 들어, 맥도날드의 핵심 메뉴인 햄버거, 프렌치프라이와 음료수 세트는 전 세계 어디에서나 동일하게 제공된다. 그러나 현지의 식문화에 따라 핵심 메뉴의 내용이 차별화되어 제공되며, 대표 제품인 빅맥의 평균도 나라마다 가격이 달라진다. 미국에서는 빅맥의 가격이 5.28달러이나 중국에서는 3.17달러이고 노르웨이에서는 5.91달러이다. 〈표 12-1〉는 이러한 맥도날드의 효과적인 글로벌 마케팅 전략의 예를 잘 보여 주고 있다.

〈표 12-1〉 맥도날드의 효과적인 글로벌 마케팅 사례

마케팅 믹스 요소	표준화	현지화
제품	빅맥	McAloo 감자버거, Maharaja 치킨버거(인도), Rye McFeast (핀란드), Adagio(이탈리아)
판매촉진	브랜드명 I'm loving it	속어 별명 Micky D's(미국, 캐나다), Macky D's(영국,아일랜드), Macca's(호주), Makkare(핀란드), MakDo(필리핀), McDo(프랑스)
유통	사람이 많이 다니는 공공장소의 식당	스위스 국영철도에 맥도날드가 스위스 테마식당칸을 설치 운영함, 헬싱키에서 오슬로까지 스테나 라인 여객선에 맥도날드 개점, 인도에서 가정집 배달 판매
가격	빅맥의 평균가격	5.28달러(미국), 5.91달러(노르웨이), 3.17달러(중국)

출처: Green & Keegan(2020).

[사례] 캠벨수프의 글로벌 마케팅 실패 사례

미국의 캠벨수프사(Campbell Soup Company)는 미국 시장점유율 80%를 차지하는 대표적인 기업이다. 그러나 해외 벤처 투자 성과는 그리 성공적이지 못했다.

캠벨사는 해외 진출 초기에 영국에서 고통스러운 경험을 해야 했다. 캠벨사는 1960년 대 미국 스타일의 마케팅 기법을 사용하여 영국 시장에서 전통적으로 유명한 흰색과 빨간색 레이블이 있는 작은 캔을 도입했다. 결과적으로 캠벨사는 프로젝트에서 3억 달러의 손실을 입었다.

영국 소비자들은 캠벨사의 전통적인 작은 캔 옆에 놓여 있는 큰 영국 캔을 보고, 캠벨사의 수프가 응축되어 있어 약 한 컵의 물과 농축하여 섞어 사용한다는 것을 감안할 때 캠벨사의 제품이 더 싸지만 더 비싸다고 생각했다.

영국에서의 실패를 극복하고, 1978년 캠벨사는 브라질 회사와 합작 투자 형태로 브라질 시장에 진출했다. 캠벨사는 6백만 달러를 투자했다. 당시 캠벨의 수프는 주로 야채와 소고기를 섞어 만들어 소비자에게 친숙한 흰색과 빨간색 라벨이 붙은 초대형 캔에 담겨 판매됐다. 초기 판매는 만족스러웠지만, 결국 3년 동안 200만 달러의 적자로 마감했다.

나중에 주부들과의 인터뷰에서 캠벨사는 실패 원인을 알 수 있었다. 브라질 주부들은 자신이 만들지 않은 수프를 가족에게 제공하는 것이 주부의 역할을 충실히 수행하지 못하는 것이라고 생각했기 때문이다. 주부들은 크노르(Knorr)와 매기(Maggi) 제품과 같은 탈수 수프를 구입하고 자신의 조미료와 기호를 추가하여 요리했다. 결국 캠벨사의 브라질 시장 실패 원인은 시장 진출을 위해 사전에 심도 있는 마케팅 조사를 하지 않았던 것으로 판명났다. 캠벨사는 또한 실제로 진출하고자 했던 아열대 지역이 아닌 온대 남부 지역에서 시장 조사를 수행했다.

출처: Kotler(1987); Campbell Soup Co. 홈페이지.

2. 글로벌 마케팅의 필요성

미국은 3억 2,500만 명의 인구를 지닌 거대시장이다. 미국은 국민소득에 있어서 세계의 25%를 점유하고 있기 때문에 나머지 75%의 세계 시장을 점유하기 위해서는 기업은 글로벌화를 해야 한다. 코카콜라의 경영진들은 이 점을 잘 알고 영업이익의 75%, 매출액의 3분의 2를 북미 시장 바깥에서 달성하고 있다(Green & Keegan, 2020).

상대적으로 협소한 시장규모를 지니고 있는 우리나라 기업의 경우에 글로벌 마케팅의 중요성은 다른 어떤 나라의 기업들보다 더 크다고 볼 수 있다. 우리나라는 분단국가로, 이 중 남한의 경우 인구는 약 5,200만 정도이며, 1인당 평균소득은 3만 5,000달러 정도이다(2022년 기준 한국의 1인당 국민소득은 35,373달러).

따라서 국내 시장은 여전히 세계 시장의 2%에 불과하다. 즉, 세계 시장의 98%가 한국 밖에 있다. 따라서 한국이 국내 시장만을 대상으로 마케팅활동을 하면 한국 기업은 세계 시장의 98%를 잃게 된다. 따라서 한국 기업이 해외 시장에서 시장기회를 찾아 적극적으로 글로벌 마케팅을 하지 않는다면 지속적인 성장과 발전을 이룰 수 없을 것이다.

많은 기업들이 자국 밖에서의 기업활동의 중요성을 인지하고 있다. 불과 몇 년 전만 해도 한국이 주를 이뤘던 시장이 이제는 소수의 글로벌 기업들에 의해 지배되고 있다. 한국의 경우 글로벌 시장 개방으로 인해 무역과 투자 장벽이 대폭 낮아졌다. 대부분의 산업에서 21세기에 살아남으려면 회사를 글로벌화해야 한다. 글로벌화라는 기회와 도전에 적절히 반응을 하지 못한 기업들은 글로벌 시장에서 경쟁력을 잃게 되고 비전 있는 글로벌 기업에게 흡수될 수 있다. 따라서 한국 기업이 시장을 한국으로 한정하고 한국을 중심으로 마케팅활동을 하면 글로벌화된 시장에서 경쟁력을 잃게 된다. 따라서 한국 기업은 글로벌 마케팅의 중요성을 인식하고 마케팅활동을 전세계적으로 확대하여 시장기회를 찾고 가치창출 활동을 해야 한다.

3. 글로벌 마케팅 시장 통합에 영향을 미치는 요인

지난 65년간 글로벌 경제는 지속적인 성장을 계속해 왔는데 이는 다양한 촉진요인과 제약요인의 상호작용을 통해 형성된 것이다. 이러한 성장의 촉진 및 제약 요인을 파악함으로써 앞으로 글로벌 경제는 계속적인 발전을 이룰 수 있을 것이다.

1) 글로벌 시장 통합 촉진요인

(1) 글로벌 시장의 필요 및 욕구와 정보혁명의 융합

글로벌 시장은 나라별 문화적 차이가 분명히 존재하고 있지만 문화의 보편성도 존재한다. 인간의 기본적인 본성에는 공통적인 요소들이 내재되어 있기 때문에 이러한 인간 본성의 공통적인 요소들을 바탕으로 '창조(create)'가 가능해진다

(Green & Keegan, 2020). 대부분의 글로벌 시장은 원래 존재하지 않으며 인간이 마케팅 노력을 통해 창조해 왔다. 예를 들면, 청량음료시장의 경우 소비자의 욕구에 의해 자연적으로 생성된 것이 아닌 마케팅 노력으로 개발되고 발전되어 글로벌 마케팅 기회를 창출하고 있다. 그 결과, 코카콜라는 현재 전 세계적으로 대량으로 소비되고 있으며, 이러한 마케팅 노력에 의해 글로벌 고객이 증가하고 있는 추세이다. 또한 최근 인터넷, 페이스북, 트위터, 유튜브를 통한 정보 혁명은 가속화되고 있다. 이러한 소통의 도구를 통해 지구촌의 다른 곳에 사는 사람들의 라이프 스타일과 생활수준을 다른 국가의 사람들과 비교할 수 있게 되었다. 특히, 인터넷의 발달로 인해 전 세계 어느 곳에서나 기업의 홈페이지에 접속할 수 있게 되었고, 이는 기업의 글로벌화를 가속화시키고 있다.

(2) 제품 개발비용 절감

제품 표준화의 가장 큰 장점은 표준화가 증가함에 따라 시장 조사 및 엔지니어링, 설계, 생산 등에 드는 비용이 크게 감소한다는 것이다. 기업이 이러한 글로벌화의 필요성을 더 강하게 느끼는 시기는 중요한 신제품 개발 투자와 장기 투자를 결정할 때다. 이러한 투자에는 막대한 투자 자본이 필요하기 때문에 한 국가 또는 소수의 국가만을 상대해서 투자 자본을 회수하기 어려운 일이다. 이러한 예는 의약품의 경우에 매우 두드러진다는 것을 알 수 있다. 즉, 신약 개발에 최소 5~10년이 걸리며, 최소 수백만 달러에서 수억 달러의 투자 비용이 든다. 단일 국가 시장이 아무리 성공적이더라도 이러한 막대한 신제품 개발 비용과 위험을 감수하려면 기업은 글로벌 시장을 상대로 해야 한다. 따라서 글로벌 시장은 제품을 표준화함으로써 원가절감 및 자본회수 용이성을 높임으로써 비용을 절감시킨다. 예를 들면, 화이자, 머크, 글락소스미스클라인, 노바티스와 같은 선도적 제약 회사가 글로벌 마케팅을 수행할 수밖에 없는 이유이기도 하다(Green & Keegan, 2020).

(3) 품질

글로벌 마케팅 전략을 통해 기업은 더 많은 수익과 영업이익을 창출하여 제조 프로세스를 지원하고 개선시킬 수 있다. 예를 들어, 글로벌 기업과 현지 기업이 전체 매출의 5%를 R&D에 투자한다면 글로벌 기업은 전체 매출 측면에서 현지

기업의 몇 배 이상의 이익을 달성할 수 있을 것이다. 이러한 사례는 존 디어(John Deer), 닛산(Nissan), 마츠시타(Matsushita), 캐터필러(Caterpillar)와 같은 글로벌 기업에서 볼 수 있다(Green & Keegan, 2020). 글로벌 기업은 또한 업계 내 모든 경쟁자의 수준을 높인다. 글로벌 기업이 제품의 서비스 품질 수준을 설정하면 경쟁업체는 신속하게 자체 개선 목표를 개선하고 그 수준에 도달하기 위해 노력한다. 미국의 테슬라(Tesla)는 전기 자동차의 품질 수준을 설정하고 경쟁 업체는 품질 수준에 도달하기 위해 많은 R&D 비용을 투자하여 품질을 높인다.

(4) 레버리지

레버지리(leverage) 효과는 한 기업이 두 나라 이상의 국가에서 기업활동을 수행한 경험을 활용함으로써 얻게 되는 여러 가지 이점을 의미한다. 즉, 글로벌 마케팅을 수행하는 기업은 한 국가에서 얻은 마케팅 경험을 다른 글로벌 시장에서 활용하여 시간과 노력, 비용을 절감하고 전 세계의 자원과 글로벌 전략을 활용하여 규모의 경제를 달성할 수 있는 이점을 얻을 수 있다(Green & Keegan, 2020). 해외 시장에서 실질적으로 검증된 마케팅 전략, 제품, 광고, 판매, 판촉 프로그램을 유사한 환경의 다른 시장으로 이전하여 적용함으로써 마케팅 비용을 절감할 수 있다. 물론 이전된 전략이 시장에서 적절하지 않으면 레버리지 효과를 살릴 수 없다. 그러나 글로벌 시장에서 활용할 마케팅 경험이 있다는 것은 글로벌 마케팅의 중요한 장점 중 하나이다. 이러한 레버리지 효과는 경험의 이전, 규모의 경제, 자원의 활용, 글로벌 전략과 같은 네 가지 형태로 설명된다.

① 경험의 이전

글로벌 기업은 자사의 경험을 세계의 모든 시장에서 활용할 수 있다. 이러한 기업들은 한 국가 또는 지역에서 검증된 경영활동, 전략, 제품, 광고, 판매촉진 아이디어 등을 다른 유사 시장에 적용할 수 있다. 이러한 경험 이전효과의 한 예는 미국 월풀(Whirlpool)에서 찾아볼 수 있다. 이 회사는 미국 내에서 로우스(Low-us) 및 베스트 바이(Best Buy)와 같은 강력한 소매유통기업을 다룬 경험이 많기 때문에 이 경험을 유럽 시장에 이전하여 활용함으로써 성공적으로 진출할 수 있었다. 또한 셰브론(Chevron)은 전 세계 여러 다른 나라에서 원유를 퍼 올리고 있다. 이렇게 여러 국가에서 작업을 함으로써 발생하는 문제들에 대해 각 문제점별로 해결책을 제시하여 다양한 경험의 이전을 통해 레버리지를 얻은 대표적 사례이다(Green & Keegan, 2020).

② 규모의 경제

글로벌 기업은 범세계적 시장의 거대한 시장규모를 이용하여 규모의 경제 이점을 누리게 된다. 글로벌 기업들은 전 지역에 생산라인을 구축함으로써 이러한 규모의 경제 이점을 누린다. 규모의 경제에서 오는 레버리지 효과는 단지 제조 영역에 국한된 것이 아니며 범세계적인 해외시장에서 진행하는 마케팅 및 관련 경영활동 또한 규모의 경제 이점을 지니게 된다. 예를 들어, 삼성전자는 TV, 냉장고, 세탁기 등 가전제품뿐만 아니라 휴대전화, 반도체 등의 다양한 제품을 전 세계 시장에서 판매함으로써 커다란 규모의 경제 효과를 누리고 있다. 또한 글로벌 기업들은 불필요한 경영 기능적인 활동을 중앙집권화함으로써 비용절감을 통해 규모의 경제 효과를 누릴 수 있으며, 궁극적으로 조직원들의 역량과 질도 향상시키는 결과를 가져온다.

③ 자원의 활용

글로벌 기업의 주요 강점은 전 세계 시장을 대상으로 인적, 물적, 재무적 자원을 찾아 효과적으로 글로벌하게 사용할 수 있다는 점이다. 예를 들어, 글로벌 기업에게 있어서 본국통화라는 것이 실제로 존재하지 않기 때문에 갑작스런 자국의 통화 가치 하락이나 상승은 그들에게 큰 문제가 되지 않는다. 글로벌 기업은 가능한 한 최적의 조건으로 이들 재무적 자원을 찾아내고 활용한다.

④ 글로벌 전략

글로벌 기업의 가장 큰 우위 요소는 글로벌 전략 수행에 있다. 글로벌 전략은 사업기회, 추세, 위협, 자원을 찾기 위해 전 세계 경영 환경을 조사하는 것으로부터 시작된다. 글로벌 기업은 사업기회를 확인한 후, 자원과 자신들의 기술을 활용하여 고객에게 최상의 가치를 창출하기 위해 노력한다. 글로벌 전략은 글로벌한 경쟁우위를 창출하기 위한 전반적인 활동이며, 높은 수준에서의 기업 통제와 창조적 노력, 끊임 없는 노력이 요구된다. 그리고 단순한 성공이 아닌 지속적인 성장을 통해 발전한다. 예를 들어, 프랑스 자동차 제조업체인 르노(Renault)는 현지 회사인 푸조 시트로엥(Peugeot Citroen)과 현지 프랑스 자동차 시장을 장악하기 위해 수년간 경쟁해 왔다. 하지만 도요타를 비롯한 글로벌 경쟁자들이 글로벌 자동차 산업을 장악하고 있는 상황에서 르노의 최고 경영진은 글로벌 전략을 수립할 수밖에 없었다. 르노는 일본 닛산(Nissan)과 루마니아 다치아(Dacia) 자동차에 투자하였고, 브라질 공장에 10억 달러를 투자해 공장을 지었으며, 수억 달러를 투자해 한국의 삼성자동차를 인수했다. 이러한 글로벌 전략을 수립하고 실행한 결과, 르노는 글로벌 자동차 시장에서 계속 살아남을 수 있었다(Green & Keegan, 2020).

그러나 글로벌 전략이 반드시 지속적인 성공을 보장하지는 않는다는 점을 유의해야 한다. 글로벌 전략이 일관되고 체계적으로 수립되고 성공적으로 실행되지 않는다면 기대한 결과를 얻을 수 없다. 예를 들어, 독일의 다임러 벤츠(Daimler-Benz AG)는 미국의 크라이슬러(Chrysler)를 인수해 다임러 크라이슬러라는 합병회사를 만들었으나 실적이 좋지 않아 결국 다시 크라이슬러를 매각했다.

(5) 혁신과 기업가 정신

드러커(Drucker, 1985)에 따르면 기업가는 혁신을 도입한 사람이다. 항상 새로운 제품과 서비스를 도입하는 데 앞장서는 기업가는 남들이 인식하지 못하는 새로운 기회를 포착하는 특별한 능력인 기업가 정신을 가지며, 기업가 정신이 강한 사람은 창의성과 상상력을 통해 기회를 만들어 낸다. 혁신은 기업가 정신을 위한 특별한 도구이며, 혁신을 통해 부를 창출할 수 있다. 혁신을 통해 기업가는 새로운 만족이나 새로운 고객 수요를 창출한다(Green & Keegan, 2020).

2) 글로벌 시장 통합 제약요인

(1) 경영진의 근시안과 본국중심주의적 태도

경영진의 '근시안적(myopia)'이고 '본국중심주의적'인 태도는 글로벌 마케팅 추구에 대한 기회를 잃게 한다. 예를 들면, 버드와이저 맥주의 계열사인 앤호이저부시(Anheuser-Busch InBev)는 미국 내 시장에만 집중한 나머지 글로벌화의 기회를 잃고 있는 한 예이다. 제3의 혁명인 정보혁명과 통신수단의 발전으로 세계가 글로 벌화되고 있는 시점에 본사의 지시만을 따르는 근시안적 경영은 시장 실패의 원 인으로 작용한다. 또한 글로벌 마케팅은 현지 시장상황에 대한 정확한 정보를 알 고 있는 강력한 현지 조직을 필요로 한다. 특히, 본사의 경영진이 '모든 것을 알고 있는' 회사의 경우 현지 시장 소비자의 욕구와 상황에 대한 이해가 없이 접근하는 경우가 많다(Green & Keegan, 2020).

따라서 글로벌 기업이 성공을 거두기 위해서는 경영진의 현지 경영진에 대한 이 해가 반드시 필요하고, 본사 비전과 미션과의 연계를 통해 글로벌 기업의 목표 달 성을 위해 일관되고 통합적인 정책을 수행해 나가는 것이 필요하다.

(2) 중앙정부의 통제

세계의 모든 국가는 하이테크 산업과 로우테크 산업 모두에 대한 시장 접근 및 진입에 대한 통제를 유지함으로써 현지 기업의 상업적 이익을 보호한다. 이러한 통제는 담배 시장의 독점적 통제 접근방식에서 방송, 장비 및 데이터 전송 시장의 국가 통제에 이르기까지 광범위하게 존재한다. 오늘날의 WTO, GATT, NAFTA 및 기타 경제 협정 덕분에 고소득 국가의 관세 장벽이 대부분 해결되었다(Green & Keegan, 2020).

그럼에도 불구하고 여전히 강력한 비관세 장벽(Nontariff Barriers: NTB)이 존재한 다. 비관세 장벽은 미국 정부의 경제 장려 패키지, 식품 안전 규정 및 기타 관료적 장벽과 같은 무역 거래에 대한 비화폐적 제한이다. 예를 들어, 유럽연합은 이탈리 아 치즈 생산자를 보호하기 위해 유제품 수입 시에 '파마산 치즈'와 같은 유전 물 질을 사용하는 것을 금지하고 있다. 또한 이러한 비관세 장벽은 개별 국가 및 지 역 시장에 진입하는 것을 어렵게 만들 가능성이 있다(Green & Keegan, 2020).

4. 글로벌 마케팅의 발전단계와 경영 지향성

글로벌 마케팅은 경영자와 그 구성원들의 경영 세계관의 수준에 따라 글로벌 마 케팅 발전단계가 달라질 수 있다. 차크라바티와 펄뮤터(Chakravarthy & Perlmutter,

1985)는 국제화에 대한 기업의 태도를 본국시장 지향형, 현지시장 지향형, 지역시장 지향형, 세계시장 지향형 등 네 가지로 나누었다. 각각의 내용을 구체적으로 살펴보면 다음과 같다(Green & Keegan, 2020).

1) 본국시장 지향형

본국시장 지향형(ethnocentric orientation)은 자민족중심주의라고도 하는데, 모든 글로벌 마케팅 활동이 본국을 중심으로 이루어져야 한다는 사고이다. 이 경우 대개 자민족 중심의 자만주의를 갖고 있으며 본국 밖의 여러 기회를 무시한다. 모든 전략적 의사결정들이 모기업의 전략적 목표에 의해 결정되며 대부분의 의사소통 채널도 본사에서 명령이 내려지는 계층적인 커뮤니케이션을 따른다. 시장, 경쟁, 공급자 등의 가치 및 이해관계는 본사의 이익을 위한 방향으로 해석되고 수정된다.

본국시장 지향형의 경우 해외시장은 국내시장의 보조적 역할을 하는 시장 정도로 간주되며, 이 시장은 본사에서 판매하고 남는 제품을 판매하는 부수적인 시장으로 여겨진다. 모든 해외시장에서의 마케팅활동은 본사에서 기획하고 해외시장은 이를 실행한다. 또한 마케팅 성과 평가 및 통제는 본사 기준으로 이루어지며, 해외시장이 본사의 이익 극대화에 얼마나 기여했는지를 평가한다. 조직형태 면에서 본사의 조직구조는 매우 복잡하지만 현지법인의 조직은 비교적 단순하다. 인사, 승진, 현지법인 배치도 본사 방식을 따르며, 현지인 비중을 최소화하면서 주로 본국에서 선발·배정한다. 본사의 이익을 최우선으로 하고 모든 해외 시장의 이익을 본사에 우선 귀속시키는 제도를 가지고 있다. 대부분의 미국 기업들이 60년 전만 하더라도 본국시장 중심으로 상당히 성공적이었고, 한국 기업들도 과거에는 본국시장 중심으로 운영하는 기업이 많았으나, 오늘날의 글로벌 시장에서 살아남기 위해서는 이러한 본국시장 중심주의를 극복해야 한다.

2) 현지시장 지향형

현지시장 지향형(polycentric orientation)은 본국시장 지향형의 대립 개념으로 기업활동을 수행하는 현지시장마다 독특한 배경을 지니고 있다는 것을 전제로 한다. 따라서 현지시장에서의 성공을 위해서는 자사만의 독특한 사업과 독특한 마케팅 전략을 개발해야 한다.

다국적 기업(multinational company)이라는 용어가 이 개념을 설명하는 데 주로 사용이 되고 있으며, 현지화와 적응화를 가정한다. 현지시장 지향형은 해외시장에 대해서는 현지인이 가장 잘 안다는 가정을 기반으로 하고 있다. 본사의 조직구조는 지역별 사업부제도를 택하게 되며 현지의 마케팅을 비롯한 인사, 채용, 재무 등의 경영활동은 현지의 특수 상황에 맞게 조직을 구성하게 된다.

해외시장에서의 마케팅활동에 대한 결정은 현지 관리자가 하며, 평가 및 통제도 현지 기준에 따라 결정된다. 현지 관리자 및 필요한 인력은 현지에서 모집하며, 본사 파견 인원은 최소 인원으로 제한하고 있다. 여기서 현지국가에서 발생하는 이익은 현지시장 발전에 우선적으로 사용되며, 현지시장 발전에 얼마나 기여했는지에 따라 평가 기준도 결정된다. 이러한 관리적 태도는 제품이 현지시장 상황에 맞게 현지 적응화되어야 한다는 관점이다.

이러한 방식의 글로벌 마케팅활동은 현지의 시장규모가 방대하고 시장상황이 특수하여 현지의 사정에 적합한 경영관리를 하지 않으면 효율적인 사업 활동의 효과를 기대할 수 없는 경우에 주로 이용된다. 영국과 네덜란드 합작회사인 유니레버가 한때 현지시장 중심주의를 채택했었다(Green & Keegan, 2020).

3) 지역시장 지향형

지역시장 지향형(regiocentric orientation)은 조직적 차원에서 지역시장(북미, EU, 중미 등)을 하나의 시장으로 간주하고 소비의 유사성을 발견함으로써 지역시장 내에서 통합된 마케팅 전략을 수립하려는 사고이다. 이러한 사고는 글로벌 차원의 통합보다는 지역별 자회사 간의 타협과 협력을 추구하는 과도기적 형태를 취하고 있다. 이 경우 기업은 글로벌 통합과 지역 적응의 문제를 모두 해결하기 위해 소수의 현지시장에 중점을 둔 지역시장 지향형으로 진입한다. 회사는 여러 현지시장을 결합하여 지역 본사에서 운영할 수 있게 한다.

현지시장 지향형 기업은 현지시장이 뚜렷한 이질성을 보이기 때문에 개별 제품시장의 차이를 반영하는 전략 수립 및 구현을 강조하지만 지역시장 지향형 기업은 글로벌 시장의 일부로 지역 및 지역 공통시장에 중점을 둔다. 본사뿐만 아니라 지역 자회사와도 이해관계를 조정해 합의에 이르는 경향을 보인다. 제품 전략의 적용에서 알 수 있듯이 표준화는 지역의 소비성향과 소비자의 요구에 부합하도록 하되, 제품을 부분적으로 수정하는 전략을 취하고 있다. 제품별 또는 지역별로 사업부속시스템을 도입하는 것이 일반적이며, 본사–지역과 지역–지역 간의 빈번한 커뮤니케이션을 전제로 한다.

4) 세계시장 지향형

세계시장 지향형(geocentric orientation)은 전 세계를 동일한 하나의 잠재 시장으로 보고 통합적인 글로벌 전략을 개발하기 위해 노력한다. 이 개념은 글로벌 기업(global company) 또는 초국적 기업(transnational company)과 연관되어 있다.

실제로 마케팅 프로그램도 수평적, 수직적 커뮤니케이션처럼 범세계적으로 계획되며, 각 자회사의 전략단위에 자원이 배분된다. 세계시장에 대한 표준화 전략을 중심으로 하지만 현지 적응전략을 통해 현지 고객들을 위한 가치 창출을 하는 세계적인 글로벌 기업이 이에 포함된다. 글로벌 기업은 제품 및 마케팅 전략을 개발하여 글로벌 시장에 적용하는 동시에 자사가 축적한 연구개발, 생산 및 마케팅 경험을 최대한 활용하여 현지시장의 이질성에도 적응해 간다. 즉, 표준화와 현지화 전략을 동시에 추구하며 이를 위해 제품과 지역을 동시에 고려한다.

본국과 현지 시장 간, 그리고 현지시장 간의 조정 및 통합이 중요시되며, 전 세계 이익의 극대화가 목표가 된다. 따라서 각 해외시장이 전 세계 이익의 극대화에 얼마나 기여했느냐가 평가기준이 된다. 인력 선발을 위해서는 국적에 상관없이 현지에서 필요한 최적의 능력을 갖춘 인력을 전 세계에서 선발하여 배치한다.

〈표 12-2〉 EPRG 프레임워크에 따른 기업의 경영과 마케팅

기업의 태도 기업 특성	본국시장 지향형	현지시장 지향형	지역시장 지향형	세계시장 지향형
목표 설정 방향	Top-down (본사 → 자회사)	Bottom-up (자회사 → 본사)	지역과 자회사 간의 상호 타협	기업의 모든 수준에서의 협상
커뮤니 케이션	계층적(본사에서 많은 명령 하달)	현지 위임	지역 내에서 수직적 및 수평적 커뮤니케이션	세계시장 내에서 수직적 및 수평적 커뮤니케이션
자원의 배분	투자기회를 본사에서 결정	자회사 결정	본부의 통합조정, 지역 내 자율배분	글로벌 계획에 의한 배분
조직의 복잡성	모기업에서는 복잡하나 자회사에서는 단순함	다양하고 독립적임	지역시장에 기반을 둔 상호 의존적인 형태임	세계시장에 기반을 둔 고도의 상호 의존적인복합 형태임
전략	본국중심 전략	국별 적응전략	지역적 통합 및 국별 적응전략	범세계적 통합 및 국별 적응전략
구조	계층적 제품사업부	자치적인 국가단위를 가진 계층적인 지역사업부	제품별 또는 지역별 조직	매트릭스 조직
마케팅 활동	본국의 수요에 기반을 둔 생산과 개발	현지시장의 수요에 기반을 둔 생산과 개발	지역별 보편적 수요에 대응하는 생산과 마케팅	글로벌 생산과 지역별 마케팅의 동시 추구
문화	본국	현지국	지역	범세계적
조직 구성원의 국적	본사국 국적이 절대다수임	피투자국 국적이 많음	지역시장 소재국 국적이 많음	범세계적인 국적 구성

출처: Chakravarthy & Perlmutter(1985).

5. 글로벌 마케팅에서 고려해야 할 사항

글로벌 마케팅 관리자는 국내와 다른 문화적 환경을 지닌 해외 시장을 대할 때, 자기가 익숙한 문화적 환경에 의거하여 타 문화권의 소비자 행동을 평가하는 자기준거기준의 잘못을 저지르기 쉽다. 제임스 리(Lee, 1966)는 『하버드 비즈니스 리

뷰(Harvard Business Review)』에 자신의 문화적 가치를 무의식적으로 참고하는 자기준거기준이라는 개념을 제안하였다. 자기준거기준은 자신에게 친숙한 문화의 가치와 의식구조를 바탕으로 다른 문화를 평가하는 경향을 나타내는 용어이다. 각 나라마다 다른 나라에서는 볼 수 없는 독특한 관습과 전통이 있으며, 대부분이 그 나라의 자연적 또는 문화적 환경에서 자연적으로 발생한 경우가 많다. 이러한 독특한 관습과 전통은 다른 문화의 외부인에게는 비합리적으로 보일 수 있지만 해당 국가의 사람들에게는 자연스러운 것이다.

리(1966)는 이 문제를 해결하고 문화적 근시안을 없애고 줄이기 위해 다음과 같이 체계적인 4단계 개념틀을 제안하였다.

① 본국의 문화적 특성, 관습, 규범 측면에 대한 문제와 목표를 정의한다.
② 동일한 문제와 목표를 현지국의 문화적 특성, 관습, 규범 측면에서 규정한다. 단, 가치판단을 하지 않는다.
③ 자기준거기준의 영향을 분리하고 신중히 검토하여 이것이 어떻게 문제를 복잡하게 만드는지 확인한다.
④ 자기준거기준의 영향력을 배제한 채 문제를 재정의하고, 현지국의 시장상황에 맞게 문제를 해결한다.

따라서 글로벌 마케터는 편견 없는 지각을 통해 타문화를 평가하려는 자기준거기준을 버리고 그 나라의 전통 및 문화의 관점에서 볼 수 있어야 한다. 이처럼 자기준거기준에서 벗어나서 경영활동을 수행할 때 우리는 진정한 국제 마케터가 될 수 있고, 글로벌 마케팅활동을 보다 효과적으로 수립 및 집행할 수 있게 된다.

마무리 사례　　BTS의 세계화 사례

여기, 한국의 보이밴드가 세계화 4.0에 대해 우리에게 가르쳐 주는 바가 있다.

빌보드 음악상 시상식에서의 방탄소년단

출처: REUTERS/BobbyYip BTS scored two number one albums in the Billboard Top 200 in 2018.

　　미국의 『타임 매거진(TIME Magazine)』 독자들은 한국의 보이밴드 방탄소년단(BTS)이 2018년 올해의 인물이 되어야 했다는 사실을 분명하게 알고 있을 것이다. 전 세계적으로 치러진 온라인 선거에서 초반부 선두를 달렸던 BTS는 후반 들어 결국 이 자리를 〈살아 있는 지구(Planet Earth)〉, 그리고 도널드 트럼프 미국 대통령 같은 후보자에게 내주어야 했다(그리고 실제는 전혀 다른 인물이 『타임 매거진』의 올해의 인물이 되었다).

　　그런데 도대체 BTS는 누구인가? 당신이 나처럼 삶이 주는 기쁨과 담을 쌓고 사는 사람이 아니라면 이런 질문은 하지 않을 것이다. BTS는 빌보드 톱 200 앨범 차트에서 두 차례나 1위를 차지한 바 있으며, 저스틴 비버를 제치고 2018년 톱 소셜 아티스트로 선정된 K-팝 센세이션이자 현재 전 세계적으로 가장 많이 회자되는 그룹이다.

······중략······

　　오늘날, 세계를 지배하는 문화가 미국 문화임을 부인하는 이는 없을 것이다. 세계적으로 가장 높은 수익을 올리는 영화는 거의 예외 없이 할리우드 작품이다(〈아바타〉 〈타이타닉〉 〈스타워즈〉 등의 영화를 생각해 보라). 지금까지 가장 잘 팔렸던 음악 앨범은 대부분이 미국 아티스트의 것이다(오스트레일리아 밴드인 AC/DC와 영국 밴드인 핑크 플로이드(Pink Floyd)는 마이클 잭슨만큼 뛰어났고 상업적으로도 성공을 거두었지만 말이다). 대부분의 소셜미디어와 인터넷

회사는 미국의 것이다. 요즘은 다소 다양화된 경향이 있지만 음식 문화까지도 아직은 맥도날드, 코카콜라, 스타벅스, 펩시콜라에 크게 영향을 받고 있다. 이러한 미국 문화의 진화는 세계 경제의 더 큰 세계화와 변형하는 테크놀로지의 영향이 없었다면 불가능했을 것이다. 1960년대에 대서양을 횡단하는 비행기와 라디오 레코딩과 같은 테크놀로지는 미국 대륙에 살고 있는 사람들도 비틀즈 마니아 층이 될 수 있게 만들었다. 1990년대와 2000년대는 오픈 글로벌 마켓과 인터넷이 더욱 빠른 속도로 문화적 센세이션이 확산할 수 있게 만들었다.

BTS는 그들의 팬클럽인 아미(ARMY)와 함께 형성해 온 독특한 문화가 전 세계 문화를 이끄는 역할을 할 수도 있음을 보여 주었다. 문화의 세계화는 소규모의 지역 문화를 사라지게 하고 전 세계의 문화가 천편일률적이게 되는 결과를 낳았지만, BTS나 루이스 폰시(Luis Fonsi)의 경우를 보면 긍정적인 면도 있음을 얘기한다. 또한 전 세계에서 사용 인구가 10위에도 못 드는 한국어로 가사를 썼지만 그들의 팬들은 자발적으로 가사를 영어로 번역하고 뮤직비디오와 공연 영상에 자막을 달아 전 세계가 소통하게 하여 BTS 팬이라는 유대감을 형성했다.

이렇게 BTS의 브랜드 이미지는 매우 이상적인 형태로 자리 잡았다. 'Love Yourself'라는 주제로 전 세계 젊은이들에게 희망을 주고 그들의 마음을 사로잡았으며, 그들이 대변하는 가치는 인종, 지역, 문화를 뛰어넘어 전 세계에 받아들여지고 있다. BTS는 전 세계 젊은이들이 원하는 욕구를 채워 줌으로써 이를 젊은 세대들이 공유할 수 있도록 문화코드를 전파하고 있다. 특정 국가나 민족을 넘어 세계주의적인 성격을 지닌 BTS는 한국어와 한국 문화를 전파하고 이를 통해 한국 제품의 해외 진출에도 큰 도움을 주고 있다. 글로벌 시장에서 활동하는 BTS야말로 마케터가 꿈꾸는 진정한 글로벌화의 전형이라고 볼 수 있겠다.

▶ 생각해 볼 문제

1. BTS의 성공 요인에 대해 조사하시오.
2. BTS의 세계화 전략에 대해 논하시오.
3. 향후 BTS의 세계화 전략 강화를 위한 방안에 대해 논하시오.

출처: World Economic Forum(2018. 12. 18.).

마케팅원론 ABC

Artificial İntelligence
Big data
Customer value

제**13**장

고객가치의 관리: 고객 관계 관리

고객가치 활용 예시 1: 택배기업 A

택배기업 A의 택배 기사들은 고객의 호출을 받고 방문을 할 때 고객가치를 고려할 수 있다. 예를 들어, 1회 택배 비용이 3,000원이라고 가정하면 택배 직원은 그 고객의 가치를 3,000원으로 인식할 수도 있지만, 한 고객이 매주 1회, 그리고 평균 20년간 거래한다면 이 고객의 가치는 3,000원/회*1회/주*52주/년*20년으로 단순히 계산된 이 고객의 고객가치는 312만 원이 된다. 고객의 가치를 3,000원이라고 생각하는 것과 312만 원이라고 생각하는 상황은 고객 응대에 있어서 큰 차이가 날 수 있다. 고객가치의 정확한 계산을 위해서는 순이익, 현재가치 등의 개념을 적용해야 하지만 단순한 계산을 통해서도 고객가치의 중요성을 쉽게 이해할 수 있다.

고객가치 활용 예시 2: 외식 체인점 B

종업원들에게 고객가치의 개념을 설명한 외식 체인점 B의 성공 비결은 다음과 같다. 이 매장에서는 단골 고객 한 명의 고객가치를 약 324만 원으로 계산했다. 이는 평균 10년 동안 매월 3회 방문하여 6만 원의 가족 외식을 하는 고객에 15% 마진율을 적용하여 산출한 수치이다. 이 매장의 주인은 종업원들에게 "당신들은 지금 6만 원짜리 고객이 아니라 324만 원짜리 고객에게 음식을 서비스하고 있다."고 강조했다. 그리고 이러한 고객가치 마인드는 고객으로 하여금 음식이 신속히 주문되고 있는지 판단하게 하고, 최고의 서비스 종업원을 고객이 직접 선정하도록 하는 정책으로 이어졌다.

제13장의 개요

고객가치의 개념은 고객 관계 관리의 중요성과 함께 발전되었으며, 고객 관계 관리의 성과 지표로 활용되기도 하였다. 고객가치는 일반적으로 개별 고객으로부터 발생할 수 있는 현재와 미래의 모든 경제적 가치의 총합으로 정의하였다. 이 고객가치 개념은 전략적 수준의 고객 관계 관리를 위한 중요한 의사결정의 중요한 기준이 되며, 성과 지표로서 마케팅 전략, 마케팅활동의 장기적 효과 평가를 위해 활용될 수 있다. 기업은 의사결정 과정의 핵심에 고객가치의 개념을 적용하여 기업의 마케팅 전략을 효과성과 효율성 측면에서 최적화할 수 있다.

최근 빅데이터로 일컬어지는 데이터 시대의 도래와 함께 과거에는 없었던 엄청난 양의 마케팅 데이터들도 빠른 속도로 다양하게 축적되고 있다. 앞으로 축적된 빅데이터와 전문적인 애널리틱스(analytics) 기법들을 적용한 새로운 형태의 측정 지수들이 개발될 것으로 예상된다. 빅데이터 이전에도 마케팅의 핵심개념인 고객에 대한 측정 기법은 상당한 진전이 있어 왔으며, 이번 장에서는 다양한 고객 측정 기법과 고객가치 기법을 다루고 이를 활용한 고객 관계 관리 전략에 대해 알아보도록 한다.

현대 마케팅의 핵심 키워드는 고객, 가치, 그리고 장기적 관점으로 요약할 수 있다. 이번 장에서 궁극적으로 다루게 될 고객가치 지수는 이들 마케팅 핵심 키워드를 반영하고 최근의 빅데이터 개념을 적용한 새로운 고객 측정 기법을 소개할 예정이다.

제13장의 질문

1. 마케팅에서 고객의 가치를 중요하게 측정해야 하는 이유는 무엇인가?

2. 고객의 가치를 측정하기 위해 어떤 요인들을 고려해야 하는가?

3. 어떤 고객 행동 측정 지표들을 활용할 수 있는가?

4. 고객생애가치와 고객자산의 개념 및 그 차이점은 무엇인가?

1. 고객가치의 개념

1) 마케팅 철학과 고객가치

고객가치의 개념은 현대 마케팅의 개념 변화에서 시작되었다. [그림 13-1]은 현대 마케팅에서 핵심 철학으로 알려진 시장지향성(Market Orientation; Narvar & Slater, 1990)의 주요 핵심 요소들과 고객과 가치 개념의 연관 관계를 개념적으로 보여 주고 있다. 기존의 연구에 의하면 시장지향성은 고객지향성(customer orientation), 경쟁자지향성(competitor orientation), 조직(기능, 부서) 간 통합(inter-functional integration), 장기적 관점(long-term focus) 등의 요소로 구성되어 있다. 이들 시장지향성 구성요소 중 고객지향성과 경쟁자지향성은 전략적 수준의 고객 관계 관리에서 고객 개념의 중요성과 깊이 연관되어 있으며, 기능(부서) 간 통합과 장기적 관점은 가치 개념의 전략적 활용과 깊이 연관되어 있다고 볼 수 있다. 따라서 이 두 가지 핵심개념, 고객 그리고 가치는 전략적 수준에서 고객 관계 관리의 핵심적 요소로 평가할 수 있다. 전략적 고객 관리의 목표는 고객가치 개념을 계량화 또는 수치화하기 위해 고객 정보를 이용하여 분석함으로써 성과 지표로서 개별 고객의 고객가치를 극대화할 수 있도록 의사결정과 전략 제시에 활용하는 것이다.

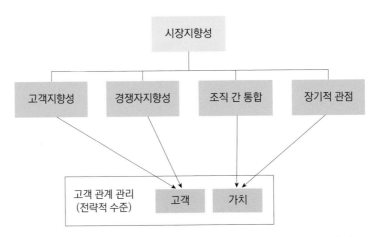

[그림 13-1] 마케팅의 시장지향성과 고객 관계 관리 요소의 관계

고객가치는 경제적 가치(Economic Value: EV)와 비경제적 가치(Non-Economic Value, 예: 사회적 가치)를 모두 포함하는 개념으로 경제적 가치는 거래를 통해 고객과 교환되는 가치를 의미하고, 비경제적 가치는 거래 외적으로 고객과 교환하는 가치를 의미한다. 거래를 통해 교환되는 대표적인 가치는 거래를 통해 발생하는 상호 간의 수익과 이 수익의 장기적 관점을 반영한다. 비경제적 가치는 고객의 감성적 애착, 신뢰, 사회적 가치(Social Value: SV), 사회적 가치의 실현 등과 같이 고객과 공유할 수 있는 부가적 가치를 반영하게 된다.

특히, 요즘과 같이 복잡도가 증가하여 예측이 어려운 환경에서는 수동적 대응으로는 기업이 생존하기 어려워졌다. 기업이나 브랜드가 추구하는 전략적 방향을 지지하는 고객과 좀 더 적극적으로 신뢰를 쌓는 것이 필요하고, 고객으로부터 신뢰를 얻기 위해 경제적 가치뿐 아니라 신뢰 등으로 대변되는 비경제적 가치를 함께 제공하기 위해서는 고객의 가치를 세밀하게 측정, 분석하는 노력이 절실히 필요하다.

고객가치 지수는 추상적 수준의 고객가치를 일차적으로 계량화(quantification)하고 이를 재무적으로 비교 가능한 금전적 가치(monetary value)로 변환한 수치를 의미한다. 마케팅 성과를 금전적 가치로 변환, 즉 고객 계정(customer account) 관리는 기업이 마케팅활동으로 창출되는 다양한 비계량적 성과들을 비교 가능한 상태의 고객 계정으로 전환하여, 그 성과를 효율적이면서 시장 보편적으로 평가함으로써 기업의 마케팅 전략을 최적화하여 미래지향적이고 지속적인 경영 활동을 가능하게 만들 수 있다.

2) 고객가치 측정의 중요성

20세기 대표적인 경영학자인 피터 드러커(Peter F. Drucker)는 기업 경영에서 측정의 역할을 "If you can't measure it, you can't manage it."라고 표현하였다. 기업 경영에서 측정의 중요성을 표현하는 유명한 격언으로 회자되고 있는 이 표현은 "측정할 수 없다면, 그것은 관리할 수도 없다."라는 의미이다. 이는 관리의 기본은 측정으로 측정의 중요성을 강조한 것이며, 측정은 관리, 즉 경영의 시작이라는 현대 경영 철학을 잘 표현하고 있다. 경영의 한 분야인 마케팅에서도 측정은 마케팅의 시작이자 관리의 기본으로서 아주 중요한 행위로 인식할 필요가 있고 다양한 측정 지표와 함께 과학적인 마케팅 및 고객 관리 기법을 활용하여야 한다. 비록 고객의 중요성은 마케팅의 전반에서 강조하고 있지만, 항상 모든 고객이 중요한 것은 아니다. [그림 13-2]는 기업의 전체 고객에 대한 수익성 기준의 분포를 예시로 보여 주고 있다. 고객 관리에서 고객의 수익성 측정과 관련 요소들에 대한 평가는 기업의 미래 수익에 중요하게 영향을 준다는 점에서 고객가치에 대한 과학적 측정은 고객 관리의 가장 기본적인 과정이다.

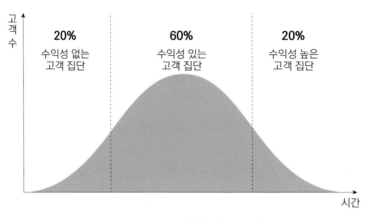

[그림 13-2] 고객가치의 분포 예

보통 측정(measurement)은 길이를 재거나 무게를 재는 것과 같이 특정 물체의 특성, 길이나 무게를 계량화하는 것을 쉽게 떠올리게 된다. 하지만 측정의 개념은 이보다는 훨씬 포괄적이고 그 대상은 다양하다. 마케팅활동에서도 고객, 제품, 서비스, 그리고 성과 등을 대상으로 사전에 약속된 규칙에 따라 특정 수치나 어떤 특별한 상징을 부여하는 형태로 측정 활동을 수행하고 있다. 하지만 마케팅의 주요 측정 대상은 대부분 추상적이거나 주관적인 개념들이 많아 그 측정이 상당히 어렵거나 심지어 불가능한 경우도 존재한다. 마케팅 분야에서 가장 많이 알려진 측정 지표인 고객만족지수(Customer Satisfaction Index: CSI)의 경우도 그 정의와 측정 방법들이 개발되어 있지만, 하나의 완벽한 측정 지수를 선택하기는 쉽지 않고 다양한 측정 방법에 대한 여러 장단점이 혼재한다. 따라서 현실적으로는 각 지표들의 장단점을 파악하여 상황에 맞게 사용하고 있는 실정이다.

최근 빅데이터로 일컬어지는 데이터 시대의 도래와 함께 과거에는 없었던 엄청난 양(volume)의 마케팅 데이터들도 빠른 속도(velocity)로 다양(variety)하게 축적되고 있다. 앞으로는 더욱 축적된 빅데이터와 전문적인 애널리틱스(analytics) 기법들을 적용한 새로운 형태의 측정 지수들이 개발될 것으로 예상된다. 빅데이터 이전에도 마케팅의 핵심개념인 고객에 대한 측정 기법은 상당한 진전이 있어 왔으며, 이 장에서는 다양한 전통적 고객 측정 기법도 함께 다루기로 한다.

3) 고객가치의 기본: 고객생애가치

고객생애가치(Customer Lifetime Value: CLV)는 어떤 기업의 고객 한 명이 현재와 미래의 전체 생애 기간 동안 제품 구입 또는 서비스 사용을 통해 발생하는 모든 거래 금액에서 고객을 획득하고 유지하는 데 소요되는 모든 비용을 제외한 예상 총수익의 현재가치(net present value)의 총합으로 정의한다.

생애 기간이 T_i인 고객 i에 대한 다음의 고객생애가치의 기본 모형을 통해 고객생애가치를 이해할 수 있다.

$$CLV_i = \sum_{t=1}^{T_i} \frac{(V_{it} - R_{it})}{(1+d)^t} - (V_{i0} - A_i)$$

CLV_i: 고객 i의 고객생애가치
V_{it}: t시점에서 고객 i의 추정 마진(예: 평균 $ARPU_i$ * 평균 마진율)
R_{it}: t시점에서 고객 i의 유지비용
A_i: 고객 i의 획득비용
d: 현재가치 추정을 위한 현금 할인율
T_i: 고객 i의 추정 생애 기간(예: 평균수명, 평균 거래 기간)

먼저, 고객생애가치 추정을 위한 요소들로 t시점에서 고객 i의 추정 마진(V_{it}), t시점에서 고객 i의 유지비용(R_{it}), 고객 i의 획득비용(A_i), 현재가치 추정을 위한 현금 할인율(d), 고객 i의 추정 생애 기간(T_i)가 있다. 여기서 생애 기간은 평균 거래 기간 또는 평균수명 등을 사용할 수도 있고, 통계적 방법으로 고객별로 추정한 값을 사용할 수도 있다. 개념적으로는 특정 시점에서 고객 마진(V_{it})에서 유지비용(R_{it})

을 제외하고 이를 현재가치로 환산하기 위해 할인율(d)로 나눠 준 현재가치의 전체 생애 기간 T에 걸친 총합에서 획득비용(A_i)을 상계한 가치를 고객생애가치로 계량적으로 정의할 수 있다. 고객생애가치 추정에 관한 자세한 사항은 이후에 자세히 다루도록 한다.

2. 고객 행동 측정 지표

마케팅 상황에서 활용되는 고객 행동을 측정하는 방법에는 다양한 종류가 있다. 고객 획득 성과에 초점을 맞춘 고객 획득 측정 지표, 고객 관계 성과를 관리하기 위한 고객 관계 측정 지표, 고객 구매 행동을 측정하는 고객 구매 측정 지표 등이 있다. 고객 관계 측정 지표는 고객과의 관계, 즉 구매 간격 또는 거래 기간, 관계 유지 등을 포함하고, 고객 구매 측정 지표는 고객의 경제적 거래 정도와 추천 정도를 관리하는 지표로 볼 수 있다.

1) 고객 획득 측정 지표

고객 획득 지표를 이해하기 위해 먼저 고객 획득을 이해할 필요가 있다. 고객 획득의 경우 기업마다 획득(acquisition)에 대해 다른 정의를 가지고 있다.

고객 획득에 대한 다양한 정의 예

신규 신용카드가 신규 고객에게 발급되면 획득이라 할 수 있다. 그러나 이 신규 고객이 가입 인센티브에만 관심이 있었다면 신용카드를 발급만 하고 사용하지 않을 수도 있다. 이와 같은 상황에서 획득의 개념은 그 가치를 잃게 된다. 이에 대한 해결책으로, 신용카드사는 신용카드 발급과 함께 카드 사용을 의미하는 명세서 발행의 두 가지 획득 단계로 획득을 정의할 수 있다. 예를 들어, 6만 장의 신용카드가 신규 고객에게 발급되었으나, 그중 5만 5,000명만 신용카드 활동에 대한 명세서가 발행되었다면, 목표시장이 200만 명인 경우 첫 번째 획득 단계의 획득률은 3%이고, 두 번째 획득 단계의 획득률은 2.75%가 된다. 최근 신용카드 신규 발급시 가입 인센티브와 함께 첫 달 실적이라는 요건의 충족 요구는 이와 유사한 획득 관리의 사례로 볼 수 있다.

계약적 상황인 신용카드와 달리 일회성 거래로 고객의 활동이 기록되는 비계약적 상황에서는 고객의 획득과 유지 상태 파악이 불명확하며, 고객 획득에 대한 정의가 더 복잡해지게 된다. 일반적으로는 비계약적 상황에서의 고객 획득은 첫 번째 구매나 사전에 정의된 기간에서의 구매 발생으로 정의하곤 한다.

고객 획득률은 특정 잠재 고객들을 대상으로 한 획득 캠페인의 성공을 설명하기 위한 핵심 성과 지표로서, 목표시장에서 획득된 고객의 비율로 다음과 같이 정의한다.

$$고객\ 획득률(\%) = 100 \times \left[\frac{획득한\ 잠재\ 고객\ 수}{특정\ 잠재\ 고객의\ 전체\ 수} \right]$$

분자인 획득한 잠재 고객 수는 기업 내부적으로 파악할 수 있지만, 분모인 목표 시장의 잠재 고객 수는 내부 자료나 시장 조사 데이터로부터 추정해야 하기 때문에 불확실한 면이 존재한다. 획득률은 목표시장에서 고객을 유치하는 평균 확률을 나타내기 때문에 개별 고객이 아닌 세분 고객 집단과 같은 고객 집단에 대해 계산하게 된다. 획득률은 목표 고객 수와 관련하여 신규 고객 수를 설정하여 마케팅 캠페인의 성공에 대한 첫 번째 지표로 활용하지만 고객 획득비용과 마케팅 전략, 목표시장 선정과 같은 다른 전략적 중요 요인들도 같이 고려하여 활용되어야 한다.

획득률은 획득 캠페인에 대한 반응과 그 효과를 평가하기 위해 측정하지만 캠페인의 비용 효율성을 고려하지 않는다. 획득 캠페인의 비용 효율성을 조사하기 위한 '고객당 획득비용'은 획득 캠페인에 대한 지출을 획득한 잠재 고객 수로 나눈 값으로 다음과 같이 정의하고, 화폐 단위로 측정한다.

$$고객당\ 획득비용 = \left[\frac{획득\ 총비용}{획득한\ 잠재\ 고객\ 수} \right]$$

획득비용은 고객 획득을 위한 투자가 얼마나 효과적인지 평가할 수 있기 때문에 기업이 지속적으로 모니터링해야 하는 매우 중요한 지표이다. 하지만 기업이 TV 와 인쇄 매체와 같은 미디어에 의존하면서 획득비용에 대한 정확한 측정이 모호한 경우도 있다.

2) 고객 관계 측정 지표

고객 관계 측정 지표는 고객과의 관계의 정도를 파악하기 위해 사용한다. 고객과의 관계는 업종마다 다르지만, 고객을 단순한 구매 행위자 이상으로 보는 것은 동일하다. 고객은 기업과 직접적인 구매 이외에도 고객 문의, 고객 서비스, 불만 사항 처리 등 다양한 방식으로 상호작용하며, 이런 모든 활동은 고객과 기업 간의 관계에 영향을 주게 된다. 고객 관계 관리에서 어려운 점은 관계 활동 상태를 파악하는 것이다. 즉, 특정 고객이 현재 휴면기인지 관계를 종료했는지 또는 관계를 종료한 고객이 다시 돌아온 것인지 명확히 알기 어렵기 때문에 고객과의 관계 상태를 예측할 필요가 있다. 고객 관계의 측정은 고객 혹은 고객 집단의 활동 상태를 파악하여 마케팅 자원을 효율적으로 관리하는 데 중요한 역할을 한다. 고객 관계의 측정 결과물은 고객생애가치와 고객자산과 같은 고객가치 지표 측정을 위한 사전 정보가 된다.

고객 유지율(customer retention rate)과 고객 이탈률(customer defection/churn rate) 은 동전의 양면과 같은 지표이다. 상황과 목적에 따라 한 가지만 사용하거나 다른 측정 기준을 사용하는 것이 더 좋을 수 있다. 시점 t에서의 고객 유지율(%)은 고객이 이전 시점 $t-1$에 구매한 경우, 시점 t에서도 제품을 구매하거나 서비스를 사용할 평균 가능성으로 다음과 같이 정의된다. 반대로, 고객 이탈률(%)은 고객이 이전 시점 $t-1$에 구매했다고 할 때, 시점 t에서 해당 기업으로부터 구매하지 않을 평균 가능성으로 정의할 수 있다.

$$\text{고객 유지율 (\%)} = \frac{\text{기간 } t-1\text{에서의 고객 중 기간 } t\text{에서 남은 고객 수}}{\text{기간 } t-1\text{에서의 총 고객 수}}$$

$$= \frac{\text{기간 } t\text{에서의 총 고객 수} - \text{기간 } t\text{에서의 총획득 고객 수}}{\text{기간 } t-1\text{에서의 총 고객 수}}$$

고객 유지율과 고객 이탈률은 코호트(고객 집단)를 기준으로 산출할 수 있는데 여기서 코호트(고객 집단)란 통계적으로 동일한 특색이나 행동 양식을 공유하는 동종 집단을 의미하는데, 고객 관계 상황에서는 주로 특정 동일 기간 내에 획득한 고객 집단을 의미한다. 결과적으로 유지율은 고객의 코호트나 세분 집단의 평균 유지율의 형태로 나타낸다. 이론적으로 유지율은 각 고객마다 다르지만, 동종의 고객 집단이나 세분 집단의 평균 유지율로 근사하기도 한다.

고객 유지율, 고객 이탈률 중 어떤 지표를 사용할 것인가? 유지율 개념의 핵심 가정은, 고객은 떠나면 다시 돌아오지 않는다는 것이다. 고객 유지 상황이 중요한 경우, 유지율 지표를 사용하고 고객 이탈 이슈에 초점을 맞추는 경우 고객 이탈률을 사용할 수 있다. 예를 들어, 고객의 휴면 상태가 비즈니스에 중요한 혹은 사소한 역할을 하는지에 따라 두 지표의 적용이 달라질 수 있다. 고객 휴면 상태가 사소한 역할을 하는 경우라면 유지율 개념을 적용하는 것이 좋지만, 휴면이 중요한 역할을 하는 경우라면 고객 행동을 평가하기 위해 고객 이탈률 개념을 사용하는 것이 바람직하다.

고객 생존율(customer survival rate)은 해당 고객을 관찰한 시점부터 기간 t까지 생존한 고객, 즉 고객으로 계속 유지되는 비율을 나타내며 다음과 같이 정의된다.

$$SR_t(\%) = 100 \times Rr_t \times SR_{t-1}$$

고객 유지율과 고객 이탈률은 주어진 기간에 대한 정보를 제공하지만, 고객 생존율은 코호트가 형성된 시작 시점부터 그 이후 시점에 생존한 고객 수에 대한 요약 측정치를 제공한다.

첫 시점($t=1$)에서, 고객 생존율은 고객 유지율과 동일하게 시작하고, 이후 시점 t에서의 생존율은 시점 t에서의 고객 유지율과 직전 시점 $t-1$의 생존율의 곱으로 계산된다. 따라서 이전 기간 전체의 유지율의 곱으로 고객 생존율이 계산되는 셈이다.

아마존의 고객 획득과 유지 관리 사례

아마존닷컴(Amazon.com)은 온라인에서 고객 관계 관리 프로그램을 구현하는 리더 중 하나이며, 온라인에서 고객이 구매하고 싶은 모든 것을 제공하고자 하는 가장 고객 중심적인 기업이라 할 수 있다. 아마존은 독특하고 정교한 고객 관계 관리 프로그램을 설계하여, 고객 획득과 유지를 지속적으로 추진할 수 있었으며, 이 고객 관계 관리 프로그램 덕택에 전년도 고객 수의 3배에 근접하는 신규 고객을 획득하기도 하였다. 하지만 고객가치 측면에서 그해의 가장 큰 성공은 고객을 획득한 것이 아니라 기존 고객을 유지한 것이었다. 즉, 그해에 유지된 고객의 매출은 전체 매출의 71%를 차지했으며, 고객의 니즈를 파악하고, 이 정보를 통해 다양한 부가적인 기능을 제공함으로써 높은 비율로 고객을 획득하고 유지할 수 있었다.

고객 유지율, 고객 생존율이 주로 고객의 수에 의존한 고객 집단에 대한 측정 지표라면, 고객 개개인에 대한 개별적 구매 패턴을 측정하는 지표도 존재한다. 대표적으로 고객 개개인의 구매 시간을 측정하는 고객 평균 구매 간격과 생애 기간 등이 이에 속한다.

고객 평균 구매 간격(average inter-purchase time)은 구매와 구매 사이의 평균 경과 시간으로 다음과 같이 매일, 매주, 매월 등 특정 기간에 의해 측정되며 기간별 구매 발생 건수의 역수(inverse)로 정의한다.

$$\text{고객 평균 구매 간격} = \left[\frac{1}{\text{특정 기간 동안의 총 구매횟수}} \right]$$

예를 들어, 대형마트의 고객이 평균적으로 한 달에 네 번 구매를 한다면, 그 고객의 평균 구매 간격은 1/4=0.25개월, 또는 0.25에 30을 곱하여 평균 7.5일이 된다. 즉, 일주일에 약 한 번 고객들이 평균적으로 이 대형마트에서 구매를 한다는 것을 알 수 있다.

고객 생애 기간(customer lifetime)은 계약적 상황의 경우 그 기간이 명시적으로 나타날 수 있지만, 계약적 상황과 달리 비계약적 상황에서는 고객의 활동 상태에 대해 명쾌하게 명시된 만료일이 없다. 따라서 비계약적 상황에서 기업은 고객의 불확실한 고객 유지 기간을 확률적으로 추정할 필요가 있다. 이러한 상황에서는 구매 패턴 및 기타 요인을 관찰하여 고객의 생애 기간을 예측할 수 있어야 한다. 고객이 얼마 동안 고객으로 남을 것인지 아는 것은 고객생애가치를 계산하는 데 중요한 요소이다. 코호트, 즉 고객 집단의 평균 생애 기간은 기업의 고객들이 대체하는 속도를 의미하게 된다.

고객 생애 기간을 추정하기 위한 정보가 완전하지 않다면, 즉 최초 구매 시점 또는 최종 구매 시점, 또는 둘 모두를 알 수 없는 경우라면, 고객 생애 기간의 계산은 더욱더 어려워진다.

구매자 1
구매자 2
구매자 3
구매자 4

측정 구간

[그림 13-3] 구매 시점 정보의 불완전한 예

[그림 13-3]은 구매 시점 정보가 불완전한 예를 보여 주고 있다. 이 그림에서 구매자 1은 완벽한 정보를 가지고 있지만, 구매자 2는 왼쪽 절단(left-censored)으로 좌측 또는 과거 자료가 불완전한 경우(최초 구매 시점에 대한 정보가 없음)고, 구매자 3은 오른쪽 절단(right-censored)으로 우측 또는 미래 자료가 불완전한 경우(마지막 구매 시점에 대한 정보가 없음)이며, 구매자 4는 양쪽 절단(both side censored)으로 좌측, 우측, 과거, 미래 자료 모두 불완전한 경우(최초 및 마지막 구매 시점에 대한 정보가 모두 없음)가 된다. 따라서 고객 생애 기간의 추정을 완벽하게 하는 것은 정보의 불완전성으로 인해 사실상 불가능하다. 다만, 각 경우에 따라 적절한 확률적 통계적 가정을 바탕으로 각 고객의 고객 생애 기간을 추정할 수 있다.

생애 기간 추정에 있어 중요한 고려사항으로 계약적 상황과 비계약적 상황이 있다. 계약적 관계(Lost for Good)는 구매자가 특정 약속에 관여하는 관계로 고객이 계약을 해지하면 기업은 고객과의 관계 전체를 잃기 때문에 영원한 손실로 분류하게 된다. 주로 계약적 고객 관계 산업은 고객과의 관계가 법률적, 명시적 계약으로 이루어지는 산업이며, 고객과의 관계 시작 종료가 명확하고 고객 구분이 명확하여 고객 유지 여부를 비교적 정확히 파악할 수 있다. 그 예로, 통신산업이나 신문산업 등을 들 수 있다. 하지만 비계약적 관계(Always a Share)는 구매자가 기간이나 사용 수준을 그 어떤 방식으로도 약속하지 않는 관계로 고객은 정해진 시간 없이 여러 공급자(예: 다양한 대형마트에서 구매하기)를 이용할 수 있으며, 이는 항상 공유되어 있는 상태를 의미한다. 주로 비계약적 고객 관계 산업은 고객과의 관계가 명시적으로 표시되지 않는 거래만 이루어지는 산업으로, 고객과의 관계에서 시작·종료가 명시적이지 않은 독립적 거래만 이루어진다. 이 경우 고객 유지 여부는 확률적으로 예측해야 하며, 온라인 쇼핑 산업, 자동차 산업 등을 예로 들 수 있다.

구매 시점 외에도 고객의 구매 패턴으로 구매 가능성 또는 거래 가능성을 의미하는 생존 확률[P(active)]이 있다. 생존 확률은 비계약적 상황에서 특정 고객이 특정 기간에 거래할 가능성으로 특정 시점 t에서 고객이 활동하고 있을 또는 고객으로 존재할 확률로 다음과 같이 정의한다.

$$P(active\ at\ t) = \tau^n$$

t=마지막 관측 시점까지의 총 거래 기간(총 거래 기간)
n=주어진 특정 기간 동안에서의 구매 횟수
τ=구매 비율(총 구매 기간/총 거래 기간)

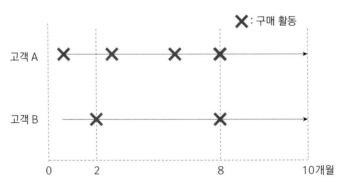

[그림 13-4] P(active) 추정을 위한 고객 구매 활동 예

예를 들어, 현재 시점에서 고객 A의 총 거래 기간은 10개월이고 거래 개시 후 8개월 동안 네 번을 구매했고, 고객 B의 총 거래 기간은 8개월이고 첫 거래 이후 6개월 동안 두 번의 구매를 했다. [그림 13-4]는 이 두 고객의 구매 활동을 시간의 흐름에 따라 요약하여 보여 준다.

두 고객의 활동에 대해 이번 달의 생존 확률 P(active)는 다음과 같이 간단히 계산해 볼 수 있다.

고객 A : $\tau_A = 8/10 = 0.8$, $n_A = 4$,

$P(active) = (0.8)^4 = 0.4096$

고객 B : $\tau_B = 6/8 = 0.75$, $n_B = 2$,

$P(active) = (0.75)^2 = 0.5625$

고객 A의 생존 확률은 40.96%
고객 B의 생존 확률은 56.25%

　고객 B가 상대적으로 적은 구매 경험이 있지만 생존 확률은 오히려 15% 이상 높다는 것을 알 수 있다. 좀 이상할 수 있지만, 고객 A는 8개월 동안 네 번의 구매 후 2개월 동안 더 이상 구매 활동이 없는 상태이고, 고객 B는 상대적으로 짧은 기간 동안 두 번의 구매만 한 상황이기 때문에 구매 패턴상 고객 B가 여전히 살아 있을 확률이 더 높다는 것을 의미한다. 처음 8개월 동안 네 번을 구매하고 마지막 2개월 동안 구매하지 않은 고객 A는 6개월 동안 두 번만 구입한 고객 B보다 10개월째에 구매할 가능성이 낮게 나타난다. 이는 고객이 구매 빈도를 변경하지 않는다는 가정 때문이다. 즉, 고객 A의 구매 패턴은 더 자주 구매를 하는 패턴이고 고객 B의 구매 패턴은 상대적으로 덜 자주 구매를 하는 패턴으로, 현재 2개월 동안 구매가 없는 두 고객을 비교할 때 덜 자주 구매하는 고객 B의 생존 확률, 즉 다른 기업으로 이동하지 않고 계속 고객으로 남아 있을 확률이 더 높다고 해석할 수 있다.

　경쟁률과 비계약적 상황을 고려한 유지율 추정을 위해 고객 전환 행렬(customer migration matrix)을 활용할 수도 있다. 고객 전환 행렬에서는 현재와 미래의 브랜드의 구매/전환(switching) 가능성을 교차하여 추정한다. 다음의 〈표 13-1〉은 고객 전환 행렬의 예이다.

〈표 13-1〉 고객 전환 행렬의 예

구매 확률(%)		다음 구매 예정 브랜드 (t + 1)		
		A	B	C
현재 구매 브랜드(t)	A	75	15	10
	B	15	70	15
	C	15	25	60

시장에 3개의 브랜드 A, B, C가 있다. 첫 번째 행은 현재 브랜드 A를 구매한 고객의 다음 구매 예정 브랜드의 변화를 나타내며, 전체의 75%는 다음 번 구매에도 역시 브랜드 A를, 15%는 브랜드 B를, 10%는 브랜드 C를 구매할 것으로 보이다. 유사하게 두 번째 행은 현재 브랜드 B를 구매한 고객의 다음 구매 예정 브랜드의 변화를 나타내며, 15% 각각은 다음 구매에 브랜드 A와 C를, 나머지 70%는 다시 현재 구매 브랜드 B를 선택한다. 따라서 전환 행렬의 대각선은 각 브랜드의 다음 번 재구매율을 의미한다. 고객 전환 행렬을 활용하면 미래 특정 시점까지의 브랜드 전환(swtiching) 구조를 파악할 수 있다. 예를 들어, 브랜드 A의 소비자가 다음 번 구매에서 브랜드 B를 선택한 뒤, 그다음 구매에서 다시 브랜드 A로 돌아올 가능성은 15%×15%=2.25%로 추정할 수 있다. 또한 더 복잡한 단계적 브랜드 전환 구조 역시 파악할 수 있다.

다른 고객 관계 지표들이 고객 행동 자료를 바탕으로 하지만 고객 전환 행렬은 고객 행동 자료뿐만 아니라 설문 조사와 같은 고객 인지 자료를 기반으로도 추정 가능하여 가장 융통성 있는 고객 관계 측정 지표 중 하나로 알려져 있다.

3) 고객 구매 측정 지표

다음으로 고객의 구매 행동을 측정하는 지표에 대해 알아보자.

먼저, 고객 구매력(size of wallet)은 주어진 카테고리에서 구매자의 총 지출 금액, 다시 말하면 해당 고객에 대한 모든 기업의 판매량이며, 화폐 단위로 측정된다. 어떤 고객이 여러 편의점에서 매달 평균 40만 원을 쓴다면, 이때 편의점에 대한 이 고객의 구매력은 40만 원이다.

지갑 점유율(share of wallet)은 고객이 해당 카테고리에서 구매한 모든 브랜드에 대해 대상 브랜드 혹은 대상 기업이 차지하는 비율로 정의된다. 이 지수는 대상 브랜드 또는 대상 기업이 해당 카테고리에서 고객의 니즈를 충족시키는 정도로 해석되기도 한다.

고객 i에 대한 대상 브랜드 j의 지갑 점유율은 미리 산출된 고객 i의 고객 구매력과 함께 다음과 같이 정의한다.

$$지갑\ 점유율_{ij} = \frac{브랜드\ j의\ 매출액}{고객\ 구매력_i}$$

　예를 들어, 매달 홈쇼핑에 100만 원을 지출하는 고객 A가 홈쇼핑 B에서 50만 원을 구매했다면, 이 홈쇼핑 B에 대한 고객 A의 개인 지갑 점유율은 50%가 된다.

　지갑 점유율은 고객 충성도를 측정하는 중요한 척도가 될 수 있으며, 해당 카테고리에서 고객의 지출에 대한 특정 브랜드 또는 기업의 비중을 알려 준다. 또한 앞서 설명한 시장점유율은 구매자와 비구매자 간의 비율로 산출되는 반면, 지갑 점유율은 실제 구매자들과의 관계의 질을 통해서 추정된다는 것이 큰 차이이다. 하지만 지갑 점유율은 고객으로부터 기대할 수 있는 미래 수익과 이익에 대한 명확한 정보는 제공할 수 없는 단점이 있다.

　고객 구매력과 지갑 점유율의 관계를 기업이나 브랜드의 마케팅 전략에 활용할 수 있다. 일반적으로 고객 구매력이 낮은 경우, 즉 고객의 지출 규모가 작은 경우는 고객 관계 관리 활동을 최소한으로 하거나 심지어 디마케팅과 같이 마케팅활동을 자제하는 것이 효율적일 수 있다. 하지만 고객 구매력이 높은 경우, 즉 고객의 지출 규모가 큰 경우에 지갑 점유율이 높으면 적극적인 고객 관계 관리를 하여 고객 유지율을 관리해야 하고, 만약 지갑 점유율이 낮다면 적극적 획득 활동을 하여 고객 획득률을 높여 지갑 점유율을 높임으로써 수익성 높은 고객 베이스를 넓혀 나가야 한다.

　직접적인 고객 구매 측정 지수는 아니지만, 간접적인 고객 구매 측정 지수로서 순 추천 고객 점수(Net Promoter Score: NPS)가 있다. 순 추천 고객 점수는 베인앤컴퍼니(Bain & Company)의 프레드 라이할트(Frederick F. Reichheld)가 『하버드 비즈니스 리뷰(Harvard Business Review)』(2003.12.)에 발표한 고객 로열티 측정법으로 '추천 의향'이라는 단 하나의 문항으로 이루어져 있다. 추천 의향에 대한 응답에 따라 추천 응답 고객의 비율에서 비추천 응답 고객의 비율을 뺀 지수로서, 추천에 중립적인 고객은 측정에서 제외하고, 추천 의도가 높은 고객과 그렇지 않은 고객에 초점을 맞춘 측정 지수이다.

$$NPS = 추천\ 고객의\ 비율(\%) - 비추천\ 고객의\ 비율(\%)$$

하지만 이 지표는 실증적으로 검증된 지표는 아니므로 참고용 정도로 활용하는 것을 권장한다.

[그림 13-5] 순 추천 고객 점수 측정 문항 예

3. 고객가치의 측정

고객가치의 추정은 고객생애가치(Customer Lifetime Value: CLV/LTV)와 고객자산(Customer Equity: CE)의 두 가지 개념이 활용되고 있으며, 이 두 개의 개념은 일부 혼용해서 사용하기도 한다. 하지만 이 둘의 개념은 큰 차이가 있는 개념으로 이 장에서 그 차이를 이해하는 것도 중요한 이해 포인트가 될 것이다. 먼저, 고객생애가치에 대해서 다룬 뒤에 고객자산을 다루도록 하겠다.

1) 고객생애가치 측정 기본 모형

고객가치 측정의 기본적 입력 자료로 활용되는 고객가치에 대한 RFM 개념에 대한 이해가 필요하다. RFM은 최근성(Recency), 구매 빈도(Frequency) 그리고 구매 금액(Monetary value)의 각 요소를 뜻한다. 최근성은 고객의 마지막 주문으로부터 시간이 얼마나 오래되었는지를, 구매 빈도는 특정 기간 동안 고객이 얼마나 자주 주문했는지를, 구매 금액은 고객이 평균적으로 거래에 지출한 금액을 말한다. RFM은 고객의 구매 행동을 기준으로 가치 있는 고객을 선별해 내고, 이를 기준으로 고객을 분류하는 지표로 활용할 수 있다. RFM은 고객가치 측정을 위한 기본 입력 자료로 활용되나 실제 기업에는 더 다양한 데이터를 활용할 수 있다.

고객가치는 앞서 알아본 RFM 개념과 일부 비슷한 것처럼 보이지만 그 과정은 큰 차이가 있다. 일단 RFM 개념의 대부분의 요소가 고객가치 추정을 위한 데이터로 활용되는 점은 비슷하다. 하지만 RFM 개념은 RFM 데이터를 활용하여 과거 고객의 공헌과 반응을 추정하여 고객을 분류하는 것에 집중하는 반면, 고객가치는 RFM 데이터를 활용하여 고객 행동 패턴을 예측하고 이 예측된 행동 패턴으로 고객의 미래가치를 산정한다. 따라서 고객가치는 RFM과 달리 과거 공헌가치보다 미래가치에 초점을 맞춘 지표로서 미래 지향적이고 장기적인 가치 지표를 추구한다. [그림 13-6]과 [그림 13-7]은 이 두 개념의 차이를 보여 준다.

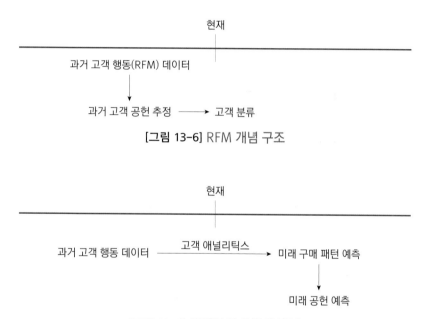

[그림 13-6] RFM 개념 구조

[그림 13-7] 고객가치 추정의 개념

1980년대 말 직접마케팅(direct marketing) 분야에서 처음 대두되기 시작한 고객생애가치와 고객자산의 개념(Dwyer, 1989; Jackson, 1989a, 1989b)은 최근까지 이론적·실무적으로 고객 관계 관리와 마케팅 성과 지표로 활발하게 활용되어 왔다. 학술적으로 고객생애가치는 각 고객의 기대 생존 기간 전체에 걸쳐 기업이 지출한 고정비용을 제외한 고객 1인당 기대 마진을 적절한 기업 할인율을 적용하여 현재가치로 환산한 가치로 정의되며, 고객자산은 현재 고객과 미래 고객의 고객생애가치의 총합으로 정의된다(Blattberg & Deighton, 1996; Berger & Nasr, 1998). 현재까지 다양한 형태의 고객자산 또는 고객생애가치 추정 모형이 많은 연구자들에 의해 제안되어 왔지만, 이들 모형 모두는 공통적으로 고객 관리 비용의 구조(고객 획득비용과 유지비용), 할인율, 고객 생애 기간, 그리고 유지율 등을 포함한다.

고객생애가치는 고객에 대한 장기간의 경제적 가치를 설명하는 개념으로, 일반적으로 고객생애가치(Customer Lifetime Value: CLV) 또는 생애가치(Lifetime Value: LTV)로 알려져 있다. 고객생애가치는 기업에 대해 고객이 창출해 주는 모든 미래의 경제적 가치를 현재가치(present value)로 할인(discounted value)한 개념으로 정의한다. 고객생애가치를 추정하는 방법은 기업과 시장 환경에 따른 요구 사항에 따라 다양하지만 다음에 설명하는 기본 추정 원칙은 동일하다.

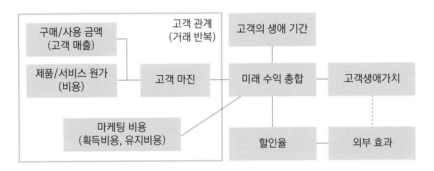

[그림 13-8] 고객생애가치 추정 요소와 구조

[그림 13-8]은 고객생애가치의 기본적 추정 요소와 구조를 보여 준다. 고객생애가치를 추정하기 위해 먼저, 고객과의 반복적 거래를 통해 발생하는 관계를 가정하고, 고객으로부터 창출되는 매출과 제품/서비스 원가 비용을 고려하여 고객 마진을 계산한다. 장기적 거래 관계를 고려하여 고객 관계를 획득하고 유지하기 위해 발생하는 마케팅 비용을 고객 생애 기간에 따라 차감한다. 고객의 생애 기간과 할인율을 적용하여 미래의 누적될 수익의 총합으로 고객생애가치를 추정한다. 마지막으로 구전과 같은 간접적 요소를 고려하여 좀 더 정확한 고객생애가치를 추정할 수 있다. 추정 과정에 고객과의 장기간의 총 거래 (예상) 기간을 생애 기간으로 간주하기 때문에 고객생애가치라는 표현이 유래되었다. 전체 생애 기간 동안의 마케팅 비용은 지속적이고 반복적으로 발생하는 유지비용과 1회성 비용인 획

득비용으로 분류하여 마케팅에서 중요하게 고려하는 고객 관계의 개념이 가치 산출 과정에 포함된다. 마지막으로 수익, 현재가치, 그리고 할인율이라는 회계 재무적 개념을 도입함으로써 고객가치에 대한 경제적 산출 개념의 타당성을 높였다.

　기본적으로 고객생애가치는 고객과 기업의 총 (예상) 거래 기간인 고객 생애 기간 전체에서 발생하는 총 공헌가치(contribution value)의 현재가치로 정의된다. 고객의 총 공헌가치란 기업이 제공하는 제품이나 서비스의 사용 또는 구매를 위해 고객이 지불하는 금액에 의해 발생하는 매출(revenue)과 기업이 고객에게 제품이나 서비스를 제공하기 위해 필요한 모든 비용의 차이로, 기업 입장에서는 고객으로부터 발생하는 총 수익을 의미한다.

　고객생애가치의 기본 모형은 다음과 같은 수식으로 표현할 수 있다.

$$CLV_i = \sum_{t=1}^{T} Value_{it} \left(\frac{1}{1+\delta} \right)^t$$

CLV_i: 한 고객의 생애가치
i: 고객, t: 시점, δ: 현금할인율, T: 생애 기간
$Value_{it}$: 고객 i의 t시점에서 가치

　고객생애가치의 기본 모형을 직접적으로 해석하면, 각 미래 시점의 고객의 가치($Value_{it}$)에 현금 할인율(δ)을 적용하여 현재가치로 변환($1/(1+\delta)^t$)한 가치에 대한 생애 기간 전체(T)의 총합(Σ)을 수식화한 것이다.

　[그림 13-9]와 같이 이를 개념적으로 해석하면 다음과 같다. (평균) 구매 수익과 (평균) 비용 그리고 (평균) 마진율 등의 영업 자료를 활용하여 각 미래 시점에서의 가치($Value_{it}$)을 추정하고, 이 미래 시점의 가치를 각 시점별로 현금할인율 지수($1/(1+\delta)^t$)를 적용하여 각 시점에서 현재가치로 환산한 생애 기간 전체(T)의 모든 고객가치들의 현재가치의 총합으로 고객생애가치는 산출할 수 있다. 보통 현금할인율은 은행 평균 이자율이나 자본 투자에 대한 수익률로 활용되는 가중평균자본비용(Weighted Average Cost of Capital: WACC)을 활용하곤 한다.

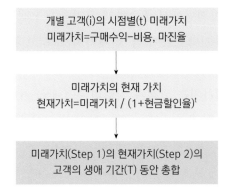

[그림 13-9] 고객생애가치의 기본 추정 과정

    비록 고객생애가치의 기본적 정의를 가장 간단히 구현한 모형이지만, 고객생애가치의 기본 철학을 이해하는 목적으로는 아주 유용하다. 또한 고객생애가치가 기업에 대한 개별 고객의 가치를 측정하는 것으로 일반적으로 과거 고객 행동을 기반(현재까지의 영업 자료와 현재 시점에서의 할인율 등)으로 하며, 향후 의사결정을 위한 가치로는 제한적일 수밖에 없음을 암묵적으로 제시하고 있다. 기본 모형에 포함된 핵심 요소들은 상황에 따라 일부 조정이 필요하게 된다. 예를 들어, 고객 공헌의 추정에 필요한 시간 단위가 분기 단위라면, 연간 이자율이 15%인 경우 분기별 이자율은 3.56%가 되기 때문에 단위 시간 t의 기준을 명확히 정의하는 것이 중요하다.

2) 고객생애가치 실제 측정 모형

    고객생애가치의 기본 모형은 수익과 비용을 엄밀히 분리하지 않았기 때문에 고객 관계 관리에서 핵심적 개념인 비용을 세밀히 하지 않은 한계가 있다. 고객 관계 관리에서 고객 획득과 고객 유지의 개념은 고객 관계 관리의 핵심적 철학을 뒷받침하는 개념으로 고객 획득과 고객 유지의 비용 구분은 고객 관계 관리 개념 적용의 핵심이라 할 수 있다. 이를 위해 먼저, 제품 또는 서비스 제공을 위한 직접적 비용과 고객 관계 관리 등의 마케팅 비용을 분리한 다음의 모형으로 발전시킬 수 있다.

    마케팅 비용이 포함된 고객생애가치 모형에 고객 관계 관리의 개념인 고객의 유지비용과 획득비용의 분리와 고객 유지율을 적용하여 다음과 같은 고객 관계 관리 개념의 고객생애가치 모형을 만들 수 있다.

$$CLV_i = \left\{ \sum_{t=1}^{T} \left(\prod_{k=1}^{t} r_{ik} \right) (Margin_{it} - Retention\ Cost_{it}) \left(\frac{1}{1+\delta} \right)^t \right\} - Acqusition\ Cost_i$$

> CLV_i: 한 고객의 생애가치
> i: 고객, t: 시점, T: 생애 기간, δ: 현금할인율
> r_{ik}: k시점에서 고객 i의 유지율
> $Margin_{it}$: t시점에 고객 i의 제품 또는 서비스 제공 마진
> $Retention\ Cost_{it}$: t시점에 고객 i의 제품 또는 서비스의 지속적 유지를 위한 비용
> $Acquisition\ Cost_i$: 고객 i를 획득하기 위한 비용(획득비용)

 전체적인 추정 구조는 전체 비용 구조에서 매 시점별로 반복되는 비용, 즉 유지비용과 획득비용을 분리한다. 고객가치를 추정할 때 유지비용은 지속적이고 반복적으로 고객가치에서 차감하고, 획득비용은 전체 고객가치 총합에서 1회만 차감한다. 각 시점별 고객가치는 각 고객의 각 시점별 유지율(r_{ik})로, 각 시점별 고객 유지 기대 확률($\prod r_{ik}$)을 추정하여 이를 바탕으로 고객가치의 기대가치를 추정한다. 이때 고객 유지율은 계약 또는 구독 형태의 서비스나 제품 구매를 하는 산업에서 주로 활용될 수 있다. 대표적으로 휴대폰 사업자와 인터넷 사업자가 있는 통신 산업과 같은 가입 서비스, 신문, 잡지 등과 같은 구독 서비스 형태의 산업으로 고객의 이탈 여부를 명확히 알 수 있는 산업에 해당된다. 그렇지 않은 산업의 경우는 확률적으로 고객 이탈 여부를 추정하여야 한다.
 고객가치를 추정하는 과정에서 비용을 차감할 때 획득비용 부분은 고객 획득되는 시점에 1회 발생하기 때문에 일회성으로 차감하고, 유지비용은 고객 유지 전 생애 기간 동안 지속적이고 반복적으로 발생하기 때문에 고객가치에서 매 시점에 반복적으로 차감한다. 고객 유지비용과 고객 획득비용은 이론적으로는 명확히 구분되는 개념이지만 마케팅 실무에서 이를 명확히 구분하는 것은 쉽지 않다. 이렇게 산출된 고객가치를 현재가치로 환산한 후 고객 유지율을 활용하여 유지 기대 확률을 바탕으로 기대가치를 산출한다. 이 기대가치의 생애 기간(T) 동안의 총합에서 획득비용을 마지막으로 1회 차감하여 고객생애가치를 추정한다.

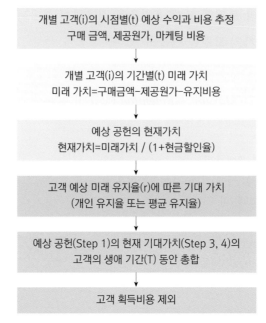

[그림 13-10] 고객 관계 관리 개념의 고객생애가치 추정 과정

고객 관계 관리 개념을 고객생애가치 모형에 적용할 때 발생하는 중요한 이슈 중 하나는 고객 유지율의 적용 방법이다. 제안된 모형에서는 고객 유지율(r_{ik})이 각 고객별, 각 시점별로 모두 다르다는 가정을 전제로 한다. 하지만 각 고객별 또는 각 시점별로 모두 다르다는 가정은 반대로 모든 고객의 미래 고객 유지율을 별도로 추정해야 하는 부담과 어려움이 존재한다. 특히, 미래 고객 유지율을 예측하는 것은 고객생애가치를 예측하는 것과 결국 목적의 방향성이 동일하다는 측면에서 그 어려움은 동일하다고 볼 수 있다. 따라서 일반성과 효과성에 영향을 주지 않는 한도 내에서 먼저 미래의 각 시점별 고객 유지율은 현재 유지율과 같다고 가정할 수 있다. 현실적으로는 각 고객의 유지율을 모두 추정하거나 예측하는 것도 쉽지 않다. 따라서 일부 정보 손실의 가능성은 있지만 추정의 효율성을 위해 성향이 유사한 특정 고객들로 구성된 고객 집단의 평균 고객 유지율을 활용할 수 있다.

고객생애가치 추정에 있어서 생애 기간의 정의는 필수적이고 중요하다. 특히 생애라는 용어는 다양한 상황에서 해석될 수 있기 때문에 그 의미를 문자 그대로 이해하지 않도록 하여야 한다. 예를 들어, 생애라는 용어가 생애 전 기간에 걸쳐 구매 횟수가 극히 드문 경우(예: 자동차, 부동산, 요트, 리조트 회원권 등)에는 문맥상

적절할 수 있지만, 식료품 구매와 같은 단순 반복 구매의 경우 의미가 적절하지 않을 수도 있다. 이 경우, 기업의 현실적 판매/서비스 기간을 고려할 때, 생애의 개념은 관리자가 경험적으로 사용하는 고객과의 관계 기간으로 정의할 수 있다.

3) 고객생애가치 추정 요소의 측정 방법

고객생애가치와 고객자산를 추정하기 위해 제안된 여러 가지 방법들이 있다. 첫째, 계약적 상황에서 고객 개별 거래 데이터를 바탕으로 고객의 이탈률 또는 유지율을 활용하여 고객생애가치를 추정하는 방법, 둘째, 비계약적 상황에서 고객 개별 거래 데이터를 바탕으로 개별 고객의 생존확률을 추정하여 고객생애가치를 추정하는 방법, 셋째, 설문 기반으로 표본 고객의 구매 행동을 수집하여 개별 표본 고객의 고객생애가치를 추정하는 방법, 넷째, 공개된 기업의 자료를 바탕으로 평균 고객생애가치를 추정하는 방법 등이다.

(1) 계약적 상황에서 고객 거래 데이터 활용

블랫버그와 데이턴(Blattberg & Deighton, 1996), 버거와 나스르(Berger & Nasr, 1998), 드와이어(Dwyer, 1989) 등에서 고객생애가치 개념 설명과 추정에 활용된 방식이다. 고객생애가치의 개념적인 설명 중 가장 오래되고 가장 많이 사용되었던 방법이다. 기업이 고객과의 거래 관계를 명확히 파악하고 있는 경우로 기업은 고객들의 전반적인 고객 유지율(r)과 획득율(a)을 알고 있어 이를 고객생애가치 추정에 직접적으로 적용하게 된다.

(2) 비계약적 상황에서 고객 거래 데이터 활용

고객과의 관계 상태를 정확히 파악하기 힘든 산업의 경우 고객 유지율 또는 획득률을 명확히 추정하는 것은 어려운 일이다. 이때 고객의 이전 거래 내역을 파악하여 고객과의 관계 상태를 유추하는 방법으로, 고객의 생존 여부[활성 고객(Active Customer) vs. 비활성 고객(Inactive Customer)]를 통계적으로 파악할 수 있다. 슈미틀랭, 모리슨 그리고 콜롬보(Schmittlein, Morrison & Colombo, 1987)에 의해 제안되었으며, 페이더, 하디 그리고 리(Fader, Hardie & Lee, 2005), 아베(Abe, 2009)에 의해 발전되었다. 주로 유통 산업 등에 많이 적용되며 미래 구매 횟수를 예측하는 데 많이 활용된다.

(3) 설문 기반으로 표본 고객의 고객생애가치와 기업의 고객자산 추정

러스트, 레몬 그리고 자이사믈(Rust, Lemon, & Zeithaml, 2004)에 의해 처음 제안되었으며, 고객생애가치 측정을 위한 데이터 확보의 어려움을 해결하는 대안으로 많이 활용되어 왔다. 전체 고객 모집단으로부터 표본을 추출하여 표본 고객에게 최근 구매 브랜드, 여러 브랜드들의 구매 확률, 평균 구매 금액, 평균 구매 횟수 등을 설문을 통해 확인하여 고객생애가치를 측정한다. 이 방법은 다른 추정 방법과 달리 경쟁 브랜드 대비 특정 브랜드의 구매 확률을 측정할 수 있기 때문에 브랜드 간의 이동 확률을 적용한 고객생애가치를 측정할 수 있는 장점이 있다. 또한 설문 기반으로 측정하여 다른 방법에 비해 활용이 상대적으로 쉬울 뿐만 아니라 고객생애가치의 구성요소와 함께 표본 고객의 다양한 동기와 태도를 측정할 수 있어 고객생애가치와의 영향 관계를 직접적으로 조사할 수 있는 장점이 있다.

(4) 기업 공개 자료를 바탕으로 평균 고객생애가치와 기업의 고객자산 추정

개별 고객의 직접적인 자료가 필요한 다른 방법들은 우선적으로 자료의 확보가 필요하지만 고객의 거래 데이터에 접근하는 것은 쉽지 않으며 외부인이 이를 제공받는 것은 거의 불가능에 가깝다. 비록 러스트 등(2004)의 방법이 설문 기반으로 자료를 수집하여 상대적으로 쉽게 자료 확보가 가능한 면은 있지만, 이 방법은 자기보고(self-report) 방법의 문제를 그대로 내포하고 있으며, 실제 구매 데이터에 비해 고객 구매 행동과 가치를 측정하는 데 한계가 있다(Vogel, Evanschitzky & Ramaseshan, 2008). 따라서 제한된 기업 자료를 바탕으로 고객생애가치를 추정하는 방법의 일환으로 기업 공개 자료의 활용이 관심을 받기 시작했다. 공개된 기업의 자료는 세분화된 개인 정보를 제공하지 않고 총합된 전체 정보를 제공하기 때문에, 이를 활용하여 고객생애가치를 추정하는 것에는 총합된 전체 정보를 고객생애가치 구성요소로 분리 추출하는 방법이 필요하다. 여러 연구에서 다양한 방법들이 제시되었고, 주로 가입자를 유치하는 계약적 상황의 산업(예: 아마존, 넷플릭스)을 대상으로 분석과 연구가 이루어진다.

4) 고객자산 측정

고객생애가치의 개념을 기업 수준의 고객자산의 개념으로 확장시킬 수 있다. 고객생애가치의 개념을 이해했다면 사실 고객자산의 개념은 상대적으로 간단하다. 다음의 고객자산 모형을 살펴보자.

$$고객자산(CE) = \sum_{i=1}^{C} CLV_i$$

i: 고객
C: 기업의 모든 고객(현재 고객과 미래 잠재 고객 모두 포함)
CLV_i: 고객 i의 고객생애가치

고객자산 모형이 기술하고 있는 바와 같이 기업의 모든 고객의 고객생애가치의 총합을 고객자산이라고 한다. 고객자산의 추정은 모든 고객을 대상으로 할 수도 있지만, 특별한 목적과 함께 특정 고객 집단을 대상으로 추정할 수도 있다. 여기서 모든 고객은 해당 기업의 현재 고객은 물론 미래 잠재 고객을 모두 포함한다. 사실, 미래 잠재 고객은 미래에 획득될 고객도 포함되지만 이탈될 고객도 함께 반영하게 된다. 정의에 따라 고객자산은 개념적으로 모든 고객의 관점에서 기업의 경제적 가치를 의미하며 기업의 고객 관계 관리에 대한 노력의 총 결과물로 해석할 수 있다.

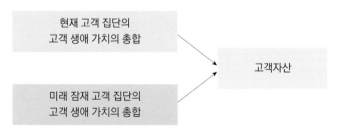

[그림 13-11] 고객생애가치와 고객자산

고객자산이 고객생애가치를 기반으로 추정되기 때문에 평균적 고객 수준에서 수익과 비용을 할당하여 고객의 평균 고객생애가치를 계산하고 평균 고객생애가치의 총합을 통해 고객자산을 추정함으로써 이러한 제약 조건을 완화시킬 수 있다.

마무리 사례 | 고객 기반 기업평가(CBCV)

2019년 6월, 의류 판매업체 리볼브 그룹(Revolve Group)의 주식시장 상장(IPO)을 앞둔 몇 주 동안 투자자들은 적절한 기업 가치를 도출하느라 애를 먹었다. 최근 몇 건의 IPO, 특히 우버와 리프트의 사례는 실망스러웠다. 리볼브는 하락세를 보이는 주식시장 때문에 IPO를 몇 달간 연기했다. 이런 역풍에도 리볼브의 IPO 가치는 12억 달러로 산정됐고, 거래 첫날 폭발적으로 89% 추가 상승했다(23억 달러). 이런 폭등으로 회사 가치는 지난 12개월간 매출액의 약 4.5배까지 치솟았다(2019년 6월 14일 기준 28.93억 달러). 이는 동종 의류업체들이 기록한 주가배수(multiple)의 다섯 배였고 테크기업들과 거의 비슷한 수준이었다. 대체 무슨 일이 일어난 걸까? 왜 투자자들은 애초에 리볼브가 얼마나 단단한 회사인지 알아보지 못한 걸까?

[그림 13-12] 리볼브 한국 홈페이지

출처: https://www.revolve.co.kr

리볼브가 매우 높은 평가 가치를 인정받은 것은 운이 좋아서가 아니었다. IPO 가격을 설정한 증권사가 진가를 온전히 알아보지 못했지만 회사의 강력한 기본 펀더멘털에서 비롯된 것이다. 리볼브의 강점은 매출 성장보다는 강력한 고객 관계 및 가치와 더 관련이 깊었다. 단순하게 표현하자면, 리볼브는 수익성을 유지하면서 새 고객을 확보했을 뿐만 아니라 오랜 기간 그 고객을 유지했다. 이는 현재까지의 매출액이 암시하는 것보다 장기적 수익 잠재력이 더 크다는 사실을 의미했다.

[그림 13-13] 리볼브 그룹의 주가 현황(2021년 10월 기준)

리볼브의 IPO 성공은 고객 주도의 투자방법론으로 이동하는 상황을 보여 준다. 기업의 근본적인 가치를 평가하는 데 고객 지표를 활용하는 방식을 고객 기반 기업평가(Customer-Based Corporate Valuation: CBCV)라고 한다.

······ 중략 ······

CBCV를 실행하려면 무엇이 필요할까? 통상적인 재무제표 자료에 두 가지가 더 필요하다. 고객 행동에 관한 모델과 거기에 투입할 고객 데이터. 이 모델은 특정 회사의 각 고객이 어떻게 행동할 것인지를 다루는, 다음과 같이 서로 맞물리는 네 가지 하위 모델로 구성된다.

① 고객확보 모델: 신규 고객의 유입을 예측한다.
② 고객유지 모델: 고객들이 얼마나 오랫동안 활동 중인 상태를 유지할지 예측한다.
③ 구매 모델: 고객들이 얼마나 자주 회사와 거래할지 예측한다.
④ 바구니규모 모델: 고객들이 구매당 얼마나 많은 금액을 지출할지 예측한다.

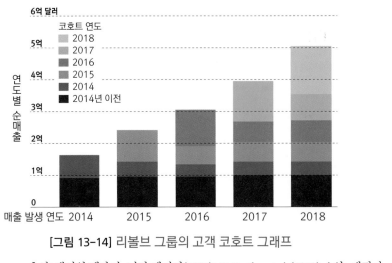

[그림 13-14] 리볼브 그룹의 고객 코호트 그래프

출처: 대니얼 매카시, 피터 페이더(2020); McCarthy et al.(2020) 요약, 재정리.

 **참고문헌**

강신우(2021. 1. 24.). AI로 복원한 가수, 진짜 같아진 까닭은? https://www.sedaily.com/
    NewsVIew/22HDOPL0Z9. 서울경제.

김난도, 전미영 외 7명(2019). 트렌드 코리아 2020. 서울: 미래의창.

김상용(2014. 26. A29.). 나눔과 공유가치창출. 서울: 한국경제신문.

김상용(2016). 경영학 키워드 101. 서울: 토트.

김상용(2017). 하루만에 배우는 경영학: 마케팅 입문편. 서울: 토트.

김상용(2019). 마케팅 키워드 101(개정판). 서울: 토트.

김상용, 송태호(2019). 비즈니스 애널리틱스를 위한 마케팅조사(제2판). 경기: 창명.

김상용, 차경천, 송태호, 김다연(2021). 광고의 예상을 빗나간 마케팅효과. 서울: 학지사.

대니얼 매카시, 피터 페이더(2020). 고객 분석으로 회사의 가치 측정하는 법. 하버드비즈니
    스리뷰코리아. https://www.hbrkorea.com/article/view/atype/ma/category_id/3_1/
    article_no/1482

데이비드 루이스(2014). 뇌를 훔치는 사람들. (홍지수 역). 서울: 청림출판.

마르코 버티니, 존 거빌(2013). 고객은 더 이상 돈주머니 아니다. CSV 가격정책으로 마음
    을 얻어라. 동아비즈니스리뷰, No. 124, 180−186.

민진홍, 이대영, 김주환(2020). ZOOM 온라인혁명. 서울: 매일경제신문사.

박성모(2021). 디지털 사회의 마케팅. 서울: 한올.

박정은, 김경민, 김태완(2020). 고객가치기반 마케팅. 서울: 박영사.

박찬수(2018). 마케팅원리(제6판). 경기: 법문사.

박홍수, 우정, 강성호(2019). 신상품마케팅(제2판). 서울: 박영사.

사라 맥스웰(2009). 가격차별의 경제학. (황선영 역). 서울: 밀리언하우스.

서민준(2021. 08.01.). LG유플러스가 MZ세대 마케팅 성공한 이유. 한경 CMO Insight.

손영석, 정우철(2020). 디지털 전환 시대의 디지털 마케팅 커뮤니케이션. 서울: 비앤엠북스.

송태호(2021). Customer Analytics, 고객가치와 애널리틱스. 서울: Pubple.

안광호(2021). 마케팅 관리적 접근(제2판). 경기: 학현사.

안광호, 권익현, 임병훈(2009). 마케팅(제4판). 서울: 북넷.

안광호, 유창조, 전승우(2017). Kotler의 마케팅원리(제16판). 서울: 시그마프레스.

안광호, 조재운, 한상린(2019). 유통원론. 경기: 학현사.

안광호, 하영원, 유시진, 박홍수(2018). 마케팅원론(제7판). 경기: 학현사.

안광호, 한상만, 전성률(2019). 전략적 브랜드관리(제5판). 경기: 학현사.

안대중(2011). 스마트제조를 위한 머신러닝 활용.

오세조, 박충환, 김동훈, 김영찬, 박진용(2017). 고객중심과 시너지 극대화를 위한 마케팅원론. 서울: 박영사.

원지성(2011). 지배확률과 생존확률이 브랜드의 시장점유율에 미치는 영향에 대한 이론적 연구. 상품학연구, 29(4), 19-32.

원지성(2013). 가격탄력성과 생산비용에 기초한 대량마케팅과 표적시장 마케팅의 비교분석. 유통과학연구, 11(4), 61-72.

원지성(2014). 행동경제학에 기초한 포지셔닝 개념의 분석. 상품학연구, 32(5), 157-177.

이민우(2021). Gap의 Product 3.0 전략으로 본 디지털 전환, Fashion Post, Gap의 Product 3.0 전략으로 본 디지털 전환 〈이민우 교수편〉 (fpost.co.kr)

이본 쉬나드(2020). 파타고니아-파도가 칠 때는 서핑을. (이영래 역). 서울: 라이팅하우스.

이승훈(2021). "다 무신사랑 해." DBR, 329호.

이진원, 송태호, 김상용(2010). 광고의 경쟁자 기여효과: 마이너 브랜드의 관점에서. 경영학연구, 39(5), 1123-1150.

이학식, 윤호정(2021). 마케팅조사(제5판). 서울: 집현재.

임채운(2022). 유통산업 정책의 다면성과 복합성 변화추세와 향후 과제. 한국유통학회 춘계학술대회 논문집.

장경영(2021. 08. 14.). 마케팅은 공유와 소통이 중요합니다. 한경 CMO Insight.

장세진(2007). 경영전략(제5판). 서울: 박영사.

정재윤(2006). 나이키의 상대는 닌텐도다: 미래 시장을 읽는 8가지 트렌드. 서울: 마젤란.

조서윤(2021). "가격, 속도, 품목으로 승부건다. 새 유통 전쟁의 승기 누가 잡을까." DBR, September. Issue 2, pp. 106-111.

조창환, 이희준(2019). 디지털 마케팅 4.0(제2판). 서울: 청송미디어.

토마스 네이글, 존 호건, 송기홍(2006). 프라이싱 전략. 서울: 거름.

한국신용정보원(2019). AI 기술, 시장동향: 핵심기술, 시장규모, 사업리스크 중심으로.

허석중(2020). AI 기술·시장동향: 핵심기술, 시장규모, 사업리스크 중심으로. CSI이슈 리포트, 2020-5호.

Aaker, D. A. (1991). *Managing brand equity*. New York, Free Press.

Aaker, D. A. (1995). *Building strong brands*. New York, Free Press.

Aaker, D. A., & Shansby, G. (1982). Positioning your product. *Business Horizon, 25*(3), 56–62.

Anderson, C. (2006). *The long tail: Why the future of business is selling less of more*. New York: Hyperion.

Anderson, E. T., & Simester, D. I. (2001). Are sale signs less effective when more products have them. *Marketing Science, 20*(2), 121–142.

Anderson, P. F. (1982). Marketing strategic planning and the theory of the firm. *Journal of Marketing, 46*(2), 15–26.

Andrews, K. R. (1971). *The Concept of Corporate Strategy*. Dow Jones–Irwin.

Ansoff, I. (1965). *Corporate Strategy: An Analytic Approach to Business Policy for Growth and Expansion*. McGraw–Hill.

Applegate, L. M., Piccoli, G., & Dev, C. (2008). Hilton hotels: Brand differentiation through customer relationship management. *HBR(Harvard Business Review)*, 9–809–029.

Ariely, D. (2010). *Predictably irrational, revised and expanded edition: The hidden forces that shape our decisions*. Harper Perrenial.

Armstrong, G., A., & Kotler, P. (2020). *Marketing: An introduction* (14th ed.). US Edition. Prentice Hall/ Pearson Education.

Barney, J. (1986). Strategic factor market: Expectations, luck, and business strategy. *Management Science, 32*(10), 1231–1241.

Barney, J. (1991). Firm Resources and Sustained Competitive Advantage. *Journal of Management, 17*(1), 99–120.

Bass, F. M. (1974). The theory of stochastic preference and brand switching. *Journal of Marketing Research, 11*(February), 1–20.

Bell, D. E., Keeney, R. L., & Little, J. D. C. (1975). A market share theorem. *Journal of Marketing Research, 12*(2), 136–141

Berger, P. D., & Nasr, N. I. (1998). Customer lifetime value: Marketing models and applications. *Journal of Interactive Marketing, 12*(1), 17–30.

Bernoulli, D. (1954). Exposition of a new theory on the measurement of risk. *Econometrica, 22*(1), 23–36.

Bettman, J. R. (1979). Memory factors in consumer choice: A review. *Journal of

Marketing, 43(1), 37−53.

Bettman, J. R., Luce, M. F., & Payne, W. (1998). Constructive consumer choice processes. *Journal of Consumer Research, 25*(3), 187−217.

Blattberg, R. C., & Deighton, J. (1996). Manage marketing by the customer equity test. *Harvard Business Review, 74*(4), 136.

Briley, D. A., Michael, W., & Simonson, I. (2000). Reason as carriers of culture: Dynamic versus disposional models of cultural influence on decision making. *Journal of Consumer Research, 27*(2), 157−178.

Carpenter, G. S., & Nakamoto, K. (1989). Consumer Preference Formation and Pioneering Advantage. *Journal of Marketing Research, 26*(3), 285−298.

Carpenter, G. S., Glazer, R., & Nakamoto, K. (1994). Meaningful brands from meaningless differentiation: The dependence on irrelevant attributes. *Journal of Marketing, 31*(3), 339−350.

Chaffey, C., & Ellis−Chadwick, F. (2019). *Digital Marketing* (7th ed.). Prentice Hall/ Pearson Education.

Chakravarthy, B. S., & Perlmutter, H. V. (1985). Strategic−planning for a global business. *Columbia Journal of World Business, 20*(2), 3−10.

Chamberlin, E. H. (1965). *The theory of monopolistic competition.* Cambridge, MA: Harvard University Press.

Chandler, A. Dl, Jr. (1962). *Strategy and structure: Chapters in the history of the American industrial enterprise.* The MIT Press.

Chantamas, M., & Pongsatha, K. (2017). AIDA to AISAS − the New Theory for Understanding Consumer Responses to Communications. Retrieved from Department of Marketing: University of Thailand: http://www.marketing.au.edu/ our−department/kms/407−aida−to−aisas−%E2%80%93the−new−theory−for− understanding−consumer−responses−to−communications.html

Christensen, C. M. (2000). *The innovator's dilemma: When new technologies cause great firms to fail.* Boston, Massachusetts: Harvard Business Review Press.

Collins, A. M., & Loftus, E. F. (1975). A spreading activation theory of semantic processing. *Psychological Review, 82*(6), 407−428.

Collins, J. C., & Porras, J. I. (1996). Building your company's vision. *Harvard Business Review, 74*(5), 65−77.

Day, G. (1994). The capabilities of market−driven organization. *Journal of Marketing,*

58(4), 37−52.

Dent, H. S. Jr. (2015). *The demographic cliff: How to survive and prosper during the great deflation ahead*. Portfolio.

DeRose, C. (2016). What happens When a 'HiPPO' Runs Your Company?, Forbes, https://www.forbes.com/sites/derosetichy/2013/04/15/what−happens−when−a−hippo−runs−your−company/?sh=4db8d6fc40cf

Dickson, P. R., & Ginter, J. L. (1987). Market segmentation, product differentiation, and marketing strategy. *Journal of Marketing, 51*(April), 1−10.

Dierickx, I., & Cool, K. (1989). Asset stock accumulation and sustainability of competitive advantage. *Management Science, 35*(12), 1504−1511.

Drucker, P. (1954). *The practice of management*. Harper and Brothers.

Drucker, P. F. (1985). 'Source: The Unexpected', in Innovation and Entrepreneurship: Practice and Principles, Chapter 3. New York: Harper and Row, 37−56.

Dwyer, R. F. (1989). Customer lifetime valuation to support marketing decision making. *Journal of Interactive Marketing, 3*(4), 8−15.

Eisenhardt, K. M., & Martin, J. A. (2000). Dynamic capabilities: What are they? *Strategic Management Journal, 21*(10−11), 1150−1121.

Farquhar, P. H. (1989). Managing brand equity. *Marketing research, 1*(3), 24−33.

Festinger, L. (1957). *A theory of cognitive dissonance*. Evanston, IL: Row Peterwon.

Fiedler, L., Großmaß, T., Roth, M., & Vetvik, O. J. (2016). Why customer analytics matter, Mckinsey, https://www.mckinsey.com/business−functions/marketing−and−sales/our−insights/why−customer−analytics−matterChris

Fishbein, M., & Ajzen, I. (1975). *Belief, attitude, intention, and behavior: An introduction to theory and research*. Reading, MA: Addison−Wesley.

Gartner (2012). Magic Quadrant for BI platforms. Analytics Value Escalator.

Gartner (2021.10.). Forecast analysis: Artificial intelligence software, Worldwide.

Gauri D., Jindal R., Ratchford B., Fox E., Bhatnagar A., Pandey A., Jonathan R., Navallo, J., Fogarty J., Carr S., & Howerton, E. (2021). Evolution of retail formats: Past, present, and future. *Journal of Retailing, 97*(1), 42−61.

Golder, P. N., & Tellis, G. J. (1993). Pioneering advantage: Marketing logic or marketing legend? *Journal of Marketing Research, 30*(2), 158−170.

Green, M., & Keegan, W. (2020). *Global marketing management*, 10th edition. Pearson Education.

Haley, R. I. (1968). Benefit segmentation: A decision-oriented research tool. *Journal of Marketing, 32*(3), 30-35.

Hauser, J. R., & Shugan, S. M. (1983). Defensive marketing strategies. *Marketing Science, 2*(4), 319-60.

Heath, T, B., Chatterjee, S., & France, K. R. (1995). Mental accounting and charges in price: The frame dependence of reference difference. *Journal of Consumer Research, Vol. 22*, No. 1, 90-97.

Hogarth, R. (1991). *Judgement and choice* (2nd ed.). Wiley.

Hopkins, C. (1923). *Scientific advertising*. Merchant Books.

Hsee, C. K. (1996). The evaluability hypothesis: An explanation for preference reversals between joint and separate evaluations of alternatives. *Organizational Behavior and Human Decision Processes, 67*(3), 247-257.

Huber, J., Payne, J. W., & Puto, C. (1982). Adding asymmetrically dominated alternatives: Violations of regularity and similarity hypothesis. *Journal of Consumer Research, 9*(1), 90-98.

Hviid, M. (2010). Summary of the Literature on Price Guarantee, Center for Competition Policy. University of East Angelia.

Israeli, A., & Avery, J. (2018). Predicting consumer tastes with big data at Gap. *Harvard Business Review*, 9-517-115.

Iyengar, S. S., & Lepper, M. (2001). When choice is demotivating: Can one desire too much of a good thing? *Journal of Personality and Social Psychology, 79*(6), 995-1006.

Jackson, D. (1989a). Determining a customer's lifetime value. *Direct Marketing, 51*(11), 60-62.

Jackson, D. (1989b). Determining a Customer's Lifetime Value, Part Two. *Direct Marketing, 52*, 24-32.

Jeuland, A., & Shugan, S. (1983). Managing channel profits. *Marketing Science, 2*(3), 239-272.

Johansson, J. K. (2010). Global marketing strategy. Wiley International Encyclopedia of Marketing.

Kahneman, D., & Tversky A. (1979). Prospect theory: An analysis of decision under risk. *Econometrica, 47*(2), 263-292.

Kahneman, D., Knetsch, J. L., & Thaler, R. H. (1991). Anomalies: The Endowment effect, loss aversion, and status quo bias. *Journal of Economic Perspectives, 5*(1), 193–206.

Kapferer, J–N. (1992). *Strategic brand management: New approaches to creating and evaluating brand equity*. London, Kogan Page.

Keegan, W. (1995). *Global marketing management* (5th ed.). Prentice-Hall International.

Keegan, W. J. (2011). *Global marketing management*. Pearson Education India.

Keller, K. L. (1993). Conceptualizing, measuring, and managing customer–based brand equity. *Journal of marketing, 57*(1), 1–22.

Keller, L. K. (2007). *Strategic brand management: Building, measuring, and managing brand equity*. Prentice Hall.

Klayman, J., & Ha, Y. W. (1987). Confirmation, disconfirmation, and information in hypothesis testing. *Psychological Review, 94*(2), 211–228.

Kotler, P., & Armstrong, G. (2007). *Principles of marketing* (12th edition). Pearson. (안광호, 유창조, 전승우 역). 서울: 시그마프레스.

Kotler, P., & Armstrong, G. (2017). *Principles or marketing* (16th edition). Pearson.

Kotler, P., & Armstrong, G. (2018). *Principles of marketing* (17th edition). New York: Pearson.

Kotler, P., & Armstrong, G. (2021). *Principles of marketing* (18th edition). (김건하, 서주환, 서찬주, 송유진, 송정미 역). 서울: 시그마프레스.

Kotler, P., & Keller, K. L. (2011). *Marketing management*. MA: Prentice Hall.

Kotler, P., Kartajaya, H., & Setiawan, I. (2016). *Marketing 4.0: Moving from traditional to digital*. Wiley.

Lavidge, R. J., & Steiner, G. A. (1961). A model for predictive measurements of advertising effectiveness. *Journal of Marketing, 25*(6), 59–62.

Lee, J. A. (1966). Cultural analysis in overseas operations. *The International Executive (pre–1986), 8*(3), 5.

Levitt, T. (1983). The globalization of markets. *Harvard Business Review*, (May–June), 92–102.

Levitt, T. (1993). The globalization of markets. Readings in international business: A decision approach, 249, 249–252.

Levy, M., & Weitz, B. A. (2011). 소매경영. (오세조, 박진용, 송영욱, 노원희 역). 서울: 한올출판사.

Luce, R. D. (1959). *Individual choice behavior: A theoretical analysis*. New York: John

Wiley & Sons.

Marshall, A. (1920). *Principles of Economics* (Revised et.). London: Macmillan; reprinted by Prometheus Books.

McAlister, L., & Pessemier, E. (1982). Variety seeking behavior: An interdisciplinary review. *Journal of Consumer Research, 9*(3), 311−322.

McCarthy, D. M., Fader, P. S., Peterson, E. G., Alexander, P. A., Powell, M. G., Hull, D. M., ... & Katsaliaki, K. (2020). How to value a company by analyzing its customers. *Harv. Bus. Rev, 91*, 51−55.

McGuire, T., & Staelin, R. (1986). An industry equilibrium analysis of downstrem vertical integration. *Marketing Science, 2*(2), 161−191.

Moe, W., & Schweidel, D. (2017). Opportunities for innovation in social media analytics. *Journal of Product Innovation Management, 34*(5), 697−702.

Montgomery, C. A. (2012). *The strategist: Be the leader your business needs*. NY: Harper Business.

Montgomery, H. (1989). From cognition to action: The search for dominance in decision making. In H. Montgomery & O. Svenson (Eds.), *Process and Structure in Human Decision Making* (pp. 23−49). John Wiley & Sons.

Narver, J. C., & Slater, S. F. (1990). The effect of a market orientation on business profitability. *Journal of marketing, 54*(4), 20−35.

Nedungadi, P. (1990). Recall and consumer consideration sets: Influencing choice without altering brand evaluations. *Journal of Consumer Research, 17*(3), 263−276.

Palmatier, R., Sivadas, E., Stern, L. W., & El-Ansary, A. I. (2019). *Marketing Channel Strategy: An Omni-Channel Approach* (9th Edition). New York: Routledge.

Parker, G. G., van Alstyne, M. W., & Choudary, S. P. (2016, 2018). *Platform revolution: How networked markets are transforming the economy and how to make them work for You*. W. W. Norton & Company.

Peppers, D., & Rogers, M. (1993). *The one to one future: Building relationships one customer at a time*. New York: Currency Doubleday.

Perlmutter, H. V. (1969, January/February). The tortuous evolution of the multinational corporation. *Columbia Journal of World Business*, 9−18.

Petty, R. E., & Cacioppo, J. T. (1986). The elaboration likelihood model of persuasion. *Advances in Experimental Social Psychology, 19*, 123−205.

Porter, M. E. (1980). *Competitive strategy*. New York: The Free Press.

Porter, M. E. (1985). *Competitive advantage*. New York: Collier Macmillan

Ries, A., & Trout J. (2001). *Positioning: The battle for your mind* (20th Anniversary Edition). McGraw-Hill.

Ries, A., & Trout, J. (2006). *Marketing warfare* (20th Anniversary Edition). New York: McGraw-Hill Companies, Inc.

Rust, R. T., Lemon, K. N., & Zeithaml, V. A. (2004). Return on marketing: Using customer equity to focus marketing strategy. *Journal of marketing, 68*(1), 109–127.

Samuelson, W., & Zeckhauser, R. (1988). Status quo bias in decision making. *Journal of Risk and Uncertainty, 1*(1), 7–59.

Schmittlein, D. C., Morrison, D. G., & Colombo, R. (1987). Counting your customers: Who-are they and what will they do next?. *Management Science, 33*(1), 1–24.

Shafir, E., Simonson, I., & Tversky, A. (1973). Reason-based choice. *Cognition, 49*(1–2), 11–36.

Shafir, E., & Tversky, A. (1992). Choice under conflict: The dynamics of deferred decision. *Psychological Science, 3*(6), 358–361.

Shaw, A. W. (1912). Some Problems in market distribution. *Quarterly Journal of Economics, 26*(4), 703–65.

Shugan, S. M. (1980). The cost Of thinking. *Journal of Consumer Research, 7*(2), 99–111.

Simon, H. (1955). A behavioral model of rational choice. *Quarterly Journal of Economics, 69*(1), 99–118.

Simonson, I. (1989). Choice based on reasons: The case of attraction and compromise effects. *Journal of Consumer Research, 16*(2), 158–174.

Slovic, P. (1991). The construction of preference. *American Psychologist, 50*(5), 364–371.

Smith, W. (1956). Product differentiation and market segmentation as alternative marketing strategies. *Journal of Marketing, 21*(July), 3–8.

Staelin, R., & Lee, E. (2014). *The History of Marketing Science*. Chapter 10. Editors: Winer R. and Neslin S. World Scientific.

Teece, D. J., Pisano, G., & Shuen, A. (1997). Dynamic Capabilities and Strategic Management. *Strategic Management Journal, 18*(7), 509–533.

Tellis, G. J. (1988). Advertising exposure, loyalty, and brand Purchase: A two-stage model of choice. *Journal of Marketing Research, 25*(2), 134−144.

Tellis, G. J., & Golder, P. N. (2001). *Will and vision*. New York: McGraw−Hill.

Thaler, R. H. (1985). Mental accounting and consumer choice. *Marketing Science, 4*(3), 199−214.

Thaler, R. H. (1999). Mental accounting matters. *Journal of Behavioral Decision Making, 12*(3), 183−206.

The Future of Retail Report: Trends for 2022 (shopify.com)

Torgerson, W. S. (1952). Multidimensional scaling: I. Theory and method. *Psychometrika, 17*(4), 401−419.

Trout, J., & Ries, A. (1972). Positioning cuts through chaos in marketplace. *Advertising Age, 1*(May), 51−53.

Tversky, A. (1972a). Elimination by aspects: A theory of choice. *Psychological Review, 79*(4), 281−299.

Tversky, A. (1972b). Choice by elimination. *Journal of Mathematical Psychology, 9*(4), 341−367.

Tversky, A., & Kahneman, D. (1986). Rational choice and the framing of decisions. *Journal of Business, 59*(4), 5251−5278.

Tversky, A., & Shafir, E. B. (1992). Choice under conflict: The dynamics of deferred decision. *Psychological Science, 6*(5), 358−361.

Tversky, A., & Simonson, I. (1993). Context−dependent preferences. *Management Science, 39*(10), 1179−1297.

Tversky, A., Slovic, O., & Kahneman, D. (1990), The causes of preference reversal. *The American Economic Review, 80*(1), 204−217.

Urbany, J. E., William, O. B., & Dan, C. W. (1988). The effect of plausible and exaggerated reference prices on consumer perceptions and price search. *Journal of Consumer Research, 15*(1), 95−110.

Veryzer, R. W. Jr., & Hutchinson, J. W. (1998). The influence of unity and prototypicality on aesthetic responses to new product designs. *Journal of Consumer Research, 24*(4), 374−94.

Vogel, V., Evanschitzky, H., & Ramaseshan, B. (2008). Customer equity drivers and future sales. *Journal of marketing, 72*(6), 98−108.

Wernerfelt, B. (1984). A resource-based view of the firm. *Strategic Management Journal, 5*(2), 171−80.

Wind, Y. (1978). Issues and advances in segmentation research. *Journal of Marketing, 15*(3), 317–337.

Won, E. J. S. (2007). A theoretical investigation of the effects of similarity on brand choice using the elimination–by–tree model. *Marketing Science, 26*(6), 868–875.

Won, E. J. S., Oh, Y. K., & Choeh, J. Y. (2018). Perceptual mapping based on web search queries and consumer forum comments. *International Journal of Market Research, 60*(4), 394–407.

Zajonc, R. B. (1968). Attitudinal effects of mere exposure. *Journal of Personality and Social Psychology, 9*(2, Pt.2), 1–27.

Activation Ideas. https://activationideas.com/blog/mozzie-box

AMA. https://www.ama.org/the-definition-of-marketing-what-is-marketing/

AMA. https://www.ama.org/topics/marcom/

Amarujala. https://www.amarujala.com/automobiles/car-review/volvo-xc60-is-safest-car-in-the-world-in-euro-ncap-2017

Beyond Pesticides. https://secure.everyaction.com/yFdTUS0-RkSEIqfxSRAEwg2

BGF 리테일. http://www.bgf.co.kr/BgfNews/bgfnowDetail?id=287&offset=160

B마트. https://www.baemin.com/

CBS News. https://www.cbsnews.com/news/ivory-soap-comes-clean-on-floating/

Chemistrycachet. https://chemistrycachet.com/uses-of-ivory-soap/

CJ올리브네트웍스. https://www.cjolivenetworks.co.kr/tech/ai_vision

Interbrand. http://www.interbrand.com

Interbrand. https://interbrand.com/best-brands/https://www.tesla.com/

KOSIS. https://kosis.kr/statHtml/statHtml.do?orgId=101&tblId=DT_2KAAA13_OECD

SBNATION. https://www.sbnation.com/2019/2/24/18238595/nike-new-just-do-it-campaignwomen-

Spring Happenings. https://springhappenings.com/starbucks-set-to-introduce-beer-and-wine-on-evening-menu/

The CMO survey(2015, 2019). https://cmosurvey.org.

WEEKLY BIZ. http://weeklybiz.chosun.com/site/data/html_dir/2020/05/31/2020053102149.html

World Economic Forum(2018. 12. 18.). https://www.weforum.org/agenda/2018/12/here-s-what-a-korean-boy-band-can-teach-us-about-globalization/

YouTube. HYOJIN 채널. https://www.youtube.com/channel/UCuZu8NrpBG4WPXRi-hPBl-A

YouTube. KRcocacola 채널. htps://www.youtube.com/watch?v=nnZm2RRNbzE

YouTube. P&G 채널. https://www.youtube.com/watch?v=rdQrwBVRzEg

YouTube. tzuyang쯔양 채널. https://www.youtube.com/channel/UCfpaSruWW3S4dibonKXENjA

Youtube. CocaCola-World's First Drinkable Ad. https://www.youtube.com/watch?v=aWIJBa4qmMM&t=51s

YouTube. GUCCI-Gucci Gaok(家屋) 원테이크 풀버젼. https://www.youtube.com/watch?v=bHn9bntizI0

Youtube. 볼보 V40 충돌 테스트. https://www.youtube.com/watch?v=GPXm8AwN3a8

youtube.com/watch?v=HkWRF23pj6M

과학기술정보통신부/한국방송광고진흥공사 공동 자료. https://www.sedaily.com/NewsVIew/1ZBUZ4O86X

광동제약 네이버쇼핑. https://brand.naver.com/kwangdong/products/5288527148

구찌 가옥 홈페이지. https://www.gucci.com/kr/ko/st/capsule/gaok

구찌 홈페이지. https://www.gucci.com/kr/ko/st/stories/people-events/article/gucci-gaok-flagship

나스미디어. 인터넷 이용자 보고서. https://www.nasmedia.co.kr/나스리포트/npr/

네이버 광고. https://searchad.naver.com/

네이버 광고. https://searchad.naver.com/

넷플릭스(2022.06.). https://help.netflix.com/ko/node/100639

넷플릭스. https://help.netflix.com/ko/node/412

농심. http://brand.nongshim.com/shinramyun/main/index

뉴시스(2021.09.30.). https://www.newsis.com/view/?id=NISX20210930_0001598541

동아일보. https://www.donga.com/news/Economy/article/all/20190317/94603623/1

레베카 밍코프. https://reevolution.net/work/rebecca-minkoff-concept-ux/

링크드인. https://www.linkedin.com/pulse/whopper-vs-big-mac-allen-richardson

마이데이터 종합포털. https://www.mydatacenter.or.kr

블루보틀코리아 인스타그램. https://www.instagram.com/bluebottlecoffee_korea

삼다수 인스타그램. https://www.instagram.com/samdasoostory/

세계일보 지면 광고. https://www.segye.com/newsView/20141128000056

송혜진(2022.05.15.). https://www.chosun.com/economy/market_trend/2022/05/15/4

Q4NL4K3YRGEPBDTI4R2JYUQ7Y/ 조선경제.

연합뉴스. https://www.yna.co.kr/view/AKR20161011163600030

오픈애즈. http://www.openads.co.kr/content/contentDetail?contsId=6599

올버즈. https://www.allbirds.com

위키피디아. https://ko.wikipedia.org/wiki/%EC%97%90%EC%96%B4%EB%B9%84%EC
%95%A4%EB%B9%84%84#cite_note-2

제일매거진 블로그. https://blog.cheil.com/magazine/37330

조선비즈. https://biz.chosun.com/site/data/html_dir/2018/05/11/2018051101733.html

중앙일보. https://www.joongang.co.kr/article/23671812#home

카카오뱅크. https://event.kakaobank.com/p/new_home

캠벨수프 홈페이지. http://www.campbell.com

핀터레스트. https://www.pinterest.co.kr/pin/338614465732628958/

한국생산성본부. http://www.ncsi.or.kr/score/ncsi_score.asp

헤라. https://www.hera.com/kr/ko/resource/image/top-visual/ogimage.jpg

찾아보기

저자 소개

김상용(Kim, Sang Yong) 제1장

서울대학교 인문대학 서양사학과를 졸업하고, 미국 카네기 멜론 대학교(Carnegie Mellon University)에서 MSIA 학위를, 그리고 1995년에 듀크 대학교(Duke University)에서 경영학 Ph.D. 학위를 취득하였다.
한림대학교와 KAIST 교수를 거쳐 2001년부터 고려대학교 교수로 재직하면서 10여 차례의 석탑강의상을 수상하였다. 고려대학교에서는 기업경영연구원 부원장, 경영전문대학원 부원장, 대외협력처장, 경영전문대학원 AMP주임교수, 출판문화원장을 역임하였다. 그리고 『Asia Marketing Journal』의 초대 편집위원장(2012, 2013), 서비스 마케팅학회 회장(2015), 한국마케팅학회 회장(2017, 2018), 한국소비자학회 회장(2019)을 역임하였다. 중앙일보로부터 학술공헌상(2017. 6.), American Marketing Association Conference에서 Best Paper Award(2017. 8.), The 5th Academy of Asian Business International Conference에서 Best Educator Award(2019. 8.)를 수상하였다. 저서로는 『광고의 예상을 빗나간 마케팅효과』(공저, 학지사, 2021), 『비즈니스 애널리틱스를 위한 마케팅조사』(공저, 창명, 2019), 『마케팅 키워드 101』(토트, 2019), 『하루만에 배우는 경영학: 마케팅 입문편』(토트, 2017), 『경영학 키워드 101』(토트, 2016), 『고객지향적 유통관리』(3판, 공저, 학현사, 2015), 『인터넷 마케팅』(공저, 법문사, 2004) 등 10여 권이 있으며, 국내외 전문 학술지에 80여 편의 논문을 게재하였다. 2012년 봄과 여름 두 시즌 동안 KBS1 라디오에서 〈3분 라디오 MBA〉를 매일 진행했고, 2016년 5~6월에는 KBS1TV 생방송 〈아침마당〉에서 흥미로운 마케팅 강연을 6회 진행하였다. (이메일: sangkim@korea.ac.kr)

송재도(Song, Jae-Do) 제11장

현재 전남대학교 경영학부에서 연구·강의하고 있다. 학부에서 박사과정까지 KAIST 경영공학과에서 마쳤으며, 석사와 박사과정에서는 미시경제학(산업조직론)을 위주로 연구하였다. 박사과정 이후 SK텔레콤에서의 현업 경험 및 동양미래대학 경영학부 근무를 거치면서 주된 관심분야가 가격이론을 중심으로 한 마케팅으로 옮겨갔다. 전남대학교에서는 가격이론, 사회적마케팅, 마케팅 전략, CRM, 서비스 마케팅을 강의하고 있으며, 에너지 및 배출권 시장구조에 대해서도 많은 관심을 가지고 있다. 『Journal of Regulatory Economics』『Telecommunications Policy』『International Journal of Consumer Studies』『Managerial and Decision Economics』『Energies』 등의 저널에 논문을 게재하였고, 『가격이론』(학현사, 2022) 등의 교재를 집필하였다. 대중서로는 세종도서로 선정된 바 있는 『실업과 양극화의 미래』(학현사, 2019), 『마케팅 지배사회』(들녘, 2017) 등을 출간하였다.
(이메일: sjaedo@chonnam.ac.kr)

양재호(Yang, Jaeho) 제8장

현재 동아대학교 경영학과에서 교수로 재직 중이다. 일본 조치 대학교(上智大學, Sophia University)에서 경영학(마케팅 전공)으로 석사 및 박사 학위를 취득하였다. 미국 워싱턴 대학교 비즈니스스쿨(University of Washington, Foster School of Business)에서 2008년부터 2010년까지 초빙연구원으로 근무하였고, 『경영학연구』의 편집위원을 역임하였으며, 현재 한국마케팅학회와 마케팅관리학회 등에서 이사와 부회장을 맡고 있다. 주된 연구분야는 소비자행동과 브랜드 전략이며 이와 관련한 다수의 논문을 국내외 저널에 게재하였다. 현재까지 다수의 기업과 연계하여 자문과 컨설팅을 하고 있으며, 특히 신규브랜드 개발 및 브랜드 콘셉트 개발 등과 같은 브랜드 마케팅 분야에서 활동하고 있다. (이메일: jhyang@dau.ac.kr)

원지성[Won, Jee Seung (Eugene)] 제2장 제6장

KAIST 경영대학원에서 경영공학 박사학위(마케팅 전공)를 받았다. 현재 동덕여자대학교 경영학과에 교수로 재직 중이다. 한국마케팅학회, 경영학회 이사를 역임하였으며, 동덕여대 경영학과 및 패션마케팅 연계전공 주임, 국제협력 및 홍보실장, 전략평가실장, 산업연구소장 등을 역임하였다. 관심 연구분야는 소비자 의사결정, 마케팅 데이터 분석, 마케팅 전략 등이다. 특히 행동경제학과 수학적 모델링의 결합에 대해 관심을 가지고 연구해 왔다. 『Marketing Science』『Journal of Mathematical Psychology』『International Journal of Market Research』 등 국내외 유명 학술지에 다수의 논문을 게재하였다. 번역서로는 『마케팅최고의 명문, 켈로그 경영대학원의 마케팅 바이블』(세종연구원, 2002)이 있다. (이메일: eugene1@dongduk.ac.kr)

윤호정(Yoon, Ho-Jung) 제4장 제5장

서울대학교 경영대학을 졸업하고, 스탠퍼드 대학교(Stanford University)에서 통계학 석사학위를 받았다. 퍼듀 대학교(Purdue University)에서 계량마케팅 전공으로 박사 학위를 받았다. 현재 세종대학교에서 마케팅 애널리틱스, 데이터시각화, 빅데이터 분석, 인공지능과 마케팅 등의 강의를 맡고 있다. 베이지안 전공자이며, 최근 비즈니스 분야에서의 비정형데이터 분석과 딥러닝 기법을 활용한 다양한 연구를 진행하고 있다. 향후 관심분야는 디지털 마케팅에서의 성과지표 분석이다. 머신러닝과 딥러닝 기법을 디지털 마케팅과 그로스 마케팅의 다양한 지표 분석(린 분석)에 활용하기 위해 연구하고 있다. (이메일: hjan335@sejong.ac.kr)

송태호(Song, Tae Ho) 제3장 제4장 제6장 제13장

KAIST 전산학과를 졸업하고, IT 벤처기업에서 근무한 후 고려대학교 경영대학에서 경영학 석사 및 박사 학위를 취득하였다. UCLA(University of California, Los Angeles)에서 박사후연구원을 거쳐 2012년부터 부산대학교 경영대학 교수로 재직하면서 마케팅 조사론, 마케팅공학, (빅데이터) 마케팅 애널리틱스, 고객 애널리틱스, 인공지능 마케팅 등을 강의하고 있다. 부산대학교에서는 중국연구소 소장, 경영대학원 부원장, 미래경영학 책임교수, 경영연구원 부원장을 역임하였다. 『마케팅관리연구』(한국마케팅관리학회)(2022~2023)와 『Journal of China Studies』(2019~2023)의 편집위원장과 한국마케팅학회(2022~2023)와 한국마케팅관리학회 부회장(2018~2022), 한국경영학회 상임이사(2022~2023) 등을 역임하였다. 한국마케팅학회 마케팅연구 우수논문상(2009), 한국CRM협회 CRM 연구대상(2013), American Marketing Association Conference에서 Best Paper Award(2017), 부산대학교 젊은교육자상(2018), 한국경영학회 경영학연구 최우수심사자상(2019)과 우수논문상(2020), 한국상품학회 학술대회 최우수논문상(2021) 등을 수상하였다.
저서로는 『광고의 예상을 빗나간 마케팅효과』(공저, 학지사, 2021), 『Customer Analytics, 고객가치와 애널리틱스: 기본개념』(퍼플, 2021), 『비즈니스 애널리틱스를 위한 마케팅조사』(공저, 창명, 2019) 등이 있으며, 국제 및 국내 전문학술지에 40여 편의 논문을 게재하였다. (이메일: thsong@pusan.ac.kr)

김태완(Kim, Taewan) 제10장

고려대학교 경제학과를 졸업하고 스탠퍼드 대학교(Stanford University)에서 통계학 석사학위를 받았다. 시러큐스 대학교(Syracuse University)에서 경영학, 마케팅 세부전공으로 박사학위를 받았다. 리하이 대학교(Lehigh University)에서 교수로 연구와 강의를 하였으며, 그 후 성균관대학교에서 연구와 강의를 하였다. 2021년부터 건국대학교 경영대학에 교수로 재직하면서 마케팅 전략, Social Media Intelligence, 마케팅 관리, 마케팅 특수 문제 세미나 등을 강의하고 있다. 현재 건국대학교 경영대학원 Konkuk MBA와 Digital Transformation MBA 주임교수다.

학술지 『마케팅연구』 『경영학연구』 『마케팅관리연구』의 편집위원이며, 한국마케팅학회 총무이사, 한국유통학회 사무국장, 한국마케팅관리학회 총괄 상임이사를 역임하였고, 현재 한국유통학회 대외사무국장을 맡고 있다. 『Journal of Marketing』 『Applied Economics Letters』 『Internet Research』 『마케팅연구』 『유통연구』 등의 국내외 주요 학술지에 다수의 논문을 발표하였다. 저서로는 『고객가치기반 마케팅』(공저, 박영사, 2020), 『고객가치기반 신제품마케팅』(공저, 박영사, 2019)이 있다. (이메일: tkim21@konkuk.ac.kr)

김지윤(Kim, Ji Yoon) 제12장

현재 전남대학교 경영대학 경영학부 교수로 재직 중이다. 고려대학교 문과대학 서어서문학과를 졸업하고, 동대학 경영학과에서 석사 및 박사 학위를 취득하였다. LG전자 AV해외마케팅팀에서 3년 반 동안 해외마케팅, 유통, SCM 업무를 담당하였다. 주요 연구분야는 고객 관계 관리, 고객 생애가치, 마케팅 모델링, 국제 마케팅 전략, 국제 소비자 행동, 광고 및 프로모션 전략 등이다.

한국마케팅학회(KMA) Doctoral Thesis Proposal Competition 우수상, 갤럽(Gallup) 박사학위논문상 우수상, CRM 연구대상 및 한국기업경영학회 우수학자 논문상, 한국상품학회 최우수논문상, 한국경영학회 논문우수상 등을 수상하였고, 전남대학교 우수 신임교수상을 수상하였다. 한국마케팅학회와 소비자학회의 이사 및 한국소비자광고심리학회와 『Journal of China Studies』의 편집위원으로 활동하고 있다.

『Journal of Business Research』 『International Journal of Advertising』 『마케팅 연구』 『Asia Marketing Journal』 『경영학연구』 『경영과학회지』 등 주요 국내외 저명 학술지에 다수의 논문을 발표하였다.

(이메일: jykim2016@jnu.ac.kr)

송시연(Song, Sie Yeoun) `제1장` `제7장`

현재 백석대학교 경상학부 교수로 재직 중이다. 숙명여자대학교 법학과를 졸업하고, 고려대학교에서 경영학 석사 및 박사(마케팅 전공) 학위를 취득하였다. 한국소비자원 정책연구실에서 선임연구원으로 소비자 관련 업무를 담당하였다. 주요 연구분야는 소비자행동, 소비자심리, 컬러 마케팅, 그린 마케팅 등이다. KMA 박사학위 논문우수상, SK논문연구상, 한국소비자학연구 우수논문상, 서비스 마케팅학회 우수발표상 등을 수상하였고, 『Journal of Marketing Research』『Asian Journal of Social Psychology』및 국내 학술지에 다수의 논문을 게재하였다. 한국광고학회, 한국소비자학회, 한국마케팅관리학회, 한국전략마케팅학회, 한국상품학회, 한국소비자광고심리학회의 이사 및 서비스마케팅학회 부회장, 한국물류학회 사무국장, 서비스마케팅학회 편집위원으로 활동 중이다. (이메일: shawn@bu.ac.kr)

김모란(Kim, Molan) `제9장`

고려대학교 경영대학을 졸업하고, 동대학원에서 마케팅 전공으로 경영학 석사학위를 취득하였다. 이후 미국 조지아주립대학교(University of Georgia)에서 경영학 박사학위를 받은 후, 뉴욕주립대학교(State University of New York) 경영대학에 교수로 임용되었다. 현재는 유니스트(UNIST, 울산과학기술원) 경영과학부에 교수로 재직 중이다. 디지털 마케팅, 빅데이터 마케팅, ESG 마케팅 등의 연구주제에 관심을 두고 있으며, 『Journal of Marketing Research』『Journal of Interactive Marketing』을 포함한 다수의 주요 국제 학술지에 논문이 게재되었다. 현재 한국마케팅학회, 소비자학회의 이사이자 『Asia Marketing Journal』『Journal of Global Scholars of Marketing Science』『마케팅연구』『정보통신정책연구』의 편집위원으로 활동 중이다. (이메일: mkim@unist.ac.kr)

마케팅원론 ABC

– 인공지능, 빅데이터, 고객가치 –

Principles of Marketing ABC

2022년 9월 1일 1판 1쇄 발행
2024년 3월 25일 1판 2쇄 발행

지은이 • 김상용 · 송재도 · 양재호 · 원지성 · 윤호정
　　　　송태호 · 김태완 · 김지윤 · 송시연 · 김모란
펴낸이 • 김진환
펴낸곳 • (주) **학지사**
　　　　04031 서울특별시 마포구 양화로 15길 20 마인드월드빌딩
대 표 전 화 • 02)330-5114　　팩스 • 02)324-2345
등 록 번 호 • 제313-2006-000265호

홈 페 이 지 • http://www.hakjisa.co.kr
인스타그램 • https://www.instagram.com/hakjisabook

ISBN 978-89-997-2746-7 93320

정가 29,000원

출판미디어기업 학지사

간호보건의학출판 **학지사메디컬** www.hakjisamd.co.kr
심리검사연구소 **인싸이트** www.inpsyt.co.kr
학술논문서비스 **뉴논문** www.newnonmun.com
교육연수원 **카운피아** www.counpia.com
대학교재전자책플랫폼 **캠퍼스북** www.campusbook.co.kr